唐蘭全集

九

遺稿集卷一

上海古籍出版社

目録

卷一

壹　説文名始類

唐氏説文解字注

識

吾自去年冬成第一卷，今年在館中，自春徂夏所箋不百字，竊自愧，暑假歸乃力爲之。中間因校《方言》、《釋名》、《字林》、《繫傳》、《均譜》，輟業十餘日。近又下利，困頓數日。今日夕，始力疾竟第二卷。若暑假已五十餘日矣，除輟業亦將一月，而所成反比去年爲少。若艸木之名既難偏識，涉獵亦較去年爲稍廣矣。我於此學爲日尚寡，己亦不甚深諳。然如「春」字之類，文字未墜，必在我也。但此等自是一端，我要當通究全書大例，立得大例數十百條。更就今所作注稾以例繩之，庶幾可成一家之學爾。我初作注時，見書甚少，作此卷少多矣。今且更得商遺書，前疏於後可知也。我必通體讎校以彌縫之也。吾幼時恒思官天下若何景況，今稍涉歷，乃知能躬細務者方能持大體。如於此書，不字字體識，欲求其大例，瞢矣。凡學問皆然，不知碎義者，不能知大義也。吾固不欲以小學成名，然而其隊也，天之將興，其必在我，我庸敢逆天乎！嗟乎！我今乃知孔子之藝也。

七月初三晚

此卷始參用鈕《校録》。

自「莞」篆起始用《繫傳》錢本、宋本《均譜》、《繫傳校録》、《均譜校》、《鐘鼎字源》、《漢印分均》。

暑假歸，閏五月十四自「莞」篆始。

唐氏説文解字注卷二

 屮木初生也。象丨出形，有枝莖也。古文或以爲艸字。讀若徹。凡屮之屬皆從屮。尹彤説。（丑列切）

【校勘】《玉篇》：「草木初生也。古文或爲艸字。」《廣均》：「草初生皃。」「丑列切」者，見《玉篇》引。「丨」，《韻會》引作「屮」。《集均》引無「文」字，據刪。《句讀》刪「丨」字。

【集解】「屮木初生也」者，「艸」從二「屮」，「木」從「屮」，故云然。「叀」從「屮」，云：「屮，財見也。」桂未谷云：「『財』即『才』字。才，屮木之初也。」「象丨出形，有枝莖也」者，鍇傳：「從『丨』引而上行，屮始脱孚甲，未有歧根。」「古文……」，《洪範》：「庶草蕃廡。」古文作「屮」。《漢書》「艸」皆作「屮」。《隸釋》高彪碑：「獄犴生屮。」「屮」即「艸」字。

 難也。象屮木之初生，屯然而難。從屮貫一。一，地也。尾曲。《易》曰：「屯，剛柔始交而難生。」

【校勘】《篇》、《均》：「難也。」《集均》引無「木之」二字。

【集解】「難也」者，《廣雅》同。「象屮木……」，《序卦》：「屯者，物之始生也。」盧氏曰：「物之始生，故屯難。」「尾曲」，王毌山曰：「中曲爲，難，故曲。」「《易》曰……」，《屯》《象》文。

【附録】金文有「」、「」、「」、「」諸形。

 屮盛上出也。從屮，母聲。（《字林》音莫改反）

【校勘】《廣均》：「每，《説文》作『𡴁』。」引首句。《玉篇》：「草上生也。」「《字林》音」者，出元應書。

【集解】段注。

【音均】《左》僖廿八傳：每、謀。

【附録】金文有「」、「」二形。

 厚也。害人之艸，往往而生。從中，毐聲。

【校勘】《廣均》引首三句。《玉篇》：「苦也，害人艸也。」「生」，《均會》引作「有」。「毐聲」，大徐作「從毐」，非。

【集解】「厚也」者，《周語》：「厚味實腊毒。」注：「味厚，其毒亟也。」（《微子》：「天毒降災。」《史記》作「天篤」。）「害人……」者，《淮南子·主術》：「天下之物莫凶於雞毒，然良醫索而藏之，有所用也。」注：「雞毒，烏頭也。」又《釋草》又曰「繩毒」、「狗毒」。「毐聲」者，《句讀》。

【古韻】《谷風》：鞠、覆、育、毒。《桑柔》：迪、復、毒。《噬嗑》：肉、毒。

【轉音】《釋訓》：息、毒、武。

 芳也。艸木初生，其香分布也。從中，從分，分亦聲。

【校勘】諸本無「芳也」句。元應書十二引「芳也」，據補。諸本無「木」字、「也」字。《玉篇》：「草初生，香旁布也。」《廣均》：「艸木初生，香分布也。」又云：「艸初生，香分布也。」據補。「從分」，小徐無「從」字。《離騷》洪《補注》引「艸初生」句，同今本。

【集解】「芳也」者，芳，艸香也。《毛傳》、《廣疋·釋訓》：「芬，芬香也。」本書：「棻，木香也。」「艸木初生」者，「中」下云：「艸木初生也。」「其香分布也」者，釋「從分」。

【音韻】《鳧鷖》：亹、欣、熏、芬、艱。

 𡴀，或從艸。

【校勘】《玉篇》：「𡴀，今作芬。」《廣均》：「𡴀，又音芬。」「芬」音下「芬」、「𡴀」兩列。《篇》、《均》「芬」下皆云：「芬芳。」蘭按：《玉篇》言「今作芬」，則「芬」今字也。形義皆同，是後人沾益（以「苺」下云「今作莓」、「毒」下云「今作毒」、「薫」下云「今作熏」，皆俗字知之。《玉篇》凡云「今」者，無一不俗字）。當刪。

 菌𡴆，地蕈，叢生田中。從中，六聲。

【校勘】《玉篇》：「圈𡴆，地蕈，生田中也。」《廣均》：「地蕈。」按：作「圈」非。

【集解】《釋草》：「中馗，菌。小者菌。」注：「地蕈也。」又云：「淔灌，茵芝。」諸書無「茵」字，《類聚》九十八引《爾疋》作「菌芝」。《列子・湯問》：「朽壤之上有菌芝者。」《釋文》：「即今冀土所生之菌也。」揚雄《蜀都賦》：「瑕英菌芝。」注：「菌芝，石芝也。」《爾疋》《釋文》引《聲類》：「淔灌，菌芝也。」蘭按：「𡴆」、「㞢」（古「芝」字）同從「屮」，「菌𡴆」即「菌芝」也。郭注以爲「瑞草」，經典言「芝」皆常物，郭説非也。「淔灌」，郭云「未詳」。《神農本草》有「藋菌」，一名「藋蘆」。《急就》注：「生東海池澤及渤海章武，此藋蘆之地所生菌也。」《本草》弘景曰：「形狀如菌，云鸛屎所化生。」蘇恭曰：「今出渤海蘆葦澤也。鹹鹵地自然有此菌，非鸛屎所化生也。」孫校《本草經》，疑「藋菌」即「灌菌」，或一名「淔」，一名「芝」。蘭昔亦主是説。然書記亦無「淔」名，疑「淔灌」者本作「植萑」，謂植於萑蒲之澤者謂之菌芝，與「出隧」謂之「蘧蔬」，「中馗」謂之「菌」同例也。「地蕈」者，「中馗，菌」，注：「地蕈也。今江東呼爲土菌。」孫炎曰：「地蕈子也。」

【眉批】《思玄賦》：「咀石菌之流英。」注：「菌，芝也。」

 籀文𡴆，從三𡴆。

【校勘】《玉篇》：「𡴆𡴆𡴆，籀文。」

【集解】本書籀文「陸」從此。

熏　火煙上出也。從中，從黑。中黑，熏象也。

【校勘】《玉篇》：「煙上出也。」《廣均》：「火氣盛皃。」

【集解】《豳風》：「穹窒熏鼠。」《列子·湯問》：「聚柴積而焚之，燻則煙上。」

【音均】《鳧鷖》（見「芬」下）。《雲漢》：川、焚、熏、聞、遯。

凡六字　重一

【校勘】本作「重三」，今删「⿰葍刂」字、「芬」字，實重一。

附字一

⿰葍刂　古文毒，從刀、葍。

【校勘】大徐諸本如此。小徐同。《繫傳》云「竹亦毒者」云云。顧千里、桂、段君皆據以爲小徐從「⿱竹畐」。祁刻小徐本並改從「竹」。鈕、王毌山皆以《玉篇》艸部有「⿰葍刂」云：「古文毒，辨之。」蘭按：《汗簡》：「⿰葍刂，毒。《演説文》。」則此字不出《説文》確然無疑，更何多辨乎？今删。

芬　見前。

附字二

艸　百茻也。從二屮。凡艸之屬皆從艸。（七老切）

【校勘】《篇》、《均》、《釋草》疏引首句。《釋草》《釋文》引至「屮」。「七老切」者，出《釋草》疏。《釋草》疏又引「象野草莽蒼之形」。（《五經文字》：「從二屮。象草初生之形。」擬補。）

【集解】「百卉也」者，《廣疋》：「卉，艸也。」《詩》：「百卉俱腓。」「從二屮」者，《論衡》：「草初生爲屮，二屮爲艸，三屮卉，四屮爲茻，言其生之繁蕪也。」《秋官・庶氏》：「嘉草。」《釋文》：「本作『嘉艸』。」

【音均】古訓：草，造也。《廣疋・釋言》。

莊　上諱。

【補義】《玉篇》：「草盛皃。」《釋宮》：「六達謂之莊。」孫炎曰：「莊，盛也。」蘭按：從「艸」，「壯」聲。《玉篇》甚得其義。

【集解】《句讀》。《聲類》：「莊，嚴也。」

　古文莊。

【校勘】古文大徐作「」，小徐作「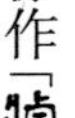」，今依《汗簡》引改。段氏云：「恐後人所加。其形本非『莊』字，當是『奘』字之譌。古文『士』或作『』，譌爲『』也。」蘭按：段說是也。以《汗簡》從「」推之，其訛顯然。《玉篇》艸部：「𦻐，古文。」按《篇》例，古文非從本部者，不與正字類列，此亦後人增入也。

 在木曰果，在艸曰蓏。從艸，㼌聲。

【校勘】諸本「在艸」作「在地」。《易》《釋文》、《古易音訓》、《玉篇》引二句，同。《齊民要術》一、《御覽》並引作「在艸」，據正。《篇海》引二句，作「在蔓」。《廣均》、《班馬字類》引作「木上曰果，地上曰蓏」。「㼌聲」，諸本作「從㼌」，今從小徐。

【集解】《齊民要術》一引許《淮南》注：「在樹曰果，在地曰蓏。」臣瓚曰云：「木上曰果，地上曰蓏。」應劭、宋衷曰：「木實曰果，艸實曰蓏。」顏注《急就篇》同。諸説是也。《呂氏春秋・仲夏紀》、《淮南・主術訓》高注並云：「有核曰果，無核曰蓏。」（段引《呂氏》注，「核」作「實」，待考。）張晏同。蘭按：「蓏」從「㼌」，「㼌」從「瓜」，則「蓏」以瓜爲主，馬、鄭並云「瓜瓠屬」是也。瓜瓠之屬未有無核者，高、張説誤也。

 神艸也。從艸，之聲。

【校勘】「之聲」，大徐作「從之」。「神草」，《均譜》作「瑞艸」。《玉篇》：「芝，瑞草。」在後增字中。《廣均》：「芝，芝草。㞢，篆文象芝草形。『蚩』從此也。」《本艸綱目》曰：「芝，本作『之』。篆文象艸生地上之形。後人借『之』字爲語辭，遂加『草』以別之也。」蘭按：《廣均》之言必有所本。「篆文」者，即指許書也。「芝」蓋「之」之隸增字，李説是也。繆襲《神芝贊序》：「別爲三榦，分爲九枝。」諸書皆以爲三榦九枝之草。王逸、郭璞皆以爲一歲三秀。然則神芝者，有花、葉、枝、榦之草類也。「㞢」象草通中枝莖益大。「㞢」從「中」，中，草木初生也，故借「㞢」爲之。不必有專字也。《内則》「芝栭」則與神草異物，即諸書之菌芝，實即本書之菌宍也。無枝葉華而有蓋。然博如景純猶誤以菌芝爲神艸，況其他乎！此字刪。

 萐莆，瑞艸也。堯時生於庖廚，扇暑而涼。從艸，疌聲。

【校勘】《玉篇》：「萐莆，瑞草也。王者孝德至則萐莆生於廚。其葉大如門，不搖自扇於飲食中，清涼中助供養也。」《廣均》同。

【集解】《句讀》。蘭按：萐莆，即扇脯也。

萐　萐莆也。從艸，甫聲。

【校勘】《玉篇》：「萐莆。」《廣均》：「萐莆，堯之瑞草。」小徐與「莆」並次「菲」、「荼」間。「莆」，錢本、汪本作「蒲」。

【集解】《句讀》。

虋　赤苗嘉穀也。從艸，釁聲。（亡昆反）

【校勘】《廣均》：「虋，赤粱粟也。」「亡昆反」者，《字林》音。

【集解】《釋草》：「虋，赤苗。」注：「今之赤粱粟。」本書：「粟，嘉穀。」又「璊」下、「穈」下皆云：「虋，禾之赤苗。」《生民》作「糜」，傳：「赤苗也。」《釋文》：「音門。」《夢谿筆談》謂「秦人音靡，聲之訛也」。蘭按：「虋」，《爾疋》舍人本作「薇」。（邵《正義》後批，余有説。）郭本作「虋」，音「亡偉反」。《易》「亹亹」即「釁」字，然則本可有「靡」音也。《倉頡》曰：「苗者，禾之未秀者也。」《本草》以「虋」爲「赤稷」，似非。

荅　小尗也。從艸，合聲。

【校勘】《玉篇》：「小豆也。」《五經文字》：「此荅本小豆之一名。」

【集解】《周禮》注：「秅秭麻荅。」《唐均》引《正名》（見《隋志》）：「荅，小豆。」《廣疋》：「小豆，荅也。」婁壽碑：「⿰米禹荅疏菜之食。」「⿰米禹」即「糲」字。李時珍以荅即赤小豆。

萁　豆莖也。從艸，其聲。

【校勘】《釋草》《釋文》、《初學記》廿七引「豆莖」。《玉篇》：「豆莖也」。

【集解】《楊惲傳》：「種一頃豆，落而爲萁。」注同。《馬汧督誄》：「萁稈空虛。」《孫子·作戰篇》：「萁稈。」曹操注：「萁，豆稭也。」

 豆之葉也。從艸，靃聲。

【校勘】諸本作「尗之少也」。《玉篇》、《釋草》《釋文》、《御覽》八百四十一引同。李善《詠懷詩》注引作「豆之葉也」。據正。《玉篇》、《廣均》：「豆葉。」按次序上爲莖，則此爲葉是也。

【集解】《廣雅》：「豆角謂之莢，其葉謂之藿。」《公食大夫·記》注、《九歎》注：「藿，豆葉也。」《采菽》箋：「菽，大豆也。采之者，采其葉以爲藿。」蘭按：《白駒》傳：「藿猶苗也。」苗謂豆之幼時僅有葉也。今本《説文》作「尗之少也」，實指幼尗，似失。

【音均】《白駒》：藿、夕、客。

 鹿藿之實也。從艸，狃聲。

【校勘】諸本「實」下有「名」字，《御覽》九百九十四引首句，無之，依删。《玉篇》：「鹿藿實。」

【集解】《釋草》：「蔨，鹿藿。」本書：「蔍，鹿豆。」郭《爾疋》注云：「今鹿豆。」《本草》俗呼「登豆」，《野菜譜》作「野緑豆」。蘭按：今年俗於除夕以小豆微炒，散之四隅，名曰「熘莥豆」（「莥」音「丑」），「熘」，俗微炒字也。

 禾粟之莠，生而不成者謂之童蓈。從艸，郎聲。

【校勘】諸本「莠」作「采」。「童」，本作「董」，《類篇》引同。《釋艸》《釋文》引至「成者」，《大田》《釋文》引至「童蓈」，「采」作「莠」。《玉篇》、《廣均》、《韻會》引「莠」作「穗」，依改。

【集解】《釋草》：「稂，童粱。」注：「稂，莠類也。」郭説誤也。《下泉》、《大田》傳：「稂，童粱。」陸機疏：「禾秀爲穗，而不成崱嶷然謂之童粱。」蘭按：「稂」、「粱」疊均，「童粱」即「童稂」也。王毌山曰：「言禾粟者，麥豆無此也。」蘭按：此仍是禾類，與莠類狼尾草之「茛」别。

 莭，或從禾。

【校勘】《大田》《釋文》引「稂，或字也」。《廣均》引同上。（宋本《説文均譜》以「稂」爲正，「莭」同「稂」）

 禾粟下揚生草。从艸，秀聲。讀若酉。

【校勘】諸本無「揚」字，小徐有。諸本「草」作「莠」，《均譜》「惡艸」，《均會》廿八厚引「禾粟下揚生草」，依正。

【集解】《仲虺》：「若苗之有莠。」《大田》傳：「莠，似苗也。」《孟子》：「惡莠，恐其亂苗也。」注：「莠之莖葉似苗。」韋昭注《魯語》：「莠，草似稷而無實。」《句讀》。

【音均】《大田》：皁、好、莠。《正月》：好、莠。（句中均）

 枲實也。从艸，肥聲。

【校勘】《玉篇》訓同。《廣均》二十文「蕡」古文作「萉」，即此字之訛。《字典》引「枲屬」，非（《廣均》八未訓「枲屬」）。

【集解】《釋草》：「黂，枲實。枲，麻。」孫注：「黂，麻子也。麻，一名枲。」「九月叔苴」，傳：「苴，麻子也。」《喪服》傳：「苴絰者，麻之有蕡者也。」《廣疋》：「蘱，蔴也。」「蔴」即「苴」字。本書「林」下云：「萉之總名。」《呂覽·尊師》：「織萉屨。」盧文弨曰：「萉，『萉』字之訛，麻屨也。」（吴普以「麻勃」爲花，「蕡」爲子，是也。他《本草》以蕡即勃，非。）

 萉，或從麻、賁。

【校勘】蘭按：《玉篇》：「萉，扶沸切，或作『黂』。黂，扶沸、父云二切。」《廣均》「黂」、「萉」同紐，不以爲一字。《説文》此字疑後人依《爾疋》增。《周禮·籩人》、《艸人》固但借「蕡」也，俟考。（「黂」爲「萉」重文者，漢中大夫賁赫，「賁」音「肥」。）

芓　麻母也。從艸，子聲。一曰芓即枲也。

【校勘】《釋草》《釋文》引「芓即枲也」。《玉篇》訓「麻母也」，引「一曰芓即枲也」。蘭按：《説文》本當作「芓即枲也」。「麻母」句疑後人以《爾疋》增（以次序知之）。或本引《爾疋》，後人誤以爲正義（以《爾疋》《釋文》引知之），又加「一曰」於「即枲也」句上也。鍇本次「芁」、「蒜」間。

【集解】《釋艸》：「莩，麻母。」作「莩」。孫、郭並云：「苴麻盛子者。」蘭按：《左》襄十七正義引《喪服傳》馬注：「枲，麻之有子者。」《釋草》曰：「蕡，枲實。」注：「《禮記》曰：『苴麻之有蕡。』」又曰：「枲，麻。」注：「別二名。」然則「枲麻」、「蕡」、「苴麻」、「芓」皆一名也。牝麻也，單名麻。牡麻也，「枲」、「麻」對文，牝牡之所分，故曰「別二名」也。「麻母」者，即母麻之謂，猶言母豬耳，故許曰「即枲也」。崔寔誤讀《爾疋》，以枲爲牡麻，蕡爲苴麻。段君從之，以枲爲無實。明背《爾疋》，雖自六朝後無有知枲、麻之分者，然亦疏矣。

䔬　連翹草也。從艸，異聲。

【校勘】首句諸本作「芓也」。《韻譜》作「茅也」。按《篇》訓「連翹草」，次序同《説文》。《廣均》：「連翹，草名。」蓋皆本《説文》。今脱「連翹」二字，「草」訛爲「芓」也。今正。鍇本次「芁」、「蒜」間。

【集解】《釋草》：「連，異翹。」注：「一名連苕，又名連草。《本草》云。」蘭按：依許君則當作「䔬，連翹」，詳郭注，亦同許本也。《本草經》有「連翹」，張仲景《傷寒論》有「麻黄連軺赤小豆湯」，「連軺」即「連苕」也。作「連異翹」，是《疋》本之誤。《釋文》引《本草》「一名異翹」，其誤非一日矣。

蘇　桂荏也。從艸，穌聲。

【校勘】首句汪本小徐、《均會》引同。錢、祁、竹君本小徐作「桂蘇，荏也」。《均譜》「草也」。《玉篇》「荏屬」。《廣均》「紫蘇艸也」。鍇次「芁」、「蒜」間。（汪本篆從「[illegible]」，錢從「[illegible]」，誤。）

【集解】《釋草》文。波注：「蘇，荏類，故名桂荏。」《通志》曰：「此紫蘇也。」《急就》注：「蘇，一名桂荏。」《方言》：「蘇，亦荏也。」蘇恭曰：「味辛如桂，故謂之桂荏。」

【音均】《山有扶蘇》：蘇、華、都、且。

荏　蘇也。從艸，任聲。

【校勘】諸本作「桂荏蘇」，依《韻譜》正。《玉篇》「蘇屬」。《廣均》「菜也」。

【集解】《句讀》。

苵　菜也。從艸，矢聲。

【校勘】《篇》、《均》「蒿也」。蘭按：《篇》在後增字中，「蘇」、「荏」之次但有「葵」字，疑《說文》本但有「葵」字（今從古文「」，本或從篆文），脱脱但存「苵」形，又附會後人訓「蒿」之「苵」字耳。《本草經》有「馬矢蒿」，則「苵」是俗字，擬删。

𧁒　菜也。從艸，豈聲。

【校勘】諸本作「菜之美者，雲夢之𧁒」。《玉篇》引同（「雲」上有「有」字）。《均譜》「菜也」。蘭按：今《吕覽》「菜之美者，雲夢之芹」，諸書引《説文》作「菜之美者，雲夢之堇」，在「蒜」下引《吕覽》則作「𧁒」。蓋當依古本《説文》爲正，今依《均譜》删正。（更按：宋本《均譜》引如今本，然《玉篇》「𧁒」在後增字中。又：「藹，餘割切，似蕨，生水中。」與《廣均》「𧁒」合。疑《玉篇》本以「藹」爲「𧁒」。「藹」殆即下文「藹」字，則本書此字疑後人以《字林》所加。）

【集解】《廣均》：「𧁒，菜似蕨，生水中。」《字典》引《玉篇》同（今本無）。蘭按：《釋草》：「薇，垂水。」孫炎注：「薇草生水旁而枝葉垂於水，故名垂水也。」郭云：「生於水邊。」《釋文》引顧云：「水濱生，故曰垂水。」《御覽》引《廣志》：「薇，葉似萍。」按本書：「薇，菜也。似藿。」陸機云：「薇，山菜。」蓋一水菜一山菜，二者不同。「豈」從「微」省聲，「薇」從「微」聲，聲近故通。《爾疋》「垂水」之「薇」，即此「𧁒」也。《本艸》有「水蕨」，即此。段以「垂水」爲俗名，誤也。《爾疋》：「虋，赤苗。芑，白苗。」舍人注以爲「伯夷所食」，邵氏非之。蘭按：「蘡」、「薇」、「芑」、「蒉」音近，舍人本作「薇」、「蒉」也。（前人以「蒉」爲「采芑」之「芑」，恐又未然。）若《吕覽》則許據本作「蕫」，而高本作「蒉」，《齊民要術》引二書甚明也。據高注，亦是作「蒉」。《字林》：「蒉，美菜，生雲夢。」本之今《説文》，依《字林》改。（「蒜」篆脱落，故在後。）而《吕覽》文本有均，似作「蕫」爲是，今人又以意改爲「芹」矣。

【眉批】《爾疋》：「虋，從水生。」即「薇，垂水也」。「虋」、「薇」同字。

葵 菜也。常傾葉向日，不令照其根。從艸，癸聲。

【校勘】篆諸本作「葵」，從「癶」。按本書從「癸」者十字，皆不從「癶」。漢印「葵」從「癸」，今改從「癸」。《玉篇》「葵」同「葵」，蓋本《説文》，《篇》、《均》皆無「葵」字可證。「常傾」二句，諸本無，據《廣均》引補。（《字典》引）

【集解】元應書十八：「葵，菜也，隨日者也。」《左》成十七傳：「仲尼曰：『鮑莊子之知不如葵，葵猶能衛其足。』」杜注：「葵，傾葉向日，以蔽其根。」《急就》注：「葵，衛足之菜，傾葉而蔽日者也。」

【音均】《板》：儕、毗、迷尸、屎、葵、資、師。《采菽》：維、葵、膍、戾。

薑 御溼之菜，辛而不葷也。從艸，彊聲。

【校勘】「御」，大徐作「禦」，小徐作「御」，《廣均》引「御溼之菜」，今正。《玉篇》：「辛而不葷也。」據補（以顏《急就》注知之）。

【集解】《字林》同。《急就》注：「禦溼之菜也，辛而不葷，故齋者不徹。」《吕氏春秋·本味》：「和之美者，陽樸之薑。」

蓼 辛菜也。一名薔虞。從艸，翏聲。

【校勘】諸本作「辛菜薔虞也」。《南都賦》注引「辛菜也」，顏《急就》注引「一名薔虞」，據補改。

【集解】《句讀》。

【音均】《小毖》：鳥、蓼。《良耜》：糾、趙、蓼。

蒩　菜也。從艸，祖聲。

【校勘】《廣均》引首句，同。諸書作「蒩」，鉏非石以爲「蒩」當爲「蒩」之訛，蓋後人增。蘭按：《玉篇》：「蒩，蒩菜。」從「租」。《唐本草》「蕺」一名「葅菜」，作「葅」。「葅」即「菹」字。

【集解】按：《埤蒼》：「蒩，蕺也。」《句讀》。段注：「《風土記》……」

𧂇　菜之似蘇者。從艸，豦聲。

【校勘】「之」，諸本作「也」，從小徐。《廣均》：「菜似蘇。」

【集解】《玉篇》：「今之苦𧂇，江東呼爲苦蕒。」《廣雅》：「蕒，蘆也。」《詩義疏》：「𧂇，苦葵。青州謂之苞。」「苞」，一作「芑」，「𧂇」、「芑」聲轉。《采芑》傳：「芑，菜也。」顔《家訓》曰：「苦菜，葉似苦苣而細。」是𧂇爲苦菜之屬而異者。李時珍以「苦苣」、「苦菜」爲一，非也。今俗名「萵苣」。

薇　菜似藿也，生山中。從艸，微聲。

【校勘】本作「菜也。似藿」，《後漢・申屠蟠傳》注引「似藿也」，據正。《玉篇》：「草也。」《繫傳》云：「一云似大萍，或曰生山中。」蘭按：徐鍇云：「按伯夷云：『登彼西山，采其薇矣。』則當似藿。」則所云「一云」、「或曰」者皆《説文》別本，據補「生山中」一句。《韻會》引「菜也。似藿。菜之微者也。」

【集解】段云：「似藿，謂似豆葉也。陸璣《詩疏》：『薇，山菜也，莖葉皆似小豆，蔓生。其味亦如小豆。藿可作羹，亦可生食。今官園種之，以供宗廟祭祀。』」蘭按：《爾疋》「薇，垂水」之「薇」，即本書「𧁆」字，與此異。項安世曰：「薇，今之野豌豆也。」

 刪。

【校勘】各本有此字,「籒文薇,省」。蘭按:《韻譜》無此字,《玉篇》、《廣均》並無,今刪。

 菜也。從艸,唯聲。

【校勘】《玉篇》:「菜名。似韭而黄。」《廣均》:「蓶,似馬韭而黄,可食。」

【集解】《齊民要術》:「蓶,菜。音『唯』。似烏韭而黄。」

 菜,類蒿也。從艸,近聲。周禮有「菦菹」是。(謹)

【校勘】諸本無「也」字。《天官・醢人》《釋文》:「芹,《説文》作『菦』,菜,類蒿也。」據補。諸本無「是」字,依小徐補。音「謹」,出《釋文》。

【集解】段注。蘭按:《本草》:「水斳。」弘景曰:「『斳』字俗作『芹』字。」則「芹」爲俗字無疑。「斳」字即「菫」字也。李時珍云:「『斳』當作『蘄』,從『艸』、『斳』聲。」非也。「菫」即旱芹,隸又誤爲「蘄」(見《爾疋》),本書别出「蘄」字,亦後人增也。

【眉批】漢印有「芹」。

【音均】《采菽》:芹、旂。

 菜也。從艸,釀聲。(而丈切) 刪。

【校勘】《玉篇》:「菜也,葅也。」《廣均》四十一漾:「菜也。」三十六養:「蘸,蘸菜爲葅。」「而丈切」,見《玉篇》引。蘭按:《方言》:「蘇,沅湘之南或謂之䓿。其小者謂之蘸菜。」注:「堇菜也,亦蘇之種類。」《齊民要術》則以爲藏菹之蘸。《内則》注只作「釀」。《廣疋》:「蘸菜,蘇也。」曹音「穰」。又云:「蘸菹也。」「蘸」字之見於書傳僅此。《急就》:「老菁蘘何。」

注：「蘘荷，一名蒪苴，莖葉似薑，其根香而脆，可以爲菹。」補注：「蘘，音穰。」與《廣疋》音同。《别録》菜部有「蘘荷」，謂根；草部有「蘘草」，謂葉也。蓋「⿱艹釀」字即「蘘」之或體。《本草》「假蘇」一名「薑芥」，「水蘇」一名「芥葅」、「芥苴」。蘇、薑、芥同名者，以其香曰葅曰苴曰菹（「蒪苴」《别録》作「覆菹」），皆當作「菹」，以可爲菹而名之也。《玉篇》「⿱艹釀」在後增字中，則《説文》此字爲後人加可知。今刪。

菜也。從艸，見聲。

【校勘】《篇》、《均》：「菜名。」

【集解】段注。

大葉實根，驚人者也，故謂之芋。從艸，于聲。

【校勘】諸本作「駭人故謂之芋也」。《埤疋》引同。《玉燭寶典》一、《齊民要術》二並引「大葉實根，駭人者也，故謂之芋」。玄應書卷十五引同，「駭」作「驚」，據訂。

【集解】《聲類》：「大葉著根之菜，見之驚人，故曰芋。」案《方言》：「芋，大也。」于部：「吁，驚語也。」

齊人謂芋爲莒。從艸，吕聲。

【校勘】各本無「人」字。《齊民要術》二、《本草圖經》引首句，有「人」字，據補。《篇》、《均》：「草名。」《均會》引「齊」字上有「艸名」二字。《均譜》：「國名。」非。

【集解】《句讀》。

蘧麥也。從艸，遽聲。

【校勘】《篇》、《均》：「蘧，蘧麥。」按俗作「⿰麥豦」。《集均》：「麥小者⿰麥豦。」

蘜 大菊，蘧麥也。從艸，匊聲。

【校勘】《廣均》引同。《玉篇》引無「也」字。

【集解】《釋艸》文。注：「一名麥句薑，即瞿麥。」《廣疋》：「茈葳，麥句薑，蘧麥也。」「茈葳」即紫葳。《本艸》「紫葳」、「瞿麥」分列，王引之云：「麥句薑當爲巨句麥。」

葷 臭菜也。從艸，軍聲。

【校勘】《廣均》：「臭菜。」

【集解】《蒼頡篇》：「辛菜也。凡物辛臭者，皆曰葷也。」《玉藻》注：「葷及辛菜也。」《士相見禮》注：「葷，辛物，蔥、薤之屬。食之以止卧。古文『葷』作『薰』。」蘭按：《禮》注別葷於辛菜，則似葷爲臭菜矣。而《論語》孔注曰：「葷，辛而不薰。」所未明也。又按：《玉藻》注「葷」字似有誤，當爲「蔥」、「薤」等字。辛菜則指葷類，則可通矣。段、王諸説皆非。

蘘 蘘荷也。一名薄苴。從艸，襄聲。

【校勘】「薄且」，各本作「蕌蒩」，依《御覽》引改。《篇》、《均》：「蘘荷。」《南都賦》注引「蘘荷，蕌蒩也」。《齊民要術》三、《離騷草木疏》引二句，無「也」。

【發明】《方言》：「蘇，芥，草也。蘇，亦荏也。其小者謂之蘸菜。」注：「菫菜也。」王引之《廣疋疏證》引「菫」作「薰」，謂即香菜也。《廣疋》：「蘘荷，蒪苴也。」《急就》：「老菁蘘何（顏本作『荷』）。」顏注：「蘘荷，一句蒪苴，莖葉如薑，其根香而脆，可以爲菹。」《大招》注：「苴蒪，蘘荷也。」《九歎》注：「蘘荷，蒪菹也。」《古今注》：「蘘荷似藷苴而白，藷苴色紫。」《別録》有「蘘荷」，宏景曰：「今人乃呼赤者爲蘘荷，白者爲覆菹。」《司馬相如傳》：「茈薑蘘荷。」注：「蘘荷，蒪苴也。根旁生笋，可以爲菹。」又：「諸蔗巴且。」張注云：「蒪苴，蘘荷也。」文穎注：「巴且，一名巴蕉。」顏曰：「文説『巴且』是也。『且』音『子余反』，『蒪』音『普各反』。蒪苴自蘘荷耳，非巴且也。」蘭按：諸説知蘘荷蘇類也，唐以前人皆不以爲巴蕉。而李時珍以爲一物，則承楊慎之僞説也（慎所引《急就》注及《古今注》，皆與原本異。其欺人可知。其説見《丹鉛録》）。王引之反以巴且即蕁苴，譏顔氏不達音理，非也。考之《本艸經》，有「水蘇」，《别録》一名「芥葅」、「芥苴」，吴普一名「雞蘇」，《日用本艸》一名「龍腦薄荷」，蘇頌曰「南人多以作菜」。又有「假蘇」，《别録》一名「薑芥」，吴普一名「荆芥」，蘇頌曰「人取作生菜」。兩品並蘇類，與蘘荷形狀、名稱、功用皆相似（蘇類故曰「蘇」，味辛故曰「芥」，可食故曰「葅」，根狀似薑故曰「薑」）。實則蘘荷即《唐本草》所録「薄荷」也。本名蘘荷，一曰薄葅，後人稱薄荷耳。即水蘇之異類也。《别録》又録「蘇」即「赤蘇」，則陶與《古今注》所謂「赤者」也。唐人習用時名，已不知薄荷即蘘荷，故蘇頌補「薄荷」於《本艸》。蘇於「蘘荷」條下説已蒙混。宋後人更不知蘘荷爲何物，然亦疑而不質。獨楊慎杜撰，以爲巴蕉。其後皆誤受其説。不知張揖所音《漢書》本作「蕁苴」，與《史記》同，若「巴且」則遠異也。蘘荷之一名「苴」正當作「葅」，以可爲葅得名也。蘘荷即薄荷，其不明幾千年矣，而可不考核乎？

【眉批】《本艸》録「石香菜」即「香葇」之類，「香葇」亦蘇類。

　韭華也。從艸，青聲。

【校勘】《急就》補注二引首句。

【集解】《廣疋》：「韭，其華謂之菁。」《三蒼》：「韭之英曰菁。」《周禮・醢人》注：「有菁菹。」

【音均】《杕杜》：菁、睘、姓。《高唐賦》：平、生、菁、并。

　蘆菔也。從艸，盧聲。（《字林》力何反）

【校勘】篆各本作「」，毛本作「」，依《復古篇》正。金文、漢印皆從「田」，無從「」者。又按：慧琳書一引則從「盧」聲，從「皿」。俟詳。《玉篇》：「葦未秀者爲蘆。」《廣均》：「蘆，葦之未秀者。」又：「蘆菔，菜名。」各本「也」下有「一曰薺根」四字。《均會》引作「又薺根曰蘆」。今依《復古編》引次「菔」下。又按：此句似不可删，俟考。「力何切」者，見元應書引。

【集解】《蒼頡篇》：「蘆，蘆菔。」元應書二引《字林》：「似菘，紫花者謂之蘆菔。」

蘆 蘆菔，似蕪菁，實如小尗，根似薺苨。從艸，服聲。（《字林》蒲栢反）

【校勘】《玉篇》：「蘆菔也。」諸本無「根似」句，「蘆」下有「一曰薺根」句，今依《復古編》正。《廣均》：「蘆菔，菜也。」「蒲柏切」，見元應書二。

【集解】《釋草》：「葖，蘆萉。」郭云：「萉，宜爲『菔』。蘆菔，蕪菁屬，紫花大根。俗呼雹葖。」《方言》：「蘴蕘，蕪菁也。其紫華者謂之蘆菔。」注云：「今江東名爲温菘，實如小豆。」

苹 葭，一曰蒲白，一曰蓱也。從艸，平聲。（平）

【校勘】各本作「蓱也，無根浮水而生者」。《初學記》廿七引同。蘭按：此「蓱」下説也，《初學記》當引作「苹，蓱也。蓱無根」云云，今本脱耳。又按：《廣韻》「苹」注：「葭，一曰蒲白，又曰萍之別名。」又云：「蘋蕭也。」「葭，一曰蒲白」五字，尋其句法，當本《説文》，今據補。《高唐賦》：「弛苹苹。」注引《爾疋》：「苹，蘋蕭。」又引《説文》：「苹苹，草兒。音『平』。」次「苹」字，因《選》文而增。「草兒」者，疑即蒲白異文。

【集解】「葭……白」，《義證》曰：「苹苹，蒻也。《廣均》：『茋蒻，小苹。』鄭注《閒傳》：『苄，今之蒲苹是也。』」蘭按：《顧命》王肅注：「篾席，纖弱苹席。」《爾疋》：「苹，蘋蕭。」注：「今蘋蒿也，初生亦可食。」《齊民要術》引《詩》疏云：「蘋蕭，青白色，莖似箸而輕脆，始生可食，又可蒸也。」本書：「蕭，艾蒿也。」《小疋·食野之苹》傳：「苹，蓱也。」箋：「苹，蘋蕭也。」又《釋艸》：「荓，馬帚。」注：「似蓍可以爲埽帚。」《夏小正》：「七月苹秀。」傳云：「苹也者，馬帚也。苹蒿類荓似蓍。」本書：「蓍，蒿屬。」然則荓、苹一物（蒿、蓍皆以其莖）。故《夏小正》作「苹」，正字也。今《説文》有「荓」篆，則後人以《爾疋》增之，非許君本有也。本書：「荔，似蒲而小，根可爲刷。」《救荒本草》謂之「鐵埽帚」。李時珍曰：「叢生，一本二三十莖。苹、荔同類，荔似蒲，故此曰蒲白。」（李時珍以苹即荔，似非。）「葭」之義未聞。「一曰」云云，《釋草》：「苹，蓱。」舍人云：「苹，一名蓱。」

【眉批】「蒻」下徐鍇曰：「今俗呼蒲白。《尚書》曰：『敷重弱席。』注：『蒻，苹。』是也。」

吾説誤也。蒲白者，蒲之本也。見「莞」、「蒲」下，此蘋蕭、馬帚正當作「荓」字也。

葭即蘆也。

 艸也。無根浮水而生者。從艸，洴聲。

【校勘】「艸也」諸本作「苹也」，依《均譜》正。「無根」至「者」，諸本在「苹」下，今正。本次「莎」下，今移於此。

【集解】《玉篇》：「萍，草無根水上浮。」《廣韻》：「水上浮，萍。」《釋艸》：「苹，蓱。」注：「水中浮萍，江東謂之薸。」

【發明】「洴聲」者，本書無「洴」字，段改爲「從水，并聲」。蘭以爲當是本書缺「洴」字也。《莊子・逍遥遊》：「洴澼洸。」成玄英疏：「洴，浮。澼，漂。」李云：『洴澼洸者，漂絮於水上。』徐音「洴」，「扶經反」。《廣韻》：「洴，《莊子》曰有『洴澼洸』，造絮者也。」《吕覽・序意》「青荓子」，《水經注》亦作「清洴」，《文選》陳琳箋作「青蓱」。漢印有「洴安世」。然則本書當有「洴」字也。「洴」義爲浮，故「蓱」爲浮水之艸。《玉篇》無「洴」字，有「汫」字，訓「漂流」，即「洴」之訛也。本書亦無「澼」字，「潎」下云：「於水中繫絮也。」段曰：「亦謂之漂，『漂』、『潎』雙聲。」按《莊子》《釋文》「漂」引韋昭云：「以水擊絮爲漂。《説文》作『潎』。」段説本此也。本書：「漂，浮也。」「洴」與「漂」義同。《玉篇》：「澼，漂澼也。」

【眉批】桂氏則云：「謝靈運詩注引《詩》(毛詩)《食野之苹》，後人多用『蓱』爲浮萍字。」蘭按：蓱，漂也。「蓱」、「漂」也似浮蓱爲正義。

 艸也。從艸，臣聲。

【校勘】《篇》、《均》：「草名。」《篇》次「萑」、「蓩」間。

【集解】漢印有「茞夫人」。

 大蓱也。從艸，賓聲。

【校勘】《篇》、《均》：「蘋，大萍也。薲，同。」《韻會》引「萍也」。

【集解】《釋草》：「苹，蓱。其大者蘋。」毛傳：「蘋，大萍也。」「賓聲」者，《召南》箋：「蘋之言賓也。」

 染青艸也。從艸，監聲。

【校勘】《篇》、《均》：「染艸也。」

【集解】《釋艸》：「葴，馬藍。」毛傳：「染艸也。」

 令人善忘憂，艸也。從艸，憲聲。《詩》曰：「安得藼艸。」

【校勘】諸本無「善」字。《伯兮》《釋文》引「令人忘憂」，《均會》引「令人忘憂之艸也」，《玉篇》「令人善忘憂艸」，《廣均》「忘憂艸」。今補「善」字。《初學記》廿七引「忘憂草也」，作「萱」。

【集解】「令人善忘憂」者，《韓詩章句》、嵇康《養生論》：「諼草忘憂也。」《發蒙記》：「萱草，可以忘憂。」「草也」者，《養生論》注：「萱草，今之鹿葱也。」「《詩》曰……」，《衛風》，今作「焉得諼草」。

 或從諼。

【校勘】諸本篆作「」，「從煖」。小徐無此字，張次立補。《伯兮》《釋文》「諼」引《説文》作「藼」，或作「蕿」，今正。《廣韻》「萱」下云：「《説文》又作『藼』、『蕿』。」《玉篇》：「藼、萱，同蕿。」《續復古編》一：「藼，或作萱、蕿。」又四：「藼、萱、蕿，忘憂艸。」鍇《均譜》「藼」下云：「忘憂艸。」「蕿」下不云「同上」，而注「萱同」二字。不出「萱」字。則「萱」字乃後人附益，今刪。

【眉批】此似當作「蕿」，見「萱」下。

《均譜校》有説，可參證。待檢。

萱

宋本《均譜》有此字。此字當有。《五經文字》：「蕿、萱二同。並凶元反。《詩》作『諼』。」可證。

 营藭，香艸也。從艸，宮聲。

【校勘】《玉篇》：「营藭，葉似江蘺也。」《廣均》：「芎藭，香草。根曰芎藭，苗曰蘪蕪。似蛇牀。」

【集解】《博物志》：「芎藭，苗曰江蘺，根曰芎藭。」《西山經》：「號山，其艸多芎藭。」宣十二傳：「有山鞠窮乎。」杜云：「鞠窮，所以御溼。」

 司馬相如説，营從弓。

【發明】《急就篇》：「弓窮原樸。」顔本作「芎」。古書無作「营藭」者，前人謂「芎」爲俗字，蓋非。王毋山則謂《詩》用「躳」、「宮」字，皆與今東均爲類；用「弓」字，皆與今蒸均爲類；判然不相入。許印林謂長卿不識字（《釋例》十五）。

【眉批】許引《凡將》説者，豈《倉頡》作「营」邪？何《急就》作「弓」也？

 营藭也。從艸，竆聲。

【校勘】《篇》、《均》作「藭」。

 香艸也。從艸，闌聲。

【校勘】《初學記》廿七引首句。《篇》、《均》：「香艸。」

【集解】《易》：「其臭如蘭。」鄭云：「香艸也。」《左傳》：「蘭有國香。」

【音均】《繫辭》：言、蘭。《湘夫人》：蘭、言、湲。《招魂》：姦、安、軒、山、連、寒、湲、蘭、筵。

 香艸也。出吴林山。從艸，姦聲。

【校勘】各本無「香」、「也」二字。《均譜》：「艸也。」元應書二又八又十二引「香艸也」，據補。《廣均》：「香艸。」《玉篇》無

「葌」字。

【集解】《聲數》:「葌,蘭也。」《字書》「葌」與「蕑」同,「葌,蘭也」。《廣韻》「葌」與「蕑」同。《溱洧》、《韓詩章句》:「蕑,蘭也。」「出吴林山」者,《中山經》:「吴林之山,其中多葌草。」

薑屬,可以香口。從艸,俊聲。

【校勘】《事類賦》注引二句。小徐「薑」作「薑」。《篇》、《均》引二句,同。《韻會》引作「薑」。

【集解】《廣疋》:「廉薑,葰也。」《異物志》:「葰,一名廉薑。」《既夕・記》:「茵著用荼,實綏澤焉。」注:「綏,廉薑也。」《廣均》:「葰,胡荽,香菜。荽、芰、葰,同。」《韻略》:「荽,香菜也。」按「荽」即「綏」字。

芄蘭,艸也。從艸,丸聲。《詩》曰:「芄蘭之枝。」

【校勘】諸本「艸」作「莞」,《篇》、《均》:「芄蘭,艸。」據正。

【集解】《釋草》:「雚芄蘭。」郭注以「雚芄」絶句,許則以「芄蘭」絶句,與《詩》合。「《詩》曰……」,今作「支」。《説苑》引亦作「枝」。傳曰:「芄蘭,艸也。」箋云:「芄蘭,柔弱,恒蔓延於地,有所依緣則起。」陸疏:「芄蘭,一名蘿摩,幽州人謂之雀瓢。」彼《釋文》:「芄,本作丸。」

楚謂之蘺,晉謂之虈,齊謂之茝。從艸,嚻聲。

【校勘】《九思》補注引三句。《韻譜》:「虈,茝也。」議補「茝也」二字於「楚」字上。《内則》《釋文》:「齊人謂之茝。」

【集解】《埤蒼》:「齊曰茝,晉曰虈。」《西山經》:「號山多藥虈。」注:「藥,白芷。別名虈,香艸也。」《中山經》:「嶨山多藥。」注:「即虈。」《本草别録》:「白芷,一名苻離,一名莞,葉名蒚麻。」蘭按:《爾疋》:「莞,苻離,其上蒚。」郭以爲蒲類。本書以「莞」爲「艸」,「蔇,夫蘺也」,「蒚,夫離上也」。許君釋《爾疋》或不與郭同。夫離者,即此「楚謂之蘺也」。今本下文:「蘺,江蘺,蘼蕪」。王逸曰:「江蘺,蘺艸,生江中。」《本艸》:「蘼蕪是川芎苗。」按當是藁本苗。《漢書》張揖注:「江蘺，香艸也。蘼蕪，蘄芷也。似蛇牀而香。」皆斷然二物，今本後人以《相如傳》改也。

蘺 艸也。從艸，離聲。

【校勘】諸本作「江蘺，蘼蕪」。《離騷》補注、《草木疏》、錢注引同。蘭按：宋本《均譜》：「蘺，蘪蕪。」按王逸曰：「蘺艸生江中，故曰江蘺。」然則江蘺非草名也。江蘺與蘼蕪亦異，蘺蓋即夫蘺，説皆見「虈」【發明】。《復古編》：「蘺，艸名，從艸、離。」蓋本舊本《説文》，今依正。改「名」爲「也」，依本書通例。

【集解】《釋艸》：「莞，苻蘺。」《本草》：「白芷，一名苻蘺。」當即此。《楚辭》、相如言「江蘺」，《江賦》「繁蔚芳蘺」，皆蘺之生於水中者，《江賦》注謂「似水薺」是也，與蘼蕪異也。

茝 虈也。從艸，𦣞聲。（《字林》昌亥反）

【校勘】《離騷草木疏》引首句。《内則》《釋文》引首句。《字林》音見《相如傳》《索隱》。

【發明】《玉篇》：「藥，白茝葉，即虈也。」按《字林》「蘼蕪別名」，蓋即以爲《爾疋》之「蘄茝」。樊光注《爾疋》：「藁本，一名蘼蕪。根名蘄芷。」疑樊本「蘄芷」上有「藁本」二字。《廣疋》：「山茝，藁本也。」當亦本《爾疋》也。《相如傳》：「江蘺蘼蕪。」又曰：「被以江蘺，揉以蘼蕪。」《淮南·氾論》：「亂人者芎藭之與藁本也，蛇牀之與蘼蕪也。」《管子·地員》：「薜荔白芷蘪蕪椒連，五臭所校。」《荀子·大畧》：「蘭茝藁本。」又《勸學》曰：「蘭槐之根是曰芷。」綜諸書觀之，江蘺、蘼蕪、藁本、白芷皆異物而一類。芷之生於山者曰山芷。蘄芷即藁本，藁本以本名，白芷以根名（本書：「止，下基也。」指艸根言。「茝」通「芷」，故「芷」即根）。槀本一名蘼蕪，蘼蕪以葉名（今以芎藭苗爲蘼蕪，蓋芎藭、藁本相亂也）。茝一名蘺，即夫蘺，其生水者則江蘺也。漢人知其異，故許、樊、吕、張皆能辨之。後人混於同類，故不能明矣。又按：《地員》又云「蓮與蘪蕪、槀本、白芷」，以蘪蕪、藁本並出，與《淮南》同，疑亦異物。樊以爲同物，似非。更俟考。

【音均】《離騷》：在、茝、晦、芷。

【眉批】「芷」即「止」之後起字。

 蘪蕪也。從艸，麋聲。

【校勘】《玉篇》：「蘪蕪，香草也。」在後增字中。《廣韻》：「蘪蕪，香艸。即江蘺也。」按王毌山曰：「《字林》：『茝，蘪蕪別名。』或《字林》始收此字。《爾疋》《釋文》作『麋蕪』，云『本今作蘪』，《本艸》亦作『蘪』，又名『微蕪』，亦足證其無專字。」蘭按：王説是也。《爾疋》：「蘪，從水生。」即「薇，垂水」。「蘪」、「薇」同聲。

 香艸也。從艸，熏聲。

【校勘】《玉篇》：「似蘼蕪，香艸也。」《廣均》：「香艸。」

【集解】《左傳》：「一薰一蕕。」《離騷》王逸注：「菌，薰也。葉曰薰，根曰蕙。」《廣疋》：「薰艸，蕙艸也。」又曰：「菌，薰也。其葉謂之蕙。」《上林賦》注：「張揖曰：『蕙，薰艸也。』」《本艸別録》：「薰艸，一名蕙艸。」郭注《山海經》云：「或以薰爲蘭葉，失之。」則以浮山薰艸當之也。

【音均】《家語・觀樂》：薰、慍。

 水萹茿。從艸，從水，毒聲。讀若督。

【校勘】《玉篇》：「萹茿艸。」《廣均》：「萹竹艸。」

【集解】《句讀》。按魯詩亦作「薄」。

 萹茿也。從艸，扁聲。

【校勘】《玉篇》、《廣韻》一先：「萹竹艸。」廿七銑：「萹茿艸。」

【集解】《釋艸》：「竹，萹蓄。」《淇奧》傳：「竹，萹竹。」李巡曰：「一物二名。」然則竹一名萹、一名蓄也。郭璞云：「似小藜，赤莖節，好生道旁。」《本艸》言「生東萊山谷」。按此草登萊正多也。

 蓾苀也。從艸，筑省聲。

【校勘】《篇》、《均》：「蓾苀也。似小藜，赤莖節，好生道旁，可食。」《玉篇》云「亦作『竹』」。蘭按：《爾疋》、毛傳作「竹」。「薄」，《廣均》：「蓾竹艸。」「蓾」，《篇》、《均》：「蓾竹艸。」皆作「竹」。疑《説文》本但作「竹」，不出「苀」字。「筑省聲」，桂云：「當作『巩聲』。」小徐次「菩」下。

以下未完，存議。

 藒車，芞輿也。從艸，楬聲。

【校勘】篆，宋本及初印本《五音均譜》、《繫傳》同。毛改及汪刻《繫傳》作「藒」，從「楬」聲。《韻會》從「揭」聲。唐本《唐均》作「藒」字。《玉篇》：「藒車，香艸也。藒，同上。」《廣均》：「藒車，香艸也。」諸本無「藒車」二字，《御覽》九百八十二、《韻會》九屑引「藒車，芞輿也」，據補。按「藒車，芞輿」，《爾疋》文。彼《釋文》云：「本多無『車』字。『輿』，郭、謝及舍人本同，衆家並作『蒢』。」「藒」，《離騷》、司馬相如皆作「揭」，疑《説文》本無「藒」字，後人依《爾疋》增。故全同郭本也。《均譜》無「藒」字。

 芞輿也。從艸，气聲。

【校勘】《玉篇》：「香艸也。」「輿」，疑當作「蒢」，説見上。

 馬苺也。從艸，母聲。

【校勘】《廣均》四十九宥：「苺，覆盆艸也。」無「苺」字。《玉篇》：「苺，實似桑椹，可食。苺，《説文》曰：『馬苺。』」按疑「苺」之後增字。慧琳書引《蒼頡》：「苺，可食也。」

茖葱，生山中，細莖，大葉。從艸，各聲。

【校勘】諸本無「茖葱」至「葉」，作「艸也」二字。今依《圖經本艸》引改補。《爾疋》疏引「生山中者名茖，細莖、大葉者是也」。

【集解】《釋艸》：「茖，山葱。」注：「細莖，大葉。」《北山經》云：「邊春山其艸多葱韭。」注：「山葱，名茖，大葉。」《廣成頌》：「格韭菹于。」章懷注：「『茖』與『格』古字通。」

甘艸也。從艸，甘聲。

【校勘】《玉篇》：「苷，苷艸。」《廣均》：「苷，苷艸。藥出洮州。」「甘聲」，諸本作「從甘」，依小徐、《均會》十三覃正。按「苷」後出字。

艸也。可以爲繩。從艸，予聲。

【校勘】諸本「可以」句在「聲」下，今正。《玉篇》：「艸，可以爲繩。」《廣均》：「艸也，可以爲繩。」《南都賦》注引「可以爲索」，作「苧」。《篇》、《均》：「苧，同芧。」

【集解】段注。《句讀》。「可以爲繩」者，《僮約》：「多取蒲苧，益作繩索。」

艸也。從艸，盡聲。

【校勘】《篇》、《均》：「進也。《詩》云：『王之藎臣。』一曰艸名。」似可據補。

【集解】《字林》：「草名也。」元應引《本艸》：「藎艸，味苦，可以染流黄，作金色，生蜀中。」《御覽》引吴普「一名黄艸」。按藎艸在《本經》下品，唐以前不以爲菉也。《唐本草》始以爲菉。李時珍又以爲莀。本書別出「菉」、「莀」，則非一物也。《急就篇》：「藎兔盧。」

艸也。從艸，述聲。

【校勘】《篇》：「艸也。」《均》：「艸名。」

【集解】《唐本艸》：「薑黃，根葉多，似鬱金。西戎人謂之蒁。鬱金生蜀地及西戎，苗似薑黃，花白質紅，末秋出莖心而無實，其根黃赤，胡人謂之馬蒁。」

荵冬艸也。從艸，忍聲。

【校勘】《廣均》引「荵冬，艸也」。按《別録》上品「忍冬」，陶云：「淩冬不凋，故名忍冬。」然則「忍」不當作「荵」也。《韻譜》又有「苳」字，云：「忍苳艸。」今《説文》無，蓋「荵」、「苳」二字皆後增字，非《説文》有也。《釋艸》：「蒡，隱荵。」不知以何爲之。蘭按：宋本《均譜》引作「艸也」，是也。許所説正是《釋艸》之「隱荵」，今人改之耳。今删「荵冬」二字。

萇楚，跳弋，一曰羊桃。從艸，長聲。

【校勘】「跳」，宋本如此，各本作「銚」。《韻會》七陽引作「姚」。「曰」各本作「名」，依《均會》引改。

【集解】《釋艸》：「長楚，銚芅。」郭云：「今羊桃也，或曰鬼桃。葉似桃，華白，子如小麥，亦似桃。」《廣疋》：「鬼桃，銚弋，羊桃也。」朱駿聲曰：「即夾竹桃。」

芺也。從艸，魝聲。

【校勘】《玉篇》：「芺也。」《均譜》：「艸也。」《廣均》：「草也。」

【集解】《釋艸》：「芺，薊。」

荲 艸也。從艸，里聲。讀若釐。

【校勘】《廣均》：「羊蹏菜。」《集均》七之引「艸也。一曰羊蹏」。

【集解】《廣疋・釋草》：「荲，羊蹏也。」《字林》：「荲，艸名，似冬藍，烝食之酢。」按即羊蹏菜也。

藋 蓳艸也。一曰拜啻藋。從艸，翟聲。

【校勘】「蓳」，大徐作「釐」，《繫傳》、《集均》、《類篇》、《五音均譜》、《韻會》引作「蓳艸也」，《釋草》《釋文》引「蓳也」，據正。桂、王、嚴皆云當作「堇也」，誤。祁刻小徐剜改「蓳」爲「堇」，並非。錢抄本作「釐艸也」。「啻」，諸本作「商」，竹君本、《集均》作「商」，麻沙宋本、趙本《五音均譜》作「啻」，依正。

【發明】《廣疋》：「蓳，藋也。」《名醫别録》：「蒴藋，一名蓳艸，一名芨。」蘇恭曰：「此陸英也。剩出此條。《爾疋》云：『芨，蓳草。』郭璞注：『烏頭苗也。』檢三蓳别名，亦無此者。《别録》言此『一名蓳艸』，不知所出處。」《本經》下品「陸英」，蘇恭曰：「此即蒴藋也。古方無蒴藋，惟言陸英，後人不識，浪出『蒴藋』條。此葉似芹及接骨花，三物亦同一類。故芹名水英，此名陸英，接骨名木英，樹此三英也。花葉並相似。」蘭按：蘇説是也。陸英即蓳，故《别録》蒴藋一名蓳也。本書：「蓳，根如薺，葉如細柳，子如米，蒸汋食之甘滑。」「蓳」亦後人增。又有「蘄」字，「艸也」。蓋隸變「蓳」，或借「斳」，變爲「蘄」也。皆删去。「蘄」似「蕇」之變，見「蕇」下。又有「芹」字，「楚葵也」，是「菦」之俗字。亦删去。各詳本條。又有「菦」，訓「菜，類蒿」。蘭按：與「蓳」當爲一字異文。《本艸經》下品「水斳」一名「水英」，《别録》一名「芹菜」，中品「石龍芮」，一名「地椹」。吴普云：「一名水蓳。音謹。又音芹。」李時珍曰：「石龍芮，言其子也。水蓳，言其苗也。」《周禮》《釋文》引本書「菦」音「謹」，與吴普音合。知「蓳」、「芹」皆「菦」之俗也。而《唐本艸》别出「水蓳」、「水英」二條，形狀功用全同，蓋浪出也。陸英、蒴藋者，《唐本艸》别出。「蓳」，李時珍曰：「此旱芹也。一種黄花者，有毒殺人，即毛芹也。」《本艸拾遺》「毛茛」，李時珍曰：「即今毛蓳也。蓳音『芹』。似水蓳而有毛也。」按旱芹無毒，毛芹有毒，皆《本艸經》之陸英也。木蓳一名曰及，今作白芨，故蓳艸一名芨也。毛茛有毒，《本草》「烏頭苗名茛」，故《爾疋》注謂之「烏頭苗」。《晉語》「置蓳於肉」，而非《本艸》之

「草烏」也。今人以郭言烏頭爲草烏，又不知堇之即芹，蒴藋之即陸英。而《字書》「蒴藋艸，一名堇」，「堇」字誤爲「堇」，《釋文》引《本艸》亦誤作「堇」。《玉篇》「堇」下云：「一名蒠。」程君瑶田遂據之改本書「藋」、「芨」二解「堇」皆爲「堇」，以附會之。嚴、桂、王皆信其説，至欲改《釋艸》、《廣疋》、《玉篇》諸「堇」字爲「堇」，此大謬也。雖然，自《本艸》、《别録》以下已皆昧古義，以本經石龍芮、水靳、陸英三品演爲十餘菜，重襲謬誤，皆不識其物，其亂蓋自魏晉之間矣。於諸君子何怪乎！「一曰……」，《釋艸》文。彼作「蔏」，注：「蔏藋，亦似藜。」高誘《淮南》注：「蔏，苗。荻，蒡。楚人謂之蔏。蔏，讀如敵戰之『敵』。幽冀謂之荻苕也。」依高注，《爾疋》當同《説文》作「啻」。程瑶田曰：「《莊子》：『田開之操拔篲以待門庭。』『拔篲』即『拜篲』，蓋以『拜』爲『埽帚』聲轉之故謂之『拔篲』。」《詩》：「勿翦勿拜。」箋：「拜之言拔也。」陳藏器曰：「灰藋生熟地，葉心有白粉，似藜。子炊爲飯，香滑。」《左傳》：「斬之蓬蒿藜藋。」《淮南・脩務》：「藜藋之生蟆蟆然。」按藜藋之赤者。堇爲羊蹄菜，藋爲芹類，全不同。朱又據「釐艸也」説爲「藜蔓華」，不知此别義，即解「商藋也」，與本義異。

【眉批】蘭按：蔏藋即後之苗蓨也。
諸書多與「堇」字亂，詳「藋」注。

　堇艸也。從艸，及聲。讀若急。

【校勘】小徐本無「讀若」句。《玉篇》：「芨，堇艸，即烏頭也。」嚴引《玉篇》：「芨，堇艸也。」非。《集均》：「蒠，艸名，蒴藋也。」《玉篇》：「蒠，堇也。堇，一名蒠。」「堇」皆當作「堇」。

【集解】見上。

　删。

【校勘】諸本有此篆，「山莓也」。按《釋艸》：「葥，王蔧。」《釋文》引《説文》作「湔」同。「湔」當作「蕑」，本書：「蕑，王蔧也。」《玉篇》無「蕑」字，「葥，子賤、子踐二切，王蔧艸，可爲帚。又音前。蕑，同上」。《五經文字》：「蕑、葥二同。子賤反，又音前。山梅也。《爾疋》用下字。」依顧、張，知山梅之字與王蔧之字不異物，一爲「子賤反」，一爲音「前」耳。「蕑」爲正字，

「葥」《爾疋》字，「莓」後人增也。本書亦無「莓」字，依《五經文字》則《疋》文作「梅」。陳藏器謂：「懸鉤子，其子如梅子。」李時珍以爲即「葥，山莓」是也。此作「莓」，可知是後人依《疋》文增。今刪。

　毒艸也。從艸，務聲。

【校勘】各本篆作「䔙」，「務聲」。小徐作「婺聲」。大徐各本此下有「蓩」篆：「卷耳也。從艸，務聲。」小徐本無，張次立依大徐補。《韻譜》亦無。《玉篇》：「蓩，毒艸也。」引《説文》「卷耳也」。「䔙」引《説文》「毒艸也」。《廣均》一屋：「蓩，毒艸。」三十二皓：「蓩，毒艸。又地名。」無「䔙」字。段君改篆爲「蓩」，刪「䔙」及「卷耳」之解，是也。小徐及《韻譜》無「蓩，卷耳」之訓，一證也。大徐本作「務聲」，則篆從「婺」是訛文，二證也。《字林》作「蓩」，三證也。《廣均》無「䔙」，四證也。諸書無苓耳名「蓩」之事，蓋《集均》以「蓩」爲「葶藶」，當有所本。《山海經》「葶藶出熊耳山」，蓋一本《説文》舊注出「熊耳」而誤爲「卷耳」也。此篆既誤從「婺」，大徐又收「卷耳」之誤解，遂沿襲至今也。今正之。

【集解】《字林》：「蓩，毒艸也。」《集均》：「蓩，毒艸，葶藶也。」《中山經》：「熊耳之山有艸焉，其狀如蘇而赤華，名曰葶藶。」注：「亭寧、耵聹二音。」《本艸綱目》「醉魚艸」，李時珍曰「葶藶之類」。《本經》下品「莽草」，《別録》「一名葞艸，一名䒷，一名春艸。」《釋艸》：「䒷，春艸。」孫炎云：「藥艸也。俗呼爲葞艸。」郭璞云：「一名芒艸。」《山海經》：「葌山有木焉，其狀如棠而赤葉，名曰芒艸，可以毒魚。」蓋或一類也。《玉篇》：「葶藶，細草。」

　苦艸也。出上黨。從艸，浸聲。

【校勘】諸本作「人參藥艸」，元應書十一：「蔘，《説文》作蓡，苦艸也。」據正。王毌山云：「當作『蓡』，從『浸』聲。」《廣均》：「蔘，人蔘，藥也。蓡，古文。」《玉篇》：「蓡，人蓡，藥。蔘，同上。」嚴云：「篆體當作，解當云『浸聲』。」（《説文辨疑》「䓭葢下時苦蔘」條可參看。似「苦艸」義非許語。）

【集解】《御覽》引《廣疋》：「葠，人蔘也。」

 鳧葵也。從艸，攣聲。

【校勘】《玉篇》：「蘱，鳧葵也。𧄝，同上。」《廣均》：「𧄝，鳧葵。一曰茆也。」

【集解】《廣疋》：「𧄝，茆，鳧葵也。」

 艸也。可以染留黃。從艸，戾聲。

【校勘】《御覽》、《本艸綱目》引無「留」字。《篇》、《均》：「紫艸也。」

【集解】䓞有緑、紫二種。《廣疋》：「緑綟，紫綟，綵也。」《輿服志》注引徐廣曰：「綟，艸名也。以染，似緑，又云似紫。」按《百官志》如淳注：「盭，緑也。」晉灼曰：「草名也。出琅邪平昌縣，似艾，可染緑。」《急就》注：「綟，蒼艾色也。東海有艸，其名曰䓞，以染此色。」皆謂緑綟即《爾疋》「菉，王芻」、《詩》「終朝采緑」也。《釋艸》又云：「藐，茈草。」注：「可以染紫。一名茈䓞。」《廣疋》：「茈䓞，茈艸也。」「掌染艸」注：「紫茢之屬。」劉昌宗讀「茢」爲「戾」。《司馬相如傳》：「攢戾莎。」徐廣曰：「艸，可染紫。」《西山經》：「勞山多茈艸。」注：「一名茈䓞，中染紫也。」《爾疋》注：「茈艸，可以染紫。一名茈䓞。」皆謂紫䓞即「藐，茈草」也。此二類，許意不知何屬。《篇》、《均》皆云「紫艸」，或當同也。流黃是黃黑色，非䓞色。《本草》「藎，染黃色」，蓋彼之剩文誤於此也。郝云：「今茈草有兩種，人所種者，苗葉肥大，以之染色，不及野生者。細小尤良也。」

 芘芣也。從艸，收聲。

【校勘】諸本作「蚍𧊅」，本書無「𧊅」字。《釋艸》《釋文》：「衃，本又作𧊅，又作芣。」《毛傳》作「芘芣」。本書「芘」下徐鍇云：「蚍𧊅，亦或作此。」今正。《韻會》引「芘」上有「艸名」二字。《篇》：「蚍𧊅也。今荊葵。」《韻》：「艸名。今荊葵也。」

【集解】《釋艸》：「荍，芘芣。」（依《陳風》《正義》正）郭云：「今荊葵也。似葵，紫色。謝氏云：『小草，多華，少葉，葉又翹起。』」《廣疋》：「荊葵，荍也。」《詩》陸《疋》：「芘芣，一名荊葵。似蕪菁，華紫緑色，可食，微苦。」阮元以爲即順天人所呼之「回回秫」。

【音均】《東門之枌》：荍、椒。

⿱艹毗　艸也。从艸，毗聲。

【校勘】諸本作「蒿也」，經傳無此義。《玉篇》：「⿱艹毗，蒿，似蓍。」《廣均》：「蒿也。」按「蒿，似蓍」者，是「芊」字。「芊」、「芘」字形及聲相混，後人誤以爲⿱艹毗爲蒿矣。今依《三蒼》及「芘」注正。

芘　艸也。一曰芘尗木也。从艸，比聲。

【校勘】「尗」，諸本作「茮」，竹君本、顧本作「尗」，依正。諸本次在「蒟」、「蘼」間，今移次此。

【發明】《玉篇》：「芘，蓄也。」《廣均》：「藜芘，荆蕃。」按芘蕃即芘芣，荆蕃即荆葵（此説本桂）。《鹽鐵論・散不足篇》：「浚芘蓼蘇。」徐鍇曰：「荍，蚍衃，亦或作此。」「一曰……」者，《三蒼》：「⿱艹毗，布迷反。艸名也，其生似樹也。」《玉篇》、《廣均》：「蓖，蓖麻。蓖，同。」按「蓖」即「⿱艹毗」字。《三蒼》：「⿱艹毗，布迷反。艸名也，其生似樹也。」《韻集》：「⿱艹毗，麻，其生似樹者也。」《本艸》蘇恭曰：「葉似大麻，子如牛蜱。」韓保昇曰：「實類巴豆，青黄斑褐。」按蓖麻之名，出自漢後，即《本艸經》之「雲實」也。《别録》「一名員實、雲英」。吴普云：「一名天豆，葉如麻。」《圖經》云：「一名馬豆。」本書言「芘尗」，尗亦豆也。《唐本艸》别出「蓖麻」一條，誤也。大者高丈餘，或曰似樹曰木也。「芘」、「⿱艹毗」本一字，正義爲「荍，芘芣」之字，故次「荍」下。今本分爲二字，「芘」既誤次，「⿱艹毗」解又誤，今悉正之，且當合爲一字。（王念孫以「芘尗木」當爲「芘芣」，説誤。）

萭　艸也。从艸，禹聲。

【校勘】《廣均》引首句。《玉篇》：「艸也。」

荑　艸也。从艸，夷聲。

【校勘】俗本篆作「荑」。宋本及《繫傳》、《均會》、《均譜》並作「荑」，今正。元應書十四「稊」又作「苐」，《説文》作「荑」。

《玉篇》：「荑，大奚切，始生茅也。又荑桑也。又音夷，莁荑也。苐，《説文》：『艸也。』」段據《玉篇》改此篆爲「苐」，非也。《句讀》：「《玉篇》……此誤。」

【集解】毌山曰：「《孟子》……皆不了。」蘭按：下又出「蕛」字，據《爾疋》《釋文》「蕛」本作「稊」，據元應「稊」當作「荑」，則亦此字也。《易》「枯楊生稊」，鄭本作「荑」，注云：「枯，音姑。謂無姑。」鄭本蓋作「枯榆生荑」，《釋木》注：「姑榆也。」《急就》注：「無姑，一名橭榆。」

山榆（辛朱反），荑木更生，謂山榆之實。與《釋木》「無姑，其實夷」、《本草》「蕪荑，一名無姑」皆合。然此亦就初生之義申出，與許異。

【音均】《碩人》：荑、脂、蠐、犀、眉。

薛　艸也。從艸，辥聲。

【校勘】《篇》、《均》：「薛，《説文》作『薛』。」《廣均》引首句。

【集解】段注。《玉篇》：「薛，莎也。」

苦　大苦，苓也。從艸，古聲。一曰苦猶急也。

【校勘】《篇》、《均》引首句。諸本無「一曰」二句。《集均》、《類篇》、《韻會》皆引「一曰急也」。《廣絶交論》注引「苦，猶急也」。據補。

【集解】「大苦，苓也」者，見《邶風》、《唐風》傳、正義引《爾疋》同。今《疋》文「苓」作「蘦」，下文又出「蘦」。段云：「『令』聲在十二部，『蘦』聲在十一部，『蘦』聲必淺人據《爾疋》妄增。」其說是也。孫、郭注《爾疋》以爲甘艸，又引或說以爲似地黄。沈括以爲黄藥。王引之（《廣疋疏證》）以《爾疋》「大苦」爲「大苄」之借字。朱駿聲曰：「《爾疋》或可謂之借字，若《説文》『苷，甘艸也』，『苄，地黄也』，『蘦，大苦也』，『大苦，苓也』，解系本字，謂之叚借可乎？此可豁然無疑矣。」然蘭按許君說本義，「苦」是本義，「大苦」非本義也（無論「苦」爲「味」爲「苄」）。疑當以「采苦」傳「苦菜」爲正義。《玉篇》：「苦，苦菜。」「急也」，《莊子・王道》：「疾則苦而不入。」司馬注：「急也。」《廣疋・釋詁一》：「筈，急也。」字誤「筈」。

【音均】古訓：《釋名・釋言語》：「苦，吐也，人所吐也。」

古韻：《凱風》：下、苦。《小旻》：土、野、暑、苦、下、户。《三略上》：寡、苦、虜、禦。《周書・小明武》：女、所、下、苦、野、鼓、怒、户、弩、女、明、武。《荀子・成相》：悟、苦、下、户。《楚辭・少司命》：蕪、下、予、苦。《靈樞・官箴篇》：部、府、下、在、苦。

 艸也。從艸，音聲。

【校勘】《廣均》引首句。

【集解】《繫傳》引《字書》：「菩，黄菩艸。」《玉篇》、《廣均》：「蓓，黄蓓草。」《易》：「豐其蔀。」鄭、薛作「菩」，云：「小席也。」按菩艸可爲席，桂未谷曰「北方苦屋者」是也。毋山說《周禮》之「菩芻」別是一物。

 蔐苢。從艸，啻聲。一曰蔐英。

【校勘】上「蔐」字，諸本作「薏」，今正。《玉篇》：「蔐英，又蓮的中。」《廣均》：「薏，薏苡，亦蓮心。蔐，上同。」又按：以以下說觀之，「薏苡」本字爲「意㠯」，則此字本義爲「蔐英」。第一義後人所增，故從「薏」字也。

【集解】「㠯」，賈侍中說：「意㠯實也。象形。」《廣疋》：「蘏起實，啻苢也。」《馬援傳》：「初援在交阯，常餌薏苡實，用能輕身省慾，以勝瘴氣。」「蔐英」者，英，花也。《抱朴子》：「菊花與蔐花相似，直以甘苦別之耳。菊甘而蔐苦，諺所謂『苦如薏』者也。」陶宏景曰：「一種青莖而大，作蒿艾氣味，苦不堪食者，名苦薏，非真菊也。華正相似，惟以甘苦別之。」《本艸拾遺》：「苦薏，生澤畔，莖如馬蘭，花如菊。菊甘而薏苦，語曰『苦如薏』是也。」按即今野菊花也。（陸機引里語「苦如薏」。）

 菅也。從艸，矛聲。可縮酒爲藉。

【校勘】各本無末句，依《韻會》引補。

【集解】《易》：「藉用白茅。」《詩・白華》：「露彼菅茅。」段注：「按統言……析言也。」

【音均】古均：《七月》：茅、綯。《楚辭・離騷》：留、茅。

轉音：《周書・周祝》：牛、茅。

 茅也。從艸，官聲。

【校勘】《玉篇》：「茅屬也。」

【集解】《詩》：「白華菅兮。」《釋艸》：「白華，野菅。」注：「菅，茅屬。」段注：「《毛傳》……菅也。」

【音均】《東門之池》：菅、言。

 艸也。從艸，靳聲。江夏有蘄春亭。

【校勘】《釋艸》疏引「艸也」。《本艸衍義》九引「艸也。生山中者名薜（音百）」。大徐曰：「《説文》無『蘄』字，他字書亦無。此篇下有『菥』字，注云：『江夏平春亭名。』疑相承誤出一字。」按「蘄」字四見，《爾雅》《釋文》以爲古「芹」字，《本艸》注亦同。《本草經》作「蘄」。陶宏景云：「俗作『芹』。」《周禮》《釋文》引《説文》「芹」作「莚」。本書有「芹」、「蘄」二字，皆後人增也。「蘄」於《爾疋》音「芹」，於地名音「祈」（《廣均》廿一欣訓「草」，微均訓「地名」，可證）。音「芹」者，即《本草》「蘄」之訛字。音「祈」者，金文「蘄」作「」，形訛作「蘄」，復與草名之字相亂。此隸變增訛也，今删。嚴《議》以「蘄」爲「芹」古文，段以「蘄」、「芹」二字，王田又誤以「蘄」當「蘄」，皆非。（邢疏所引已是誤本，冠宗奭又誤以疏爲《説文》。）

【眉批】余説又見「祈」下。

《五經文字》已有此字，與《説文》次序大同，則其訛已久。

自「莞」以下始引《繫傳》錢本、《繫傳校録》、馮本《均譜》（《均譜校》）。

自中部始引鈕《校録》（閏五月十四，自此頁，始「莞」）。

 艸也。可以作席。從艸，完聲。

【校勘】《爾疋》疏引「艸，可以作席」。

【發明】《篇》、《均》：「似藺而圓，可爲席。」《列子》：「老韭之爲莞。」《釋文》：「莞，音官。似蒲而圓，今之爲席是也。」《字統》音「關」。元應書十：「此艸外似蒠，内似蒲而圓。」《廣疋》謂之「蒠蒲」，「可以爲席，生水中，今亦名莞子也」。《斯干》：「下莞上簟。」箋：「莞，小蒲之席也。」《穆天子傳》：「爰有萑葦莞蒲。」注：「莞，蒠蒲，或曰莞蒲。齊名耳，關西名莞。」按《釋艸》：「莞，苻蘺。其上蒚。」注：「今西方人呼蒲爲莞蒲。蒚，謂其頭臺首也。今江東謂之苻蘺，西方亦名蒲中莖爲蒚，用之爲席。」某氏云：「《本艸》云：『白蒲，一名苻離，楚謂之莞蒲。』」《類聚》引舊注：「今水中莞蒲，可作席也。」《爾疋》《釋文》：「莞，一作䓴。」今《説文》又有「䓴」，云「夫蘺也」。《玉篇》「䓴」引《爾疋》曰：「莞，夫蘺。其上蒚。」《字林》：「䓴，音緩。」蘭按：「䓴」從「睆」，《説文》無「睆」字。《廣均》亦不録「䓴」字，「䓴」字蓋本出《字林》，後人録入《説文》者。桂云：「莞、䓴一字，音義同。」是也。郝氏《爾疋》疏以爲莞爲藺屬，䓴蒲屬，《爾疋》「夫離」乃借「莞」爲「䓴」。考藺之爲艸，今所不知。且《釋艸》：「䓞，鼠莞。」注：「亦莞屬也。纖細似龍鬚，可以爲席。蜀中出好者。」李時珍引之以爲龍常。又「芏夫」王注：「芏草，生海邊，似莞藺。今南方越人采以爲席。」郝又以夫王同夫離，謂芏艸即燈艸，亦前後矛盾矣。莞實，石龍芻。《本艸經》、《名醫》云：「石龍芻，一名懸莞。」是也。俗名龍鬚艸，故郭注「鼠莞」曰「似龍鬚也」。《六書故》則以莞爲燈心，今日本人呼燈心爲藺，蓋是。蓋以蒠蒲之名可知實似蒲而圓，安得强爲藺屬、蒲屬之分邪？今實驗龍鬚艸、燈心艸之屬形皆同蒲相近，圓扁不同，然實非蒲屬也。「莞」與「蒲」類次，可知似蒲。「䓴」則後人增入，故非次也。（莞，龍鬚艸；藺，燈心艸；鼠莞，龍常。）

【音均】《斯干》：莞、安。（句中均）

【眉批】按莞蒲、小蒲、白蒲、蒠蒲皆一物也。

《字典》引《玉篇》「䓴」同「莞」，是也。

 莞屬也。可爲席。從艸，閵聲。

【校勘】大徐無「也」字，宋本《均譜》同。今本挩，今據小徐補。各本無「可爲席」三字，據《均會》引補。《玉篇》：「藺，似莞而細，可爲席。」《廣均》：「藺，艸名，莞屬。」

【集解】「莞屬也」，《字林》同。《急就章》：「蒲蒻藺席帳帷幢。」注：「藺，艸名也。亦莞之類也。」藺艸可以爲席，《范子計然》曰：「六尺藺席出河東，上價七十。」《寰宇記》蒲州土産藺席。蘭按：藺是席艸，小徐以爲馬藺，馬藺乃蠡實別名也，王注《急就》承其説，皆誤也。

 黄蒢，職也。從艸，除聲。

【校勘】小徐無此篆，張次立補。「黄」作「堇」，汪本「職」作「蘵」，皆非。宋本《均譜》：「蒢，艸也。」《玉篇》：「蒢，草也。」《廣均》：「蒢，艸也。可染。」

【集解】《釋艸》：「蘵，黄蒢。」注：「蘵，艸，葉似酸漿，華小而白，中心黄，江東以作菹食。」《釋文》：「蘵，又作『職』。」《五經文字》：「蘵，音『職』。《釋文》作『織』。」《夏小正》：「三月采識。」傳：「識，艸也。」按《爾疋》《釋文》古本當是「織」，又作「職」，「職」、「識」古通。樊毅碑云「《周禮·識方氏》」，是其證。《玉篇》作「蘵」，「蘵」、「蘵」皆俗字也。（王氏《句讀》説多誤）《家訓·書證篇》：「江南別有……謂之龍葵。」（桂注）按《大觀本艸》苦蘵、龍葵別條，蓋苦蘵較小也。此字本脱，後人掇入，故非其次，當依序移正（此或當與「葴」字類聚）。《玉篇》雜俗字中。

 水艸也。可以爲席。從艸，浦聲。

【校勘】小徐、《均會》「可」作「或」。《玉篇》：「蒲艸也。」段、朱以爲當「從水，甫聲」，非。

【集解】《廣均》：「蒲，艸名，似藺，可以爲席。」《周禮》祭祀席有「蒲筵」，「澤虞共其葦蒲之事」，注：「以爲席。」《本艸》：「敗蒲席。」陶云：「人家所用席，皆是莞艸，而薦多用蒲。」

【音均】聲訓：《釋名》：「蒲，敷也。」

古均：《揚之水》：蒲、許。《魚藻》：蒲、居。《韓奕》：屠、壺、魚、蒲、車、且、胥。

 蒲子也，可以爲薦。世稱蒲蒻。從艸，弱聲。

【校勘】各本作「蒲子，可以爲平席」。《秋興賦》注引「蒲子，可以爲華席也」。《藝文類聚》六十九引作「蒲子也，可爲薦」。《御覽》七百九引「蒲子也，可以爲薦。世稱蒲蒻」。今從《御覽》。嚴説《類聚》、《御覽》皆列薦類，「薦」字分寫爲二，與「平席」、「華席」形相似也。其説甚是。

【集解】《急就》顔注：「蒻，謂蒲之柔弱者也。蒲蒻，可以爲薦。」蘇恭云：「香蒲，一名甘蒲，可作薦者。」段君云：「蒲子者，蒲之少者也。凡物之少小者謂之子。《周書》『蔑席』，苜部云：『蒻席也。』馬同。王肅云：『纖弱苹席也。』某氏云：『底席，蒻苹也。』鄭注《間傳》：『苄，今之蒲苹也。』」蘭按：苹亦蒲白，故蒲蒻、蒻苹、蒲苹其義一也。《釋名》：「蒲苹，以蒲作之，其體平也。」其書以音解字，體例則然，非「苹」本作「平」也。桂、顧、王皆因《文選》「華席」謂是苹席，不知蒻既蒲子，又言可爲蒲白之席，其説不通也。席無不平，則平席亦非。師古所説，與諸引合，當是唐本《説文》本然也。蒻之作薦，蓋取其根上萌葉時之殼，段云：「《考工記》注：『今人謂蒲本在水中者爲弱。』『弱』即『蒻』，蒻必媆，故蒲子謂之蒻，非謂取水中之本爲席也。」

 蒲蒻之類也。從艸，深聲。

【校勘】《均譜》：「蒲類。」《玉篇》：「蒲蒻也。生水中。」《廣均》：「蒲蒻。」段「蒲」上補「蒻」字。

【發明】《醢人》「深蒲」注，先鄭曰：「深蒲，蒲蒻。入水深，故曰深蒲。或曰深蒲，桑耳。」鄭君云：「深蒲，蒲始生水中子。」王毌山疑《説文》衍「之類」二字。蘭謂《本艸别録》有白菖，即水菖蒲，又名莖蒲、溪蓀、蘭蓀，生水澤中，蓋與香蒲、菖蒲皆同類而異形，疑許所説爲此種也。「蓀」、「⿱艹深」音之轉，《説文》無「蓀」字。

 萑也。從艸，推聲。《詩》曰：「中谷有蓷。」

【校勘】《句讀》：「當云『雛也』……蓷乎？」（《增均》引「萑，鬱也。」疑當屬此，說見「萑」下。許不用《爾疋》及《毛傳》也。）

【集解】段注：「陸機云……何屬。」按舊此下次「萑」，非。今依小徐次「茸」下。

 缺盆也。從艸，圭聲。

【校勘】宋本《韻譜》：「缺盆艸。」《廣均》：「缺盆艸也。」

【集解】《釋艸》作「蒛葐」。《玉篇》：「茥，蒛盆，即覆盆也。蒛，蒛盆也。」按「蒛」、「葐」皆後起字。吴普云：「一名決盆。」決盆，缺盆，覆盆，皆言其義也。孫炎云：「青州名茥。」郭璞云：「實似莓而小，亦可食。」按本書：「莓，馬莓。」蓋謂大莓。則莓之小者即覆盆矣。《廣疋》：「蒛盆，陸英莓。」是也。《本艸》：「蓬蘽，一名覆盆。」李當之云：「蓬蘽，是人所食莓。」又云：「覆盆子是莓子。乃似覆盆之形，蓋一類二種也。陶以爲根、實之異，非也。」《爾疋義疏》：「今蓬蘽莖葉大於覆盆，皆蔓生，有刺。覆盆以四、五月開白花，結實差小而甘，與麥同熟。俗呼大麥莓也。」

 牛藻也。從艸，君聲。讀若威。（音隱。塢瑰反）

【校勘】「牛」字，各本同。段、嚴引宋大徐本、孫刊本作「井」，非。《家訓·書證》引首句、「讀若」句。「音隱」云者，亦出《家訓》。

【集解】段注。王云：「《易·革·上六》《象傳》『蔚』與『君』均，『蔚』即『威』之去聲也。」

 夫蘺也。從艸，睆聲。

【校勘】宋本《均譜》作「夫離」。「蔇」蓋《字林》字，今删。說見「莞」下。

夫蘺上也。從艸，鬲聲。

【校勘】宋本《均譜》「蘺」作「離」。蘭按：此字説解不詞，在此非次，疑後人竄易也。《玉篇》：「蒚，良激切。山蒜。又蒲蒚。」《廣均》錫均：「蒚，山蒜。」麥均：「蒚，蒲臺頭也。」《唐均》錫均有而麥均無，明後人增入。《爾疋》言「其上蒚」，「上」本虛字而此乃實之，非許原文也。許於䪥、山韭、茖、山蔥皆收之，疑此亦當本彼訓也。《爾疋》某氏注云：「其上臺，別名蒚。」蒚爲蒲臺，非正義也。

芣苢，馬舃也。一曰芣苢，木也。其實如李，令人宜子。《周書》所説。從艸，㠯聲。

【校勘】各本作「芣苢，一名馬舃」，「其實」二句，「從艸㠯聲」，「周書」句。朱本、錢抄本、顧本、鈕據本小徐皆「書」上衍「禮」字。《均會》引「芣苢，一曰馬舃。其實如麥。《周書》所説」。《爾疋》《釋文》引「芣苢，馬舃也」、「其實」二句，「《周書》」句。《詩》《釋文》云：「《山海經》及《周書・王會》皆云：『芣苢，木也。實似李，食之宜子。出於西戎。』衛氏傳及許慎並同。」

【集解】「芣苢，馬舃也」者，又名車前，《釋艸》、毛傳文。《韓詩傳》：「直曰車前，瞿曰芣苢。」瞿，兩旁之謂也。蓋芣苢與他艸異，其莖直起而生子，今藥用車前子是也。其葉則皆塌於地，今俗仍呼芣苢葉，音轉如毛毛葉，不云車前葉。芣苢，子也。《周南》婦人采其葉，不采其子也。漢時方言正與今合。韓、毛之説亦本不異。《文選》注引薛《章句》：「芣苢，澤瀉也。」亦正是「馬舃」之訛耳。車前亦正治惡疾。《廣均》言「藫蕮，車前別名」，則誤矣。昔人本無異説，後人往往歧之。芣苢一物，而説毛、韓者各執一物而因《選》注之誤，且不信《爾疋》矣。有是哉，説經之好奇也。「一曰……」者，《周書》：「康民以桴苡。桴苡者，其實如李，食之宜子。」注：「康，西戎別名也。食桴苡即有身。」按：元吴萊有《宜濛熱水歌》，粵語一名「黎濛子」，今呼「檸檬」，出嶺南，《藥性考》謂其宜孕婦。然則《周書》所説疑即此也。聲音相變而頗近。今出南方，較李實大也。

【音均】《芣苢》：苡、采、有。

 芜藩也。從艸，潯聲。

【校勘】各本篆從「」，漢印有之。本書無此字，《九經字樣》謂「潯」之隸省，今依《五音均譜》校正。《釋艸》《釋文》引首句，作「薚」，云：「或作『蕁』字。」桂云：「是『薚』爲正文，『蕁』乃或體。」蘭按：《玉篇》出「薚」，曰：『薚，莐藩。』「蕁」曰：「同上。」《廣均》出「薚」，云：「艸名。」引《爾疋》「蕁」曰：「上同。」桂説似可依。

【發明】孫炎注《爾疋》云：「薚，古藫字。」按《釋艸》又云：「藫，石衣。薚，海藻。」皆此也。《説文》不録「藫」字，孫説是也。石衣、海藻與韭皆不類，而郭注以芜藩爲似韭，即知母。説者相沿。《本艸》亦采之，然本書不與「芪」類聚，又書記未有見者，疑郭非也。

【眉批】然後文「落水衣」似爲石衣、海藻之本字。

 蕁，或從爻。

【校勘】王云：「非也。『⿰爻尋』當是『潯』重文，今挩耳。」桂云：「『潯』從『彡』，云與『𣪠』同意。馥謂『𣪠』從『爻』，『潯』亦當從『爻』。」

 艸也。從艸，轂聲。

【校勘】《廣均》不收。朱駿聲：「按與『蘻』同字。」蓋是也。

 烏蓲，艸也。從艸，區聲。

【校勘】各本無「烏蓲」二字，《釋艸》《釋文》引「烏蓲，艸也」，據補。《廣均》：「烏蓲，艸名。」宋本《均譜》挩此文。

【發明】《釋艸》：「菼，薍。」注：「似葦而小，實中。江東呼爲烏蓲。」《玉篇》：「菼，萑初生也。一曰薍也。薍，烏蓲。蔿蓲，荻也。蓲，烏蓲也。」張揖云：「未秀曰烏蓲。」是皆以爲萑也。段云：「許不與『蒹』、『薍』、『⿱艹剡』、『薕』四字類厠，則許意不同郭。」

茴 艸也。從艸，固聲。

【校勘】《篇》、《韻》皆無此字，始見《集均》，書傳所無，可疑。

⿱艹榦 艸莖也。從艸，榦聲。

【校勘】各本無「莖」字，今補，說見下。此字非次。

【發明】各本作「艸也」。徐鍇曰：「《本草》注書『⿱艹榦珠』如此也。」王毌山曰：「《玉篇》『⿱艹贛』、『⿱艹啚』類聚而不收『⿱艹榦』……未見食者。」(《句讀》補正)蘭按：王說誤也。《玉篇》「⿱艹幹」字當「⿱艹榦」次，注云：「姑但切。草莖也。」《廣均》廿三旱：「⿱艹幹，眾艸莖也。」「⿱艹幹」即「⿱艹榦」字。其訓皆本《說文》。今《說文》乃脱「莖」字耳。下文「莖，艸木榦也」，疑此亦當作「艸木莖也」。彼「榦」當作「⿱艹榦」，相轉注也。「榦」下則云「築牆耑木」，非本義。《類篇》：「木莖也。」則借作「稈」字。

藷 藷蔗也。從艸，諸聲。

【校勘】《齊民要術》十引「蔗也」。

【集解】「藷蔗也」者，《玉篇》同。《南都賦》：「藷蔗薑(番韭)。」注：「甘蔗也。」《子虛賦》作「諸柘」，曹植《矯志詩》作「都蔗」，皆疊均字。《通俗文》謂之「竿蔗」。朱氏則疑爲《廣疋》「藷藇」之本字。《山海經》郭注：「藷與，今江南單呼爲藷，語有輕重耳。」恐許時未有此方言。「藷藇」亦爲疊均，不必定求本字也。

【眉批】當依《廣疋》以「署蕷」爲正字。

蔗 藷蔗也。從艸，庶聲。

【校勘】宋本《均譜》「藷」作「諸」是也。此疊均字，不必定作本字也。然《玉篇》、《唐均》、《廣均》皆訓「甘蔗也」，似彼是也。上出「藷蔗」，此以「甘蔗」釋之也。若兩文皆作「藷蔗」，何以曉學者邪？《説文》此類多校者亂之。

 牂[艹嗀]，可以作縻綆也。從艸，嗀聲。

【校勘】毛本、鮑本、宋本《均譜》篆作「」。「[艹嗀]」，《均譜》作「葟」，毛本、錢鈔小徐本作「蘘」。今依宋本大徐及顧、汪本小徐。《篇》、《均》同。「嗀」，毛作「褱」，非。「牂」，錢、顧本作「牂」。「也」字，各本無，據《篇》增。

【集解】《篇》、《均》訓同。未詳其説。

 艸也。從艸，賜聲。

 艸也。從艸，中聲。

 王萯也。從艸，負聲。

【校勘】

【發明】《夏小正》：「四月，王萯莠。」《七月》「秀葽」，箋引之曰：「葽其是乎？」《月令》：「王瓜生。」注：「王瓜，萆挈也。」今《月令》云「王萯生」，《夏小正》曰「王萯秀」，未聞孰是。《吕覽》：「王菩生。」注：「菩，或爲瓜。𤬯𤬏也。」《時則》云：「王瓜生。」注：「王瓜，括樓也。」按《爾疋》：「鉤，藈姑。」注：「𤫷𤬏也，一名王瓜。實如瓟瓜，正赤，味苦。」《釋文》引《字林》：「𤫷𤬏，王瓜也。」《廣疋》：「藈菇，𤫷𤬏，王瓜也。」據此諸文，則王萯即王瓜，王瓜即𤫷𤬏，𤫷𤬏即括樓，又聲轉鉤，藈姑亦皆聲轉也。鄭云「王瓜，萆挈」者，文出《本艸》，非菝葜也，陶氏議之非也。又疑是葽者，蓋謂讀若「芺」也。《説文》「葽」下引《詩》著劉向説：「此味苦，苦葽也。」鄭用劉説爾。《爾疋》又云「鉤，芺」，則芺即藈姑一類，皆名曰鉤，故《説文》、《玉篇》「萯」、「芺」二字連文。孔氏補注《小正》云「未審」，正由不知讀爲「芺」耳。《本艸》言王瓜、𤫷𤬏、鉤、藈姑爲一物，苦芺、括樓、果蠃又一物。《本艸經》但收王瓜，《别録》乃收括樓，蓋同類異名也。王瓜與括樓相似，括樓葉有叉，王瓜葉無叉，今藥用瓜蔞、括樓亦小殊。不得如王引之强分之也。王氏以高注爲誤，非也。桂以萯即菩，不知「萯」、「菩」乃聲同假借也，說誤。

 艸也。味苦，江南食之以下氣。從艸，夭聲。

【校勘】「」，大徐作「」，非。各本無「之」字。《爾疋》疏、《釋文》引「味苦」二句，同。「南」，《釋文》引作「東」。《玉篇》引二句，有「之」字，據補。《均譜》「苦艸」。《字典》引首句，作「苦芺艸也」，似誤。

【發明】「艸也」者，上文：「薊，芺也。」《釋艸》：「芺，薊，其實荂。」注：「芺與薊，莖頭皆有蓊臺，名荂，荂即其實也。」蘭按：今薊木之類皆無實，臺安得言實？恐郭誤也。「味苦，江南食之以下氣」者，《釋艸》：「鉤，芺。」注：「大如拇指，中空，莖頭有臺，似薊，初生可食。」說者皆以當今之苦芺。《本艸別録》：「苦芺但治漆瘡耳。」按此即「四月秀葽」之「葽」、「王萯秀」之「王萯」也。張仲景治胸痺痛引心背欬唾喘息及結胸滿痛，皆以括樓降其氣，其味苦也。劉、許、鄭之說與郭及《本艸》皆異，不能强而同也(劉、鄭說見上)。

【眉批】以「萯」、「芺」、「黃」類次之故推之，許意可知，惜今本亂耳(說見「黃」下)。

 艸也。從艸，弦聲。

【校勘】《玉篇》引「艸名」。

 艸也。從艸，𡈺聲。(臣鍇曰：「𡈺，古囿字也。」)

【校勘】大徐誤以鍇語當正文，今依小徐本正。《玉篇》出「⿱艹囿」，云：「⿱艹𡈺，同上。」《廣均》作「⿱艹囿」。

 艸也。一曰葭中白皮。從艸，孚聲。

【校勘】各本無「一曰」義，《六書故》廿四引唐本《說文》有之，據補。《均會》七虞引亦有。

【集解】「艸也」者，《爾疋》有「苻鬼目」，《說文》無「苻」，朱駿聲以爲即此，是也。「孚」、「付」雙聲。「一曰……」者，本書

「彀」下「讀若筩莩」。《漢書・中山靖王傳》：「非有葭莩之親。」注：「葭，蘆也。莩者，其筩中白皮至薄者也。」《廣均》引張晏曰：「葭中白皮。」《淮南・俶真訓》：「蘆苻之厚。」注：「蘆之中白苻。」

黃 兔瓜也。從艸，寅聲。

【校勘】「瓜」，宋本大徐作「苽」，非是（鮑本剜改作「瓜」）。又宋本《均譜》作「蒷」，亦誤。此字當與「蒷」、「芺」類次，説見【發明】。

【集解】《句讀》：「《釋草》……茢字也。」

【發明】《釋艸》注：「菟瓜似土瓜。」疏：「苗及實似土瓜。土瓜者，王瓜也。《月令》『王瓜生』是也。」郝氏云：「土瓜有二：菲芴，《廣疋》謂之土瓜；《本草》王瓜，又名土瓜。郭注未明，邢疏但以王瓜當之。王瓜又無黃菟之名，胥失之矣。」蘭按：郝説非也。古王瓜與括樓不分，故括樓一名黃瓜，王瓜一名土瓜，「菟」、「土」音同，菟瓜即括樓也。古本「黃，兔瓜，瓜列」，「瓜列」者，又「果蓏」、「括樓」之轉音也。《玉篇》「蒷」、「芺」、「黃」相次，明皆一物，「⿱艹弦」、「菡」、「莩」則在後，「薣」、「蕛」、「薣」、「藸」（小徐與同，大徐又別出）、「芇」、「蕮」、「芟」（今亦別出）諸文下次序甚整齊（相去甚遠），是《説文》原本，今次序亂而字義不易推矣，當移正。

荓 馬帚也。從艸，并聲。

【校勘】【發明】《玉篇》「荓」次上承「蔗」、「藷」，下連「蘢」（《説文》無）、「蓼」、「蔆」、「葴」、「蕣」、「茜」、「莛」，自「荓」至「莛」皆蒿類也。次序正是《説文》原本，今本後人亂之，當依正。

【發明】《釋艸》文。注：「似著，可以爲掃帚。」《廣疋》：「馬帚，屈馬第也。」《夏小正》：「苹也者，馬帚也。」借「苹」爲之。《管子・地員篇》：「蔞下於荓，荓下於蕭。」本書：「蓍，蒿屬。」然則荓實蒿類也。《釋草》：「苹，蘋蕭。」注：「今蘋蒿也。初生亦可食。」《小疋》：「食野之苹。」箋：「苹，藾蕭也。」本書：「蕭，艾蒿也。」《本艸》：「藾蒿，即白蒿。」按苹爲蒲白，則《爾疋》及《詩》之「苹」皆假作「荓」也。李時珍以「荓」當《本艸》蠡實，則非。

水蕕艸也。從艸，猶聲。

【校勘】各本作「水邊艸」，誤。《廣均》：「蕕，水蕕艸。」依正。

【集解】《句讀》。《管子·地員》：「其草魚腸與蕕。」《左》僖四傳注：「臭艸也。」

【音均】《左》僖四傳：蕕，臭。

艸也。從艸，安聲。

【校勘】《玉篇》次在「荽」、「荸」、「蔄」、「菩」下，是也。

土夫也。從艸，綦聲。

【校勘】各本作「藄，月爾也」。宋本《均譜》：「菜，似蕨。」今依《釋艸》《釋文》引改。

【集解】《義證》：「程君琰曰……《廣雅》：『紫藄，蕨也。』」《本艸綱目》：「紫藄，似蕨，有花而味苦，謂之迷蕨，初生亦可食。《爾雅》謂之『月爾』，《三蒼》謂之『紫蕨』。郭璞云『花繁月爾（疑《圖讚》處），紫蕨拳曲繁盛，故有月爾之名。』」《齊民要術》引《詩義疏》：「藄菜也。葉狹，長二尺，食之微苦，即今萁菜也。」（「萁」今作「莫」，與《汾沮洳》之莫草混，非。）王毌山云：「豈許以『藄』字筦上下，謂『土夫』名『藄』，『王』者大也，大藄又名『月爾』乎？」（此說本錢《答問》）

兔葵也。從艸，希聲。

【校勘】大徐「稀省聲」，誤。說見「絺」下。

【集解】《釋艸》注：「頗似葵而小葉，狀如藜，有毛，汋啖之滑。」《御覽》引《廣志》：「菟葵，瀹之可食。」朱駿聲曰：「經言烹葵、葵菹者疑專指此，若楚葵則偁芹，鳧葵則稱茆也。其他蜀葵、向日葵，以今度之，皆不得爲菜。」

 灌渝。從艸，夢聲。讀若萌。

【校勘】各本篆訛作「夢」，從「夢」聲，今正。說見下。疑當補「苕也，可爲帚」。《爾疋》曰「甍」九字於「灌」上，說見下。

【發明】孫星衍云：「《釋艸》：『其萌，虇蕍。』『萌』與『夢』通，『虇蕍』即『權輿』。《釋詁》：『權輿，始也。』郭注以『蕍』屬下，非是。」蘭按：《玉篇》：「甍，莫耕切。苕，可爲帚也。夢，莫公切。草，可爲帚也。」《廣均》同。篇内其字相次，形義皆類同。今《説文》有「夢」無「甍」，而《篇》上下文皆《説文》正字，則「甍」、「夢」本一字，傳寫歧爲二字可知。今《説文》「讀若萌」，與「夢」聲不協，蓋《説文》古本本作「甍」，從「甍」聲，傳寫訛作「夢」也。段氏創爲轉音之説，不知其本爲「甍」聲也。《玉篇》「夢」下本當云「同上」，後人別加音切而「苕」訛作「艸」，遂似兩字矣。或《篇》本有二，校者記其異，而後人亂入也。「苕」當作「艻」，本書：「艻，葦華也。」《周禮》注：「茢，苕帚，所以掃不祥。」蓋葦抽條生華而無莩蕚，以其華稈爲之。今俗猶呼苕帚也。艻一名甍，甍一名萑渝，而徐鍇以當澤瀉，王毌山以爲別一艸，而云《爾疋》脱「萌」字或衍「其」字，其説皆誤。「讀若萌」者，謂義同萌也。《廣疋》：「夢，蘖也。」即「萌」字。今《疋》文以讀若代本字，郭依「萌」解，非也。

【眉批】牟廷相《方疋》説與孫同。

 盜庚也。從艸，復聲。

【校勘】各本篆下從「」，陳昌治本、顧本、宋本《均譜》作「」。桂云：「當作『复』。《復古編》亦以『复』爲正。」今按之金文，實不然也。故不從。

【集解】《釋草》文。郭云：「似菊。」亦見《本艸》。

 卷耳也。從艸，令聲。

【校勘】《均會》引「也」作「艸」。段、王皆於「卷耳」上補「苓耳」二字，據《毛傳》、《爾疋》也。俟更考。

【音均】《簡兮》：榛、苓、人。《采苓》：苓、顛、信。

⿱艹贛　艸也。從艸，贛聲。一曰薏苢。

【校勘】「薏苢」當作「啇目」。按《篇》次「荽」、「蔏」間。小徐本無此字，張次立依大徐補。篆汪本、錢鈔本皆誤從「贛」，誤。

【集解】「一曰蔏苢」者，《廣疋》：「⿱艹贛，薏苢也。」《本艸》：「薏苡，一名⿱艹贛。」

藑　葍也。一名舜。從艸，夐聲。

【校勘】各本首句作「茅葍也」。《離騷艸木疏》引同，今正。說見下。「舜」作「蕣」，《離騷艸木疏》引二句「蕣」作「舜」，據正。宋本《均譜》「藑」注：「蕣也。」段改作「藑茅葍也」，誤。

【發明】今本《釋艸》：「葍，藑茅。」注：「葍，華有赤者爲藑。藑、葍一種耳。亦猶菱苕，華黃、白異名。」臧庸曰：「按『茅』疑衍文。注云『葍，華有赤者爲藑。藑、葍一種耳』，不言茅。《說文》：『舜，艸也。楚謂之葍，秦謂之藑。蔓地生而連華。象形。』亦不言茅。草部云：『藑茅，葍也。一名蕣。』此『茅』字蓋後人竄入。《離騷》：『索藑茅以莛篿。』注：『藑茅，靈艸也。』與《爾疋》異義，恐因此誤衍。」蘭按：《詩義疏》：「葍，一名藑根。」亦不言茅，臧說甚確。《楚辭》「藑茅」與瓊枝同辭，非此謂也。葍即俗所謂蘿蔔，說見「葍」下。阮謂累呼爲「藑茅」，非。王毌山謂藑爲茅類，更非。

葍　葍也。從艸，畐聲。

【校勘】宋本《均譜》作「蔦也」，誤。

【發明】《釋艸》：「葍，蔔。」注：「大葉白華，根如指，正白，可啖。」又：「葍，藑（今衍『茅』字）。」注：「葍，華有赤者爲藑。」《我行其野》傳：「葍，惡菜也。」箋：「葍，蔔也。亦仲春生可採也。」陸疏：「葍，一名蔔。河內謂之蓫，幽州人謂之燕蔔。一名爵弁，一名藑根。花葉有兩種：一種葉細而花赤，有臭氣；一種葉大而花白復香。」郝懿行說爲鼓子花，桂說爲木通，皆誤也。《谷風》傳：「葑，須也。菲，芴也，下體根莖也。」箋：「此二菜者，蔓菁與葍之類也，皆上下可食。」《坊記》

注：「菲，蕌類也。」《釋艸》：「菲，芴。」孫炎云：「葍類也。」郭云：「土瓜也。」又：「菲，蒠菜。」郭云：「菲草，生下濕地，似蕪菁，華紫赤色，可食。」某氏注兩處引《詩》「采葑采菲」，陸疏云：「菲似葍，莖麤葉厚而長有毛。三月中蒸鬻爲茹，滑美，可作羹。幽州人謂之芴，《爾雅》謂之蒠菜，今河内人謂之宿菜。」蘭按：葑、菲皆菜。葑，蔓菁類。菲，葍類。蔓菁亦菜，則葍、蕌亦菜也，非草明矣。葑蔓菁屬人人皆知，而自來未有知菲爲何物者。蘭考「蕌」字俗訛作「蔔」，即今蘿蔔也。又名「萊菔」，亦音「來匐」（見《本艸》注），與「蘆菔」（「菔」音蒲北反）不同也。《爾疋》注、《説文》皆以蘆菔似蕪菁，《方言》謂「蕪菁之紫花者爲蘆菔」，此皆可據。故《别録》「蘆菔」與「蕪菁」同條。汪機曰：「葉是蔓菁，根是蘆菔。」是也。今目驗蔓菁根扁，蘆蕌根長，以此别也。然本甚似，故蔓菁葑屬也而一名芴菁，本書羼一名葍。「菁」、「羼」一聲之轉，「羼」即蕪菁之本字，「蘿蔔」與「蘆菔」聲亦相轉，亦以此也。蘿蕌今有二種，一種大葉白華，一種小葉紫華，皆如《爾疋》注所説。根亦有紅、白二種。《廣疋》謂芴爲土瓜者，猶農書曰冬日土酥也。《爾疋》又有「蕘、雀弁」，郭「未詳」。翟以爲即葍，引陸疏「一名蕘，一名雀弁」爲證，亦是也。

葍　蕌也。從艸，畐聲。

【校勘】宋本作「蕌」。

蓧　苗也。從艸，條聲。

【校勘】各本篆誤「蓨」，從「脩聲」。今從宋本《均譜》改正。

【發明】《句讀》。《釋草》：「蓧，蓨。」又：「苗，蓨。」郭云：「未詳。」《釋文》：「蓧，他雕反。蓨，他的反。苗，郭『他六反，又徒的反』。蓨，郭『湯雕、他周二反』，顧『他迪反』。」王案：「前《釋文》之『蓧』『他雕反』，與後《釋文》之『蓨』『湯雕反』同也。前《釋文》之『蓨』『他的反』，與後《釋文》之『苗』『徒的反』同也。是知《釋草》本是一條，而其字則作『苗，蓧』，其音則當云『苗，徒的反。蓧，湯雕反』。」蘭按：王説是也。今本《説文》則大徐有「蓨」字，從「脩」聲。小徐無，張次立以大徐補之。按《玉篇》：「蓧，他雕切，苗也。苗，他六、徒歷二切，蓧也。蓨，他笛切，蓧也。」「苗」、「蓨」音義皆同，可證《釋艸》本當作

「苖，蓨也」。《五經文字》：「蓧、蓨，兩同，並他滴反。」「蓨」即「蓧」字之變體則然矣，而音非也。《廣均》一屋：「苖，蓨也。又他六、徒歷二切。蓨，音挑，又音剔。」按音「挑」者，「蓧」之變體也。故三蕭「挑」音內「蓧，苖也」，而無「蓨」字。音「剔」者，假爲「苖」。故錫均：「苖，苖蓨草。蓨，苖蓨草。」義同音近也。「蓧」在入聲，惟錫均收之，爲「莜」之變體，故云張誤也。今《説文》其字從「脩」作「蓨」，而所附音切則爲「徒聊切，湯雕切」，皆「蓧」之音也。以《玉篇》「蓧，他雕切」在「苖」前，「蓨，他笛切」在「苖」後例之，則《説文》本作「蓧」字無疑。《玉篇》之例，他書之字與許異者，即附正文之後。則「蓨」爲「苖」之異文亦無疑也。考宋本《均譜》四蕭有「蓧」無「蓨」，此書小徐所撰，出大徐本前，則小徐據本有「蓧」篆無「蓨」篆可知。《説文》別有「莜」字，訓「艸田器」，引《論語》「以杖荷莜」。校者見經本作「蓧」，乃加校語曰「今作蓧」。又「莜」字本從「攸」聲，故《唐均》卅四嘯引舊音云：「又音苕。」即「匢」字音也。「匢」亦「攸」聲，訓「田器也」。不知者見《論語》借「蓧」字爲之，遂以爲「莜」當從「條省聲」，而輒改之（唐人此例甚多），不知「條」亦「攸」聲也。而因此二誤，遂似「蓧」與「莜」一字之變異，校者遂改「蓧」爲「蓨」，不計其音之是否也。然鍇本猶不誤。或者又以「蓧」爲俗而删之，或傳寫脱落，而張次立以大徐補之，而鑄錯成矣。非《均譜》、《篇》、《均》及所附音切，曷以正之哉？然亦殆矣。王氏以爲《説文》本爲「莜」字，後人增「蓨」，張氏誤補亦承今本之誤而來，而未得宋本《均譜》證之也。

【眉批】音切雖大徐所附，然必有所本。

許作「蓧」者，《地理志》「修縣」顔注：「音條。」《功臣表》「脩侯」，《地理志》作「蓨」，本傳作「條侯」。漢人「脩」、「條」多亂，知「苖、蓨」之「蓨」必「蓧」之異文也。前條之「蓧、蓨」，則「蓧、苖」之異，亦衍文也。

漢印有「□」字，舊釋「蓨」。

【發明】桂、邵、郝皆因《小疋・我行其野》「言采其蓫」，《説文》無「蓫」，遂以此當之。舉《詩義疏》「羊蹄，一名蓫，一名蓨」，《集均》「蓳」或作「苖」、「蓫」，「笛」字古作「篴」爲證。蘭按：説皆非也。《詩》《釋文》「蓫」本又作「蓄」是也。若其本字則作「蓳」，《唐均》「蓳，羊蹄菜，亦作蓫」是也。《廣均》「蓄」、「蓳」、「蓫」在一屋，皆有二音。而「苖」則惟有「丑六」一切，是亦不同之證也。本書、《字林》皆有「蓳」字，不言與「苖」、「蓧」同，《集均》以意附爲重文，多未可信。今按：「苖蓧」即本篇「箭篠」，《釋木》「柚條」之例。《玉篇》：「薖，萑也。荻，同。」《説文》兩字皆無，莊炘以爲古作「萩」。按「萩，蕭也」，非本字。吾以爲「苖」、「荻」音同，「苖」即「荻」之本字也。「蓧」者，其桿也，與「艻」音同，葦華也。《管子・地員》：「其草宜華，蓨苹蓲也。」苹蓨猶葭葦也，可以證我説矣。

【眉批】「薖」，見《爾疋》注。

苖　蓧也。從艸，由聲。

【校勘】「蓧」，各本作「蓨」，從《玉篇》正。《爾疋》《釋文》引「從由聲」。鍇本次在「茆」下，校者又依鉉本補此文於此，前後乃重出。各本篆誤「苗」，「由聲」，今正。説見後「菑」下。

薚　艸也。枝枝相值，葉葉相當。從艸，昜聲。

【校勘】各本無「也」字，段補。「值」，《均譜》作「對」。《玉篇》「蓫，薚，馬尾，蔏陸也」引「枝枝」二句。《廣均》：「草名。」

薁　嬰薁也。從艸，奥聲。

【校勘】篆各本中從「米」，誤，今正。鈕引《繫傳》作「嬰莫也」。錢本作「蘡莫也」。汪、顧本作「蘡薁」，《齊民要術》十引「櫻薁也」（此依鈕引本，局刊本無「薁」字）。鈕云：「櫻即嬰之近字。」

【集解】見《詩》。段注。

葴　馬藍也。從艸，咸聲。

【校勘】《玉篇》：「葴，馬藍也。一曰寒蔣。」疑當據補。

【集解】《釋草》文。郭云：「今大葉冬藍也。」《釋艸》又云：「葴，寒漿。」注：「今酸漿草，江東呼曰苦葴。」《子虛賦》：「葴蔪苞荔。」張揖曰：「葴，馬藍也。」郭云：「葴，酸漿，江東名馬葴。」按馬藍、酸漿今皆有之，酸漿即燈籠草、紅姑娘也。朱駿聲以爲即蘵，則非。蘵爲龍葵，似酸漿耳，非一艸也。

 艸也。可以束。從艸，魯聲。

【校勘】《爾疋》疏引首二句。《玉篇》：「蓾，杜蓾。」郭璞曰：「杜衡也。似葵而香。蓾，《説文》同上。」《廣均》：「蓾，杜衡别名。蓾，上同。」

【集解】《釋艸》：「蓾，蘆。」注：「作履苴艸。」《説文》無「蘆」，本作「苴」字。邢以爲蔽類也，中作履底。蘭按：《方言》：「艸作之者謂之履（依《急就音》引，今『艸』作『絲』）。」近道皆有作履艸，俟考其名。

 蓾，或從鹵。

 艸也。從艸，㕡聲。

【校勘】各本篆作「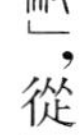」，從「㕡聲」。唐本《唐均》十六怪引「蔽，艸名」。宋本《説文均譜》篆作「」。按《説文》無「㕡」，亦無「敼」，而「聲」、「㞑」並從「㕡」。徐鉉謂「宦」字之省，而聲不近。「宦」小字本作「竅」，然本書别有「藪」字，《六書故》引作「叡」，音亦不近。桂云：「㕡，太息，即『嘳』字義。《爾疋》『㕡』郭音『苦槩反』，又作『嘳』。《左傳》『屠蒯』，《禮記》作『蕢』。本書『聵』或作『聲』。」按桂意謂「嘳」同「㕡」也。朱亦云：「據此則『㕡』當爲『貴』之古文。」嚴云：「《釋詁》《釋文》引《字林》以爲『喟』。今考『㕡』即『叕』字。鼎彝器銘『叕』作『』，又作『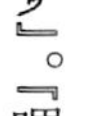』。『喟』亦作『』，與《字林》合。『㕡』即『』之變，當爲『叕』重文。」按所引金文考釋未確，形亦不同也。《釋例・補篆》云：「『聵』或體『聲』，『㕡』《字林》以爲『喟』，然則『㕡』固『喟』之重文也。《玉篇》又部有『㕡』字：『息也。』欠部又有『欳』：『口怪切，太息也。』案又者，手也。無由得喘息義，似作『欳』爲是。然『𠙹』非字，終不可解。『蔽』，今字『蒯』。《玉篇》：『朋，北朋切，斫也。』更無從得聲，闕之可也。」鈕云：「石經《論語》『蔽』作『蔽』，史晨碑『敝』作『敝』。凡從『𠙹』者，疑皆『㡀』之訛文。」雷浚云：「訓『息』之字作『㕡』，亦假借。《釋文》：『㕡，《字林》以爲「喟」，孫本作「快」，又作「嘳」。』案《説文》：『喟，太息也。』或作『嘳』。此訓『息』之正字。」蘭按：雷説是也。《釋文》引《字林》者，蓋《字林》引《爾疋》作「喟，息也」。此《釋文》引書之例，非謂「㕡」即「喟」也。于鬯謂《爾疋》本字當作「喟」，《廣疋》「㓹，斷也」，「㓹」乃「㕡」之俗字。「㕡」當以「斷」爲正義，從「八」從「𣦼」（鄭珍説憶似略同，俟查）。《六書正訛》

則云：「叡象以手理麻形。」蘭按：此則皆便辭巧説也。蘭按：漢蔽明私印「蔽」作「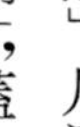」，凡漢印「冊」多作「」。從「寸」與「又」同，則「蔽」本從「㪔」聲明矣。而今《説文》亦無「㪔」。按《玉篇》「刻」下有古文「䂓」，蓋本出《説文》，今《説文》脱之耳。刻，鏤也。「鏤」有斷義。《廣疋》之「𠛘」即「䂓」之隸變也。由書「䂓」作「𠝸」，乃變成「𠛘」也。古文從「刀」者，亦從「又」。「䍐」與「冊」同。「𣪠」即「䂓」字也。蓋《説文》本有「㪔」形，今脱之（或「割」古文作「𣪠」，《玉篇》從隸變作「䂓」。《説文》從「㪔」者，本從「𣪠」，而漢印省從「㪔」也。再考）。漢隸則省「䂓」從「删」作「蒯」而訛爲「蒯」字，作「蒯」訛爲「葪」字也。據《玉篇》、《唐均》，「蔽」之訛已久。蘭生千載而後，幸得印文證諸文而無不合，乃知馮臆附會爲無益矣。段君闕疑至洽當也。獨怪桂氏手輯漢印而不能證明此篆耳。

【集解】《聲類》：「蔽，艸中爲索。」成九年《左傳》：「無棄菅蒯。」《玉篇》引「蒯」作「蔽」。《孟嘗君傳》：「蒯緱。」《集解》：「蒯，茅之類，可爲繩。」按即今作繩之艸也，自《本艸拾遺》。「從㪔聲」者，「刻」、「蔽」雙聲。

【音均】《逸詩》：蔽、萃、匱。

【眉批】漢有㟴成侯鉤帶，篆作「」。

《玉篇》以「叡」入𠭯部，最誤。然原本欠部無「㰿」字，則諸部或皆非顧原文也。

蘭按：《玉篇》又有𢿱字。叡字又、𠭯兩部，重出。

　蒿也。可以亯魚。從艸，婁聲。

【校勘】「蒿」，各本作「艸」。宋本《均譜》作「蒿也」，據正。「亯」，毛作「烹」，大徐作「亨」。

【集解】《篇》、《均》：「蔞，蒿也。」《漢廣》：「言采其蔞。」傳：「蔞，草中之翹翹然。」《釋文》：「馬云：『蔞，蒿也。』」按見《本草》。

　艸也。從艸，畾聲。《詩》曰：「莫莫葛藟。」一曰秬鬯也。

【校勘】本書無「畾」字。

【集解】《廣疋》：「藟，藤也。」《漢書》注：「藟，亦艸名，葛之類也。」《困・上六》：「困于葛藟。」《中山經》：「皋山其上多櫐。」注：「一名縢。」「縢」即「藤」本字，《説文》無「藤」。王《釋例》補正艸部「藟」字條。「《詩》曰……」者，《旱麓》文。「一曰……」者，王云：「乃『巨荒』之訛。」桂注：「劉向《九歎》……誤也。」蘭按：如其説，則「曰」當作「名」。

【音均】《葛藟》：藟、弟。《樛木》：藟、履。《易・困》：藟、鼿。

棘蒬也。從艸，冤聲。

【校勘】宋本《均譜》：「草也。」

【集解】見《爾疋》，「棘」今訛「蕀」。注：「遠志也。」

紫艸也。從艸，此聲。（《字林》音「紫」）

【校勘】「紫」，各本作「茈」，依《御覽》引改。「《字林》音『紫』」者，出《齊民要術》二。

【集解】王云：「紫，著其用也。下文『藐，茈草也』，用《釋艸》本文，詳其名也。《廣疋》：『茈莨，茈草也。』《西山經》：『勞山多茈草。』郭注：『一名紫莨，中染紫也。』段云：「謂之『紫莨』者，以染紫之莨別於染留黃之莨也。」

茈艸也。從艸，頦聲。

【校勘】「頦」，毛本及錢鈔、汪本小徐皆作「貌」。宋本《均譜》「茈」誤「芘」。《篇》、《均》、《五經文字》皆作「藐」。

【集解】《釋草》文。彼作「藐」。郭云：「可以染紫。」

烏喙也。從艸，則聲。

【校勘】「烏喙」，汪作「鳥喙」，馬本、錢本、宋本《均譜》作「鳥喙」，皆非。《御覽》九百九十引「烏頭也」。段云：「『茈』、『藐』、『蒐』、『茜』皆染艸，乃中隔一『萴』字，恐後人妄移。」

【集解】見《廣疋》。《鹽鐵論》：「食葥之充腸也。」《本艸》作「側」。

茅蒐，茹蘆。從艸，鬼聲。

【校勘】「蘆」，各本作「藘」，本書無「藘」，段所據小徐本作「蘆」，《御覽》九百九十六引同，《集均》引作「盧」。「茹」，函海本《均譜》九魚「蒘」下云：「蒘藘。」此俗字。宋本《均譜》無。各本「蘆」下有「人血所生」二句，元應書十四引「茹藘也。血所生」。今訂正，移於「茜」下。「鬼聲」，大徐作「從鬼」，小徐作「鬼」，今依桂、朱説正。宋本《均譜》：「春田。」《篇》、《均》：「茅蒐也。又春獵曰蒐。」

【集解】《釋艸》文。《東門之墠》傳：「茹藘，茅蒐也。」《中山經》注：「茅蒐，今之蒨草。」「鬼聲」者，《詩》箋：「茅蒐，韎韐聲也。」韋昭曰：「急疾呼『茅蒐』成『韎』。」

【眉批】《玉篇》「蒐」次在後，疑此字後人所增，或本以「春田」爲解也。

茅蒐也。可以染絳。從艸，西聲。

【校勘】各本無第二句，「蒐」下有「人血所生，可以染絳」二句。《埤疋》引「人血」句，亦在「蒐」下。元應書十五引「茜，茅蒐也。人血所生，可以染絳。字從『西』聲」。《本草圖經》：「茜根，《説文》以爲人血所生。」《玉篇》引《説文》：「茜，茅蒐，可以染緋。」《廣均》：「茜，草名，可染絳色。」今據移於「茜」下。李時珍曰：「人血所化之説，恐亦俗傳耳。」蘭按：此恐是後人箋記之語，今依《玉篇》删之。然陶隱居曰：「東間諸處乃有而少，不如西多。」《詩》曰「茹藘在阪」者，是或許君本言「西方所生」，「西」誤作「血」，後人附會爲人血乎？「茜」從「西」聲，故言西，此亦形聲括會意也。自混入「蒐」下，徐鍇始附會「從鬼」之説，段、王、顧《説文校議辨疑》皆和之，皆好奇之病也。人血化艸，許君寧有如許怪語？即如其言，人之爲鬼者，豈僅存血乎？骨、肉、毛、髮當焉化乎？則從「鬼」之義亦未全也。（嚴引元應十四引作「地血」，然舊本「地」作「也」，嚴誤引也。乃嚴氏未嘗作怪語，而顧氏辨之，可謂不自量矣。）

【集解】《詩》疏：「茹藘，茅蒐，蒨草也。」《廣疋》：「地血，茹藘，蒨也。」按「蒨」，「茜」之今字。本書：「綪，赤繒也。以茜染，故謂之綪。」又本部：「茈，草也。」《貨殖傳》注：「茜，一名紅藍。其花染繒赤黃也。」蘭按：今茜草與紅藍不同，徐廣誤也。

 赤蕼也。從艸，肆聲。

【校勘】宋本《均譜》：「艸也。」《篇》、《均》作「蕼」。《廣均》引首句。

【集解】《篇》、《均》：「蕼，菫也。」桂説「菫」當爲「堇」，又以「堇」爲「藜」，説皆誤。

 牡贊也。從艸，辟聲。

【校勘】《玉篇》：「山芹也，薜荔也。」《廣均》：「薜荔。」

【集解】見《釋艸》，《爾疋》注曰：「未詳。」桂引《漢書》「薜莎青薠」，注：「薜，藾蒿也。」蘭按：「薜」本作「薛」，桂誤引也。蘇《本草》「當歸」下引《説文》：「生山中者名薜。」此《爾疋》疏之説，蘇誤引也。《釋草》又有「薜，山蘄。薜，白蘄。薜，庾艸。薜，山麻」。朱云：「牡贊是薜荔。」按薜荔即鬼饅頭也，今暑日作涼粉用。

 杜榮也。從艸，忘聲。

【校勘】宋本《均譜》作「艸也」。王《句讀》：「吾甚疑之……增入也。」蘭按：《釋文》：「莣，本又作芒。」然本書「芒」乃訓「艸端」。又《玉篇》此字次序略同，是正字本作「莣」，經典省作「芒」也。王非。

【集解】《釋艸》文。「杜」，舍人作「牡」。郭云：「今莣草似茅，皮可以爲繩索、履屩也。」按與孟狼尾、莔守田蓋一艸。

 艸也。南陽以爲麤履。從艸，包聲。

【校勘】宋本《均譜》：「艸，可爲履。」各本作「麤」，汪作「粗」。段正作「⿱艹麤」，然未必是。⿱艹麤，履義複，今仍之。

【發明】段議譏曰：「『苞』當以『藨』爲正字，『苞』是叚借，故《喪服》作『藨』，《曲禮》作『苞』。《南都賦》『藨』，即《子虛》之

『苞』也。《斯干》、《生民》傳：『苞，本也。』此『苞』之本義……不泥於古可也。」蘭按：段誤也。「苞本」之「苞」，是「包」之引申義。「包」象人裹胜，則生之本也。故「繫于苞桑」陸注：「本也。」「包裹」之「包」，則本作「勹」字，見本書。「包」從「勹」聲，「苞」從「包」聲，因聲通用，是古常例。若如段說，則「芟刈」之「刈」古有用「艾」，「艾」必爲「刈」之本字邪？段何不達大例如此。《玉篇》：「苞」、「蔽」、「藨」類次，是本《說文》。段以次序疑之，蓋受詒於今本矣。「藨」別有正義，則「苞」乃本字也。

【集解】《子虛賦》：「葴蔪苞荔。」注：「張揖曰：『藨也。』」本書：「藨，一曰蔽屬。」本書：「䕯，草履也。」《曲禮》：「苞屨不入公門。」

【音均】《常武》：苞、流。《斯干》：苞、茂、好、猶。《生民》：道、草、茂、苞、褎、秀、好。《下泉》：苞、周（句中均）。

艾 仌臺也。從艸，乂聲。

【校勘】「仌」，各本作「冰」，依嚴說改。

【集解】《釋艸》文。《埤疋》引《博物志》曰：「削冰令圓，舉以向日，以艾承其影，則得火。」「艾」曰冰臺，其以此乎？《玉篇》：「艾，蕭也。」《急就》注：「艾，一曰冰臺。一曰醫草。」

葦 艸也。從艸，章聲。

【校勘】《篇》、《均》：「葦柳，當陸別名。」此字可疑。

芹 楚葵也。從艸，斤聲。　刪，說見「莚」下。

蘱 豕首也。從艸，甄聲。

【集解】《爾疋》孫叔炎以「蒴」作「列」，屬上句，與許同。《呂覽》：「豨首生而麥無葉。」《本艸》：「夏至之日，豕首先生，即天名精也。」陶以爲「豨薟」者，非。《唐本艸》辨之。

 寄生，艸也。從艸，鳥聲。《詩》曰：「蔦與女蘿。」（音弔）

【校勘】各本無「艸」字，據《詩・頍弁》《釋文》、《均會》引增。「音弔」者，見《詩》《釋文》。

【發明】毛傳、陸疏、《字林》、《玉篇》皆僅言「寄生」，許獨言「寄生艸」者，《釋木》「寓木，宛童」，《中山經》「龍山多寓木」，《廣疋》之「樢」，皆即「蔦」也。蔦附木而生，故稱爲「寓木」，而或從「木」。然其實則艸也，故許別之。「寄生」爲句，别二名也（如桑寄生以「寄生」爲名）。「草也」一句，明其類也。且以釋從「艸」正字、從「木」重文之故也。王毌山不知此，乃謂「段補『艸』字，嚴不補者，蓋謂艸木皆有名『蔦』者」，引《釋木》爲證，説殊可笑。艸類之蔦，吾見之矣。木類之樢，未之聞也。且蔦者，必附他木乃生，故《唐・李德裕傳》云：「松柏之木，孤生勁特，無所因依。蘿蔦則不然，弱不能立，必附他木。」是也。若有木類之樢，既已木矣，將附艸而生邪？甚矣，其不深思也！嚴未議補，是其小疏。王乃以意推之，一若嚴真有此説者，厚誣前人矣。

【集解】陸疏云：「一名寄生，葉似當盧，子如覆盆，赤黑，甜美。」「《詩》曰……」，《頍弁》文。

 蔦，或從木。

【校勘】《爾疋》《釋文》引「蔦，或作樢」。《玉篇》：「樢，亦蔦字。」《廣均》廿九篠捝此字。

【集解】費鳳别碑：「樢與女蘿。」

 艸也。似目宿。從艸，云聲。淮南王説：芸艸可以死而復生之也。

【校勘】「艸也。似目宿」，各本同。《釋草》疏、《玉燭寶典》引、《玉篇》引、《廣均》引次句，同。《後漢・馬融傳》注引「似苜蓿」一句。《法雲書》八引「芸，香似苜（莫六反）蓿（音宿）」。本書無「苜蓿」字，皆非。「從艸」以下各本「王」作「子」，無「而」、「之」、「也」三字。《玉燭寶典》引「從艸」至末，有三字。《法雲》引「淮南」二句，有「而」字，據改補。

【集解】《夏小正》：「正月采芸，爲廟采也。二月榮芸。」《月令》：「仲冬，芸始生。」注：「芸，香艸。」高注《吕覽》、《淮南》皆云：「芸，芸蒿菜名也。」《倉頡解詁》：「芸蒿，葉似邪蒿，香，可食。《春秋》有『白蒻』，長四、五寸，可食之。」《急就》注：「即今芸蒿也，生熟皆可啗。」沈括曰：「今謂之七里香者是也。葉類豌豆，極芬香，古人用以薰香、辟蠹。置席下，能去蚤蝨。」「似目宿」者，《漢・西域傳》：「大宛國嗜目宿，漢使採蒲陶、目宿種歸。」陶弘景曰：「長安中乃有苜蓿園。」或作「苜蓿」、「牧蓿」。

 艸也。從艸，𧯛聲。

【校勘】《廣均》泰部無此文。

 艸也。從艸，律聲。

【集解】段注。

 草木刺也。從艸，朿聲。

【校勘】各本作「莿也」，《玉篇》引同。依宋本《均譜》補正。《廣均》麥無此字。

【發明】《釋草》：「茦，莿。」注：「草刺針也。」《廣疋》：「茦，刺箴也。」《方言》：「凡艸木刺人，北燕、朝鮮之間謂之茦，自關而西謂之刺，江湘之間謂之棘。」蘭按：許用《方言》義，與郭異也。許義「茦」爲動字，「莿」爲静字，朿也。「朿」下云：「木芒也。」則許據《爾疋》本蓋當作「莿，刺」。《玉篇》「莿」下説：「芒也。草木針也。」或時《疋》本猶作「莿」與？

 苦婁，果蓏也。從艸，昏聲。

【校勘】「蓏」，小字本、葉本、宋刊本、李燾本、趙本、毛初印本皆同。《集均》、《類篇》引同。紐引小徐作「贏」，錢鈔、顧本皆同。《廣均》引首句，作「贏」。汪刊小徐、毛剜改本皆同。非也。段據小徐作「贏」。

【集解】見《釋艸》。毛傳皆作「贏」。《玉篇》：「苦，苦蔞也，齊人謂之瓜蔞。」《釋艸》李巡注：「栝樓，子名也。」孫炎注：「齊人謂之天瓜。」

【眉批】《釋艸》作「栝樓」。

葑 須從也。從艸，封聲。

【校勘】錢鈔本、朱本、顧本小徐、宋本《均譜》作「蕦蓯」，皆非。

【集解】《釋艸》：「須，葑蓯。」「蓯」訛字也。孫炎曰：「須，一名葑從。」郭「未詳」。《谷風》傳：「葑，須也。」陸疏：「葑，又謂之蓯。吳人謂葑蓯、蔓菁。幽州人或謂之芥。」蘭按：須，一名葑，一名從。累呼之則曰「葑從」、「須從」皆是也。「葑從」疊均，「葑須」雙聲，「須從」合音則爲「菘」。故《齊民要術》引《爾疋》舊注：「江東呼爲蕪菁，或爲菘。」《谷風》《釋文》：「葑，徐音『豐』，《字書》作『蘴』。」郭璞云：「今菘菜也。」蕪菁即蔓菁，《谷風》、《桑中》箋、《坊記》注皆曰「葑，蔓菁也」是也。桂氏疑《說文》當作「須，葑從」，王謂《毛傳》脱「從」字，皆誤。「葑」，《方言》作「蘴」，郭云：「舊音『蜂』。江東音『嵩』，字作『菘』也。」蘭按：今菘菜與蔓菁微異，苗則相類。故《字林》：「蘴，蕪菁，苗也。」《方言》、陸疏皆云「又名芥」，葑與芥類也。郝並議之，非矣。

【音均】《桑中》：葑、東、庸。《采苓》：葑、東、從。

薺 疾黎也。從艸，齊聲。《詩》曰：「牆有薺。」一曰艸可食也。

【校勘】「疾」，各本作「蒺」。本書無，《漢書》作「疾」，今正。「黎」，小徐、《均譜》作「藜」。各本無「一曰」以下義，《類聚》八十二、《御覽》九百八十引「薺，艸可食也」，據補（疑「艸可食」爲本義，下出引《詩》。「疾黎也」是解《詩》文。待考）。《廣均》：「薋，蒺藜。《詩》作『茨』。《說文》又作『薺』。」《均譜》薺均重出「薺」字，云：「本茨字。」

【集解】「疾黎也」者，《釋草》、《牆有薺》傳文，彼作「茨，蒺藜」。《離騷》作「薋」，注：「薋，蒺藜也。」引《詩》「楚楚者薋」。《玉藻》注：「齊，當讀如『楚薺』之『薺』。」「蒺藜」見《本草》、《容齋三筆》。「茨」爲「蒺藜切」脚語也。「草可食也」者，《邶風》

「其甘如薺」。上文「蘆」（今删，更考），下文「蓂」、「菫」、「蘦」解中「薺」字皆可食者也。《春秋繁露》：「薺，甘味也。」《急就》注：「甘菜也。」

【音均】古訓：《繁露》：「薺之言濟。」古均：《谷風》：薺、弟。

 朿也。從艸，刺聲。

【校勘】各本「朿」作「茦」，依宋本《均譜》正。義見「茦」。

 鼎董也。從艸，童聲。杜林説：蕅根。

【校勘】顧本、毛本作「蕅」，是。宋本别本作「藕」，非。「鼎」，小徐作「薡」，非。「説」依宋本，一宋本作「曰」。

【集解】段注：《廣疋》：「蘱，蔽也。」《句讀》：「王煦曰……童褐。」《玉篇》：「篘，蔽也。今江東人呼藕根爲蔽。」

 狗毒也。從艸，繫聲。

【集解】《釋艸》樊云：「俗語苦如蘻。」徐鍇以狼毒當之，而議樊，似未然也。陸機疏云：「蓮的中有青長三分爲鉤爲薏，味甚苦。」引俚語。則謂苦如薏，「薏」、「蘻」、「狗」、「鉤」聲並同，是即《釋艸》下文之「的中薏」也。《説文》次與「莿」、「蕅根」相連，《説文》「薏」下無此義。然曰「毒」則未詳。

 艸也。從艸，嫂聲。

【集解】《釋艸》：「蔜，蕿蔞。」「蔜」俗字。注：「今蘩蔞也，或曰雞腸草。」

 地黄也。從艸，下聲。《禮記》：「鈃芼牛藿羊苄豕薇。」是也。

【校勘】篆各本同，顧本作「」，妄也。「記」，兩宋本、葉本如此，《均會》引同（孫、鮑本同），小徐本、趙本、李燾本、毛本

作「曰」，《集均》、《類篇》引皆挩此字。「銒」，《韵會》引作「鉶」，誤。「芼」，各本作「毛」，《繫傳》曰：「其中菜謂之芼。」是小徐本本作「芼」。按《儀禮》作「芼」，「芼」是也，依正。各本無「也」，依通例補。

【集解】《釋草》文。郭云：「一名地髓，江東呼苄。」按見《本艸》。「禮記」者，本書《序》偁「儀禮」爲「禮記」。段注：「今《儀禮》曰：『羊苦。』注：『苦，苦荼也。』今文『苦』爲『苄』……非也。」《采菽》傳：「菽可以芼太牢，羊則苦，豕則薇。」桂按：「毛用苦字，亦不以爲地黃。」

薟　白薟也。蔓生於野者也。從艸，僉聲。

【校勘】各本無次句，元應書十七引「白薟也」，有次句，依補。

【集解】《釋艸》：「蘞，菟荄。」注：「未詳。」《本艸》以爲即此。「薟」，《本艸》作「蘞」。《圖經》：「二月生苗，多在林中作蔓。」案：別有烏蘞、赤蘞。《詩》：「蘞蔓于野。」

蘞　薟，或從斂。

【校勘】《廣均》：「蘞，《說文》同上。」《五經文字》：「薟、蘞二同。下見《詩》。」元應云：「古文薟，今作『蘞』。」王云：「疑《說文》本無『蘞』，後人因《詩・唐風》增。」

芩　黃芩也。從艸，今聲。《詩》曰：「食野之芩蒿也。」

【校勘】各本出「菳，黃菳也。從艸，金聲。芩，艸也。從艸，今聲。《詩》曰：『食野之芩』」。《御覽》九百九十二引「菳，黃芩也」。《鹿鳴》《釋文》引「芩，蒿也」，以別毛傳「艸也」之訓。蘭考「芩」、「菳」實一字。「黃菳」，《神農本艸》、《急就篇》、《廣疋》皆作「黃芩」。《均譜》「菳」、「芩」皆「巨今反」。「金」從「今」聲，故本書「紟」之籀文作「䋎」，「淦」或作「汵」，《廣均》「唫」亦古「吟」字是也。今本《說文》析「菳」、「芩」爲二，誤。《玉篇》：「芩，黃芩也。《詩》云：『食野之芩。』菳，同上。」猶是《說文》舊本，今據之，而以《釋文》校補。《廣均》：「芩，黃芩，藥名。菳，草名，似蒿。」

【發明】「黄芩也」，見《本艸》。《詩》曰……」者，《鹿鳴》文。傳：「芩，艸也。」陸疏：「莖如釵股，葉如竹蔓，生澤中下地鹹處，爲艸真實，牛馬亦喜食之。」蘭按：陸所説不知今何艸也。許義乃與毛、陸異，而與鄭同也。毛以爲三章三艸，故曰：「苹，蓱也。蒿，菣也。芩，艸也。」許、鄭則以爲一艸，故鄭以「苹」爲「藾蕭」，許以「芩」爲「蒿」也。此毛、陸、許、鄭之異，前人多不明之。《廣均》：「菳，似蒿。」

【音均】《鹿鳴》：芩、琴、甚、音。

菳　芩，或從金聲。

【校勘】各本次「芩」上：「黄菳也。從艸，金聲。」今正。説見「芩」下。本書「裣」爲籀文。按此字《玉篇》曰「同芩」，則非籀文也，當是或體耳。今按：「淦」或從「今」聲，則此亦從「金」聲耳，依正。

藨　鹿藿也。從艸，麃聲。讀若剽。一曰蒯屬。（《字林》工兆反）

【校勘】《南賦》注引「蒯屬」（「蒯」今訛「薊」，依何校本）。「藿」，據小徐、《均會》別本，作「藿」。《字林》音出《爾疋》《釋文》，「工」疑誤。《均會》引「鹿」上有「艸名」二字，非。

【發明】小徐：「按《爾疋》：『鹿藿，鹿豆也。一名蔨。藨，麃。』注：『即莓也，與鹿豆相近。』疑《説文》注誤以『藨麃』爲『鹿藿』字也。」蘭按：《廣疋》亦云：「藨，鹿藿也。」王引之云：「如鍇説，則是許誤讀『藨』爲『鹿』也。草之名『鹿』者，若『鹿蓐』爲『王芻』、『鹿腸』爲『元參』之類多矣。但言『藨，鹿』，何以知爲『鹿藿』？即今許氏善於附會，亦不至謬妄如此。且《説文》所用《爾疋》與今不合者，如『蘬薺實』、『薆灌渝』之屬，皆句讀之異耳，未有誤讀本文而又率意增之者也。」蘭按：「藨」爲鹿藿，《廣雅》訓同，則段氏《説文注》謂「『藨』誤爲『鹿』，淺人妄增『藿』字」之説，乃依附小徐而增成其訛矣。蘭按：錢大昕曰：「《釋艸》：『蔨，鹿藿。』『藨』、『蔨』二字形聲全別，然其致誤亦有由。《春秋》『楚子麇卒』，《穀梁》作『卷』。『卷』、『麃』聲相近，蓋因『藨』訛爲『麇』，又以聲轉爲『蔨』耳。」蘭按：「蔨」，《釋文》：「謝『其隕反』。」正可證錢説。然吾意謝雖出郭後，本或不同。謝所音乃「菌」字也。蓋「藨」誤爲「蘪」，即「蘪」，或又讀「蘪」爲「菌」，郭本則「菌」形訛爲「蔨」，與訛爲「囷」

同例（「菌芝」條）。施乾、沈旋皆承其誤也。嚴可均云：「《說文》無『蔨』字，蓋許所見本作『藨』。」蘭考《釋文》「蔨」下出「蔍」字，云「力斛反。本今作『鹿』」。凡《釋文》云「本今作某」者，皆宋人校語（王毌山說）。蘭考唐石經各注疏本「鹿」無作「蔍」者，《說文》、《廣疋》皆作「鹿」，《說文》、《五經文字》無「蔍」字，《玉篇》「蔨，鹿豆莖」，而「蔍」下則云「蔍，蹄艸，又蔍葱也」，與鹿藿不相涉。《本艸》亦作「鹿豆」。蓋此艸命名原因鹿所食而起，焉得更從「艸」邪？且古今本無作「蔍」者，豈陸氏而陋至此乎？蓋「蔨」下陸本有「一本作『藨』」之文（大抵是漢人之本），文有脫訛，校者見其與「蔨」字形聲義皆不相續，而《疋》文有「鹿」字，遂改「藨」爲「蔍」，爲作音且曰「今作鹿」以附會之。校書者多未參互考證，而古本多㓕裂矣。今古本《尚書》《釋文》傳本與今大異，校者所亂，皆此類也。陸氏之書，網羅經師異說至詳，而多湮没，惜哉！「鹿豆」即「勞豆」，見《本艸》。陸機云「苕似勞豆」，而桂疑爲一物，亦非也。「蒯屬」者，《喪服傳》疏：「屨者，藨蒯之菲也。」《釋艸》又云：「藨麃。」蘭按：古本似不作「藨」也。孫炎「藨，蒲驕反」，而《玉篇》、《廣均》「藨」皆「平表反」。「蒯屬」，《廣均》四蕭「甫驕切」則云「萑葦秀」，皆無「莓」義也。

【眉批】《說文》「菌宍」，《玉篇》正誤作「蔨宍」，可證余說。

虉　綬艸也。從艸，鶪聲。《詩》曰：「邛有旨⿱艹鶪。」是也。

【校勘】各本無「艸」字，依《均會》十二錫引補。「也」字各本無，據通例增。「邛」，汪本誤「卬」，非。《玉篇》：「⿱艹鶪」同「虉」。《廣均》收「鷊」不收「⿱艹鶪」。

【集解】毛傳同。《爾疋》：「虉，綬。」注：「小艸有雜色，似綬。《詩》作『鷊』。」《篇》引作「虉」。「《詩》……」，《陳風》文。

蔆　芰也。從艸，淩聲。楚謂之芰，秦謂之薢茩。

【校勘】小徐「秦謂之」作「秦曰」。《齊民要術》引「薐，茨也」。按：「薐」，「蔆」之別體，「茨」恐誤。《釋草》疏引「楚曰芰，秦曰薢茩」，亦作「薐」。

【集解】「芰也」、「楚謂之芰」者，《字林》：「楚人名蔆曰芰。」《釋艸》：「蔆，蕨攈。」郭云：「今水中芰。」《國語》：「屈到嗜芰。」

注：「芰，蔆也。」《漢書・司馬相如傳》注，張揖、應劭皆曰：「蔆，芰也。」《内則》、《籩人》注皆同。按《籩人》「加籩之實，蔆、芡、栗、脯」，此自是天子之制，屈建所述乃侯國之制。侯國之祭不備庶物，本無可疑。而孫楚混同之，以議屈建，過矣。小徐又因「薢茩，決光」之文，附會芰爲草決明，斯真可笑。「秦謂……」者，《廣疋》：「蔆，芰，薢茩也。」《離騷》注：「芰，蔆也。秦人曰薢茩。」《釋艸》：「薢茩，決光。」郭云：「芵明也。葉鋭，黄赤華，實如山茱萸。或曰：蔆也。關西謂之薢茩。」蘭按：郭載二説，後説是也。《本草》決明無「決光」之名。《廣疋》别出「決明，羊角也」一條，知「決光」非「決明」也。「蕨攈」、「決光」一聲之轉。

【眉批】「蕨」、「芰」一聲之轉。

 司馬相如說：蔆，從遴。

【校勘】《玉篇》同。

 蔆也。從艸，支聲。

 杜林說：芰，從多。

【校勘】《玉篇》引同。《四分律音義》引《蒼頡》「渠智反」。

【集解】桂注：「多聲……同音。」（又見《句讀》）本書「袳」、「移」並從「多」聲。

 薢茩也。從艸，解聲。

 薢茩也。從艸，后聲。

 雞頭也。從艸，欠聲。

【校勘】《齊民要術》十、《廣均》五十琰引首句。小徐、《均譜》篆作「」。

【集解】段注。

蘜　日精也，㠯秋華。从艸，𥳘省聲。

【校勘】「蘜」，各本作「蘜」，依《篇》、《均》引正。「𥳘」，各本作「𥳘」，小徐作「鞠」，今正。「㠯」，趙抄本、各本作「侣」，宋本、葉本、顧本小徐作「㠯」，《均會》一屋引同，今正。《玉篇》、《廣均》引二句，「㠯」作「似」，非。《釋艸》、《釋文》引首句，「蘜」作「鞠」。

【集解】《夏小正》：「九月榮鞠。」傳：「鞠，艸也。」《月令》：「鞠有黄華。」《章句》：「菊，艸名也。黄華者，土氣之所成也。」《楚辭·九歌》作「鞠」字。《本艸經》：「一名曰精。一種紫莖，氣香，而味甘美，葉可作羹，爲真菊。一種青莖而大，作蒿艾氣，味苦不堪食。名薏，非真菊也。」

蘜　蘜，或省。

【校勘】各本「蘜」作「蘜」，依嚴、桂説正。毛、鮑本作「蘜」，非。

蘥　爵麥也。从艸，龠聲。

【集解】《釋艸》「爵」作「雀」。注：「即雀麥也。」

藗　牡茅也。从艸，遬（遬，籒文速）聲。

【校勘】篆朱本、錢本、宋本《均譜》同。顧本、大徐本皆從「夊」。大徐本有「遬，籒文速」四字，舊混入正文，今别爲舊注。《篇》、《均》：「白茅也。」

【集解】《釋艸》文。疏：「牡茅，茅之不實者。」

 茅莠也。從艸，私聲。

【校勘】「莠」，各本作「秀」，據《廣均》、《集均》引首句改正。《句讀》。（按：此本桂説。）

【集解】《廣疋》：「蕛，菘，茅秀也。」

 藿之未莠者。從艸，兼聲。

【校勘】各本作「藿」，段、桂作「萑」，皆不言所據，非是。《廣均》：「荻未秀。」

【集解】段注：「蒙上茅秀……曰薍、曰菼也。」桂云：「《夏小正》傳云：『藿未秀爲菼。』本書『菼』爲『初生』，『蒹』爲『未秀』，小異。」

 𦵔也。從艸，亂聲。八月薍爲藿、葭爲葦也。

【校勘】各本捝「藿葭爲」三字，段、王據《毛傳》增，今從之。

【集解】《釋艸》：「菼，薍。」注：「似葦而小，實中。江東呼爲烏蓲。」「八月……」者，段注：「按此……毛語。」

 藿之初生也。一曰薍，一曰鵻。從艸，剡聲。

【校勘】各本作「藿」，汪本作「萑」，非。《埤疋》十六引「萑之初生」，作「萑」，「藿」、「萑」通。《廣均》四十九敢引三句，作「萑」，亦非。各本無「也」字，《廣均》引同。《玉篇》：「萑初生也。一曰薍也」，有「也」字，據補。《廣均》引「曰」作「名」。《均譜》：「薍，初生。」「鵻」，汪本作「騅」。《釋艸》《釋文》：「菼，《説文》作『𦵔』。」

【集解】《七月》正義：「初生者菼，長大爲薍，成則名爲萑。小大之異名。」《大車》傳：「菼，蘆之初生者也。」戴氏説「蘆」爲「萑」之訛也，説見《毛鄭詩考正》。《急就》：「萑葦。」注：「薍爲萑，謂荻也。其新生曰菼。」「一曰薍」者，《釋言》、《釋艸》文。「一曰鵻」者，《釋言》、《大車》傳同。《大車》箋：「菼，薍也。毳衣之屬。衣繢而裳繡，皆有五色焉，其青者如鵻。」鄭

《志》：「鵻鳥青，非草名。薍亦青，故其青者爲鵻。」《釋言》《釋文》作「騅」，本書：「騅，馬蒼黑雜毛。」

 𦵅，或從炎。

【校勘】《釋艸》《釋文》引「菼，或𦵅字」。《廣均》同「𦵅」。《玉篇》則以「菼」爲正，「𦵅」同「菼」。

 蒹也。從艸，廉聲。

【校勘】《廣均》廿四鹽引首句。

【集解】《釋艸》注：「似藡而細，高數尺，江東呼爲薕藡。」蘭按：曰薕藡，則仍是藡類矣。

 青薠也，似莎而大者。從艸，煩聲。

【校勘】各本無「而大」二字，據《均會》十三元引補。各本無「也」字，《玉篇》：「青薠（今訛作『蘋』）也，似莎（今訛『蘋』）而大。」據補。《廣均》：「薠，似莎（今訛『蘋』，内府本則誤以正文爲『蘋』，云『似萍而大』）而大。」

【集解】《子虛賦》注張揖曰：「青薠，似莎而大，生江湖，雁所食。」《西山經》注：「蕃，音煩。似莎而大。」用「蕃」爲之。《招隱士》：「青莎雜樹兮薠草靃靡。」

 昌蒲也。從艸，卬聲。益州生。

【校勘】「生」，依小徐，毛剜改本同。初印本作「云」。宋本、葉本、趙本、《五音均譜》、《集均》、《類篇》皆作「云」，説見下。「昌蒲」上段補「茚䒦」二字，嚴《議》同，説謬。見「䒦」下。

【集解】《廣疋》：「卬，昌陽，昌蒲也。」蘭按：「茚」、「陽」疊均，「茚」、「昌」疊均，「昌」、「陽」疊均。《吕覽・任地》注：「菖，菖蒲。」《周禮・醢人》注：「昌本，昌蒲根。」然則亦單呼「昌」也。《淮南・説林》作「昌羊」，亦疊均字。「昌蒲」見《本艸經》。「益州生」者，《别録》：「生上洛池澤及蜀郡嚴道。」弘景曰：「上洛郡屬梁州，嚴道縣在蜀郡。」然則生梁益間也。作

「云」者，非。茚爲疊均字，豈必益州始稱之邪？然亦本有闕文，「益州生」三字不詞。

　艸也。從艸，邪聲。

【校勘】「艸也」，各本譌作「茚蒘也」，今依宋本《均譜》正。《篇》、《均》皆「艸名」。《篇》次「茚」下「蒘」上有「蘢」字，不連文。

【集解】桂、王皆以爲即「荼」字，然此云「艸」，則非菸花，俟考。

　葦華也。從艸，刀聲。

【校勘】《篇》、《均》訓同。

【集解】《釋艸》：「葦醜，芀，葭華。」蘭按：葭之華曰「華」，葦之花曰「芀」也。

　芀也。從艸，列聲。

【校勘】《廣均》十七屑引首句。宋本《均譜》作「葦芀」，似非。

【集解】《周禮・戎右》注：「茢，苕帚，所以掃除不祥。」段注。蘭按：襄廿九年《左傳》注：「茢，黍穰。」則借爲「梨」字。茢爲芀，梨爲黍穰，各有分別。猶木曰華、草曰秀，雖可通用，而本不相亂也。朱駿聲謂「茢苕」本字當作「梨」，「茢」之本字當爲《爾疋》之「茢，勃茢」。亂其體例以議許君，不自量其力矣。

　水之曰菡蔄也。從艸，函聲。

【校勘】各本無「水之曰」三字，《均會》引有「芝曰」二字。《古今注》：「夫容，一名水芝。」《句讀》曰：「兩字爲一名者，如珊瑚之類，皆詳說於上字下，此獨詳說於下字下，即由水芝之別名而然，若如今本則非例。」據其說補。（又按：《均會》引「芝」字或「花」之訛，俟更考。）宋本《均譜》引「菡，艸木華未發」，又「弓」下引「菡也」，與今皆異，俟考。

【集解】《澤陂》傳：「菡蕳，荷花也。」郭璞《釋草讚》：「一曰澤芝。」

蕳 菡蕳。扶渠華未發者爲菡蕳，已發者爲夫容。

【校勘】「扶渠」，各本作「芙蓉」，汪、祁本作「夫容」。又各本無二「者」字，「夫容」作「芙蓉」。今據元應書三及八引補正。末「夫容」二字，汪、祁本不訛。《釋艸》疏引「菡蕳，花未發也。已發名芙蓉」。《五經文字》：「萏，《説文》作『蕳』。」（慧苑書三引「芙蓉，花未發者爲菡萏。」又曰：「《玉篇》作『菡蕳』。《字書》作『菡萏』。《説文》作『荅萏』。」）

【集解】《釋艸》：「荷，芙蕖。」李巡曰：「扶渠，其總名也，別名芙蓉。」「未發爲菡蕳」者，高誘曰：「其秀曰菡萏。」《易林》：「萏菡，未華。」本書：「马嘾也，艸木之華未發函然。」蘭按：「菡萏」即「马嘾」，皆疊均。「已發爲夫容」者，疑亦當作「夫渠」，再出「一曰夫容」句也。陸機疏：「已發曰夫渠。」郭《音義》：「今江東人呼荷華爲芙蓉。」《招魂》：「芙蓉已發。」是也。蘭按：「夫渠」、「夫容」皆聲類字也。《釋艸》注：「蕍，猶敷蕍，亦華之貌。」「敷蕍」、「扶渠」疊均。「容」猶「榮」，亦花也。《説卦》：「震爲旉干。」注：「鋪爲花貌，謂之薂。」然則「夫容」猶「敷榮」也，亦疊均字也。「夫」、「扶」本字皆當作「薂」，《釋艸》又云「的薂」是也。

【音均】《澤陂》：萏、儼、枕。

【眉批】按「菡蕳」、「芙蓉」二説與王念孫《廣疋疋證》闇全，亦可自信矣。「容」，王以爲「甬」聲之轉。

蓮 扶渠之實也。從艸，連聲。

【校勘】各本作「芙蕖」，汪、祁本作「夫渠」，今依元應書三引改（此據桂）。

【集解】《釋艸》：「其實蓮。」郭云：「蓮謂房也。」又：「的薂。」注：「即蓮實。」蘭按：古詩「魚戲蓮葉東」，今俗又呼荷花爲蓮花，此皆郭《音義》所謂「以蓮爲荷」也。郝疏云：「未聞何邪。」段注：「《陳風》：『有蒲與蕑。』箋：『蕑，當作蓮。蓮，夫渠實也。』鄭意欲合三章爲一物耳。」蘭按：《采苓》「采苓」，又以「苓」爲之。《龜策傳》：「龜千歲乃游苓葉之上。」是也。

　扶渠之莖也。從艸，加聲。（音加，又音歌。）

【校勘】各本作「芙渠」，汪、徐作「夫渠」，宋本《均譜》作「芙渠」。又各本無「之」、「也」二字，並依「蓮」下例補正。二音出元應書十四、慧琳書五十九引。

【發明】段云：「茄之言柯也，古與『荷』通用。」蘭按：《古今字詁》：「茄，亦荷字也。」漢樂府：「鷺何食？食茄下。」《揚雄傳》：「衿芰茄之緑衣兮。」《釋艸》：「其莖茄。」樊光注引《詩》：「有蒲與茄。」則樊據《詩》作「茄」。今《詩》「茄」作「荷」。鄭箋云：「芙渠之莖曰荷。」則鄭據本《爾疋》作「其莖荷也」。韓保昇《本艸》引陸機疏亦云「其莖曰荷」，與鄭合。錢大昭以爲毛、鄭本作「茄」，非是。

　扶渠之葉也。從艸，何聲。

【校勘】各本作「芙蕖葉」，祁、汪刊鍇本作「夫容葉」，錢本、小徐、宋本《均譜》作「芙蓉葉」，今依「蓮」下例補正。

【發明】《釋艸》：「其葉蕸。」《釋文》：「蕸，字或作『葭』。」衆家並無此句，惟郭有。然就郭本中或復脱此一句，亦並闕讀。蘭按：古本有「其葉荷」一句也。李巡注曰：「皆分别蓮莖、葉、華、實之名。」李本若無「其葉」一句，則安用此「葉」字？知李本本有也。《初學記》引《爾疋》「其葉荷」，與許正合。《類聚》引《爾疋》「其葉葭」，與陸言或本合。蘭按：古音「茄」與「荷」同，故多通用。鄭、陸機據本《爾疋》作「其莖荷」是也。傳授之間因其聲同，遂脱去一句。陸見衆本無者，脱也。郭本本亦作「其葉荷」，與許不異，即徐堅所引之本也。當是别本作「其葉茄」，「茄」誤爲「笳」，因寫作「葭」（《文選》注：「笳，《説文》作『葭』。」「胡笳」即「胡葭」）。此《類聚》及陸所據之或本也。《詩疏》引作「蕸」，與今本同。是又流俗加「辵」旁，《説文》所無之字也。知郭本亦作「其葉荷」者，郭《音義》云：「北方人以蓮爲荷，蜀人以藕爲茄，用根子爲莖（今本作『母』，誤）葉號。」然則郭本作「荷」，確矣，況有徐堅之引邪（堅所引「荷，芙渠」下亦郭《音義》文，知據郭本）。陸氏未得善本，自古本滅絶而千餘年無知此者矣。段氏注《説文》而云《爾疋》以無此句者爲是者，謬也。荷爲葉名，芙蕖爲華名，曰「荷，芙渠」者，舉花葉爲總名耳。或因此而謂荷非葉名，亦非。若李巡本即作「蓮，扶蕖」矣（陸雖不舉此異，然李云「皆分别蓮」云云，又云「菡萏，蓮花也。的，蓮實也」，是李本作「蓮，扶蕖」無疑），可謂蓮非實名邪（李本則似不出「其實蓮」句）？

【音均】《澤陂》：陂、荷、何、爲、沱。《招魂》：蛇、池、荷、陂、陁、羅、籬、爲。又：羅、歌、荷、酡、波、奇、離。

 扶渠之本也。從艸，密聲。

【校勘】各本作「芙蕖本」，汪、祁本作「夫渠本」，今據「蓮」下例補正。

【集解】段注……

 扶渠之根也。從艸，湡聲。

【校勘】各本作「芙蕖根」，汪、祁作「夫渠根」，《均譜》作「芙渠根」，今據「蓮」下例補正。「湡聲」，各本作「水禺聲」，今正。嚴反疑水部舊無「湡」篆，段欲訂爲「耦聲」，皆非也。《篇》、《均》「藕」同「蕅」，蓋本《說文》。

【發明】見《釋艸》。《周書》：「藪澤竭則蓮藕掘。」按：藕，扶渠根之大名也。蔤者，根頭白蒻，不過數寸。藕則有長尺外矣。《釋艸》本文已亂，「其中的」二句不當連「其根藕」下。李巡云「皆分別蓮莖、葉、花、實之名」，許君亦以「蓮」、「茄」、「荷」相次，與李次同。不以花次其下者，因以「菡萏」領諸文而變其次也。不及實者，李注以「的」爲實，許以實即「蓮」也，先出「蓮」矣。此形書，不當出「的」於此也。李云莖、葉、花、實而不及「蔤」、「藕」，蓋次序更在「薏」後。李本或別起文故也。許次同之。高誘《淮南》注：「荷，夫渠也。」「茄」、「蔤」、「夫容」、「菡萏」、「蓮」、「的」、「薏」相次雖異，李、郭亦以「茄」、「蔤」、「藕」與「蓮」、「的」、「薏」分次，甚分明也。段氏誤以今本《疋》次爲作者手定之本，乃生妄説，以蔤爲全荷之本，藕爲下近蔤上近花莖之根。謬妄孰甚，抑不思今《疋》本而可信者，則藕中乃有的，將爲何物矣？今本固可信邪？

 天蘥也。從艸，龍聲。

【集解】見《釋艸》。注：「未詳。」或以爲即紅蘢古也。

 蒿屬也。生千歲三百莖。《易》目爲數。天子蓍九尺，諸侯七尺，大夫五尺，士三尺。從艸，耆聲。

【校勘】大徐本篆誤從「」。「蒿屬也」，各本無「也」字。《易》《釋文》引同。《釋艸》《釋文》及疏、《曲禮》疏引皆有「也」字，據補。小徐本作「蒿葉屬」，汪本無「葉」字，《均譜》、《均會》皆無「葉」字，有者衍。《均會》引此句下有「用之以筮」四字，鈕云非。「生千歲三百莖」，依《五音均譜》及小徐本、毛本，《玉篇》、《廣均》、《集均》、《類篇》、《均會》、《易》《釋文》、《釋艸》《釋文》及疏、《曲禮》疏、《御覽》九百九十七引並同。兩宋本、葉本皆作「生十歲，百莖」（孫鮑刻誤本同）。《釋艸》疏引「莖」下有「可以爲卜筮」一句。「《易》以爲數……三尺」，《廣均》引同。《易》《釋文》、《曲禮》疏、《玉篇》引皆無「蓍」字。

【音均】《下泉》：蓍、師。

【集解】「蒿屬」者，《下泉》傳：「草也。」疏：「似藾蕭。青色，科生。」「生千歲三百莖」者，《博物志》同。「《易》以爲數……三尺」者《蒼頡篇》：「蓍，策也。」段注「耆聲」者，《尚書大傳》：「蓍之爲言耆也。」

 香蒿也。從艸，臤聲。

【校勘】《廣均》廿一震：「香蒿，可煮食。」

解見「蒿」下。

 菣，或從堅。

【校勘】王云：「《釋文》『菣』，《字林》作『𦶜』。恐此字《說文》本無，後人以《字林》補入。」

 蘿也。從艸，我聲。

【校勘】各本作「蘿，莪，蒿屬」，小徐作「蘿，莪，蒿屬也」，今正。

【發明】王毋山《釋例》十五：「案《爾疋》：『莪，蘿。』注：『今莪蒿也。』……然則『我』、『羅』二字，在今音爲疊韻，在古人爲恒言。故艸與蟲皆有是名矣。且以『蘿』下云『莪也』例之，則『莪』下當云『蘿也』。『蒿屬』不當連言『莪』。」蘭按：王説猶未然也。凡《説文》之例，二字連語及轉注之有訓解者，苟相類次，其義必出於下字。如此二字，則元文爲「莪，蘿也。……蘿，莪也。蒿屬」，此許本例也。唐人便於誦習，乃以「蘿」下注附「莪」下，後校者又據別本「蘿」下有「莪也」二字，合二本爲一，遂不可通矣。《説文》多有此。王氏見今本多有訓釋在上字下者，故不知此例，説之多有牽强也。

【集解】《釋艸》注：「今莪蒿也。」見《詩義疏》。

【音均】《菁莪》：莪，阿、儀。

【眉批】段改「蘿莪」作「莪，蘿也」，非。《句讀》删「莪」字，作「蘿，蒿屬也」，以爲本毛傳，更誤。毛云「莪，蘿蒿」，言莪一名蘿蒿，未嘗言「屬」。若言蘿蒿屬，則是以莪爲蘿蒿之屬，非一物異名矣。豈非大誤？若云毛以「莪蘿」爲句，「蒿也」爲句，則亦非。陸疏云「一名蘿蒿」，固承毛語也。

 莪。蒿屬也。從艸，羅聲。

【校勘】諸本作「莪也」，今補正，説見上。

【音均】《楚辭·山鬼》：阿、蘿。

 蒿屬。從艸，林聲。

【校勘】《廣均》訓同。《玉篇》無。徐鍇曰：「蘪蒿字亦作此。」《集均》：「菻，或從廩。」《廣疋》：「莪蒿，蘪蒿也。」蘭疑「菻」是《字林》字也。不然，何許君説之而不綰合「莪」、「蘿」二注邪？

 牡蒿也。從艸，尉聲。

【校勘】《篇》、《均》：「茺蔚。」

【集解】《義證》：「《釋艸》：『蔚，牡菣。』郭注：『無子者。』《詩·蓼莪》傳：『蔚，牡菣也。』陸疏：『牡蒿也……』馥案：牡蘜、牡荊、牡茅皆非無子，郭説失之。」

【音均】《蓼莪》：蔚、瘁。《侯人》：薈、蔚。

 艾蒿也。從艸，肅聲。

【校勘】《艸木疏》、《采葛》疏皆引「艾蒿」。

【發明】陸機疏曰：「蕭萩，今人所謂萩蒿者是也。或云牛尾蒿，似白蒿，白葉，莖麤，科生，多者數十莖，可作燭。有香氣，故祭祀以脂爇之爲香。許慎以爲艾蒿，非也。禮《王度記》曰：『士蕭，庶人艾。』艾、蕭不同，明矣！」蘭按：陸機誤也。許若言「艾也，蒿也」，乃是蕭一名艾，艾一名蕭，甚如其謬。今亦重言艾蒿，則明本自蒿之一類，名曰艾蒿，非蕭是艾也。陸云「似白蒿」，白蒿即是皤蒿。陸又云「凡艾白色爲皤蒿」，然蕭之偁艾蒿，以艾白色也。是艾爲蒼色，猶青蒿、皤蒿耳，許未嘗誤也。

【音均】《采葛》：蕭、秋。《車攻》：蕭、悠、庖(句中均)。

【眉批】檢段注甚與余言合，可參觀。若《句讀》補正乃囈語耳。

 蕭也。從艸，秋聲。

【校勘】《篇》：「蒿也。」《均》：「蕭，似蒿也。」

【集解】《釋艸》：「蕭，萩。」注：「即蒿。」《釋文》：「音秋。今訛作『荻』。蘆薍之『薍』亦作『荻』，正字皆當作『萑』。」

 鳬茈也。從艸，勺聲。

【集解】《釋艸》文。段注。

 王彗也。從艸，湔聲。

【校勘】《釋艸》：「葥，王彗。」《釋文》引《說文》作「湔」（「⿱艹湔」之誤）。《玉篇》：「葥，王彗艸，可爲帚。⿱艹湔，同上。」

【集解】王，大也。《釋艸》作「葥」。郭云：「王帚也。似藜。其樹（疑誤）可以爲掃篲，江東呼之曰落帚。」今《疋》文「彗」訛「篲」。今本《說文》上又有「葥」字，今删。説具彼。

【校勘】各本「艸也。從艸，爲聲」。《古文苑》十九引「蔿，姓。楚有蔿氏，世爲大夫」（《廣均》爲「薳」下注「蔿」皆作「薳」）。《字典》引「晉大夫蔿伯」（見《廣均》）。蘭按：「艸也」之義，於古無徵。二書所引，疑並以他書當《說文》也。《文選·琴賦》：「眾葩敷榮曜春風。」注：「古本『葩』字爲此莞（一本『此莞』作『花貌』，非）。郭璞：《三蒼》（一本『三倉』作『曰葩』）爲古『花』字。今（一本作『合』，誤）讀音『于彼切』，《字林》音『于彼切』。張衡《思玄賦》曰：『天地烟熅，百卉含蘤（一本訛「葩」）。鳴鶴交頸，雎鳩相和。』以韻推之，所以不惑。」又《思玄賦》「蘤」作「葩」，注：「《說文》曰『蘤』古『花』字，本誤作『蘤』，音『爲詭切』，非此之用也。」（《後漢書》作「蘤」，注引張揖《字詁》：「蘤，古『花』字也。」）蘭按：《說文》無「蘤」，李所引當爲「蔿」字也。《選》文及注多誤。《琴賦》本爲「蔿」字，注「葩」當作「爲蘤」，「莞」、「爲」、「蘤」三字皆當作「蔿」。《思玄賦》文亦當「蔿」，注引《說文》亦當作「蔿」，「花」皆當作「華」。蓋「蔿」古音同「華」，《廣疋》「蔿」訛「蒍」也，《類篇》「蔿」有「吁瓜切」一音是也。故《說文》、張揖（《漢書》亦當作「蔿」）、郭璞皆云古「華」字也。後世讀「蔿」爲「于彼切」，乃與「蘤」字相混。《玉篇》：「蘤，花榮也。」《廣均》：「花也。榮也。」蓋即《說文》「𩰫」字，聲義並同也。故李氏辨之耳。《拾遺記》：「西王母進洞淵紅蘤。」《唐書·西域傳》：「坐金蘤榻。」並以「蘤」爲「華」，蓋「蔿」、「蘤」之亂久矣。傳寫《選》、注者多不識字，故不可通。

《字林考逸》載戴説、《句讀》「葩」下説皆誤。蓋自李而下無有知「蔿」古「花」字者，或以《説文》華部古文「蔿」字析入艸部（此似亦因《玉篇》而來），校者又意改爲形聲字，而《説文》亦不可解矣。今訂正當爲「華」下古文。蔿姓之字疑本作「鄬」。

【音均】《思元賦》：蔿、和。

【眉批】《方言》注：「蔿，音華。」

《五經文字》次在「薖」字後。

芜　艸也。從艸，冘聲。

【校勘】

【集解】段注云：「此與芜藩各物。」王云：「上文『薚』既不類列，此又不云『芜藩也』，蓋非一物。」蘭按：《玉篇》：「芜，丁敢切。艸也。又除林切。薚，芜藩。」與段説合。桂以「葴」當「芜」，則與「丁敢切」不合。然《説文》相承音「直深切」、《廣均》「徒敢切」之字亦云「芜藩」，所未能詳也。

蘜　治牆也。從艸，鞠聲。

【校勘】《釋艸》《釋文》引首句。「牆」，小徐本作「蘠」，《玉篇》同。

【集解】義闕。承培元云：「疑即牆衣、薜荔之屬，《周禮》所偁『牡蘜』是也。」

蘠　蘠靡，釁冬也。從艸，牆聲。

【校勘】大徐本「釁」作「虋」。宋本《均譜》「靡釁」作「蘼虋」。

【集解】《釋艸》同。然本各艸，未詳其説。李時珍説《釋艸》有脱簡。

芪　芪母也。從艸，氏聲。

【校勘】《廣均》引同。

【集解】《字林》：「莀母，即知母艸也。」《廣疋》：「芪母，兒踵，東根也。」《爾疋》注：「一曰蝭母。」《本艸》：「知母，一名蚳母，一名蝭母。」案今本《說文》後有「莀」，是以《字林》字闌入，說見下。案本書不與「蕁」類聚，疑《爾疋》注以「蕁」爲知母，非是。

菀　茈菀，出漢中房陵。從艸，宛聲。

【校勘】《篇》、《均》「茈」作「紫」。

【集解】段注。

莔　貝母也。從艸，囧聲。

【校勘】《均會》引作「貝母艸，療蛇毒。」各本「明省聲」，嚴云：「當作『囧聲』，《均會》八庚引作『囧省聲』，衍一『省』字。此作『明省』，則不省即『萌』字矣。」蘭按：嚴說是也，據改，段說謬。案：鈕引《韻會》單作「囧聲」。

【集解】《釋艸》文。注：「根如小貝，圓而白華，葉似韭。」《淮南·氾論訓》注引《詩》「言采其莔」，《本艸圖經》引同。今《詩》作「蝱」(《載馳》)。傳：「蝱，貝母也。」亦作「寍」，見《管子·地員》。一作「貝父」，見《廣疋》。

莍　山薊也。從艸，朮聲。

【校勘】《玉篇》：「莍，山薊。與朮同。」《廣均》：「莍，同朮。」

【集解】《釋艸》文，彼作「朮」。注：「《本艸》云：『朮，一名山薊。』今朮似薊而生山中。」《廣疋》：「山蓳，莍也。」《中山經》：「前山多莍芫。」郭云：「莍，山薊也。」

 析蓂，大薺也。從艸，冥聲。

【校勘】宋本《均譜》「大」訛「火」。《繫傳》挩「聲」字。

【發明】《釋艸》文，「析」作「菥」，非。舍人曰：「薺有小，故言大薺。」郭云：「似薺，葉細，俗呼之曰老薺。」《通卦驗》：「立冬，薺麥生。」《月令》：「靡艸。」注：「靡艸，薺、葶藶之屬。」疏：「其枝葉靡細，故云靡草。」蘭按：「靡」、「蓂」聲轉。《本艸》一名「蔑菥」，即「析蓂」倒文也。「蔑析」連語亦有細意。又名「大蕺」，「蕺」、「薺」聲轉。又云：「一名馬辛，一名大薺，生咸陽山澤及道旁。」然則《釋艸》又云：「姚莖，涂薺。」（「涂」，《釋文》作「蒤」。）郭云「未詳」者，即生道旁之大薺也。「大」、「涂」，「蓂」、「莖」皆聲之轉耳。《吕覽》：「殺三葉而獲大麥。」注：「三葉，薺、葶藶、菥蓂也。」蘭按：此三者皆相似，故陳藏器誤以葶藶爲大薺，而《疋》文以析蓂稱薺也。三者又皆似麥，猶莠之亂禾，故薺冒麥之稱。而欲麥熟者，期枯死三葉也。

 荎箸也。從艸，味聲。

【校勘】各本「箸」作「藸」，從宋本《均譜》正。

【集解】《釋艸》：「味，荎藸。」注：「五味也。蔓生，子叢在莖頭。」《釋木》：「菋，荎著。」舍人本作「柢都」，樊本作「屠」，郭作「荎著」，云「疑重出」。蘭按：作「柢都」作「屠」者皆聲轉，「藸」、「著」皆當依此作「箸」。《周禮・韎師》注：「韎，讀爲『味荎著』之『著』①。」「著」正當作「箸」。「五味」，見《本艸》。因其滕類，附木而生，故又入《釋木》，猶宛童矣。郝懿行附會之，以爲別有一種木名，非也。

 荎箸也。從艸，至聲。

【校勘】「箸」，各本作「藸」，依宋本《均譜》正。大徐「也」上有「艸」字。

---

① 整理者按：「著」字應作「味」。

 絺綌艸也。從艸，曷聲。

【校勘】《玉篇》：「蔓艸也。」《五經文字》次「蔓」下。

【集解】《詩》：「葛之覃兮，爲絺爲綌。」《采葛》傳：「葛，所以爲絺綌也。」本書：「絺，細葛也。綌，粗葛也。」

【音均】《采葛》：葛、月。

【轉音】《旄丘》：葛、節、日。

 葛屬也。從艸，曼聲。

【校勘】大徐無「也」字。《五經文字》次「葛」上。

【集解】《鄭風・野有蔓艸》傳曰：「延也。」許意則以蔓爲葛。「曼」爲曼延之本字，「蔓」則葛蔓之本字，而引申爲藤屬之蔓也。《唐本艸》有「葛葎蔓」。

【音均】《山鬼》：間、蔓、間。

 葛屬也，白華。從艸，皋聲。

【校勘】大徐無「也」字。《玉篇》：「如葛，白華也。」《廣均》：「葛之白花。」

【發明】《本艸經》上品有「白菟藿」，吴普謂之「白葛」，陶弘景云「無識者」。按即《唐本艸》之「白花藤」也，蘇恭所言「根苗皆似葛而白花」是矣。昔人以「䓘蘇」當此，彼則二字一名，且木也，蓋失之矣。

 菨餘也。從艸，洐聲。

【校勘】今本出「莕，菨餘也。從艸，杏聲。荇，莕或從行。」同今本《玉篇》字體、次序皆同。《廣均》亦作「莕」、「荇」二體。案《爾疋》：「莕，接余。」《釋文》：「本亦作『荇』。」引《詩》云「參差荇菜」，「《説文》作『葕』」。《五經文字》：「『莕』、『葕』二

同。」然則「莕」《爾疋》字、「荇」《詩》字、「葕」《説文》字至明，今本《説文》亂之。《玉篇》經後人删節矣。漢印兩見「荇」字，即「葕」之省。《家訓》引《釋艸》本作「荇」，然則作「葕」正字矣。「菨」，宋本《均譜》作「萲」。

【集解】《家訓・書證篇》引《爾疋》：「荇，菨余。字或作『莕』。」今本作「莕，接余」。「接」字蓋依《詩》傳改，《玉篇》猶作「菨」。注：「叢生水中，葉圓，在莖端，長短隨流水深淺，江東菹食之。」《關雎》傳：「荇，接余也。」劉芳疏：「黄花，似蓴，江南俗亦呼爲豬蓴，或呼爲荇菜。」

【附疑】「菨」下云：「菨餘，葕也。」疑此字説解不當如此之簡。又《釋艸》《釋文》引《詩》後出「《説文》作『葕』」，疑本有引《詩》語，今脱耳。

菨餘，葕也。從艸，妾聲。

【校勘】各本無「葕」字，宋本《均譜》有「荇」字，據增正爲「葕」。《釋艸》《釋文》：「接，如字。《説文》作『菨』，音同。」蘭按：《詩》《釋文》：「接余，音餘。本或作『菨荼』，非。」陸本就《詩》傳説也。且「余」作「荼」，則爲苦菜之字，故曰「非」也。王毌山據此單文反以《釋艸》《釋文》爲後人所增，《説文》此字當删。以一破二已爲不可，况所據又誤邪？此之謂便辭巧説。

艸也。從艸，[illegible]聲。

【集解】《通訓》（屯部十四頁）。蘭按：朱誤也。蓖蕗蓋爲「箘」字。箘自有專字，「蓖」自當以香艸爲義。

魚毒也。從艸，元聲。

【集解】《句讀》。《類篇》：「蕒，草名，無魚也。凡水有此艸，則無魚。」桂謂即「芫」之俗體。

大苦也。從艸，霝聲。

【校勘】《句讀》。蘭則疑「苦」下説解有舛，此乃許本文也。參看「苦」下。《玉篇》：「大苦，菜。」《廣均》：「菜名，似葵，可食。」

蕛 刪。

【校勘】各本作「蕛,蕛苵也。從艸,稊聲」。《韻會》引作「梯聲」。嚴云:「《説文》無『稊』,《釋艸》《釋文》:『蕛,本又作稊。』元應書十四以爲《説文》『稊』作『荑』,不言作『蕛』,知六朝唐初本無『蕛』。」《句讀》云:「《釋艸》郭注:『蕛,似稗,布地生,穢草。』元應引『蕛』作『荑』。《莊子》『道在蕛稗』,即《孟子》『不如荑稗』也。」蘭按:篆文「夷」、「弟」多混,「荑」誤爲「苐」,又作「蕛」耳。今刪。

 荑苵也。從艸,失聲。

【校勘】「荑」,各本作「蕛」,依嚴説正。

【集解】「荑苵」兩字爲名,與郭異。「荑」、「苵」亦雙聲。

 艼熒朐也。從艸,丁聲。

【校勘】宋本《均譜》:「艸也。」《廣均》:「艸名。」

【集解】《釋艸》文。注:「未詳。」「艼」、「熒」疊均。《釋艸》又云:「搴,柜朐。搴,蔨。」注皆「未詳」。張照《考證》以「艼熒朐」爲「蒟蒻」,引《本艸經》「一名鬼芋」。蘭按:是當作「鬼芋」,張非也。畢氏校《山海經》以爲「葶薴」。

 蔣也。從艸,瓜聲。

【校勘】各本次「蔣」下,今依《玉篇》正。各本説解「雕苽,一名蔣」,舛錯,非許例。宋本《均譜》作「蔣也」,是也,依正。《爾疋·釋艸》疏引「菰,蔣也」。《玉篇》「菰」與「苽」同。

【集解】《廣疋》:「苽,蔣也。」《本艸》:「蔣,艸也。江南人呼爲茭艸。」

蔣　苽也。其實雕胡也。從艸，將聲。

【校勘】各本次「苽」上，依《玉篇》正。各本説解「苽，蔣也」，《南都賦》注引同。《均會》引「菰，蔣也」。《類聚》七十四、《御覽》九百九十九引作「苽也」，據正。（《句讀》：「《莊子·則陽》……爲一也。」）各本無次句。「苽」篆下衍「雕苽」二字，《御覽》九百九十九引作「雕胡」。按《玉篇》「蔣」注：「其實雕胡也。」與説解例合，蓋本《説文》，據正。

【發明】「苽也」者，《相如傳》張揖注同。「其實雕胡也」者，《周禮·食醫》、《禮·内則》注皆云：「苽，雕胡也。」按「苽」、「蔣」通名，皆言其艸。經文但言「苽」，故鄭申之曰「雕胡」也，非謂苽即雕胡。雕胡，《大招》名之曰「菰粱」，注：「菰粱，蔣實，謂雕胡也。」《七發》謂之「安胡」，《本艸》謂之「菰米」，又稱「苽手」，今俗名「茭白」。《相如賦》言「蓮藕菰蘆」，又言「東蘠雕胡」，則「雕胡」是實名明甚。今本《説文》乃以「雕胡」二字入「苽」注，校者又臆改「胡」爲「苽」，是以實與艸一名矣。既以雕胡爲苽，則「苽」注「蔣也」不可通，乃改爲「一名蔣」，然則雕胡將又有「蔣」之一名耶？其不通明甚。注家沿襲其謬，甚矣，《説文》之難知也。

　艸也。從艸，育聲。

【集解】《義證》（又見《句讀》全引桂説）。

藣　艸也。從艸，罷聲。

【校勘】小徐捝「聲」字。

【集解】《繫傳》：「按《爾疋》：『旄，謂之藣。』注：『旄牛尾也。蓋似此艸也。』」蘭按：《集均》、《類篇》引《釋器》文「旄」並作「髦」也。《釋草》：「髦，顛棘。」或許見本「旄」作「藣」。

　艸也。從艸，難聲。

【校勘】孫本、顧本篆如此。鈕引小徐同，《均譜》亦同。汪本、各大徐本篆作「」，錢抄本作「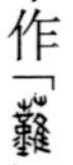」。按後更有「」篆，

「難」、「鷬」一字，是重出也。《玉篇》：「蘺，如旃切，艸名。又爇也。鷬，同上。又呼旦切，草也。」《廣均》收「蘺」，不收「鷬」，今依《廣均》存此删彼。然下宋本《均譜》無重文，今有「蘺」又與此重出，非。《汗簡》引《碧落文》以此爲「然」字。

 艸也。從艸，良聲。

【校勘】錢本篆作「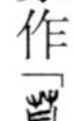」，孫本篆作「」。

【集解】段注。蘭按：《下泉》箋：「稂，蕭蓍類也。」郭璞《爾雅序》：「搴其蕭稂。」則莨，蒿屬也。

 艸也。從艸，要聲。《詩》曰：「四月莠葽。」劉向説：此味苦，苦葽也。

【校勘】「莠」，各本作「秀」，今正。小徐挩末「也」字。

【集解】《七月》傳文。《廣疋》：「葽，莠也。」《穆天子傳》：「茅萯蒹葽。」注：「葽，莠屬。」徐鍇曰：「《字書》：『狗尾艸也。』」「《詩》曰……」者，《七月》文。戴震曰：「葽者，幽莠也（按當云『幽也』）。《國策》：『幽莠之幼也，似禾。』《夏小正》：『四月莠（蘭按：此亦「秀」字之借）。』『幽』、『葽』語之轉耳。」「劉向……」者，説見「芺」下。曹粹中以爲「葽繞」者誤也。「葽繞」是二字一名。

 艸也。從艸，過聲。

【校勘】《五經文字》次「蔿」字前。

【集解】桂以爲「萵苣」。

 地蕈也。從艸，囷聲。

【校勘】小徐、《均會》挩「也」字。《篇》、《均》「地菌」。

【集解】《句讀》。

 桑葽也。從艸，覃聲。（《字林》式甚反）

【校勘】各本無「也」字，依《釋艸》疏引增。《玉篇》：「地菌也。」《五經文字》：「菌也。」《字林》或云：「桑葽也」。《廣均》：「菌生木上。」「《字林》……」者，出《釋艸》《釋文》。《釋艸》疏引「桑葽也，謂菌生木上也」。下句似邢語，否則舊注。

【集解】段注。蘭按：「蓡」、「蕈」音近也。

 木耳也。從艸，耎聲。一曰俞茈。

【校勘】各本「俞」作「萮」，本書無「萮」字，桂、鈕謂當作「渝」。按《釋［草］》「虇蕍」本書作「灌渝」，然則此作「萮」，當依嚴《校議》作「俞」也。《玉篇》：「木耳，生枯木也。」

【集解】「木耳也……聲」者，《字林》：「木耳也。」段注。

【發明】「一曰俞茈」者，《義證》云：「《類篇》：『萸，艸名，紅藍也。』『萸』即『萸』之俗體。茈，染艸，故紅藍曰萮茈。」蘭按：桂説是也。《篇》、《均》皆云：「楰，紅藍。」「楰」即「萸」字。《説文》不曰「紅藍」而曰「俞茈」者，「俞茈」蓋「焉支」之正字也。《匈奴歌》曰：「失我焉支山，使我婦女無顏色。」《古今注》：「燕支，西方土人以染紅，中國人謂之紅藍。」習鑿齒書曰：「山下有紅藍，北方人採取其花染緋黄，挼取其上英鮮者作煙支。」蘭按：「焉支」、「燕支」、「煙支」皆取其聲也。本爲艸名，而爲婦女顏色之用，故《古今注》云「以染粉，爲婦人顏色名」。燕支粉，後乃又作「燕脂」、「胭脂」等字也。張騫自西域采得此物，而中國人易以紅藍之名。或乃就其焉支之聲，名之曰俞茈耳。茈爲染艸，則於義有取矣。漢時蓋有如此稱者，許君有所承之也。「《集均》曰『萮茈，木耳』」者，許義失傳，妄附會也。

 桑實也。從艸，甚聲。（《字林》時審反）

【校勘】《泮水》《釋文》：「黮，《説文》、《字林》皆作『葚』。」《釋木》《釋文》及疏、《廣均》皆引首句。「《字林》……」者，見《泮水》《釋文》。《釋木》《釋文》引作「式忍反」。

【集解】《字林》同。《小疋》：「桑之實謂之葚。」《泮水》詩作「黮」。傳：「黮，桑實也。」《氓》詩《釋文》：「葚，本又作椹。」《廣疋音》云：「今人以椹爲桑葚，失之。」

蒟 果也。從艸，竘聲。

【集解】木部：「枸，可爲醬，出蜀。」即此果之木也。此則專爲果名，《廣志》所謂「蒟子」是也，實如桑葚，故次在「葚」下。味似茱萸，故次「茱萸」上。諸家不知木實之異名，故紛紛之説多誤。或以蒟蒻，此則非果也。各本次此有「芘」下，今次「蓖」下，説見上。

【眉批】又似即「枸」重文。

蕣 木堇也，朝華莫落者。從艸，舜聲。《詩》曰：「顔如蕣華。」是也。

【校勘】小徐本「聲」下衍「省」字。各本作「堇」，嚴《議》改爲「菫」。宋本《韻譜》、《韻會》、《文選・王明君詞》、陸雲詩注皆引作「槿」。各本無「也」字，《離騷艸木疏》引「木堇也」，據補。「莫」，各本作「暮」，依嚴、鈕説改。嚴云：「《魏都賦》、陸雲、石崇詩注皆引作『莫』（蘭按：亦作『暮』，或嚴本異）。」「者」，石崇詩注引作「也」。「是也」二字各本無，依通例補。《玉篇》：「木槿，花朝生暮落。」

【集解】段注。《句讀》。

茱 茱萸也。從艸，朱聲。

【校勘】各本篆作「萸」，從「臾聲」。蓋誤與「茱」篆倒，依《玉篇》次正。

【集解】《本艸》有吴茱萸、食茱萸二類。

茱萸也。茮屬。從艸，臾聲。

【校勘】各本篆作「茱」，從「朱聲」。誤與「茱」篆倒，今依《篇》次正。大徐本無「也」字，依小徐補。小徐無「茮屬」二字。

【集解】「茮屬」者，《圖經》：「茱萸結實如椒子。」

茮莍。從艸，尗聲。

【校勘】「茮莍」，各本皆誤，無可校改。《玉篇》：「莍也。」按莍是實，則不可以爲訓。段以「茮莍也」三字爲句，亦非。桂引小徐作「茱莍」。殆本當作「茱萸屬，其實莍也」，今本多挩文耳。（桂引郭注「今江東亦呼莍莍」，以爲或「茱莍」之訛。乃承注疏本之訛，宋本、單疏本皆不重「莍」字，桂說誤也。）然各小徐本皆作「茮莍」，且「萸」下云「茮屬」，則不當言茱萸屬矣。今仍舊文，更待考證。（王毌山據《御覽》補「似茱萸，出《淮南》」二句，然是「椴」下注也。）

【音均】《東門之枌》：荍、椒。

【眉批】《五經文字》於此次有「菽」字，即此字。作「茮」，殆非。

莍　茮椴實，裹如裘也。從艸，求聲。

【校勘】「茮椴實」，汪、馬本作「茮椒實」，宋本《均譜》作「椒椴實」，《釋木》《釋文》引作「椴茮實」。「裹如裘也」，各本作「裹如表者」，小徐本作「煮如表者」，今依《釋木》《釋文》正。顧本依《釋文》改。

【集解】《釋木》：「茮椴，醜莍。」郭云：「莍萸子聚生成房皃。」李巡云：「椒、茱萸皆有房，故曰『梂，梂實』也。」陸機疏：「椒椴之屬，其子房生爲梂。」《椒聊》箋：「一梂之實。」疏：「梂謂椒之房裹實者也。」蘭按：諸「梂」字皆爲「莍」。本書：「梂，櫟實。」《釋木》：「櫟，其實梂。」則又別一名也。段謂「梂」即「莍」，非。許曰「實如裘」者，正言其房，且以綰合求聲也。桂議改爲「梂」，亦誤。

 楚，木也。從艸，荆聲。

【校勘】各本篆誤從「刑」，解「荆聲」誤作「刑聲」。桂引王基碑、古銅印「孫荆」，其文並從「井」。蘭按：宋本《説文均譜》正作「」，與桂説合。錢抄本小徐作「」，蓋底本亦作「荆」也。考漢印「荆」字八見，兩字從「丼」是也，四字皆從「井」，蓋省。孫荆印作「」（與桂引不合），周子荆印作「」，則變也。今據《均譜》正。《均譜》從「井」亦省「、」，今正之。慧琳書三引至「聲」也。

【集解】「楚」者，「楚」下云「一名荆」。「木也」者，《廣均》：「木名，可染。」陳啓源曰：「荆有牡荆、蔓荆。楚乃叢木，非蔓生，其牡荆與？」「荆聲」者，桂云：「荆，法也，荆以立法，故從荆。」

 古文荆。

【校勘】《玉篇》：「莿，古文。」《汗簡》引《古文尚書》「荆」作「莿」。《廣均》挩此字。

 水衣也。從艸，治聲。

【校勘】各本無「也」，依《均會》引補。《初學記》廿七、《廣均》引同。《釋艸》《釋文》引「水青衣也」。

【集解】《廣疋》：「水衣，菭也。」段注：「《醢人》……當正者也。」蘭按：「箈」正「菭」誤，説見余《説文外編訂》。後鄭之破爲「意」，則以菭不可爲菹也。「治聲」者，《釋艸》《釋文》：「菭，徒來反，或丈之反。」引《説文》、《醢人》《釋文》「菭」音「迨」，引沈云：「北人音『丈之反』。」按「丈之反」者，「菭」之古音也。《本艸》一名「陟釐」，「陟釐」亦切「治」音。

 萌牙也。從艸，牙聲。

【校勘】「牙」，各本作「芽」。錢抄、朱竹君抄小徐本作「牙」（王云殘字非「牙」字，足格，明非殘缺），依正。《句讀》：「此篆……上耳。」蘭按：王此説甚精。「牙」借字，「芽」後起專字。《玉篇》次序同此，意「芽」字是許所收。明古但作「牙」字，故注衹作「萌牙」，亦即以「萌牙」釋「芽」耳。單云「萌也」，則不知古今之異而他篆注作「牙」爲非矣。單云「牙也」，則其義不

盡。段作「芽，萌也」，非。

【集解】《廣疋》：「萌芽，始也。」又：「萌芽，櫱也。」

【音均】《月令》：芽、孤。

 艸木牙也。從艸，朙聲。

【校勘】各本作「艸芽也」，《均會》引同。朱本、錢本、鈕所據本、顧本小徐皆作「艸也」。案《繫傳》亦當有「芽」字。《玉篇》、《篇海》引作「艸木芽也」。宋本《均譜》作「艸牙」，據參定補正。

【集解】《月令》：「艸木萌動。」段注。《序卦》：「蒙者，蒙也，物之穉也。」鄭注：「齊人謂『萌』爲『蒙』也。」蘭按：《易》之《屯》、《蒙》皆艸木之始生也。

 艸初生出地皃。從艸，出聲。《詩》曰：「彼茁者葭。」是也。

【校勘】小徐、《均會》無上「出」字。《均譜》：「艸初生。」《廣均》同。「是也」二字，依通例補。《玉篇》：「艸出皃。」《均會》無「聲」字，非。

【集解】《廣疋》：「茁，出也。」《關尹子・八籌》：「草木俄茁茁，俄亭亭，俄蕭蕭。」蘭按：《孟子》：「牛羊茁壯長而已矣。」注：「生長皃也。」按「茁」字引申爲始生之義，言牛羊始生至壯至長也。故《史記》曰：「牛羊遂而已矣。」「遂」者，達也，達其生長之道也。或以茁爲芻艸，此邪説也。「《詩》曰……」者，《騶虞》文。傳：「出也。」

 艸木榦也。從艸，巠聲。

【校勘】各本作「枝柱」，鈕引宋本、孫刊本大徐有「也」字。琳書引「枝主也。從艸，巠聲也」，《玉篇》引作「艸木榦也」，《廣均》義同，據正。「枝主也」義出《字林》。慧琳所引疑亦併合《字林》之本（《字典》引《説文》、《字林》分別甚明）。

【集解】《九歌》：「緑葉兮紫莖。」

【音均】《少司命》：青、莖、成。

【眉批】此字更待考核。

莛　莖也。從艸，廷聲。

【校勘】《玉篇》引首句。下云：「東方朔曰：『以莛撞鐘，言其聲不可發也。』」似顧語。

【集解】《句讀》。《漢書》注：「文穎曰：『謂稾莛也。』」《楚辭》：「索藑茅以莛篿。」今作「筳」，非（「莛」據《玉燭寶典》引）。

葉　艸木之葉也。從艸，枼聲。

【校勘】《玉篇》無此字。

【集解】凡物之薄者稱葉，是字本當作「枼」也。「葉」亦薄，故從「枼」聲。「枼」從「世」，《詩》言「中葉」猶中世也。《吳都賦》言「累葉」猶累世也。故拍盤「永枼勿出」作「枼」，不作「葉」，猶言永世勿出耳。

䓲　艸之小者。從艸，㓹聲（舊注：㓹，古文銳字）。讀若芮。

【校勘】舊注各本混入正文，今別出。「古」當爲「籀」，《玉篇》作「蘮」。

【集解】《句讀》：「桂氏……音銳。」《左思賦》：「鬱兮䓲茂。」蘭按：此及《方言》之「小」皆當讀「少」也。

芣　華盛也。從艸，不聲。一曰芣苢。

【校勘】各本無「也」字，《篇》、《均》：「苦，華盛也。」據補。疑此字本作「苦」，芣苢字則本作「不苢」，後人改「苦」爲「芣」，又以芣苢義附益之。

【發明】徐鍇曰：「愼意以此爲『棠棣之華，萼芣韡韡』之『芣』也。」蘭按：「萼芣」，《詩》作「鄂不」，徐所引非是。考《小疋》箋曰：「不，當作『柎』(今本作『拊』，訛，依《韻會》引正)。《集均》『柎』或作『柎』、『不』、『扶』，云：『艸木房爲柎。一曰華下蕚。』亦本鄭箋也(《集均》義亦失)。)柎，鄂足也。」然則鄭君破「不」爲「柎」也。許於木部曰：「柎，闌足也。」「柎」有足義，故以鄂柎爲鄂足。「不」、「柎」以聲假借，非「不」有足義也。《説文字原》云：「不，鄂足也。象形。」此耳食者流，不知破字假借之條者也。小徐語亦致不可通。鄭曰：「鄂足得華之光明則韡韡然盛。」然則鄭以「足」釋「不」、以「盛」釋「韡韡」也。許安得以「不」作「芣」而曰「華盛」邪？《詩》所以取興者，程子曰：「常棣花蕚相承甚力，故以興兄弟是也。」鄂足猶今蔕也。許下文「葩」、「芛」諸字皆華也，義豈相近邪？(即不以「不」爲足，既言「鄂」，即不可更言「花盛」。語不可通，甚易辨也。)桂、王皆承小徐爲説，誤矣。蘭考《玉篇》：「蓓，芳扶切，華盛也。」《廣均》同。《集均》：「蓓，或省作芣。華盛皃。」是《篇》、《均》之「蓓」，即許君之「芣」也。本書無「蓓」字，蓓之俗字又作「蓓」。《玉篇》：「蓓，蓓蕾。蕾，蓓蕾，花綻皃。」《廣均》：「蓓蕾，始華也。」按「蕾」亦俗字，疑本作「雷」。今謂花含苞將放爲蓓蕾，蓋含盛意。以下文「葩」推之，則許意亦同。猶人之方壯謂之盛年，非謂繁多也。《易·豐》：「豐其蔀。」《説文》無「蔀」字，《釋文》鄭、薛作「菩」，云：「小席。」按本書：「菩，艸也。」陸績《易》注曰：「茂盛周帀之義。」則陸據本當作「芣」，許説「芣」爲盛，正與陸合(説以「華」者，就字形從「艸」也)。則所據《易》本亦作「芣」也。「芣」一作「蓓」，與「菩」字之異，爭一點耳。故許、陸本作「芣」，鄭、薛本作「菩」也。此皆正字，「蔀」乃俗字耳。許時經傳文字與今異者衆矣，不細體會之，安能得其故？强爲附會，則非所聞矣。「一曰芣苢」者，疑後人附益語。

【眉批】《玉篇》又出「苤，華盛也」，亦即此字。

葩　華也。從艸，皅聲。(普華切)

【校勘】《西京賦》注引首句及切音。《五經文字》次「芣」後「蘳」前。顧本依段改篆爲「葩」，誤。

【集解】《廣疋》同。

芛　艸之葟榮也。從艸，尹聲。

【校勘】汪本、鮑本、毛本、宋本《均譜》「葟」作「皇」，非。《玉篇》：「芛，華榮也，草木華初生者。」

【集解】《釋艸》：「芛，蒮華榮。」本書「䑞」下云：「華榮也。」特此亦當作「華榮也」。

蘳　黃華也。從艸，黊聲。讀若墮壞。

【校勘】各本無「也」字，《廣均》引同。小徐本誤作「華黃」。《後漢・馬融傳》注引「黃花也」，據補。大徐無「墮」字，依小徐補。

【集解】段注。

蔈　苕之黃華也。從艸，票聲。一曰末也。

【校勘】「末也」，小徐作「木」。

【集解】《玉篇》：「黃華也。」段注。《淮南》高注：「蔈，古文作杪。」

英　艸榮而不實者曰英也。從艸，央聲。

【校勘】各本「曰英」作「一曰黃英」。顧本「曰」作「名」。《韻會》引在「央聲」下作「一曰黃英，木名」。按徐鍇曰：「《爾疋・釋木》有『權，黃英』。」蘭按：許於「權」下云：「黃華木也。」即《釋木》之「黃英」。則鍇說非也。郝、段又以當《釋艸》之「權，黃華」。蘭按：「權，黃英」、「權，黃華」，「英」即是「華」，《釋艸》、《釋木》本是重出，郭以艸釋之，故於《釋木》曰「未詳」。許以「權」從「木」，故主木言之，曰：「黃華木也。」安得於此更言「黃英」？桂氏以爲當爲「蕾英」。蘭按：亦非也。凡黃英、蕾英即黃華、蕾華也。曰「榮而不實」，則華之義已顯，不能多此贅疣也。《篇》、《均》皆云：「華也，榮而不實曰英也。」次句蓋本《說文》。今《說文》乃因「英」、「黃」形近，衍一「黃」字，校者又增二字耳。《說文》大例，一曰之義皆在「某聲」之下，今乃不然，則其誤顯然也。今正之。刪「一黃」二字，補「也」字。許君之義，庶幾明爾。

【集解】「艸榮而不實曰英」者，高氏注《吕覽》引《爾疋》：「榮而不實曰英。」今《爾疋》「曰」字作「謂之」二字也。許言「艸」者，字從「艸」也。

　華盛也。從艸，爾聲。《詩》曰：「彼薾惟何。」是也。

【校勘】《集均》引「惟」作「維」。各本無「也」，依《字典》引補。《玉篇》：「艸盛皃。」《廣均》：「華茂也。」《五經文字》：「薾，今《小疋》借『爾』字爲之。」「是也」二字，據通例補。

【集解】郭璞注《三倉》：「華繁曰薾。」「《詩》曰」者，《采薇》文。今省作「爾」。傳曰：「花盛皃。」（此爲專字。段以爲與「爾」音義同，非。朱以此爲俗，更非。）

　艸盛皃。從艸，妻聲。《詩》曰：「菶菶萋萋。」是也。

【校勘】各本無「皃」字，依《均會》引補。《廣均》同。《玉篇》：「艸茂皃。」「是也」二字，據通例補。

【集解】《廣疋》：「萋萋，茂也。」《葛覃》：「惟葉萋萋。」《韓詩章句》：「萋萋，盛也。」《漢書・外戚傳》注：「萋萋，青艸皃。」「《詩》曰……」者，《卷阿》文。傳曰：「梧桐盛也。」《句讀》：「案……言之。」

【音均】《葛覃》：萋、飛、喈。《巷伯》：萋、斐。

　艸盛皃。從艸，奉聲。

【校勘】各本無「皃」字，依《字典》引補。

【集解】《通俗文》：「草盛曰菶。」《廣疋》：「菶菶，茂也。」《詩・生民》：「瓜瓞菶菶。」傳：「菶菶然多實也。」今本訛作「唪」。《說文》兩引皆作「菶」。《玉篇》：「菶，菶菶，多實也。」正本毛傳。則原本所引亦必爲「菶」，陳時猶未訛也。《采菽》：「其葉蓬蓬。」

【音均】《卷阿》：菶、雝（句中均）。

 茂也。從艸，疑聲。《詩》曰：「黍稷薿薿。」是也。

【校勘】《玉篇》：「薿薿，茂盛皃。」《廣均》六止：「草盛皃。」廿四職：「茂盛。」

【集解】《廣疋》：「薿薿，茂也。」「《詩》曰……」者，《甫田》文。箋：「薿薿然而茂盛。」《漢書・食化志》以「儗」爲之，《白帖》以「嶷」爲之，皆借字。《玉篇》：「薿薿，茂盛皃。」又引《詩》「黍稷彧彧」，云「茂盛皃」，皆三家詩。

 艸木華𠂹皃。從艸，甤聲。（汝誰切）

【校勘】《吴都賦》、《文賦》注引首句。《琴賦》注引首句，脱「花」字。江淹詩、陸機詩注引「𠂹」作「盛」。「𠂹」，各本作「垂」，依段改。切音出《琴賦》注。《玉篇》：「葳蕤，艸木實（當爲『華』）垂皃。」《廣均》：「葳蕤，艸木華皃。」

【集解】《纂要》：「艸木華曰蕤。」段注：「引伸……敬也。」

 青、齊、沇、冀謂木細枝曰葼。從艸，㚇聲。

【校勘】齊，鮑本訛。徐曰：「顧本訛也。」

【集解】見《方言》。引傳曰：「慈母之怒子也，雖折葼笞之，其惠存焉。」《魏都賦》：「弱葼系實。」《廣疋》「葼，箓也」作「𥲅」。

 艸萎䔟。從艸，移聲。

【校勘】《篇》同。蘭按：「萎」、「䔟」疊均。然此即「葳蕤」字也。疑與「蕤」一字。

 艸木形。從艸，原聲。

【校勘】《篇》、《均》：「茎葉布也。」《集均》卅三線：「艸木皃。」

 艸實也。從艸，夾聲。

【校勘】各本無「也」字，依《字林》補。《玉篇》訓「豆莢」，次俗字中。蘭按：《急就》「皁莢」字，皇本作「夾」，蓋古通用「夾」。此字疑《字林》增也。然《五經文字》亦次此。

【集解】《文子·上德》：「艸實生於莢。」《廣疋》：「豆角謂之莢。」段注。

 艸耑也。從艸，亡聲。

【校勘】「也」字依《字典》引補。《廣均》：「艸端也。」蘭按：宋本《説文均譜》無「芒」字，但有「莣，艸也」（上文「莣，杜榮」）。按《爾疋》《釋文》：「莣，本又作芒。」豈「莣」爲正字，所據本無「芒」邪？然漢印有「芒」無「莣」，今不能定。

【集解】《句讀》。

 藍蓼莠也。從艸，隋聲。

【校勘】各本無「也」，依《玉篇》引補（《玉篇》此字在部末，亦綴拾所存）。「莠」，各本作「秀」，今正。宋本《均譜》、《均會》引脱「藍」字。「隋聲」，大徐作「隨省聲」，非。

【發明】徐鍇曰：「藍蓼屬，華之穗也。」蘭按：《夏小正》：「正月緹縞。」傳曰：「縞也者，莎隨也。緹也者，其實也。先言緹而後言縞者，何也？緹先見者也。何以謂之小正？以著名也。」文瀾閣本「緹縞隨」字作「媞薃蓨」（「縞」作「薃」非）。《釋艸》：「薃侯莎，其實媞。」注：「《夏小正》曰：『薃也者，莎蓨。媞也者，其實也。』」《廣疋》：「地毛，莎蓨也。」蘭按：《本艸經》上品有「藍」，《別録》：「藍實，生河内平澤，其莖葉可以染青。」又中品有「蓼」，《別録》：「蓼實，生雷澤、川澤。」而《別録》又出「莎艸」，云：「生田野，二月、八月采。」陶宏景曰：「方藥不復用。古人爲詩多用之。而無識者，乃有鼠蓑療體異此。」蘭按：莎艸即藍蓼類也。《別録》非一人所撰集，故多歧出。而陸機疏：「夫須，舊説莎艸。」「莎」乃「蓑」之借字，即《廣疋》「其蒿青衰」，及陶、顧所説之「鼠蓑」也。陶氏猶知鼠蓑之非莎艸，而唐後本皆以鼠蓑爲莎艸，非也。《別録》言莎艸除胸中熱，今驗香附實温藥（《本艸》皆承苦寒之説，其實非也）。《小正》、《爾疋》皆言其實，今香附雖亦結子，然細甚，其根則非子也。古來亦無用及其子者，而藍蓼之實皆見於《本艸》，然則莎是藍蓼，非香附明甚。注釋家皆承唐後《本艸》爲説，非也。許君不言莎秀而言藍蓼秀者，《夏小正》「正月緹縞」、「五月啓灌藍蓼」與「四月取荼」、「七月灌荼」，其文同也。戴傳「緹縞」以《爾疋》爲説，而藍蓼下無説者，人皆知之也（蘭按：緹縞之名蓋以藍爲染艸而生，《月令》「五令民毋刈藍以染」可證之也）。許説蒢以藍蓼者，即以申戴傳，又以明上文之「緹縞」即下之「藍蓼」也。《文選·射雉賦》：「青鞦莎靡。」徐爰曰：「莎艸名。」《楚詞》曰「青莎雜樹」，則莎色青也。《司馬相如傳》：「薛莎青薠。」《淮南》曰：「路無莎薠。」本書：「青薠，似莎而大。」蘭疑即《別録》之大青也。

【集解】「隋聲」者，《王氏讀説文記》。

 瓜當也。從艸，帶聲。

【集解】《聲類》：「蔕，果鼻也。」《倉頡》：「蔕，莿也。」《句讀》：「案『蔕』蓋後起之專字……蓋『疐』即『蔕』也。」蘭按：當猶環也。《玉藻》：「瓜祭上環。」是也。耳環謂之當，俗作「璫」字。小徐曰：「當，底也。」故《韓子》曰「玉巵無當」也（《三都賦序》亦有此語）。蘭按：《淮南·説林》：「三寸之管而無當。」注：「猶底也。」

 艸根也。從艸，亥聲。

【校勘】《釋艸》《釋文》引首句。

【集解】見《釋艸》及《方言》。郭曰：「今俗以韭根爲荄。」《通俗文》：「韭根曰荄。」《漢書·魯恭傳》：「養其根荄。」「亥聲」者，亥，荄也。

 茇也。謂茅根也。從艸，均聲。

【校勘】各本無「謂」字，依元應引補。《玉篇》引「茅根也」。王毌山説「謂茅根也」，蓋庾注。

【集解】《句讀》：「吾鄉……爲二。」蘭按：「茇茇」，《爾疋》注宋元本皆作「茭茭」，錢抄小徐引至「爲茭」，顧本衍一「茇」字，非。注疏本作「茇茭」，又疏「葯，一名茭」。今注疏本「茭」作「茨」，亦「茇」之誤。桂以爲《爾疋》本作「蔌」，或作「芠」，誤爲「交」，蓋據《玉篇》爲說。然《玉篇》「蔌，江東呼藕根爲蔌」，《廣均》引爲郭說，又似本作「茭」也。且《說文》無「蔌」，似「茭」爲是。

 艸根也。從艸，犮聲。春艸根枯引之而發土爲撥，故謂之茇。一曰艸之白華爲茇。（布末反）

【校勘】《篇》、《均》：「艸木根也。」《釋艸》《釋文》引「艸之」句。反語出《釋文》。

【集解】「艸根也」者，《方言》：「荄，杜根也。東齊曰杜，或曰茇。」「犮聲」者，桂云：「犮有根義。本書：『髮，根也。』《曲禮》注：『跋，本也。』」「春艸根……茇」者，段注。蘭按：引，拔也，因拔艸而發土也。王毌山曰「引枯根以發土」，無是事也。蓋誤讀矣，其說毋乃可笑。「一曰……」，段注。

【音均】《甘棠》：伐、茇。

 艸盛皃。從艸，凡聲。《詩》曰：「芃芃黍苗。」是也。

【校勘】各本「皃」作「也」，據《均會》引改。《玉篇》：「艸茂盛皃。」《廣均》：「房戎切，艸盛也。薄江切，芃芃，草盛皃。」

【集解】段注。

 華葉布也。從艸，傅聲。讀若傅。

【校勘】「也」字各本無，依《字典》引補。「讀若傅」，即「傅」聲，蓋誤。桂云：「當爲『尃』，或當『敷』。嚴云校者所加，非也。」（《漢書》注：「傅，讀若『敷』。」）錢本「傅」訛「傳」。

【集解】「蒪」、「布」疊均。《易》爲「旉」，干云：「花之通名，鋪爲花貌，謂之藪。」《禹貢》：「篠簜既敷。」《釋草》注：「藪蒲，亦花之皃。」《吳都賦》注：「敷蔿，華開皃。」蘭按：皆疊均字。《釋草》：「傅，橫目。」疏：「艸蔓延生。」

蓻 艸木生也。一曰茅牙。從艸，執聲。

【校勘】「生也」，各本作「不生也」。《玉篇》：「艸木生皃。」《廣均》：「艸生多皃。」蘭按：《集均》：「艸不生也。」當是本作「艸木生也」，展轉訛成今本耳。桂云「不」當爲「才」，非也。「牙」，各本作「芽」，依朱竹君本、錢本小徐正。《玉篇》同。蘭按：《玉篇》「茅牙」句在上。今此「一曰」句在「從艸」上，疑有一義非《説文》本有也。本書「⿰扌蓺」、「爇」皆從「蓺」而無「蓺」，或以爲「埶」之重文。桂以爲此字即「蓺」訛，從「執」。《玉篇》「蓺」、「蓻」別訓，《廣均》「埶」重文作「蓺」，更俟考定。（《五經文字》用《説文》次，「蓺」在「苾」前「蕡」後。）

⿱艹⿰犭斤 艸多皃。從艸，⿰犭斤聲。江夏平春有⿱艹⿰犭斤亭。 可刪。

【校勘】《玉篇》：「艸也。又江夏郡有⿱艹⿰犭斤亭。」《廣均》：「亭名，在江夏。」蘭按：宋本《均譜》「⿱艹⿰犭斤」注：「亭名。」非屬辭之例，蓋從《切韻》來。疑「⿱艹⿰犭斤」篆非《説文》本有也。又今本《説文》部末有「⿱艹⿰犭瓜」字，訓釋與此全同。而《篇》、《均》皆無其字，諸家皆以傳寫歧出删之，是也。蘭更按：宋本《均譜》廢均内出「茇」字，訓「艸多貌」。既與上「茇」義不當，復均書皆無此音，亦傳寫歧出也。蘭以爲「⿱艹⿰犭斤」當即「蘄」字形近之訛。今《説文》上文更出「蘄」字，注：「艸也。江夏有蘄春亭。」徐鉉曰：「《説文》無『斳』，他字書亦無。此篇下有『⿱艹⿰犭斤』字，注云：『江夏平春亭名。』疑相承誤重出一字。」蘭按：「蘄」非字，上已删正，當作「⿱艹近」也。一字之訛歧出至三四，眩人莫此爲甚。今猶未了了，故姑仍此而逕删「⿱艹⿰犭瓜」。

茂 艸木盛皃。從艸，戊聲。

【校勘】各本「艸豐盛」，誤以《釋詁》「茂，豐也」亂之也。宋本《均譜》作「木盛」，《均會》引作「艸木盛皃」，今從之。《玉篇》：「艸木盛。」《廣均》：「卉木盛也。」嚴《校議》説「木」疑當作「丯」，其説誤也。

【集解】《廣疋・釋詁二》：「茂，盛也。」《易》「茂對時」注亦云。

【音均】古訓：《淮南・天文》注：「茂，冒也。」古均：《斯干》：苞、茂、好、猶。《生民》：道、艸、茂、苞、褎、秀、好。

《還》：茂、道、牡、好。《天保》：壽、茂。《南山有臺》：栲、杻、壽、茂。《良耜》：朽、茂。《韓非・揚權》：道、茂。宋玉《笛賦》：寶、道、老、好、受、保、楚、茂。

⿱艹暘　艸茂也。從艸，暘聲。

【校勘】《玉篇》作「⿱艹暢，俗，艸木盛」。《廣均》「艸盛」。

【集解】《孟子》：「艸木暢茂。」

蔭　艸陰地也。從艸，陰聲。

【校勘】各本無「也」，依《廣均》引補。《玉篇》引「艸蔭地也」。《集均》訓「草木蔭翳也」。《句讀》：「『地』蓋即『也』字之訛。」按「荒」下言「艸淹地也」，王未必是。蘭疑古衹作「陰」。《玉篇》在部末。

【集解】文七年傳：「本根無所庇蔭矣。」《荀子》：「樹成蔭而衆鳥息焉。」（《勸學》）「陰聲」者，《桑柔》：「既之陰如。」《句讀》：「《詩》……於下。」（此引桂説）

蓸　艸根。一曰雜也。從艸，造聲。

【校勘】「根」，各本作「皃」。按《玉篇》「艸根」，《廣均》「同簉，又艸根」。蓋「根」訛作「皀」，因訛作「皂」，轉爲「皃」也。各本無「一曰」句。《玉篇》：「蓸，雜也。」《文選》江淹詩注引「簉雜字如此」，據補。《左》昭十一年傳注：「簉，副倅也。」《釋文》：「簉，《説文》從『艸』。」《長笛賦》「簉弄」注引「簉倅字如此」。《唐均》：「蓸，充（此不知何字，似考）。一云齊，《説文》從『艸』。」《廣均》：「簉，簉倅。一曰齊也。」《五經文字》：「蓸倅也，《春秋傳》作『簉』。」蘭按：《説文》無「倅」，蓋即「雜」也。一義王毌山又補「倅也」，一義非。段、嚴皆但議補「雜」義，是也。更按：本或與《篇》同，但訓「艸根，雜也」，更俟考。此不與「荄」字類，宜少此説。

【集解】「艸根」者，《廣疋》：「造，始也。」《易・屯》：「天造艸昧。」虞注：「生也。」造有「始」義「生」義，故曰艸根。「蓸」

與「蕾」、「蕾」聲近。蕾、蕾，大根者也。「雜也」者，《廣疋》：「造，猝也。箵，盈也。」《小爾疋》：「箵，倅也。」《左傳》注：「箵，副倅也。」桂馥曰：「猶今之佐雜也。」《周禮・車僕》：「掌戎路之萃。」注：「萃猶副也。」段云：「今人言集，漢人多言雜、倅。《周禮》作『萃』作『倅』，亦集意也。」蘭按：《周禮・諸子》「故書掌國子之卒」，先鄭讀如「物有副倅」之「倅」，「倅」是「雜」之聲借。雜更次於副，副不過一二，雜則眾矣。朱駿聲以爲「卒」、「倅」一字，誤。不施於物而施於人者，桂説甚是。《西京賦》：「屬車之箵。」薛注：「副也。」《長笛賦》：「聽箵弄者。」注：「蓋小曲也。」蘭按：箵弄者，雜弄也。

 艸木多益也。從艸，丝聲。

【校勘】 各本無「也」字，依《玉篇》補。錢抄本「木」訛「禾」。「丝」，宋本、葉、趙本《五音均譜》、毛初印本皆「玆省聲」。小徐本「絲省聲」，毛改同。《均會》引「丝聲」，今依《均會》。段云：「丝，古文『絲』字。」是也。本書「絲」下無此古文而從之者數見。「糸」下有古文「」，金文屢見「」字，王氏《釋例・補篆篇》議補之，是也。「玆」，石鼓文作「」，漢印作「」、「」，從「卄」，是「艸」變。開母石闕銘作「」，乃變「」從「」也。後人不知「」爲「絲」字（此字《説文》或脱落，或許以爲以「糸」字例之而可知，故雖有從者而不録，亦未可知），遂改爲「玆省聲」（此最誤本，從兩「玄」也）、「絲省聲」（此亦似是實非。「絲」從兩「糸」，若果是從篆文「絲」而割取其上半以爲聲，非字例矣。《均會》所引小徐不誤，此不知何人改之）。因知舊注多有「△，古文△字」，後人往往説解雖多庸妄，然因而免改正文者多矣，亦自有功也。王毌山《釋例》十五（又見《鈔存》）認「丝」爲四篇於虯切之「丝」，以「」當作「𦴖」，謂從「叀」之古文「𢆯」。謹而又謹，受益之道，不必謂之從「艸」。蘭按：此之妄説更甚陽冰之徒。苟如其言，更將謂「」即倒文「」矣，不尤玄妙耶？其作《句讀》不用己説，或當自知其妄。然此説流行，恐誤人不少，安得不疏而闕之？本篆從「」，篆又變圓就方也，然於「絲」形遠矣。小徐作「」（錢抄、顧作「」），近是。金文作「」，本書古文皆作「」，據正。

【集解】 段注：「《詩・小雅》：『兄也永歎。』……兄，玆也。」蘭按：此「兄」字本作「䞣」，從「㞷」，「艸木妄生也」，故曰「兄，玆也」。假借爲「益」義。今「兄」變作「況」，非。草木多益之「玆」與滋益之「滋」多雜用，《左傳》「物生而後有象，象而後有滋」是也。王毌山據毛傳以爲「玆」祇是「益」，其説誤矣。

【眉批】《玉篇》有「蕬」字，訓「菟絲」，亦不知此字而妄作。

 艸木旱死也。從艸，淑聲。《詩》曰：「蔋蔋山川。」是也。

【校勘】各本篆作「」，「艸旱盡也」，「從俶聲」。錢本誤「椒聲」。《唐均》十八錫引「蔋，艸本旱死」。按「本」字誤。《廣均》訓「艸木旱死也」是也，據正。《玉篇》引《詩》亦作「蔋」。「是也」二字，據通例補。

【集解】段云：「與艸木多益反對成文。」蘭按：然則唐本善矣。且《詩》言「山川」，生於山者兼有艸木也，今但云「艸旱盡」，則不賅矣。「《詩》曰……」者，今《詩》作「滌滌」。傳：「旱氣也。山無木，川無水。」《玉篇》引「滌」作「蔋」，云「本又作滌」。王氏《詩考》作「藡藡」。蘭按：嚴可均説凡「尗」聲皆讀若「秋」，則聲同在幽部，則「滌」是借聲也（以《玉篇》知毛本作「蔋」）。段云：「疑當作『藡』，艸木如蕩滌無有。「叔」聲、「淑」聲字多不轉爲「徒歷切」。《詩》『踧踧周道』（毛本作『淑』），『踧』字亦疑誤。」蘭按：段説妄極。以義言，從「淑」，清湛也，不必曰「蕩滌」也。以聲言，即以段《表》論之，皆在三部矣。讀爲「狄」，後人自以「滌」音音之耳，非「蔋」本音也。段泥今本字形、字聲，言之武斷極矣。幽、宵爲一類，故《孟子》「是以若彼濯濯也」，注「無艸木之皃」，以「濯濯」爲之。

 艸皃。從艸，歊聲。《周禮》曰：「轂雖敝，不藃。」是也。

【校勘】「艸皃」者，有挩文也。《廣均》四宵：「艸皃。」五肴：「禾傷肥。」《集均》：「里各切，木乾藃也（此是『槁』義）。一曰草肥貌。」蘭疑當作「艸傷肥皃」。今仍舊文，未敢訂正。「雖」字宋本、葉、趙本《五音均譜》、《集均》、毛初印本皆無，今依小徐本及今《周禮》。蘭以爲無者，挩文耳。「敝」，各本作「弊」。錢、顧作「蔽」，依今《周禮》。「是也」，依通例補。錢抄本小徐、宋本《説文均譜》凡從「欠」皆作「」，後不復出。

【集解】《孟子》：「則苗槁矣。」《唐均》：「禾傷肥。」殆以此爲説。《既夕・記》：「槀車。」注：「散也。」《無羊》疏：「槀車，潦車也，爲雨而設。」《玉篇》：「耗也。縮也。」未谷曰：「傷肥縮耗也。」「《周禮》……」，段注：「鄭衆……皃也。」蘭則疑許説有挩耳，説引申非説通假也。

蔇　艸多皃。從艸，既聲。

【校勘】《廣均》引首句。《玉篇》訓同。《五經文字》：「蔇，蔇。上《說文》，下石經。」

【集解】《易》虞注：「蔚，蔇也。」桂云：「《廣疋》：『蔚，茂也。』」「既聲」者，禾部：「穊，稠也。」段云：「音義同。」

薋　艸多皃。從艸，資聲。

【校勘】《篇》、《均》訓「蒺藜」，即「莿薺」字義。

【集解】《繫傳》：「薋猶積也。」段注。蘭按：《漢·禮樂志》：「采薺。」注：「禮經或作『薋』。」正借「薋」爲「薺」。

蓁　艸盛皃。從艸，秦聲。

【校勘】《篇》、《均》訓同。

【集解】《句讀》。未谷曰：「《齊詩》作『溱溱』。班固《靈臺詩》：『百穀溱溱。』注：『溱溱，盛皃。』」《韓詩》「蓁蓁者莪」，薛君曰：「蓁蓁，盛皃也。」

【音均】《桃夭》：蓁、人。

莦　惡艸皃。從艸，肖聲。

【校勘】《廣均》引首句。《篇》訓「艸根」。

【集解】《淮南·脩務訓》：「野彘有艽莦，槎櫛窟虛，連比以象宮室。」高注：「獸蓐也。」

芮　芮芮，小艸生皃。從艸，內聲。讀若汭。（而銳切）

【校勘】各本無「小」字，《西征賦》引「小皃，而銳切」，王毌山據改「生」爲「小」。蘭按：非也。《玉篇》注：「芮，艸生皃。」

《唐均》：「屮生狀。」「生」字不當易。《玉篇》：「苛，小屮生皃。」此文當同彼，今正。

【集解】《本屮》注：「石龍芮生於石上，其葉芮芮短小，故名。」

茬　屮盛皃。從屮，在聲。濟北有茬平縣。

【校勘】各本作「屮皃」，《廣均》引同。《玉篇》：「屮盛皃。」據補「盛」字。《字林》：「茬（今誤『在』），亦草（今作『屮亦』，非。見彼校本）盛也。」「濟北」句，《廣均》引、《玉篇》訓皆同。桂引《後漢・郡國志》作「泲」，謂此當作「泲」。蘭按：今《郡國志》作「濟」，桂誤也。且濟北國蓋西漢有之矣，非泲也。

【集解】「濟北……」，段注。按《後漢書・郡國志》「茌平屬濟北國」，《漢・尹齊傳》作「茌平」（《廣均》云「俗作茌」）。《水經・河水注》：「茌，山名也。茌平城世謂之時平城。」蓋「茬」、「時」音相近耳。

薈　屮盛皃。從屮，會聲。《詩》曰：「薈兮蔚兮。」是也。

【校勘】各本「盛」作「多」，《玉篇》、《唐均》皆訓「屮盛皃」，據改。《玉篇》引《詩》同。「是也」，依通例補。

【集解】《江賦》：「潛薈葱蘢。」注：「水中（疑「屮」之訛，俟考賦文）茂盛也。」《射雉賦》：「翳薈萆茸。」蘭按：亦謂屮盛。《廣疋》：「薈，翳也，障也。」蓋屮盛則可障矣。「《詩》曰……」者，《侯人》文。「蔚」亦屮木盛皃。《廣疋》：「蔚蔚，茂也。」《詩》曰：『薈兮蔚兮，南山朝隮。』」「隮」似當讀「霽」，謂朝隮後屮經新雨而薈蔚也。傳以「隮」爲「升雲」，「薈」、「蔚」爲「雲皃」，殆非許義。若「嬒」下又引《詩》，則當爲讀若耳。

𦯚　細屮叢生也。從屮，敄聲。

【校勘】《篇》、《均》：「細屮叢生。」

【集解】「𦯚」、「茂」音義差同。《廣疋》：「𦯚，葆也。」又：「務務，葆葆，茂也。」段云：「務，即『𦯚』訛。」蘭按：《漢書》注：「葆，屮木叢生之皃。」

芼　艸覆蔓也。從艸，毛聲。《詩》曰：「左右芼之。」是也。

【校勘】各本無「也」，依《字典》引補。「是也」二字補。《廣均》：「菜食。又擇也，搴也。」謂拔取菜也。芼以蘋蘩爲根，亦艸覆蔓。

【集解】《關雎》文。毛傳：「擇也。」殆毛詩本作「覒」(《玉篇》引《詩》作「覒」)，許説「芼」與「葛之縈」同辭，蓋本三家。嚴《校議》疑引《詩》爲後人所加，或有脱文，似皆非也。

【音均】《關雎》：芼、樂。

蒼　艸色也。從艸，倉聲。

【校勘】朱本、錢抄、顧本、小徐「色」作「蒼」，因上文「芼」注而誤。

【集解】《廣疋》：「蒼，青也。」《詩》：「蒹葭蒼蒼。」

葻　艸得風皃。從艸，風聲。讀若婪。

【校勘】《廣均》義同。《玉篇》：「艸動貌。」各本無「聲」字，小徐作「風亦聲」。蘭按：《繫傳》云「此會意」，則「風亦」二字小徐加之，大徐乃用小徐説，删「聲」字耳。今正。

【集解】「風聲」者，《王氏讀説文記》：「『風』字古音孚凡反……是其證。」蘭按：《玉篇》：「葻，負可切。」

萃　艸皃。從艸，卒聲。讀若瘁。

【校勘】「艸皃」者，當有捝文。「瘁」，《説文》所無，當爲「顇」，或爲「悴」。小徐捝，次立用鉉補。

【集解】《吴都賦》：「橚矗森萃。」蘭按：森萃，言竹茂盛皃也。

【音均】《墓門》：萃、誶。《公孫丑》：類、萃。

 更別穜也。從艸，時聲。（《字林》上吏切）

【校勘】各本無「也」字，《字林》同。小徐「穜」作「種」。《均會》引同，有「也」字，據補。《玉篇》：「更種也。」蘭疑「別」字是校者所注，後人亂入正文。

【集解】《方言》：「蒔，更也。」注：「謂更穜也。」《廣疋》：「蒔，穜也。」《堯典》鄭注：「時，讀曰『蒔』。種蒔五穀。」

 艸生於田者。從艸、田。

【校勘】「田」上大徐有「從」字，小徐、《均會》無，從之。毌山於末補「也」字。《篇》、《均》：「田苗。」

【集解】「艸生於田」者，本書：「樹穀曰田。」則生於田者，穀也。他艸則薅之矣。《碩鼠》傳：「苗，嘉穀也。」《春秋》莊七年注「五稼之苗」是也。習用爲禾之專名。段氏纍纍數苗訓禾之事，不知《詩》「彼黍離離，彼稷之苗」，此黍稷稱苗也。陶潛詩：「種豆南山下，草盛豆苗稀。」則豆稱苗也。豈必拘嘉穀之禾邪？引申而凡艸之生亦稱苗，見《本艸》者多矣。上古之時，凡竹木之類皆曰艸，古文偏旁亦多互通，五穀獨非艸乎？即今世不稻食之處，其視稻也，亦艸而已矣。昔聖人別艸之可養生者，使民種之。種穀而成田，則爲生於田之艸矣。此造字之本義也。段氏以其私智，輒議許氏，末之難矣。王氏云：「當隸田部，曰『從「田」、「艸」聲』。」蘭按：先有五穀之艸而後有田，不以田爲主，王説非。

【音均】《黍離》：苗、搖。《碩鼠》：苗、勞、郊、號。《下泉》：苗、膏、勞。《車攻》：苗、囂、旄、敖。

 小艸也。從艸，可聲。一曰苛尤劇也。

【校勘】「小艸也」，《後漢書·光武紀》注、《廣均》引同。《玉篇》：「小艸生皃。」《後漢書·宣秉傳》注引作「細艸也」。鍇《繫傳》曰：「細艸，喻細政。」本疑亦作「細」。各本無「一曰」下義。玄應書一、十二並引「苛尤劇也」。「尤」疑「猶」之訛。據補。

【集解】「小草」者，蓋苗穗之類。顏延年《曲水詩序》：「並柯共穗之瑞。」注：「並柯，連理也。」《廣疋》：「柯，莖也。」

《詩・湛露》疏：「柯，枝也。」皆以柯爲之。《漢書・高記》注：「柯，細也。」「劇也」者，煩劇也。《晉語》注：「苛，煩也。」

【音均】《大招》：苛、罷、麾、施、爲。

 薉也。從艸，無聲。

【校勘】《篇》訓同。

【集解】《廣疋》訓同。《方言》：「蘪，蕪也。」注：「謂艸穢蕪也。」《招魂》注：「不治曰蕪，多艸曰穢。」

【音均】《哀郢》：茹、蕪。《少司命》：蕪、下、子、苦。

 蕪也。從艸，歲聲。

【校勘】《廣均》引首句。

【集解】《句讀》。

【音均】《招魂》：沬、穢。《九辨》：帶、介、慨、邁、穢、敗、昧。《離騷》：刈、穢。轉音：《文子・道原》：亂、穢。

 蕪也。從艸，巟聲。一曰艸淹地也。

【校勘】《玉篇》：「荒，蕪也。」《廣均》：「荒，蕪。」「淹」，宋本、葉本、趙本《五音均譜》、毛初印本如此，小徐作「掩」，《集均》、《類篇》、毛剜改本同，《韻會》引無此句。蘭按：桂引《方言》「淹，敗也」。然謂艸敗地亦即蕪義，此似非許語也。然《繫傳》云「艸雜水掩地也」，似鍇本有此句。然似鍇以「荒」爲會意，故作此説。轉轉傳誤，又竄改鍇書入許書也。俟更考。

【集解】《大司馬》注：「荒，蕪也。」

【音均】《樛木》：荒、將。《公劉》：糧、陽、荒。《天作》：荒、康。

莩薴也。從艸，爭聲。

莩薴，艸亂皃。從艸，寍聲。杜林説。

【校勘】各本「薴」先「莩」後，依《玉篇》正。各本「薴」注：「艸亂也。杜林説：艸莩薴皃。」「莩」注：「莩薴皃。」宋本《説文均譜》：「莩，莩苾（誤），艸亂。薴，艸亂。」《玉篇》：「莩，莩薴，艸。薴，艸亂也。」《廣均》：「莩，莩薴，艸亂皃。薴，莩薴。」今參各書及本書例正之如此。段改爲「莩，莩薴，艸亂也。杜林説：莩薴，艸皃。薴，莩薴也」，非是。元應書廿一：「鬇鬡，《説文》作『莩薴』，同。」下云「髮亂也」，非《説文》語。嚴以校《説文》，誤。説詳【辨疑】。

【集解】「莩」、「薴」疊均。《廣均》：「鬇鬡，毛髮亂皃。」《集均》：「猙獰，惡皃。」

凡艸曰蘦，木曰落。從艸，洛聲。

【校勘】「凡」上似當依《玉篇》補「墮也」一義，與《離騷》注同。「凡」字《王制》、《釋艸》《釋文》、《釋艸》疏引、《玉篇》、《廣均》皆無。「蘦」，各本作「零」，《王制》、《釋艸》《釋文》引作「苓」，《釋艸》疏引作「蘦」。嚴云：「當作『蘦』。按：『霝，雨零也。』故《釋詁》曰：『蘦，落也。』」按：嚴説是，今據正。

【集解】《王制》：「艸木零落。」《釋詁》：「蘦，落也。」《離騷》：「惟艸木之零落兮。」注：「零、落，皆墮也。艸曰零，木曰落。」

蔽蔽，小艸皃。從艸，敝聲。

【校勘】各本「皃」作「也」，慧琳書一引「小艸皃」，「從」至「聲」，又二引「從」至「聲」。

【集解】《釋詁》：「蔽，微也。」段注。蘭按：《我行其野》云：「蔽芾其樗。」魏元丕碑：「蔽芾其從。」張遷碑：「蔽芾常樹。」皇侃《急就章》書「蔽」作「蔽」，疑本書訛「蔽芾」爲「蔽蔽」。桂亦疑之。毌山以小徐引《詩》爲證。然本書無「芾」，則終可疑也。或本無「蔽蔽」二字。

【音均】《越語》：蔽、察、蓺。《荀子·成相》：蔽、埶、制、僥。《離騷》：蔽、折。

 艸木皮葉落隊地爲蘀。從艸，擇聲。詩曰：「十月隕蘀。」是也。

【校勘】大徐「皮」上有「凡」字，小徐、《均會》、宋本《均譜》並無，從之。《類篇》、《集均》引無「落」字。「隊」，小徐、《均會》作「墮」，汪本小徐則同大徐作「隊」。「隕」，小徐作「殞」，《說文》無。鈕云：「舊本《繫傳》亦作『隕』。」「是也」二字，依例補。

【集解】《鶴鳴》傳：「蘀，落也。」《句讀》：「《詩》曰……」者，《七月》文。傳：「蘀，落也。」《玉篇》「蘀」同「蘀」。本書：「㯮，木葉墮也。」音義同。

【音均】《蘀兮》：蘀、伯。《七月》：穫、蘀、貉。《鶴鳴》：蘀、石、錯。

 積也。從艸，温聲。《春秋傳》曰：「蕰利生孽。」是也。

【校勘】琳書二引「從艸，緼聲也」。《廣均》引首句，「春秋」至「孽」，云：「俗作『蘊』。」《五經文字》：「蕰，於問反。」次序同《說文》。「是也」二字，依例補。未谷云：「孽，當作『蠥』。」

【集解】「積也」者，《字林》同。段注。「春秋傳……」者，昭十年傳文。

 菸也。從艸，焉聲。

【校勘】《篇》訓同。

【集解】蘭按：艸萎也。《大戴禮·用兵》「百艸⿰歹焉黄」，以「⿰歹焉」爲之。引申爲凡物不鮮之名。《廣均》：「物不鮮也。」《玉篇》：「黦也。」《廣疋》：「葾也。」《玉篇》：「葾，敗也。萎，葾也。」蘭疑「葾」當作「黦」或作「苑」。（《詩》：「我心苑積。」《禮運》：「大積焉不菀。」皆借爲「蕰」。本書無「葾」。）「蔫」、「菸」雙聲，所從「焉」、「於」皆烏名，今俗言猶有「蔫」音。《初學記》引《風俗通》「苑，蕰也」，言薪蒸所蕰積也。

鬱也。（一曰𣨙也。）從艸，於聲。

【校勘】《中谷有蓷》《釋文》引首句。段、桂注本改「鬱」作「𩰪」。各本有「一曰𣨙也」，《中谷有蓷》疏引「綏（一作『萎』）也」。按《均會》引《說文》無此句，本書：「𣨙，痛也。」與「菸」義不甚稱。即云「𣨙」有病義，菸鬱而病則仍與「鬱」義同。按呂靜《均集》：「今關西言菸，山東言蔫，江南亦言𣨙。」靜是忱弟，則「𣨙也」是《字林》義也。後人寫入許書，改爲一曰義耳。《聲類》：「萎，艸菸也。」許君於「萎」則但說「飤牛」，蓋今言「萎黄」，即《大戴》言「殨黄」矣。「萎」、「殨」一聲之轉，許君本無「𣨙也」之義信矣。今定爲舊校語（此舊校語，他日重寫時當闌入校㦲之前，別爲一類）。宋本《說文均譜》：「菸，篤也。」李本作「篤」，蓋皆當作「蔫」也。與本書訓似異，似考。

【集解】「鬱也」者，「菸」、「鬱」雙聲。《爾疋》：「鬱，气也。」《元倉子》：「草鬱則爲腐。」《九辨》：「葉菸邑而無色兮。」注：「菸，鬱也。」《風賦》：「憞溷鬱邑。」《廣疋》：「菸，臭也。」《玉篇》：「菸，臭艸也。」蘭按：《中谷有蓷》：「暵其乾矣。」傳：「暵，菸皃。陸艸生於谷中，傷於水。」劉歆、李巡皆曰是「自穢艸」。陳藏器曰：「田野間人呼爲鬱臭艸。」段氏云：「暵即『蔫』之叚借。故既云『暵其乾』，又云『暵其溼』，『乾』、『溼』文互相足。」是也。

艸旋繞皃也。從艸，榮聲。《詩》曰：「葛藟䕳之。」是也。

【校勘】各本無「繞」字，依宋本《均譜》補。「是也」，依通例補。

【集解】引申爲凡旋繞之字。《漢・李局傳》注：「營，繞也。」《思元賦》：「縈，紆也。」朱駿聲以「營」爲本字。按「營」訓「帀居」即「師居」也，非本字。當以「䕳」爲本字。「《詩》曰……」者，《樛木》文，今作「縈」。傳：「旋也。」《釋文》作「帯」。蘭按：即「榮」之譌字，此借「榮」爲「䕳」也。古本毛詩必亦爲「䕳」字。

艸際也。從艸，祭聲。

【校勘】各本無「際」字，《玉篇》：「蔡，艸芥也。法也。草際也。」《篇》例引《說文》多在末，故據補「際」字。段補爲「艸丯也」，非。

【發明】「際」，本書：「壁會也。」《小爾疋・廣詁》：「界也。」「際」字亦作「⿰阝蔡」也。本書：「丯，艸蔡也。象艸生之散亂也。讀若介。」義轉相訓。蘭按：「㓞，巧㓞也。從刀，丯聲。栔，刻也。從㓞，從木。」而楊統碑「㓞銘鳴烈」，直作「㓞」字。蓋「丯」之「彡」象艸生形，而「丨」者，象界形。故「讀若介」。而「㓞」字從「刀」、「丯」聲，取其界畫之意，故有刻義也。更證以「耒，從木推丯」，而界義更顯矣。凡蓬蒿類率無界，小草往往有界，人獸所經行處最易見界之義。引申爲法。《禹貢》：「二百里蔡。」馬注：「蔡，法也。」又轉爲艸之通稱。《玉篇》：「蔡，艸芥也。」《孟子》：「君之視民如艸芥。」《楚辭・九懷》：「繼之以微蔡。」注：「續以艸芥，入已船也。」《魏都賦》：「蔡莽螫刺。」注引《楚辭》注：「蔡，艸莽也。」「祭聲」者，《廣疋》：「祭，際也。」蘭按：古祭於野，必別艸爲界矣。字亦作「蔡」。《廣均》：「蔡，艸蔡。」《篇》、《均》有古文「⿱艹囟」。

【校勘】《好色賦》：雪、貝、蔡。

茷 艸多葉皃。從艸，伐聲。《春秋傳》曰：「晉糴茷。」

【校勘】各本作「艸葉多」，依宋本《均譜》十八廢正。《玉篇》：「艸多葉也。」

【集解】段注。《句讀》：「王氏……何本。」「《春秋傳》……」者，成十年文。注：「晉大夫。」

【音均】《泮水》：茷、噦、大、邁。

菜 艸之可食者。從艸，采聲。

【校勘】《篇》訓「艸可食者皆名菜」。蘭按：擇菜字本作「采」。孔耽碑：「躳菜蔆蕅。」帝堯碑：「眉八菜。」皆以「菜」爲「采」。疑「菜」爲「采」或體，許或不收也。

【集解】《句讀》。

艸多葉皃。從艸，而聲。沛城父有楊茾亭。

【校勘】「楊」，毛、鮑本作「揚」。《玉篇》：「艸多皃。又亭名。」《廣均》七之挩。

【集解】小徐曰：「古謂頰毛爲耏，此艸似之也。」「沛城父」者，《續漢志》云：「城父故屬沛。」《漢志》屬沛，許君時屬汝南矣。曰沛者，從夙稱也。

艸浮水中皃。從艸，乏聲。

【校勘】《玉篇》：「艸浮出水皃。」《廣均》：「芝，艸浮水皃。」

【集解】本書：「泛，浮也。」《楚辭·招魂》：「汜崇蘭些。」注：「摇動皃也。」以「汜」爲之。

林薄也。一曰蠶薄。從艸，溥聲。

【校勘】《玉篇》引至「蠶薄」。《廣均》引「林薄」句。蘭按：《繫傳》曰：「木曰林，艸曰薄，故云叢薄。」似鍇本作「叢薄」也。《字林》：「叢生也。」「一曰」句，《均會》引次「溥聲」下。

【集解】《廣疋》：「艸藂生爲薄。」段注。蘭按：《蒼頡》「薄厚」，注：「薄，微也。」可證段説。「一曰……」者，段注。

【音均】聲訓：《釋名》：薄，迫也。古均：《載驅》：薄、鞹、夕。《説卦》：薄、射、錯、逆。《哀郢》：蹠、客、薄、釋。《招魂》：薄、博。《大招》：酪、蓴、薄、擇。《管子·内業》：舒、固、薄、圖。《吕覽·任地》：逆、慕、薄、郄、慕、下。

所目養禽獸囿也。從艸，夗聲。

【校勘】各本無「囿」字，《五經文字》「苑」、「菀」同，「《説文》獨以上字爲苑囿字」，據補「囿」字。《玉篇》：「苑，養禽獸園也。」「園」字是「囿」之訛。本書「囿」下「一曰禽獸有囿」（大徐「有」作「曰」，小徐、《廣均》、《均會》作「有」）。《御覽》引「禽」上有「養」字。「有」蓋即「囿」之訛增。是此字之義，後人寫入「囿」下作一曰義耳。小徐、《均會》、宋本《均譜》無「也」字。朱駿聲輒補「囿」字，而不言所據。

【集解】《囿人》注：「囿，今之苑。」是謂古曰囿，漢曰苑也。《三蒼》：「養牛馬林木曰苑。」《靈臺》傳：「囿，所以域養禽獸也。」然許君説「苑」、「囿」又有分別，所以養禽獸囿爲苑，苑有園爲囿。「囿」，古文從二「林」。園，所以樹果也。然則兼禽獸樹木者，囿也，非苑也。《三蒼》混之，誤矣。

藪　大澤也。從艸，數聲。九州之藪，揚州具區、荆州雲夢、豫州甫田、青州孟諸、沇州大野、雝州弦圃、幽州奚養、冀州楊紆、並州昭餘祁是也。

【校勘】「大澤也」，小徐無「也」字。「揚州」，大徐作「楊州」，非。「甫田」，毛初印、宋本、葉本、趙本《五音均譜》、《類篇》、《集均》同，小徐、毛改本作「圃」。「孟諸」，汪本作「孟豬」。「沇」，小徐作「兗」。「雝」，小徐作「雍」。「圃」，小徐及毛改本作「蒲」。「楊」，《均會》引作「揚」。「餘」，小徐作「余」。《均會》無「是也」二字，非。《釋地》《釋文》及疏、《御覽》七十二引首句。《路史・餘論九》：「《説文》用《職方》説，以『圃田』爲『甫田』，『豯養』爲『奚養』，則異。」

【集解】段注。又參考桂注、《句讀》。

【音均】古訓：《風俗通》：「藪之爲言原也。」

菑　一歲田也。從艸，甾聲。《易》曰：「不菑畬。」不耕也。

【發明】「一歲田也」，各本作「不耕田也」，《廣均》引同，無下「不耕也」句。蘭按：「不耕」之詞與引《易》語不合。段引陳鱣、桂引王念孫説皆謂當爲「才耕」。陳云：「謂始耕田也。」段云「不」當爲「反」，引《韓詩》、董遇《易章句》「菑，反艸也」爲證。王毌山《釋例》十五曰：「許收『菑』於艸部，以艸爲主，田而有艸，是不耕也。《釋地》《釋文》：『菑，孫音災。』案：孫叔然此音與許同，許蓋謂『甾』從『田』從『巛』，『巛』亦聲（蘭按：此字形及説皆誤，詳見下）。『菑』又加『艸』，以表其巛之由於多艸，故以菑害爲正義，菑畬爲借義。『畬』下引《易》曰：『不菑畬，凶。』（今本作『田』，非。）『凶』字亦與此文相應。然此乃許君之誤，不必强爲之解。『菑』字當以田爲主，《釋地》曰：『田一歲曰菑。』是此地向來荒蕪，彌望皆艸，既耕則反其艸入地中，故《韓詩》曰『反艸』。然依以改《説文》爲『反耕田也』，則詞不可通。若夫『二歲曰畬』、『三歲曰新田』，則年年耕之，雖仍有艸可反，因不似前之爲艸所宅也。」蘭按：「才耕」、「反耕」詞皆不安，王説「反艸」是矣。於説解仍昧許志。桂氏又云：「《六書故》引作『不耕也，二歲田也』。」蘭按：今本《説文》有捝文也。諸家紛紛，過矣。「二」當作「一」，經傳不見「二歲」之義，「畬」下許、鄭皆説曰「二歲」，則此不當作「二」可知。《玉篇》：「菑，阻飢切。一歲田也。」與經傳義合。然經傳注家無有云「一歲田也」者（如《釋地》曰「田一歲曰菑」等，其詞皆異），而與戴所引獨合，證知野王所採《説文》義也。今據改「二」爲「一」。以「畬」下説校之，疑當作「一歲治田也」。今以二書皆然，未改輒增。蘭按：「不耕也」者，是引《易》下訓解語（本書多有此例，如「圛」字是）。「畬」下曰「二歲治田也」，治田即耕，不治田即不耕也。後人不解，疑爲説解之墮落者，移之本義之上，然後因以捝誤矣。今依戴引訂正，移於引《易》下。（《易》上文曰：「不耕獲。」）王毌山《句讀》據「不耕田也」之誤文，而云「菑」以害爲正義（詳彼書）。蘭按：《玉篇》：「菑，又子來切。害也。」王氏蓋因此誤也。《五經文字》：「菑，側其反，經典或借爲『災』。」「菑」、「災」蓋同聲叚借，「菑」固安得以害爲正義邪？豈許君於「畬」説以《易》義，而於此反取災害之借義説之，自相違錯邪？果如此，將亦率爾操觚之流矣，又豈「五經無雙」者乎？

各本篆作「菑」，解曰：「從艸、甾。」汪刻小徐作「甾聲」。小徐曰：「此爲從『艸』、從『巛』、『田』，凡三文合之。舊解從『艸』、『甾』（此從錢抄本，汪、顧有『聲』字，非）。傳寫誤以『巛』、『田』合爲『甾』，亦無『聲』字。何以言之？若實從『艸』下『甾』，則下不合別有『甾』字云『或省艸』。省『艸』，則與『東楚名缶曰甾』同聲同體，而別出名缶之『甾』在第二十四卷也。臣以爲當言從『巛』（音災）從『田』，田不耕則艸塞之，故從『艸』；『巛』者，川壅也。但許慎約文，後人不曉，誤以『巛』、『田』合（錢本捝爛，作『人』）成『甾』字，因誤加『聲』字耳。」蘭按：《繫傳》刊本多譌，錢抄唯説解中「從艸、甾」作「甾」字，其他「甾」、「甾」字皆從「甾」不從「甾」，是也。大徐引徐鍇曰：「當言從『艸』、從『巛』、從『田』。田不耕則艸塞之，故從『巛』。『巛』音『災』。若從『甾』，則下有甾缶字相亂。」蘭按：舊本《説文》作「菑，從艸，甾聲」，一本無「聲」字。而徐鍇以爲與名缶之「甾」混，當從「巛」。故今二徐本作「菑」，從「甾」也。（《五經文》「菑」刊本，疑刊本之譌，當作「菑」字。他書則多宋以後所譌。）段懋堂本改爲「從艸、田，巛聲」，注云：「鍇本原有『聲』字，惟『田』、『巛』二字倒易，又誤合爲一字。鍇欲作『從艸、巛、田』，無『聲』字，非也。初耕反艸，故從『艸』、『田』會意，以『巛』爲聲也。」蘭按：段氏蓋用王念孫説（王説見《讀説文記》，大義略同，不復引）。據「巛」字爲説，承小徐之誤也。王《釋例》十五曰：「小徐所疑是也，然尚未盡。『甾』當入田部，而說之曰：『從田，巛聲。』而以『菑』爲重文。」蘭按：此說誤於小徐，又誤於《玉篇》田部之收「甾」，益尤謬矣。顧渭賓曰：「徐鍇曰：『舊解從「艸」、「甾」，亦無「聲」字。』又曰：『因誤加「聲」字。』按據此鍇所見本『甾』下或有『聲』字或無『聲』字不同，鍇以無爲是，故用其本，正鉉本之所自出也。近人刻《繫傳》此下（蘭按：謂說解『甾』下）添『聲』字，又於舊解從解『從艸、甾』之下亦添『聲』字，而誤惑讀者矣。」（顧說見鈕《校録》。）蘭按：顧所說《繫傳》與錢抄本合。所謂「近人刻」，指汪本也。然祁刻顧本於《繫傳》亦增「聲」字，非顧舊矣。蘭按：顧所說亦未是也。《繫傳》中有「聲」字，因爲不通若說解，則鍇本原有「聲」字也。何以言之？鍇於所注本有「聲」字，故曰「舊解亦無『聲』字，因誤加『聲』字耳」。蓋別以舊本校正所注本，故其說如此。若所據本無「聲」字，便當云「一本有『聲』字」矣，不當如此致說也。此則汪刻本爲是，抄本及大徐本皆依鍇說去之耳。嚴氏《校議》曰：「小徐作『從艸，甾聲』。《通釋》亦云：『舊作「從艸，甾聲」。』（《通釋》云云誤，見上。）大徐輒删『聲』字，非。」蘭按：「甾」爲古文（見「甾」下），而「菑」從之，例與「褎」、「麗」同。嚴說最確。然亦不知《說文》舊本篆作「菑」，從「甾」聲也。蘭按：漢印臨淄侯印「淄」作「」。案《說文》無「淄」字，《廣均》：「淄，古通用菑。」（《周禮》「幽州其浸菑」，《續漢・郡國志》「臨菑」。）則「淄」即「菑」字之異，而從「甾」不從「甾」也（臨菑令印作「」，菑川侯印作「」，景君碑「臨菑」作「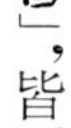」，皆不知所從）。皇侃書《急就章》「輜」作「輜」，亦不作「甾」也。原本《玉篇》糸部「緇」不從「甾」也。《汗簡》男部「」，「男」，出王庶子碑，又「甥」作「」，出孫强《集字》，皆變「田」從「甾」，亦不作「甾」也。蘭按：宋以前「菑」、「甾」無從「巛」者，徐鍇惑於隸書「甾」字（即名「缶」之字）作「甾」，而附會會意之説，杜撰「菑」、「甾」之字，而被誤者多矣。此未重之罪人也。今並訂復許君之舊。鈕氏《校録》引大徐所附鍇說而說之曰：「樹玉謂徐說非是，凡《說文》云『從某』者，當有其字。蓋即從甾缶字，宁部『甹』字可證。《玉篇》『甾』爲『甴』之今文，其『菑』下無重文『甾』。《廣均》重文『甾』注云：『東楚名缶曰甾。』『』之爲『甾』，篆隸之變，故其音不殊，不當別出『甾』字。」蘭按：徐氏誤疑「甾」同「甴」字，鈕氏則誤以「甾」爲即「甴」，皆非也。蓋「甴」、「甾」之亂久矣，今因此條之耳。蘭按：《說文》無「由」字，小徐《疑義》曰：「《說文》有『油』、『宙』、『軸』等字，而無此字，亦脱誤。李陽冰云即『缶』字，同。」今按：古有「由」字，亦未審也。王毌山曰（《釋例》十三）：「少温以『缶』爲『由』，與夢英以『甴』爲『由』，正相匹敵。《說文》『苗』……『妯』皆從『由』，凡二十一文，此马部『甹』之古文也。『甹』下引《書》而又云『古文言由枿』者，此『由』篆之説解也。」（嚴以爲重文附於說解中。）王玉樹曰：「『甹』爲正文，

『由』爲古省。」（段注駁此説，以「甹」從「由」聲。）王煦曰：「《説文》無『由』，『柛』、『由』古音通轉，疑此古文『□』即『由』字也。」蘭按：諸説並謬（雷氏《外篇》一條當補於此）。原本《玉篇》用部：「甾，餘周反。」注：「《説文》以從『甾』爲『䜵』字，在言部。今爲『由』字。《説文》以『由』『東楚謂缶也』，音『側治反』，在由部。」蘭按：顧説明白可據。又《説文》目録「□」，孫本照以「甾」字（別本作「甾」，非），夢英書部首作「□」，照以「由」字，側注「方九」以爲反切。蘭按：以顧説斷之，則孫本篆是而釋非，夢英又釋是而篆非也（郭忠恕猶作「□」，夢英蓋因隸誤）。蘭按：張本《玉篇》田部「甾」下曰：「與『畱』同。」無「缶」義。甾部：「甾，側持切，缶也。此古文今作『甾』，亦作『甾』。」（以原本照之，此當云『亦作「由」，在用部』，但非《説文》義也。）下又出「甾」，云：「今文《説文》無。」言「今作某」者，凡《玉篇》言「今」者，皆言隸變。蘭按：「甾」爲「甾」之隸變，考金文從「甾」者有「□」（師酉敦），即「畀」字（見《説文》，從「甾」），「□」（舊釋「庸」，蘭疑即「甹」字，今《説文》捝廾部而移次丂部耳，侯敦），「□」、「□」（趞亥鼎），「□」（吴釋「㡣」，又舊説「僕」字亦從「由」，釋皆未是），又薛書有「□」（雞單彝，舊釋「旗」。舊釋誤也），「□」（齊安鑪），「□」（大官銅鍊），漢印有「□」（汝由私印）、「□」（胡由之印，舊釋「甾」，誤）、「□」（□□之印），《汗簡》彳部出「□」，照以「迪」字，山部「□」，照「岫」字，出裴光遠《集綴》。蘭按：據此諸文，或從「□」，或從「□」，或從「□」，乃知「由」、「甾」確是一字。而漢印有「□」（王胄印信）、「□」（樊延迪印），乃知「甾」之變「由」其來已久。而「甾」之變「甾」，於古絶無，蓋斷「□」之上三畫爲之。筆畫近俗，其爲隸變無疑矣。變而與「畱」之古文「甾」相亂，千載而下幾無可明真字，學之不幸也。蓋《説文》「由」聲之字皆在幽部，而「甾」字則「側持反」，與從「甾」、「畱」字同文，在之部，字音全異，然則野王之説將不讎，而金文、漢印、《汗簡》皆誤矣。蘭按：此蓋音者之過也，其誤亦已久矣。野王所引「側治反」者，出《音隱》。然此正由隸變作「甾」，與艸部字亂而以艸部「甾」字之音音之也。蓋名缶之「甾」，古本音「油」，此固數千年無知者矣。野王曰：「《説文》以從『由』爲『䜵』字，在言部。」蘭按：唐本《説文》：「䜵，從也。從言，從肉，肉亦聲。」嚴可均曰：「讀若『由』。蓋經傳皆借『由』爲『䜵』字，而徐鍇本輒以『謡』字徒歌之義改易從迪之訓，與改『畱』、『甾』爲『畱』、『甾』，昧乎古文，其妄同也。」凡古字通借輒由聲轉，「䜵」、「由」同在幽部，故相借也。若「由」音「畱」，則聲類遠隔矣。然猶未敢確定「由」之古音也。又考《方言》五：「㽱，甈甂，甖也。」注：「㽱，音由。」（此節引。按此條與下「罃」及「缶」諸條，疑本是一條。）又曰：「缶，謂之瓿甊。」蘭按：《説文》：「東楚名缶曰甾。」又曰：「㽱，土器也。」「㽱」義蓋本《方言》，「甾」義似亦本

《方言》，而今《方言》挩耳。《方言》之「㼢甎」即「㼢甀」也。缶亦土器，「䍃」從「缶」，然則䍃亦缶也。「甶」、「䍃」蓋聲義相類，「⿱夂言」之借「由」，蓋因此矣。於是而「甶」之古音爲「油」，「甶」即「由」字，皆可確定，舉千古相承之誤一空之，輒自喜爲之一夕不寐也。蓋自「由」之借義行，而人漸昧其本義。「由」既隸變作「甾」，或又以「菑」、「甾」字誤其聲，顧氏生六朝，猶有傳受，故雖聲義迥不相同，而猶及知其故（其時形未異，顧於用部猶作「甶」，今《說文》諸書則一作「由」，一作「[illegible]」（或更作「[illegible]」，尤非），全異矣。正當以金文等正之），而後世則歧爲二字。猶幸「菑」、「甾」字不誤，而鍇復誤於「由」之俗字，誤音而改之，蓋幾經傳訛矣。今故詳「甶」即今「由」字，本讀「油」，隸變作「甾」而有「菑」音，非古也。「甾」是古文「菑」，徐氏臆改從「𡿧」，非古也。庶幾學者於「甶」、「甾」、「菑」、「葘」之辯，不致淆惑耳（《玉篇》不誤。《廣均》：「甾，同菑。」又《說文》『東楚名缶曰甾』。」其誤蓋始《廣均》）。本書宁部「⿰甾宁」字則《汗簡》引作「[illegible]」，蓋亦訛，當是從「[illegible]」，展轉訛耳。引《易》「菑」字，汪本作「甾」。

【集解】「一歲田也」者，《釋地》：「田一歲曰菑。」郭云：「今江東呼初耕反艸爲菑。」孫云：「菑，始災殺其艸木也。」（蘭按：此以聲訓，非「菑」即「災」字。若謂「菑」是「災」字，則「菑」、「災」將成古今文乎？非孫意。）毛傳，馬、虞《易》注，鄭《禮》注皆用《疋》義，《方言》、《韓詩》、董遇皆云「反艸也」，義皆相成（詳【發明】內《釋例》說）。段注：「《詩·大田》箋……害字。」「《易》曰……不耕也」者，《無妄》六二爻辭曰：「不耕獲，不菑畬。」《周禮》注作「不菑而畬」，虞《易》注同。蓋謂不耕而思獲，不菑而思畬，爲之無漸，故凶也（今本無「凶」字，而云則「利有攸往」。然《象》曰「未富也」。蓋本當作「凶，不利有攸往」，今挩誤耳）。然則「不菑」即「不耕畬」，與「獲」雖相對爲文，然「畬」仍未獲，故但曰「不耕」也。乃許君約舉《易》義爲訓耳，且以明「菑」之義爲「耕」（《坊記》注言「必先種之乃得獲，若先菑乃得畬也。安有無事而取利者乎？田一歲曰菑，二歲曰畬，三歲曰新田。」與《詩》義合）。

【眉批】張參「𡿧」下云：「菑□，皆仿此。」然則參已誤矣。

𤰃　古文菑。

【校勘】各本篆爲鍇所改作「𤰃」，大徐作「甾」，更非（上「菑」字同）。今正，說見上。各本解作「菑（依錢鈔本各本改作「葘」，非），或省艸」。《六書故》廿四引唐本作「古文」，依正。

【集解】《釋地》《釋文》：「菑，本或作甾。同側基反。」《詩》：「其菑其畬。」《釋文》：「菑，本又作甾。」蘭按：從「川」從「田」，治田之義。𡿨部有古文「⿰田巛」，別一字。

 艸盛皃。從艸，繇聲。《夏書》曰：「厥艸惟繇。」

【校勘】各本作「蘨」，從「䌛」聲。《均譜》作「蘨」。王毌山曰：「當作蘨。《均會》引作『蘨』，『從繇聲』。鈕云非，《說文》無『繇』字。《玉篇》亦作『蘨』。」蘭按：今本從「䌛」者，《均譜》皆從「繇」（惟「遙」從「言」）；從「䍃」者，從「䍃」（惟肴部「䍃」誤作「䍃」，非）。《廣均》亦皆從「䍃」。漢印「李繇」兩見，皆從「䍃」。原本《玉篇》系部亦作「繇」字，注云：「與傜字同。」（今《說文》亦作「傜」。）然則從「缶」從「言」相亂，《說文》本從「缶」也，今正。引《書》「繇」字，孫、鮑本大徐作「蘨」，一本作「蘨」，小徐、《均會》作「䌛」，鈕所據小徐本作「繇」。蘭疑引《書》非本文（故不加「是也」）。此字次此亦非次。《廣均》三蕭「艸茂也」，又作「艸盛也」（十八尤）。《篇》「茂也」。

【集解】桂云：「或借『油』。《麥秀歌》：『禾黍油油。』《補亡詩》：『厥艸油油。』又借『由』。《管子·小問》：『苗至其成也，由由乎兹免。』「《夏書》……」，《禹貢》文。馬注：「繇，抽也。」

 除艸也。從艸，雉聲。《明堂月令》曰：「季夏燒薙。」是也。

【校勘】小徐無「也」字。各本引《月令》在「從艸」上，無「是也」二字。《五經文字》：「薙，燒艸也。」《廣均》：「薙，除艸。」段注：「案《周禮·薙氏》『掌殺艸』，『雉』或作『夷』……《月令》『燒薙』，蓋亦本作『燒雉』。許君《說文》本無『薙』字，淺人所羼入也。」蘭按：《五經文字》「薙」字正在用《說文》字次中，則《說文》本有「薙」字，段說誤也。作「夷」，借字耳。「薙」正專字，「雉」無除義，後鄭讀爲「鬀」，取其聲，非讀爲也。段先存「薙」俗之見，故此注謬甚。鈕《說文訂》：「按《周禮》，非後人增。」

【集解】《句讀》。《月令》注：「迫地芟艸也。」鄭《目録》引《別録》月令屬《明堂陰陽》，《漢志》「《明堂陰陽》卅三篇」，《隋志》馬融傳小戴之學，融又足《月令》一篇。

 耕多艸。從艸，耒聲。

【校勘】小徐作「耕名」，挩誤。「耒聲」，各本作「耒，耒亦聲」，今依桂正。《唐均》十八隊引「耕多艸」（原本挩「多艸」二字，據《廣均》補）。《玉篇》訓同。

【集解】易先生以「茂」、「對」，蒔育萬物。按：對亦茂也。《廣疋》：「薱薱，茂也。」《馬融傳》：「豐彤對蔚。」宋玉賦：「㬟兮若松榯。」蘭按：本書無「薱」、「㬟」，皆當作「對」。「對」無茂義，「對」、「莱」音義皆近，疑古借「對」爲「莱」耳。

 艸大也。從艸，到聲。（音到）

【校勘】各本作「蓺」，從「致聲」。部末又出「菿，艸木倒。從艸，到聲」。《玉篇》、《廣均》無「蓺」字。《釋詁》：「箌（元刻注疏本作『菿』是也），大也。」《釋文》及疏皆引「箌，艸大也」（當作「菿」）。《廣均》四覺引「艸大也。本音到」。據正，删後「菿」字。蓋「菿」字傳誤，增一筆爲「蓺」（篆文）。别本篆不誤，而解中「大」字訛爲「木」，或又附會「到」義，增「倒」字，不知「倒」乃俗字也。校者不知「蓺」、「菿」一字，輒取並存，誤也。

【集解】《釋詁》：「菿（依元本），大也。」郭云：「未詳。」《釋文》：「郭『陟孝反』。顧野王『都角反』。孫『都耗反』。」《玉篇》：「菿，都角切。《韓詩》『菿彼甫田』，毛作『倬』。又音到。」宋本《詩》《釋文》《甫田》曰：「倬，陟角反。《韓詩》作『菿』（今本訛爲『箌』）。」音同。云：「菿，卓也。」蘭按：《韓詩》、《爾疋》、《說文》用本字，《毛詩》用同聲假借字，景純不詳於《韓詩》，疏矣。

 艸相蘄包，裹也。從艸，斬聲。《書》曰：「艸木蘄包。」是也。（《字林》才冉反）

【校勘】各本「包」作「苞」，無「裹」字。《廣均》引同，汪本、顧本作「包」，依正。《玉篇》：「艸相蘄苞裹也。」《字林》：「艸之相苞裹也。」皆用《說文》，有「裹」字，依補。小徐無「也」字。引《書》「包」字，大徐作「苞」。「是也」，依例補。《字林》音出《禹貢》《釋文》。段氏删「書曰」六字，云：「誤以鍇語入正文，今依《均會》訂。」待攷。

【集解】《字林》：「艸之相苞裹也。」徐鍇曰：「蔪相入也。」《禹貢》《釋文》：「漸，本又作蔪。包，或作苞。非叢生也。馬云：相包裹也。」蘭按：字亦作「蔪」。《集均》：「蔪蔪，麥秀。」《埤蒼》：「蔪，麥秀皃。」麥秀則相包裹也。

　蔪，或從槧。

【校勘】《玉篇》：「同蔪。」《廣均》無。

　道多艸不可行。從艸，弗聲。

【校勘】《篇》、《均》：「艸多。」朱駿聲私改説解爲「艸多也」。

【集解】段注。

【音均】《皇矣》：茀、仡、肆、忽、拂。

　馨香也。從艸，必聲。

【校勘】宋本《均譜》：「馨也。」《廣均》五質引首句，下有「《詩》曰『苾苾芬芬』」六字。又十六屑單引首句。蘭按：《繫傳》「臣鍇曰：《詩》云『苾苾芬芬』是也。」蘭疑本是《説文》引《詩》，後人見大徐本無之，乃加「臣鍇曰」耳。

【集解】《廣疋》：「苾，香也。」《埤蒼》：「木香也。苾苾然大香也。」段注：「《詩》『苾苾芬芬』，《景福殿賦》作『馥馥芬芬』。」蘭按：俗「馝」字即此字。

　香艸也。從艸，設聲。

【校勘】段注：「『香艸』當作『艸香』……可知也。」蘭按：《篇》、《均》皆訓「香艸」，蓋舊本已如此。

【集解】《廣疋》：「蔎蔎，香也。」《九歎》注：「蔎蔎，香皃。」

芳　香艸也。從艸，方聲。

【校勘】段云當作「艸香也」（朱私依段改）。

【集解】本書：「香，芳也。」《廣疋》：「芳，香也。」

【音均】《士冠禮》：芳、祥、忘。《東皇》：良、皇、琅、芳、漿、倡、堂、康。《惜誦》：糧、芳、明、身。《九辯》：房、颺、芳、翔、明、傷。《招魂》：方、梁、行、芳、羹、漿、鶬、爽。《風賦》：上、蘅、楊、芳、堂、房。《神女賦》：章、方、裳、長、裳、翔、裝、芳。《文子・九守》：顙、堂、芳。

蕡　雜香艸也。從艸，賁聲。

【校勘】依《字典》引補「也」字。段云當作「雜艸香」。《廣均》以「葩」（見本部首，均本誤爲「葩」）爲古文。

【集解】《廣均》：「蕡䕯，香氣。馚，同蕡。葐，葐蒀，盛皃。氛，氛氲，祥氣。氲，俗氛。」蘭按：「蕡」、「芬」音義同，今俗語曰「香蕡蕡」。更按：《急就》：「芬熏脂筆。」碑本作「蕡」。疑「芬」、「蕡」一字重文，不當歧出。《篇》、《均》訓「艸木多實」。

藥　療病之艸總名。從艸，樂聲。

【校勘】各本作「治病艸」。《廣均》引同。《唐均》引作「療病艸」，此長孫訥言所引也。《玉篇》引作「治疾之艸摠名。」今互據校定。

【集解】《家語》注：「藥，療也。」以聲訓。《世本》：「神農和藥濟人。」《帝王世紀》：「神農氏嘗味艸木宣藥療疾。」《藝文志》：「《神農黄帝食藥》七卷。」蘭按：今傳《神農本艸經》三卷。「本艸」者，初療疾時皆用艸也，其後則及他品。《疾醫》注：「五藥，草、木、蟲、石、穀也。」「樂聲」者，樂療也。

蘼　艸木生箸土也。從艸，麗聲。《易》曰：「百穀艸木蘼於地。」是也。

【校勘】各本作「艸木相附蘼（竹君本、顧本、鮑本作『麗』）土而生」，今從《韻會》引正。按《繫傳》曰：「蘼者，相分佈屬著也。」知《均會》引是。《廣均》十二霽訓「艸木生亞（『亞』，杜詩『花亞欲移竹』，有壓義，未知與『箸』字孰是）土也」，又五支「艸木附地生也」。引《易》「蘼」字，趙本及《類篇》、竹君本、錢本、顧本小徐作「麗」。《易》《釋文》：「艸木麗，如字。《說文》作『蘼』」。《玉篇》引「《易》曰：『百穀艸木蘼乎地。』蘼，附箸也。本亦作麗」。蘭按：「蘼」是「麗」非，說見【發明】。「於地」，毛初印本、宋本、葉、趙本《五音均譜》、《集均》引同，小徐、汲古剜刻作「於土」，《類篇》引作「乎土」，說亦見下。「是也」二字，依例增。

【集解】《廣雅》：「蘼，著也。」宣十二年《左傳》注、郭象《莊子》注：「麗，著也。」《王制》注：「麗，附也。」

【發明】「《易》曰……」者，《離》卦文。「蘼」，彼作「麗」。段注本作「麗」，說曰：「此引《易》說從『艸』、『麗』之意也。凡引經傳，有證字義者，有證字形者，有證字音者。如『艸木麗於地』，說從『艸』、『麗』；『豐其屋』，說從『宀』、『豐』，皆論字形耳。陸氏《易》《釋文》乃云《說文》作『蘼』作『寷』，不亦謬哉。」嚴氏曰：「按上文『離，麗也』，『日月麗乎天』，下文『重明以離乎正』，『柔麗乎中正』，諸『麗』字難皆作『蘼』。段依《類篇》改『蘼』作『麗』，以為引此以證『蘼』從『艸』、『麗』，是也。」蘭按：鈕氏《段注訂序》疏段六失，曰：「凡引證之文當同本文，今或別易一字以為引經會意，四也。」蘭按：《說文》引經說會意固自有其例，「閏」下引《周禮》，「八」下引《孝經》說，又下引《周禮》等凡十餘見。然其所說之字皆經傳所習用，而或昧其字形，故引書說之。若「蘼」、「寷」之字，今經傳皆無之。苟非尗重親見古本有如此者，則何以采以入書也？若如段說，則是古本無此字，因《易經》之文而造「蘼」字、「寷」字矣，所謂後出分別字也，殆非許君收采之意矣。且陸氏引之，蓋六朝《說文》本如此，安得為謬？夫段氏蓋未達聖人解《易》之恉與漢師傳授之故耳。聖人之解《易》也，以聲相訓，「乾，健也」，「坤，順也」；而《象傳》曰「天行健」，「健」即「乾」也，以聲易其字也。《蠱》卦曰：「蠱，元亨，利涉大川。先甲三日，後甲三日。」而上九曰：「不事王侯，高尚其事。」二「事」字即上五爻之「蠱」也。是周公易「蠱」為「事」字也。《象傳》曰：「蠱，元亨，而天下治也。利涉大川，往有事也。先甲三日，後甲三日，終則有始，天行也。」孔子釋「蠱」以「治」、「事」、「始」三義，此三字皆同聲也。故以聲相訓而萬條一貫，此《易》之理也。故《序卦》曰「埳（『埳』依《釋文》一本，然當作『臽』。《説文》：「臽，小阱也。」）者，陷也」，而初六、六三皆曰「入於坎窞」，作「窞」字。《象傳》曰「水流而不行」，《象傳》曰「水存至」，則又當作「浛」字矣（《説文》：「浛，泥水浛浛也。」）。九二曰「坎有險，求小得」，則又當作「欿」字矣（京房、劉表正作「欿」，《説文》：「欿，欲得也。」《廣疋》：「欿欿，聲也。」即「坎坎」）。《説文》又曰：「坎，陷也。」則「坎」亦正字也（六四「尊酒簋」，則亦有「啗」義）。「埳」、「陷」、「窞」、「浛」、「欿」、「坎」皆同聲之字也。《象傳》曰：「坎，險也。」九二曰：「坎有險。」而六三曰：「檢且沈（用古文）。」「險」、「檢」亦同聲之字也。凡古昔傳經，皆尚口授，《禮》與《春秋》皆制度名物，則布在方策，故質而不文。《易》、《詩》則均而文之，皆誦習而少傳寫，故多通借。古音未昧，任舉一聲而其義自見。故舉「臽」聲而「窞」、「浛」、「欿」、「啗」之義皆在其中矣。故漢之經師各有傳授，本皆不同而義各相攝，即以此也。許君所承，孟《易》也。又安得以今本繩之？「麗」、「豐」之爲「麓」、「豊」字，當本義，正聖人解《易》之恉也。而段逞其私説，過矣。雖然，漢學絶而此義久昧，最易見者「乾」之爲「健」，而人各一説，紛紛其喙，而未有探其故，然則獨段氏乎哉！近有法人著論謂《易經》爲古字典，解説《離》卦等諸卦以其卦名爲偏旁，每爻各以形聲專字一字或數字當之，其説妄也。聖人解《易》以聲相訓，故一字而兼數義，此因聲通借之條也。若以彼論觀之，無論「大畜」、「小畜」、「大壯」、「家人」、「同人」、「未濟」、「既濟」等皆不能通，即字亦非文王所造，安得云卦名是古文、爻中是後世字邪？（爻中無卦名字，而附會一形聲專字，尤妄。）《周易》之前尚有《連山》、《歸藏》，其卦名又不同《周易》邪。附記於此，以志予説之不承於彼，且以袪其妄也。

【集解】「地」，《易》作「土」，《釋文》王肅本作「地」，李鼎《集解》本作「地」，引虞注同。元應書六亦引作「地」。「於」，《易》作「乎」。《論衡》説曰：「引《易》『百果艸木麗於土』，麗者，著也。」元應亦引作「於」。

【眉批】 若《説文》不用聲借之條，則一字一義矣。

蓆 廣多也。從艸，席聲。

【校勘】《緇衣》《釋文》引「廣多」。

【集解】 段注。

 刈艸也。從艸，殳聲。

【校勘】宋本《均譜》「刈也」。《廣均》「刈艸」。「殳聲」，大徐作「從殳」，非（段、朱從大徐，不知形聲之例，强附會意之條）。

【集解】《載芟》傳：「芟，除艸也。」「殳聲」者，本書：「揟，讀『芟刈』之『芟』。」

 薦席也。從艸，存聲。

【校勘】「席」，各本作「蓆」，依宋本《均譜》、《均會》引正。［王毌山《句讀》主「蓆」字，非。惟「席」字，故能引申有重、再義也（其《繫傳校録》亦云當作「席」）。］

【集解】「薦」者，「荐」、「薦」聲訓，經傳多以「薦」爲「荐」。《釋名》：「薦，所以自薦藉也。」薦爲艸，廌所食，而有陳義者，獺祭魚，亦有陳義也。故《釋詁》「薦，陳也」，《易》「殷薦之上帝」，本書「且，薦也」，皆「薦」之引申義也。荐席，所以敷陳，故曰荐薦。《士虞禮》「藉用葦席」，注：「藉，猶薦也。」「席也」者，凡親地者謂之筵，加於筵者謂之席，席即茵也，重於筵也。《廣疋》：「薦，席也。」引申則有重義，《釋言》：「薦，再也。」《釋天》：「仍饑爲荐。」《小爾疋·廣言》：「荐，重也。」《雲漢》：「饑饉薦臻。」《左》定四傳：「不虞荐至。」席有容積，故引申又有聚義。《左》襄四傳：「戎狄薦居。」《釋文》「薦」作「荐」，《國語》作「荐處」，韋注：「聚也。」若服虔曰「艸也」，則謂借爲「薦」。「存聲」者，《書·大傳》：「薦之言存也。薦當作『荐』。」

 祭藉薦也。從艸，耤聲。一曰艸不編狼藉也。

【校勘】各本無「薦」字，慧琳書二引「祭藉薦也」，「從」至「聲」，據補。一曰義本在「從艸」上，今依正。本無「也」字，《玉篇》訓「狼藉也」，據補。

【集解】「祭藉薦也」者，《士虞禮》注：「藉，猶薦也。」《管子》注：「藉，席也。」《遊天臺山賦》：「藉萋萋之纖艸。」注：「以艸薦地而坐曰藉。」本書：「稭，祭天以爲藉也。」《句讀》。「耤聲」者，《甸師》注：「藉之言借也。借當作『耤』。」「一曰……」者，《新論》：「道路皆蒿艸，寥廓狼藉。」《孟子》：「樂歲粒米狼戾。」注：「狼戾，猶狼藉也。」

蒩　茅藉也。從艸，租聲。禮曰：「封諸侯以土，蒩以白茅。」是也。

【校勘】《封禪書》《索隱》引首句。蕭該《敘傳音義》引首句，從「艸」、「祖」。《玉篇》：「茅蒩藉封諸侯。」《廣均》：「茅蒩藉封諸侯。蒩以茅。」（「蒩」字不敢補者，疑用《鄉師》「共茅蒩」之文。）「以土」，疑當作「包以黃土」，此後世所用包蒩字也。「是也」，依例補。

【集解】段注。《句讀》。「《禮》曰」云云，孔穎達曰：「是必古書有此説，故先儒之説皆同也。」（桂所引當出《書》疏，俟檢。）段注。《句讀》。

蕝　朝會，束茅表位曰蕝。從艸，絶聲。《春秋國語》曰：「致茅蕝表坐。」

【校勘】《玉篇》：「束茅以表位。」《廣均》：「束表束茅表位。」毌山曰：「『表坐』衍文，或曰當作『設望表』。」

【集解】「朝會」二字當讀。《句讀》補正。「束茅表位」者，賈注《國語》。又《史記・叔孫通傳》「緜蕞」《集解》如淳曰：「置設緜索，爲習肄處。蕞，謂以茅翦樹地爲纂位。《春秋傳》曰：『置茅蕝也。』」《索隱》：「韋昭曰：『引繩爲緜，立表爲蕞。』」顔師古曰：「蕞與蕝同。纂又曰蕝，今之纂字。」蘭按：纂者，編也。上文「藉」下曰：「艸不編狼藉。」此則「引繩編茅者也」。本書：「禜，設緜蕝爲營。」「春秋……」者，《晉語》：「昔成王盟諸侯於岐陽，楚爲荆蠻，置茅蕝，設望表，與鮮牟守燎，故不與盟。」注：「蕝，謂束茅而立，所以縮酒。望表，謂望祭山川，立木以爲表。表，其位也。」馥案：「此即朝會表位，韋以爲縮酒，非是。」蘭按：韋説不誤。僖四年傳管仲對曰「昔如康公命我先君太公」，此即成王盟諸侯而召公命之也。下又曰「爾貢包茅不入，王祭不共，無以縮酒」，注：「束茅而灌之以酒爲縮酒。」《甸師》：「祭祀供蕭茅。」注：「鄭興曰：蕭字或爲『莤』。莤，讀爲『縮』。束茅立之祭前，沃酒其上，酒滲下去，若神飲之，故謂之縮。縮，滲也。故齊桓公責楚『不貢包茅，王祭不共，無以縮酒』。」韋蓋用鄭義也。昭十八年《左傳》：「屏攝。」韋昭曰：「周氏云：『屏者，並攝主人之會。』昭謂屏，屏風也；攝，形如要扇；皆所以分別尊卑，爲祭祀之位。鄭司農曰：『攝，束茅以爲屏，祭神之處。』「攝」亦「蕝」字，此言祭祀表位也，即以之莤酒耳。古者天子五歲一巡狩，朝會諸侯於五嶽，固與望祭山川同時之事也。

 以茅蓋屋也。從艸，次聲。

【校勘】各本作「以茅葦蓋屋」，《東京賦》「慕唐虞之茅茨」注引「茅茨，蓋屋也」。蘭按：李但引「蓋屋也」，「茅茨」二字因賦文而衍，據補「也」字。《均會》四支引作「茨，茅蓋屋」。蘭按：《字典》引作「以茅蓋屋」，其所據《均會》本如此也。《繫傳》曰：「次，第茅以蓋之也。」亦無「葦」字。知小徐本固然，今從訂正。段刪「以葦」二字，《釋例》十五曰：「段非也。所引《釋名》固云『以艸蓋曰茨』矣。《甫田》鄭箋：『茨，屋蓋也。』疏引《墨子》『茅茨不翦』而釋之曰：謂以茅覆屋……作靜字用。」蘭按：段刪「以」字固非，刪「葦」字則是也。王言甚辨，然茨之言次也，葦之爲笮，則編之非茨義矣。況「笓」、「笮」從「竹」，固當多以竹爲之，即使許君言及笓笮之事，便當言以葦爲笮，更以茅覆之以蓋屋，不當如此含混。知「葦」字非許本有，審矣。應璩《與從弟書》注引「屋以艸蓋曰茨」，此誤以《釋名》當《説文》。

【集解】《甫田》箋：「蓋屋也。」《圉師》注：「蓋也。」《釋名》：「屋以艸蓋爲茨。」蘭按：《莊子・讓王》「茨以生艸」，《韓詩外傳》「茨以蒿萊」，可爲茨者，不僅茅也，但用茅居多耳。「次聲」者，《釋名》：「茨，次也，次艸爲之也。」

 茨也。從艸，咠聲。

【校勘】《篇》訓同。元應書十三引首句。

【集解】《廣疋》同。《通俗文》：「覆蓋曰葺。」《考工記・匠人》：「葺屋三分。」「咠聲」者，葺之爲言緝也。

 苫也。從艸，盇聲。（户荅反，又公害反）

【校勘】琳書二引首句，「從艸，從盇」。朱駿聲私改作「從艸從盇會意」。蘭按：《釋言》：「曷，盇也。」《廣疋》：「盇，何也。」《釋言》：「蓋，割裂也。」《孟子》：「蓋亦反其本矣？」「蓋」與「曷」通。然則「蓋」從「盇」聲無可疑也。慧琳所引疑唐人不知聲者所改。《廣均》引首句。《五經文字》引首句及反音。《九經字樣》引從「從艸從盍，公害翻」。

【集解】《九經字樣》引《字統》同。《釋器》：「白蓋謂之苫。」孫炎曰：「白蓋，茅苫也。」李巡云：「編菅茅以蓋屋曰苫。」

《周禮·圉師》：「茨牆則翦闔。」注：「茨，葢也。闔，苫也。」「盍聲」者，盍覆也。

 葢也。從艸，占聲。

【校勘】

【集解】《字林》：「茅苫也。」(《篇》同。)《廣均》：「艸覆屋。」

 葢也。從艸，渴聲。(音葢)

【校勘】唐本《唐均》十二泰、《廣均》十四泰引首句(《唐均》原引於「曡」下，《說文》無「曡」，是《唐均》捝誤，依《廣均》正)。《玉篇》捝。《路史·前紀七》注引「葛，葢也。與『鶡』(疑當作『鶡』)皆音『葢』」。《上林賦》注引《說文》曰：「馣馤，香氣奄葛也。」《說文》無「馣馤」。《玉篇》艸部無「藹」而有「藹」，訓「晻藹」。《爾疋》：「蕡藹。」注：「樹實繁茂晻藹。」疑李善引他書「馣馤，香氣」，而云《說文》作「奄藹」也。「藹」疑當作「藹」。猶屋葢之引申爲雨葢，此則又引申爲樹蔭也。《離騷》「揚雲霓之晻藹」，亦葢義引申。《蜀都賦》、江淹《槤頌》皆作「菴藹」，《上林賦》作「晻薆」，《高唐賦》作「闇藹」，疑《說文》此注當補「一曰奄藹也」。更俟詳考。

【集解】《句讀》。言部：「藹，臣盡力之美。」與「晻藹」義不近。

 㕞也。從艸，屈聲。

【校勘】「㕞」，宋本大徐作「刷」，段云當作「刷」。《篇》、《均》訓同。

【集解】《字林》同。王毌山曰：「即茘根可作㕞之㕞，乃縛艸所作之器。」蘭按：《廣疋》：「馬帚，屈馬第也。」是也。《廣均》：「䈏，或從竹。」《廣疋》：「䈏，謂之㕞。」

　屏也。從艸，潘聲。

【校勘】《篇》、《均》訓同。《五經文字》次「莝」下。

【集解】《板》詩「價人隹藩」傳同。《蒼頡篇》：「藩，蔽也，蘺也。」慧琳引《周禮》「九州之外爲藩國」，今作「蕃」。《易・晉》鄭注：「蕃，遮禽也。」一本《書》：「籓，蔽也。」《廣疋》：「藩，蘺也。」

　酢菜也。從艸，沮聲。

【校勘】《玉篇》：「淹菜爲菹也。」《廣均》引首句。

【集解】《句讀》。蘭按：酸菜，今謂之淹菜，亦曰齏菜、生菜也。多以蕓薹、芥菜等爲之。《周禮》：「韭、菁、茆、葵、芹、菭、筍。」鄭云：「凡醯、醬所和，細切爲齏，全物若牒爲菹。《少儀》『麋鹿爲菹』，則菹之稱菜、肉通。」蘭按：許君於此曰「菜」，以從「艸」也。於「䕮」曰醢，醢，肉醬也，以從「皿」也。分別菜、肉之名，與鄭異。又按：酢菜之義，王説是也。小徐曰：「以米粒和酢，以漬菜也。」似臆説也。《聲類》：「藏菜也。」《離騷》注同。蘭按：與芸田、冬菜略同。今皆冬藏之，至明春乃食。「沮聲」者，張納碑：「既修沮桓。」「沮」、「俎」通。（漢印有「菹」字。）《玉篇》：「葅，同菹。」

各本此有「䕮，或從皿。䔋，或從缶」二重文，李燾本注「或從血」。血部：「䕮，醢也。從血，菹聲。䔋，或從缶。」據李本，知是後人以「菹」、「䕮」通用，以血部「䕮」、「䔋」二文寫入此，而又誤「血」爲「皿」，以爲重文耳。《玉篇》艸部無此二重文，血部有「䕮」、「䔋」，次與《説文》同。皿部無二字也。《説文》、《玉篇》皆以「菹」與「䕮」、「䔋」異訓，而《廣均》「菹」引《説文》下又出「藲」字，同「菹」。按書傳無「藲」字，《廣均》別不收「䕮」、「䔋」，「䕮」、「䔋」之字，《説文均譜》承用《切韻》，「菹」下收重文「䕮」而亦無「䔋」、「䕮」、「藲」三字，知《廣均》「藲」乃「䕮」或「䔋」之訛。以字形論之，當爲「䔋」。蓋《切韻》以「菹」、「䔋」通用而同之。「䕮」訛作「䔋」，而宋人校《説文》者又承《切韻》之誤也。今删此而存血部二文，以復《説文》之舊。「䕮」，或體從「缶」。鄭氏所謂「作醢塗置瓶中，百日則成」之義也。此則桂馥云「既從『皿』矣，或又從『缶』，缶非皿乎」。蘭更按：「菹」或從「皿」，尚合本書重文之例。「䔋」或從「缶」，則爲「菹」之或文乎？爲「䕮」之或文乎？其爲血部誤衍於此，決無可疑。或更欲爲塗附，非所願聞矣。

荃 芥腌也。從艸，全聲。（初劣切）

【校勘】各本作「芥脃」，鈕云：「《繫傳》、《均會》『脃』作『肥』是也。」段注：「芥脃者，謂芥齏鬆脃可口。」蘭按：段說非說解之例。《句讀》曰：「脃，當作荃。《說文》本無『脃』字（說見《釋例》十四，其說極是）。」蘭按：王說亦未是也。錢抄本小徐作「芥肥也」，《字典》引《說文》同（殆出《均會》），本書亦無「肥」，《集均》「腌」或作「肥」。按腌義與菹相近，作「腌」是也，作「肥」是唐宋閒人別寫耳。校者不識，乃妄改作「脃」耳，今訂正。《六書故》引鼂說之曰：「芥脃（此亦誤，鼂亦不識『肥』耳）之荃，當從唐本『初劣切』。」

【集解】本書：「⿱竹熏，讀若以芥爲齏，名曰芥荃也。」

䔳 韭鬱也。從艸，酤聲。

【集解】《廣疋》：「䔳，菹也。」《蒼頡解故》：「䔳，酢，菹也。」蘭按：許說則謂即《周禮》「韭菹」也。段注。王毌山曰：「鬱幽其韭而成之。」

蘫 瓜菹也。從艸，濫聲。

【校勘】各本篆作「藍」，解作「監聲」。《繫傳》次立按：「前已有『藍』，注云『染青艸也』，此文當從『艸』、『濫』聲，傳寫之誤也。」李燾本注云：「《類篇》、《集均》均從『艸』從『水』。」蘭按：《唐均》卌二闞引「蘫，瓜菹」，《廣均》五十四闞、《類篇》、《集均》廿三談引「蘫，瓜葅也」，據正。《玉篇》「蘫」訓同。

【集解】《廣疋》：「蘫，菹也。」《詩・信南山》：「疆埸有瓜，是剝是菹。」傳：「剝瓜爲菹也。」箋：「剝削淹漬以爲菹。」「濫聲」者，《句讀》：「《內則》……下文。」蘭按：《釋名》：「桃濫，水漬而藏之，其味濫濫然酢也。」又曰：「桃諸，藏桃也，諸儲也。藏以爲儲，待給冬月用之也。」可證王說。

 菹也。從艸，泜聲。

【校勘】《篇》訓同。大徐篆作「」。

【集解】《廣疋》：「⿱艹泜，菹也。」

 ⿱艹泜，或從皿。

【校勘】各本有「皿，器也」三字（錢、顧本小徐無「也」字），校語也，今删。《篇》、《均》：「⿱泜皿，同⿱艹泜。」

 乾梅之屬。從艸，橑聲。《周禮》曰：「饋食之籩，其實乾⿱艹橑。」後漢長沙王始煮艸爲⿱艹橑。

【校勘】《均會》引無「之」字。《五經文字》、《篇》、《均》「乾梅也」。桂云：「梅，當爲某。」嚴云：「『後漢』下十字當是校語，東漢人不自稱後漢也。」桂云：「『後漢』二字非許所稱，後人加之。」段云：「謂《周禮》之後，至漢長沙王始煮艸爲⿱艹橑，不用梅桃也。」《句讀》：「『後』字承……此也。」蘭按：二説未可定，姑並存之。

蘭按：「乾梅之屬」者，蘭甚疑之。《夏小正》：「五月煮梅。」傳：「爲豆實也。」豆實即籩實矣。《籩人》：「饋食之籩，有棗、栗、桃、乾⿱艹橑、榛實。」注：「乾⿱艹橑，乾梅也。有桃諸、梅諸，是其乾者。」賈疏謂：「桃謂濕桃。」蘭按：經云「乾⿱艹橑」，則桃是濕桃。鄭意亦同，故别之曰「是其乾者」也。濕桃者，《夏小正》「六月煮桃」。蘭按：煮桃與煮梅文同，然則《周禮》言「乾⿱艹橑」者，⿱艹橑是煮梅也。陸氏《詩疏》云：「煮而暴乾爲蘇（一作腊），可著羹、臛中。」《寰宇記》：「洪州貢梅煎。」皆其義。本書上文皆菹之事，下文乃煎之事，則亦不當「乾梅」可知。《玉篇》、《五經文字》之訓「乾梅」，蓋皆本鄭義而失之。本書又不知何人所改也。《蜀志》：「蜀人名梅爲⿱艹橑。」似亦未是。今無可是正，姑存其舊。

 ⿱艹潦，或從潦。

【校勘】《篇》、《均》無之。

⿱艹顡 煎茱萸也。從艸，顡聲。漢律：會稽獻⿱艹顡一斗。

【校勘】 宋本《均譜》篆作「□」，《玉篇》以「藙」爲正，「⿱艹顡」同「藙」。《唐均》：「藙，茱萸。」無「⿱艹顡」字。《廣均》引《説文》作「⿱艹顡」，「⿱艹顡」同「藙」。今未知孰是。「也」字各本無，《廣均》引「煎茱萸也」，據補。

【集解】 段注。

䔂 羹菜也。從艸，宰聲。

【校勘】《篇》、《均》訓同。

【集解】 段注。蘭按：皇侃書《急就章》「糟糠汁荸稾莝芻」，「荸」顔本作「滓」。

若 擇菜也。從艸，又聲。

【校勘】 各本篆作「□」，「又聲」作「右，右手也」。鈕云：「從艸、右，宋本作『從艸、左』（今孫、鮑本皆改作『右』）。」蘭按：錢抄小徐説解作「右」，《繫傳》則曰「故訓『左右手也』（刊本亦改『右』）」。蘭按：本當云「從艸、又」，校者注「右手也」三字耳。楷作「艻」，故或訛「左」也。若《説文》本作「右」，則「右」不訓手。故知作「右」非，今訂正。各本有「一曰杜若，香艸」，段云：「依《均會》，恐是鉉用鍇語增，今人又用鉉本改鍇本耳。」（「今」當作「後」，「改」當作「增」。）蘭按：《唐均》别出「若」，云「杜若，香艸」於「若」下。知校者用此文亂入《説文》也。「艾」無此義。

【發明】 陳詩庭曰（《證疑》）：「若木之『若』作『叒』，『艸』頭加『ナ』作『□』，『□』即『叒』字，故『若』聲同『叒』。何以從右手而列於艸部乎？案：『叒』籀文作『□』，『叒』即『𠕋』之側形，省之作『艸』，『□』即『口』字，『□』即『又』字，『□』亦『右』之側形。右，手口相助也。故從『艸』爲擇菜，而聲從『叒』省。」蘭按：陳説最謬，不足辨。王毌山曰（《句讀》補正卷二）：「疑與叒部『□』本是一字，小篆分爲二，許君即各爲之説。」又曰：「『□』本作『□』，『若』字蓋亦作『□』，即『□』重文加『口』者，如『𠧪』之象根形。是以《説文》之『叒木』，他書作『若木』，並非同音假借也。即其籀文『□』，亦當作『□』。是以

《玉篇》『叒』下有籀文『𠷏』，『若』下亦有籀文『𠷏』，足知『叒』、『若』之爲一字。蓋漢人猶多作『□』。是以八分『桑』字作『桒』，《隸辨》引二文無作『桑』者。《集均》、《類篇》『桑』古作『桒』，並足徵也。『□』變爲『卉』者，猶『艸』變『艹』，『𦬼』變『卉』，曲者直之也。若『又』字變爲『十』者，則『□』變『廾』之外無有也。《説文》收『若』於艸部，『從艸，右聲』，亦似誤。虫部『蠚』云『若省聲』，或當作『□』聲。《博古圖》『□』、『□』皆釋爲『若』。」蘭按：王識「□」字而未識「□」字也。散氏盤「□」，阮釋「若」，曰：「《説文》『若』字從『艸』從『右』，此作『艾』。『又』，古『右』字。」蘭按：阮説是也。金文數見「□」，吴清卿曰：「華之茂者，枝葉繁生，『春』字從此。後人以『若』爲『芓』，非。」龜文「□」，羅云：「象人舉手而跽足，乃象『諾』字，巽順之狀。（按：此説誤。龜文又有一形作『□』，明是□木字。）『擇菜』之義，非其朔矣。」蘭按：吴、羅皆以「□」混「□」，非也。龜文亦有「□」、「□」，羅云：「從『又』持斷艸，是『芻』也。散盤『□』與此同。古陶文『騶』從『□』，漢騶四朱小方錢亦作『□』，均尚存古文遺意矣。」蘭按：羅説非也。本書「芻」象包束艸之形，上林鼎作「□」是也。漢印「鄒」字所從有「□」、「□」、「□」、「□」諸體，「騶」所從有「□」、「□」、「□」、「□」諸體，正可見篆體之變，非「芻」字從「又」也。「□」、「□」二字當依阮氏釋「艾」。漢印有文「□」及「□勝」，舊釋「艾」字，非也。「艾」從「又」，不從「又」，有成□君印作「□」，與今本《説文》篆略同（「□」、「□」異），從「□」從「□」通也。

【發明】「擇菜也」者，《芣苢》「薄言有之」，作「有」，傳曰：「藏之也。」蘭按：《芣苢》首章言「采」，言「有」，次章言「掇」、「捋」，三章言「袺」、「襭」，毛傳：「采，取也。掇，拾也。捋，取也。袺，執衽也。扱衽曰襭。」蘭按：次章方言拾取，三章則襭取以歸，而首章一采之後即使藏之，無乃太速乎？且藏之何所，藏於手中乎？蓋當以許云「擇菜」爲正（疑毛傳「藏」字或有譌）。《廣疋》云：「有，取也。」《家語》弟子有若字子有。「艾」引申爲擇義，段氏引《晉語》秦穆公曰：「夫晉國之亂，吾誰使先？若夫二公子而立之，以爲朝夕之急。」段曰：「此謂使誰先，擇二公子而立之。『若』正訓『擇』。」蘭按：《廣均》十八藥：「若，姓，魯人也。」此蓋有子之後也。漢印有「艾勝」，漢有下邳相若章。

「又聲」者，字或從「右」。「又」、「右」古通。《篇》、《均》又出「着，艸也」，疑亦「艾」之異文。《玉篇》艸部無「艾」，「若」下云：「如灼切，杜若，香艸。又如也。汝也。𠷏，籀文。」《廣均》：「如也。順也（二義《唐均》同）。汝也。辭也。又杜若，香艸（此義《唐均》別出『若』字）。而灼切。」蘭按：「□」之亂「□」，蓋始於六朝乎！「□」字，《詩》、《廣疋》作「有」，故知從「又」

聲，乃得與「有」通叚也。字或作「若」。凡《篇》、《均》所出「若」字之音義則皆當作「□」也［顧亭林説古讀「若」爲「汝」。蘭按：《儀禮》注：「今文若爲如。」「若」皆當作「□」、「□」。金文「王□曰」或作「□」，猶王如曰也。《易》《釋文》：「古文若作□。」（今本多訛。）此「辭」義也。「順」義，則本作「諾」，借用「若」字」。蓋田羣碑「養善□春陽」，字猶未誤（斷下爲「又」，已小誤）。而隸書大都變爲「若」字，遂與「艾」之或字「□」相亂。《説文》「□」、「□」傳寫既訛爲「□」、「□」（叒木之字古書皆作「若」，可證隸變「□」爲「若」），而從「□」聲者「□」（以聲知當從「□」）、「□」（此字見石鼓）、「□」（訓云「不順」，即「諾」之反義。叔孫婼，《公羊》作「舍」，亦「□」聲之證）三字。「□」聲者，「□」一字（金文尚有「□」字）。《説文》皆從隸訛作「□」，校者又改「艾」爲「□」以合之。於是「艾」義既昧，其音亦挩。「□」形既失，「□」形亦亡，獨一「若」字兼據衆義，冒「□」之聲，舛訛相承，豈復有能正之者乎？凡此皆非許君訓「艾」爲擇菜之義，無怪數千年無通擇菜之義者。今庶幾明白，著定之。（本書禾部説解兩見「若」字，亦「□」之變。）

【眉批】蘭按：杜撰「□」字。

蘭按：散盤之義，或當爲藏。

杜若之字，蓋亦以「□」爲之。

□　蒲秀也。從艸，專聲。

【校勘】各本「秀」作「叢」，依《均譜》改。《廣均》訓同，與《廣疋》合。然「秀」當作「莠」，且在此非次也，疑非許書原文。《類篇》：「艸叢生皃。」亦非。小徐挩「聲」字。

【集解】《廣疋》：「蒲穗謂之蓴。」

□　以艸補缺。從艸，因聲。讀若俠。

【校勘】顧本改「缺」爲「闕」，非。《廣均》：「艸補缺。」「俠」，大徐各本作「陸」，李燾同，毛剜爲空白，未改。各本「俠」下有「或以爲綴」四字。《玉篇》：「艸補缺，或爲綴。」蘭按：此以《玉篇》語亂入《説文》也。《玉篇》本當云「或以爲綴字，在叕部」，張本經刪節也。各本「綴」下又有「一曰約空也」五字，亦展轉傳誤，衍入《説文》。「約」謂繩縮之「縮」，與「茵」通。然與「補缺」義近，徐楚金則謬説也。今並刪九字。

【集解】《廣疋》：「茵，補也。」茵，或誤「箇」。《玉篇》：「以竹補缺也。」「讀若俠」者，《廣疋》「補也」義内皆是綴補鞋履破敗之事。《方言》：「俠斯，敗也。南楚凡人貧衣被醜敝，或謂之挾斯。器物敝亦謂之挾斯。」《廣疋》：「挾斯，敗也。」蘭按：「斯」是語辭也。敗而後補，其義相近，《玉篇》以爲或「綴」字。「茵」、「綴」音同。《廣疋》：「綴，連也。」蓋皆引申之義（嚴、鈕以爲「因」讀若「導」，與「陸」音近。段以爲「俠」、「綴」皆是讀若，非）。

蓴　叢艸也。從艸，尊聲。

【校勘】《玉篇》本：「蓴，艸叢生。」《廣均》：「艸叢生皃。」蘭按：在此非次，可疑。

【集解】《廣疋》：「蓴，聚也。」《句讀》。

【眉批】△

莜　艸田器也。從艸，攸聲。《論語》曰：「以杖荷莜。」是也。

【校勘】各本無「也」，唐本《唐均》卅四嘯引首句，同。云：「又音苕。」《論語》疏十八引「芸田器也。」《均會》十八嘯引作「芸田器」，作「芸」。《論語》「荷蓧」與「芸」兩事也。耘用耒，此器名也，故知其非。依補「也」字。「攸聲」，各本作「條省聲」。段云：「淺人所改，『條』亦『攸』聲也。」蘭按：校者見《論語》作「蓧」，臆爲「條省聲」，而加「今作蓧」三字於末也。今正。引《論語》「莜」，錢本、朱本、竹君本皆誤「蓧」。大徐末有「今作蓧」三字，是校語，今刪。「是也」，依例補。王云：「荷，當作何。」」

【集解】「艸田器也。從攸聲」者，「艸」疑衍字。「攸聲」者，《唐均》引「又音苕」，《廣均》同。而「苕」聲内《唐均》、《廣均》皆但有「⿷匸攸」字，知「⿷匸攸」、「莜」一字也。「⿷匸攸」、「莜」同從「攸」聲。匸部：「⿷匸攸，川田器也。」從「匸」者，重文多從「竹」，故字或借「蓧」也。然則「莜」、「⿷匸攸」當類聚而訓爲「田器」。田器者，《廣均》十八錫所謂「蓧，盛種器」是也。蓋《玉篇》分之，而後人遂歧出也。此字與次序不合，「茵」、「革」、「苴」、「䕻」皆草爲衣履之名，「蕢」始爲艸器名，而匚部則甚整齊，且與《篇》次同，知此字當移爲「匧」之重文，而删「草」字，無可疑也（既歧出，或乃加「艸」耳。其誤已始於唐）。「《論語》……」者，《釋文》：「蓧，本又作『條』，又作『莜』。」包注曰：「竹器名也。」按「竹」是字訛。《孔子世家》注引包注作「艸」。《玉篇》引《論語》作「莜」，云：「艸器名。」亦本包也。蓋「莜」字變從「竹」，而或改注文就之。《義疏》本作「篠」。

 雨衣。一曰衰。從艸，卑聲。一曰萆歷，似烏韭。

【校勘】「衰」，毛作「衰」，小徐作「蓑」，非。各本「衰」下有「衣」字。《玉篇》：「雨衣，一曰蓑。」據删。與「衰」下轉相訓也。「歷」，大徐、《集均》引作「藨」，非。蘭疑此一曰義，非原文。

【集解】《廣疋》：「萆，謂之衰。」《句讀》：「衣部……衣也。」「一曰萆歷……」，《句讀》：「即萆荔……本譌。」段注：「烏非……四五寸。」

萛　删。

【校勘】《句讀》。各本有此篆，「艸也。從艸，是聲」。小徐無「聲」字。蘭按：《句讀》說是。宋本《均譜》「芪」、「萛」並「市支反」，並訓「芪母」。《繫傳》「芪」下云：「按《本艸》芪母即知母之一名也。」「萛」下云：「臣鍇按：即今之知母。」然則小徐本「萛」注原作「芪母艸也」可知。《繫傳》音「芪」、「萛」皆「是支反」亦可證本爲一字。「氏」、「是」一字，故《說文》作「芪」。《字林》重出「萛」，知非《說文》本有重文「萛」者，以羼次於此。而《均譜》不云「萛」同「芪」，又各訓爲「芪母也」，羼廁之跡本甚顯著，而今本又挩注文「芪母」二字，遂若二字。可見校古書之難也。今删。《玉篇》「萛」訓同《字林》。《字林》本訓「萛母艸也」，見余《字林校本》。

 履中薦。從艸，且聲。

【校勘】「薦」，各本作「艸」。《廣均》八語訓同。《玉篇》訓「履中薦」，據正。

【集解】本書：「屧，履中薦。」《句讀》：「《漢書》……以此爲之。」「且聲」者，且，薦也。

 艸履也。從艸，麤聲。

【校勘】《廣均》引首句。《玉篇》訓同。

【集解】段注。

 艸器也。從艸，貴聲。

【校勘】《論語》疏十四引「艸器」。《篇》、《均》訓同。

【集解】《論語》：「未成一蕢。」包注：「土籠也。」《漢書・何武王嘉師丹傳》注：「織艸爲器，所以盛土也。」《王莽傳》：「咸在一匱。」借「匱」爲之。注同。段注。蘭按：今俗畚人履大曰似土□（此字音「若」。「𡍮」蓋即「蕢」也，多用以盛土，未得其字之形），知《孟子》之喻本於時俗所言也。

 古文蕢，象形。《論語》曰：「有荷臾而過孔氏之門。」是也。

【校勘】各本篆作「」，非。宋本、李本《均譜》、《五音均譜》作「」，依小篆及「貴」字、「寅」字、「遺」字從「」、金文「遺」字正。《均會》引作「臾」。《廣均》「臾」同「蕢」。《玉篇》此文不知在何部，未檢得（鈕云：「《玉篇》、《廣均》同。」蘭惟見臼部有「臾」，云古文「坤」）。引《論語》「臾」字，小徐作「蕢」。「門」下王補「者」字，非也。今《論語》雖有「者」字，《後漢書・逸民傳》注引作「首」字，或許據本無「者」字也。「荷」，當作「何」。「者也」二字，今補。

【集解】「象形」者，「」是兩手形，「」象器形。引《論語》者，《憲問》文。何注：「艸器名。」今本作「蕢」，古本作「簣」。「孔氏」，古本、足利本作「孔子」。

蔓　删。

【校勘】各本有此篆，解曰：「覆也。從艸，侵省聲。」《玉篇》引首句。《廣均》訓同。小徐作「艸覆地」。蘭按：此字後人亂入也。曰「侵省聲」，而下文則有「蓡」字矣。不省之謂何？一也。曰「覆」曰「艸覆地」，而上下文皆器也。二也。《玉篇》「蔓」廁部末，爲宋人所增。而「蘦」下有「蔕」，云「俗帚」字，知後人以俗字亂入《說文》也。三也。今删。

　車中重席也。從艸，因聲。

【校勘】各本無「中」字、「也」字，《廣韻》、《均會》引「車重席也」，元應書三、廿一引「車中重席也」，據補。《玉篇》：「鞇，車中重席。」

【集解】《句讀》：「漢……著也。」

　司馬相如說，茵從革。

【校勘】《玉篇》：「鞇，亦作茵。」《廣均》：「同茵。」

【集解】《急就》：「鞇靯鞘鞲。」皇本作「茵茯薄杜」。蘭按：《急就》用《倉頡》正字，皇本是也。許引相如說者，以其異於《倉頡》也。所謂頗有出矣。《句讀》。

　刈艸也。象包束艸之形。

【校勘】各本篆作「」，獨錢抄本作「」，亦小誤。今依漢鼎正，說見「芻」下。《篇》、《均》引首句。《綢繆》《釋文》引「包」作「苞」，「艸」作「草」。《繫傳》、《韻會》「也象」誤「爲也」，錢抄本不誤。昭十三年《左傳》《釋文》引「割艸也」。《九經字樣》「刈草也。象包裹束艸形」。

【集解】《急就》注：「刈生艸也。」《句讀》。蘭按：似是刈取生艸曰芻。本是動字，故象包束也。王非。

 乾芻也。從艸，交聲。

【校勘】各本無「也」，《廣均》引「乾芻也」，據補。「聲」下各本有「一曰牛蔪艸」五字。《句讀》：「此句乃後人增也……亦後人增也。」蘭按：余注已删「蔪」矣。鈕氏云：「《繫傳》無『牛』字，『蔪』作『蘄』，譌。」蘭按：錢抄本與鈕引合，顧本則改合大徐矣（汪、馬本待檢）。大徐本非也。《玉篇》「茭」上爲「莝」字，訓「斬艸」，蓋舊本有，傳寫誤入「茭」下。引《説文》者（今本無引《説文》），校者輒取以補《説文》，後又誤於「斬」，增「艸」頭遂成。小徐本、大徐本則又爲校者附會《爾疋》而改之。今又以大徐改小徐矣。校讐之獘，至於斯乎！今删此句。

【集解】《繫傳》。蘭按：小徐以爲即芨艸，則非也。此但通名耳。《費誓》鄭注、《聲類》同許。

 亂稾也。從艸，步聲。

【校勘】各本作「亂艸」，宋本《均譜》作「艸也」，今依《廣均》正。《玉篇》：「牛馬艸，亂稾也。」

 斬艸也。從艸，坐聲。

【校勘】各本「艸」作「芻」，《篇》、《均》皆訓「斬艸」，據正。大徐次「茹」後，非。

【集解】本書：「鈇，莝斫刀也。」《夗央》：「摧之秣之。」傳：「摧，莝也。」箋：「摧，今莝字也。」《五經文字》：「莝，《小疋》借『摧』字爲『莝』字，其『莝』字見注。」蘭按：《繫傳》引《詩》曰「秣之剉之」，則此「莝」字豈第三章作「摧」、第四章本作「剉」邪？下叶「綏」字，則作「剉」爲得。《韓詩傳》「摧委也」，「委」即「萎」。

 飤馬也。從艸，如聲。

【校勘】《篇》、《均》（去聲九御）：「飯牛也。」

【集解】《方言》：「茹，食也。」

萎 食牛也。從艸，委聲。（於僞切）

【校勘】《玉篇》引首句，「於僞切」。《廣均》：「萎牛。」

【集解】《句讀》。

以穀萎馬置莝中。從艸，敕聲。

【校勘】《玉篇》：「以穀和艸萎馬也。」《廣均》麥均不收。顧本（彙函刊本、俟檢祁刻）篆從「束」，錢抄本、顧本（同上）說解「敕」作「敕」，非。小徐「萎」作「餧」，非。「莝」，宋本《均譜》誤「莖」。

蠶薄也。從艸，𠚕聲。

【校勘】各本誤「曲聲」。《玉篇》：「養蠶器也。」《廣均》：「蠶薄。」並作「曲」。

【集解】《廣均》引《漢書・周勃》「織薄苗」（徐鍇亦引「苗」作「曲」）。今作「曲」。韋昭曰：「北方謂薄爲曲。」《豳風》傳：「豫蓄萑葦，可以爲曲也。」《月令》「具曲植籧筐」，注：「曲，薄也。」《方言》：「薄，宋衛陳楚江淮之間謂之苗。」許君《淮南》：「葦薄爲曲。」蘭按：曲部或說「曲，蠶薄也」。苟非此是「曲」重文或後增字，即彼說因此而增也。俟更考。

蔟 蠶蓐也。從艸，族聲。

【校勘】各本「蠶」上有「行」字，《玉篇》「巢也（依《周禮》說），亦蠶蓐也」，殆「亦」誤爲「行」，校者以增入《說文》也。刪之。著此說以俟考。《廣均》：「蠶蔟。」

【集解】本書：「蓐，蔟也。」《古文苑・元后誄》注：「蔟，竹器，以茅籍之，承老蠶作繭。」按引申有「巢」義，見《周禮》。

 束薪而灼之（舊注：謂大燭也）。從艸，巨聲。

【校勘】各本作「束葦燒」，《均會》引「束葦燒也」，《後漢·甫嵩傳》注引作「束葦燒之」，慧苑書一引「束薪而灼之，謂大燭也」。今依慧引，别次句爲舊注。

【集解】

 艸薪也。從艸，堯聲。

【校勘】各本無「艸」字，《左》昭十三年《正義》、《板》《正義》引首句，同。《板》《釋文》、《長楊賦》注、《字典》引「草薪也」，《玉篇》訓同，據補。

【集解】嚴云：「以别於楸、梡、梱之爲木薪。」桂引《漢書·賈山傳》、《楊雄傳》注並云：「艸薪。」

 蕘也。從艸，新聲。

【校勘】《板》《正義》引首句。

【集解】《句讀》。「新聲」者，新取木也。蘭按：新，動字。薪，静字。

 析麻中榦也。從艸，烝聲。

【校勘】「析」，各本訛「折」，依《廣均》十六蒸、《增均》、《類篇》引首句改。

【集解】段注。《句讀》。蘭按：桂云「去粗留細以束薪」，桂蓋不知麻幹何用也。

 蒸，或省火。

【校勘】段注。蘭按：如其説，則當爲「丞」聲。然張參則但作「蒸也」，存疑。《廣均》引《説文》同「蒸」。《玉篇》同「蒸」。

王毌山《繫傳校録》云：「『蒸』、『筥』下云：『蒸省聲』。不云『蒸聲』，恐此篆係後人附益。」

 生枲也。從艸，焦聲。

【校勘】《玉篇》：「蕉，生枲，未漚也。」《廣均》：「蕉，生枲也。」

【集解】《句讀》。蘭按：南方艸木狀甘蕉，一名芭蕉，或曰芭苴，莖解散爲絲，可紡績爲絺綌。蘭按：芭蕉之名起於後代，蓋因績之如麻，故遂名之曰蕉也。原本《玉篇》糸部：「蕉，子堯反，《字書》亦蕉字也。蕉，生枲，未漚也。在艸部。」

 糞也。從艸，胃省。

【校勘】《廣均》引首句。《玉篇》訓同。朱駿聲云：「《説文》『胃』亦聲，誤。」各本無之。《玉篇》別有「菁，艸也」。篆依大徐，顧本從「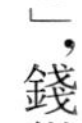」，錢從「」。

【集解】《句讀》。

 瘞也。從艸，貍聲。

【校勘】《篇》訓同。

【集解】本書：「瘞，幽薶也。」《釋天》：「祭地曰瘞薶。」《廣疋》：「薶，藏也。」《月令》：「掩骼埋胔。」《淮南》作「薶」。「從艸」者，徐鍇曰：「藏於艸下也。古之葬者，厚衣之以薪。」「貍聲」者，《大宗伯》：「貍沈。」蘭按：《吴語》：「狐埋之而狐搰之。」狐貍屬好埋也。

 喪藉也。從艸，侵聲。

【校勘】《字典》引作「喪藉艸也」。《玉篇》：「葠，猶苫也。草自藉也。」段注。蘭按：「蔓」蓋後人增，前已删之矣。《廣均》收「蔓」不收「葠」，「蔓」即「葠」之省。義亦相近。若本書次序，則「薶」、「葠」相次亦無可疑。惟《玉篇》、鉉、鍇皆音與

「苦」同，乃可疑耳。今經典皆同「苦」，而《廣疋》人蔆字則反用此。

 斷也。從斤斷艸。譚長説。

【校勘】《廣均》引首句，作「折」，錢抄本、宋本《均譜》篆作「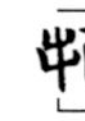」，並非。《玉篇》訓同。《説文》無「譚」，徐鉉説當作「鄿」。《九經字樣》引譚長説「從斤斷艸」。

【集解】《廣疋》：「㪿，分也。」《漢書・五行志》：「中木曰折。」「從斤……説」者，此許君博訪通人所記也。漢印折衝將軍、折衛將軍二印「㪿」作「」、「」。蓋漢篆聯「」作「」，此隸變所以從「手」也。故許君特入艸部而引譚説以正之也。《周禮》「折瘍」，劉昌宗本作「㪿」。師寰敦、虢季盤皆作「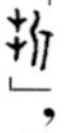」，毛公鼎作「」，古文具在，許君之功大矣。蘭以爲古蓋象形字。譚長者無考，《後漢・逸民傳》有譚賢，則字伯升。

 籒文折。從艸在仌中，仌寒故折。

【校勘】《玉篇》：「𣂺，同㪿，出《説文》。」《廣均》引又作「𣂺」。小徐作「㪿」。《釋例》十五：「『㪿』重文『𣂺』，説解以爲從『仌』，似非……從二耳。」

【集解】齊侯罍有「」字。《文子》：「冬冰可折。」段云：「《廣疋・釋器》『𣃚』字從此。」

 艸之總名也。從艸、屮。（《字林》虛謂反）

【校勘】《事類賦》引同。琳書一引首句（「艸」作「草」），作「從中從草」。《篇》、《均》（去聲）：「艸總名。」

【集解】《字林》：「草總名也。」《釋艸》：「卉，艸。」注：「百艸總名也。」《方言》：「卉，艸也。」

 遠荒也。從艸，九聲。《詩》曰：「至于艽野。」是也。

【校勘】篆依宋本《均譜》，各本從「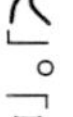」。「是也」二字，例增。《玉篇》引《詩》「至于艽野」，「遠荒之野曰艽」。

【集解】《埤蒼》同。《小明》傳：「艽野，遠荒之地。」

蒜　葷菜也（一本云：菜之美者，雲夢之葷菜）。從艸，祘聲。

【校勘】各本「葷菜」，錢本「菜」訛「菓」。《齊民要術》三引「葷菜也」。《釋艸》《釋文》引「葷菜也。一本云：菜之美者，雲夢之葷菜。」疏及《離騷艸木疏》引同作「一云」。《蜀本艸》引同，無「一本云」及末「菜」字四字。《齊民要術》十引「菜之美者，雲夢之煮（《集均》『葷』字）菜」。《御覽》九百七十七引同，「煮」作「葷」。據補。蘭按：《説文》兩本之歧出，蓋自唐初已然。「雲夢之葷菜」者，今《吕氏》作「芹」（《齊民要術》引《吕氏》作「荁」。今《説文》亦有「荁」字，疑後人以《字林》亂入），似「芹」當作「芩」字也。《字林》「芩」音「吟」，「菜似蒜，生水中」，即《本艸拾遺》所謂「澤蒜」也。或《説文》本有「芩」字，與「蒜」相次，下有引「伊尹曰」云云，本有挩誤，乃入「蒜」下耳。蒜有生於山，有生原野，不能專主澤説也。存疑。《蜀本艸》邢疏引「雲夢」句下有「生山中者名蒚」一句，皆沿舊疏，非《説文》語。《篇》、《均》訓「葷菜也」。

【集解】《別録》有「蒜」有「葫」，陶云：「今人謂葫爲大蒜，蒜爲小蒜。」蘭按：《圖經》曰：「《説文》所謂葷菜乃今大蒜，其説非也。許自據《夏小正》卵篆言之耳。」

【發明】大徐各本「蒜」篆下有「左文五十三，重二。大篆從茻」十一字，小徐無。段注曰：「皆小篆從『艸』，大篆從『茻』。是以苹與蓱一物而不相屬……蒸與菆一物而不相屬，皆由此分別。」顧説略同，見鈕《校録》。又曰：「鉉本十一大字，斷非鑿空。」嚴云：「小徐無此條，他部亦無此例。（鈕亦云：『他部無此例，疑有訛。』）許君《敘》言『史籀箸大篆十五篇』，則大篆即籀文也。乃左文『蓬』，籀文省作『莑』。從『茻』之言，竟不復驗。他部字次以類相聚，審觀左文則『卉』篆前都有此類，顯非原次，此條必校者所加也。議刪。」蘭按：嚴説是也。今所傳龜甲、金文、古文略具，凡從「屮」、「艸」、「木」、「林」、「茻」「𣡕」之字形多互通，以義近也。然則此不當獨舉五十五字，亦不當言大篆也。且《玉篇》、《五經文字》、《九經字樣》俱遵用《説文》而無一言及之，郭忠恕《汗簡》收采古文大篆至備，而不采一字，亦可知古本無此矣。「蒜」、「芥」義實相次，而横加分裂，則加者之妄，不言可知。而自來注家多受其愚，亦奇矣。《説文》本當以「卉」終部，而有「艽」、「蒜」以下數十字者，蓋以多本互校得之，故記部末。或爲《説文》古本而別本脱者，或爲後人所增，或爲篆體偶誤，説解分歧也。小徐

「芁」下有「蘇」、「芓」、「萁」三字，而大徐在前，蓋據别本移之也。「苗」、「莆」、「萑」仿此。然則其餘文如爲《説文》本有者，亦必本在前與同類字相次也。此十一字如非大徐所加，即五代人妄作，與宋儒説《乾》卦經傳别次爲孔子之謙，同爲不知區蓋者也。而段、王（《釋例・補篆》）因之杜撰五十餘大篆矣，豈不謬哉！今删。

芥　辛菜也。從艸，介聲。

【校勘】各本無「辛」字，《廣均》：「辛菜名。」（作「名」者，《説文》「也」字，他書多作「名」。）與《字林》合，據補。《篇》：「菜名。」《五經文字》次「苟」後「蕨」前。

【集解】《字林》同。蘭按：《急就》作「介」，顔本作「芥」。漢印有「芥」字。

蔥　葷菜也。從艸，悤聲。

【校勘】各本無「葷」字。《篇》、《均》：「葷菜也。」據補。《急就》作「葱」，《篇》云「俗」。《五經文字》作「葱」，《篇》、《均》同。《釋艸》疏引「菜名」。

藿　艸也。從艸，隺聲。《詩》曰：「食鬱及藿。」

【校勘】小徐無引《詩》。桂云：「鬱，當作鬰。」

【集解】《句讀》。

蕇　亭歴也。從艸，單聲。

【校勘】「亭」，錢抄本作「葶」。蘭按：上文所删之「蘄」，疑本當作此字也。彼訓義當在此下，此訓疑後人以《爾疋》爲之。此與「莛」義亦近。《本艸》：「葶歴，一名蕇蒿。」「莛」篆解云：「菜類蒿。」故陸德明曰：「蘄，古芹字也。」漢印□□州陽泃蕇督，「蕇」當是人姓。《通志》：「漢有弘農太守蘄良知。」「蕇」、「蘄」一字也，「蘄」當是隸變。更待博考。

苟 艸也。從艸，句聲。

【校勘】《五經文字》「苟」從「艸」下句，次「芥」前。

【集解】《急就》注同。《玉篇》：「菜也。」

蕨 鼈也。從艸，厥聲。

【校勘】《玉篇》：「菜也。」

【集解】毛《艸蟲》傳同。《句讀》。陸機疏。

莎 鎬侯也。從艸，沙聲。

【校勘】《篇》、《均》：「艸也。」

【集解】《司馬相如傳》張揖注同。《夏小正》：「縞緹。」傳：「縞也者，莎隋也。」《釋艸》：「薃侯，莎，其實媞。」郭注引《夏小正》傳。蘭按：侯，語餘詞也。諸家讀「侯莎」爲名者，誤。《漢書·地理志》清河郡「苃題縣」顔注：「古莎字，今訛作芯。」蘭按：「題」即「媞」、「緹」也。依「隋」解，則莎即藍蓼。

各本此有「蓱」字，今移「苹」下。

菫 刪。

【校勘】各本有此字，「艸也。根如薺，葉如細柳，蒸食之甘。從艸，堇聲」。掌禹錫引作「根如薺，葉如細柳，子如米，蒸灼食之甘滑」。蘭按：《玉篇》：「蓳，居隱切，草也。《説文》又巨巾切。黏土也。堇，同蓳。槿，木槿，朝生夕隕，可食。」《廣均》十九隱：「槿，木槿，櫬也。又名蕣，一曰朝華，一曰日及，亦曰王蒸，又曰赤堇。堇，菜也。《説文》作『蓳』。黏土也。又音芹。」《篇》、《均》並無「菫」字。蘭按：《詩》、《禮》、《爾疋》皆借「堇」，本書則作「菦」也。《周禮》《釋文》引「菦」音「謹」可證。

《爾疋》云：「芹，楚葵。」而又云：「蘮，苦堇。」郭注云：「今堇葵也。」則「芹」、「堇」一字。又云：「芨，堇艸。」「芹」、「堇」亦一字（見「藋」下）。二證也。本書「藋」下、「芨」下、「薢」下皆作「堇」，三證也。鈕云：「此注與上下文全不類，疑後人改。」蘭謂此即《爾疋》注，後人以亂入《説文》耳，以掌氏所引與《爾疋》注大同。掌往往據《爾疋》疏（此必是舊疏，孫、高所作者。以下證知之）引《説文》，故多以疏語爲《説文》。此必舊疏引《説文》（未知所引當爲何字解）後繼以郭注，掌不察，以爲《説文》也。今郭注有脱耳。四證也。「菦」省爲「芹」，而借「堇」爲之者，或變作「靳」；借「菫」爲之者，或變作「蘄」；皆「斤」爲聲也。知古借「堇」爲「菦」，則不當更有「堇」字，明矣。今删。

【眉批】石經、《釋文》皆作「堇」。

 菈也。從艸，非聲。

【校勘】《篇》、《均》：「菜名。」當依《玉篇》次「葑」、「蕵」間。

【集解】《釋草》孫注：「蘴類也。」蘭曰：詳「蘴」下。

 菲也。從艸，勿聲。

【校勘】當依《篇》次。

【集解】《釋艸》：「菲，菈。」又：「菲，葸菜。」某氏皆引《詩》「采菲采菲」，鄭君曰：「此二菜當蔓菁與蘴之類也。」

蘮　删。

【校勘】各本有此篆，「艸也。從艸，鷞聲」。按上已有「蘺」。「難」、「鷞」一字。《玉篇》：「蘮，同蘺。又呼旦切。草也。」《廣均》有「蘺」（平聲）無「蘮」，今删此存彼。

萑 薍也。從艸，萑聲。

【校勘】《篇》次「藘」、「薖」、「菼」下。「薖」、「菼」本書所無，知此亦非《説文》字也。

【集解】《碩人》傳：「菼，薍也。」陸機云：「至秋堅成則謂萑。」《漢書·鼂錯傳》、《貨殖傳》注：「薍也。」蘭按：《廣均》：「萑，萑葦。《易》亦作『萑』，俗作『雚』。」「雚」本自音「灌」，蓋謂《易》本有作「萑」也。然《易》《釋文》但作「萑」，引《廣疋》：「萑，薖也。」又按：皇本《急就章》「薪炭雚葦炊熟生」，顔本「雚」作「萑」。然則萑薍之「萑」字，古假萑鳥字爲之，無正字也。本書「蒹」、「葭」下兩見皆作「雚」，《韓詩》「雚葦淠淠」，《夏小正》「七月莠雚葦」，《穆天子傳》「休於深雚」，亦皆作「雚」。其他書傳則皆作「萑」。「葭」下云：「雚之初生也。一曰薍，一曰鵻。」蓋「雚」、「鵻」同是借字也。雚，水鳥；萑，鴟屬；同爲鳥類，故亦同用。且古音相近，《廣均》尼於今音，以「雚」爲俗，似非也。「鵻」亦鳥，故二名。《爾疋》：「蒹，蘼葭。蘆，菼薍。其萌灌渝。」許皆出正字（灌渝之「灌」，疑當作「雚」。蓋葦曰節，葭曰華曰荼也。「渝」即「荼」之借）。「雚」、「萑」、「鵻」亦九出正字矣，則不當更有「萑」字可知。蓋後人因「萑」與從艸之「萑」相雜，乃加「艸」爲「萑」以别之，因以增入《説文》耳。今删。《公食禮·記》：「萑席。」注：「今文萑爲莞。」本書：「芄蘭，莞也。」《爾疋》作「雚，芄蘭」。然則又借「萑」、「雚」爲「莞」也（本書：「莞，可爲席。」）。葭亂之一名萑，正如芄蘭之一名莞、萑、雚，此必無專字之一證也。《息夫躬傳》：「涕泣流兮萑蘭。」「萑蘭」即「芄蘭」也（今又作「紈」），則借「萑」爲「芄」也。古人字簡，往往以馬獸之名借爲艸木之名，故《爾疋》往往前後重出。大徐曰「艸木偏旁肆意增益」，則此類是矣。王毌山謂：「《詩》曰『蒹葭蒼蒼』，故許曰『蒹，萑之未秀者』。葭，葦之未秀者』。《詩》又曰『八月萑葦』，故許曰『葦，大葭也』，『萑』當曰『大葦也』。」蘭按：王説甚有思致。但不知「萑」是「萑」、「雚」，爲後起字耳（「其明」，《釋艸》許君當讀「其萌」爲句，别以「蘡灌渝」爲句，恐非）。然即此可證「萑」非許君所收，不然不應矛盾也。

【眉批】更按：《玉篇》「萑」下不出「萑葦」義，我説未能確定是否也。更俟考。我説通也。《五經文字》艹部：「萑，户官反，從『卄』下『萑』。今經或相承隸省草，作『萑』。」正似爲我説而發。

 大葭也。從艸，韋聲。

【校勘】慧琳書引至「聲」。《文選・檄吴將校部曲文》注引首句。《篇》訓同。《篇》次「莞」上，似當與「菼」、「薍」類聚。

【集解】「八月萑葦」，傳：「葭爲葦。」疏：「初生爲葭，長大爲蘆，成則名爲葦，小大之異名。」《夏小正》：「七月莠萑葦。」傳：「萑葦未莠則不爲萑葦，莠然後爲萑葦，故先言莠。」

 葦之未莠者。從艸，叚聲。

【校勘】《廣均》引首句。《答蘇武書》注：「笳，《説文》作葭。」（按《玉篇》引《蘇武書》「胡葭互動卷，蘆葉吹之也」，今作「笳」，李説或本此。）《篇》訓「葦未秀也」。各本作「秀」，今改「秀」爲「莠」，以復古本。小徐次「萊」下，非。

【集解】《夏小正》：「葦未秀爲蘆。」李巡注：「《釋艸》：『葭，葦初生。』」蘭按：以「蒹」、「菼」下推之，許蓋以初生爲蘆、未秀爲葭也。

 蔓華也。從艸，來聲。

【校勘】宋本《均譜》及《均會》引作「蔓艸也」。按《繫傳》引《釋艸》「釐，蔓華」，注：「未詳。」「釐」與「萊」音同，則小徐本作「華」也。然《篇》次「蔓」下，「藜艸也」。《廣均》訓同。似作「艸」爲是。今並存之。案：若以「蔓華」爲訓，則即是「舜」下之「蔓地連華」，上文之蓄、蕌、菲、芴也（今郭注有「一曰蒙華」，無「未詳」語，未知小徐何據）。前人以此當「北山有萊」，則非，傳、箋皆不用《疋》文也。若以「蔓艸」爲訓，則與《詩》之「萊」義近。俟更考。

 艸也。以蒲而小，根可爲㕞。從艸，劦聲。（音隸）

【校勘】「艸也」，《均會》引作「艸名」。「以」，各本作「似」，《西京賦》注引「艸，似蒲而小」。「爲」，各本作「作」。《玉篇》、《家訓・書證》引「似蒲而」句，作「爲」，《御覽》一千、《均會》八霽引皆作「爲」，據改。《御覽》七百十四、《類篇》引作「作」。段依

《家訓》正「㕞」爲「刷」。

【集解】段注。《司馬相如傳》注：「徐廣曰：茘，艸，似蒲。」蘭按：茘爲馬藺、馬大也。但似藺而大，實非藺也。

 王女也。從艸，冡聲。

【校勘】鮑本「王」作「玉」，非。《五經文字》「蒙」作「蒙」，訛；次序略同。《玉篇》次「菨」上，似非。

【集解】《釋艸》文，今本訛「玉」，唐石經、宋本、雪窗本皆不誤。錢大昕曰：「女蘿之大者名王女，猶王彗、王芻也。」《釋艸》又云：「唐蒙、女蘿。」舍人、尗然皆曰：「别三名。」「爰采唐矣」，傳：「唐蒙，菜名。」蘭疑本當作「唐蒙」也。

 艸也。從艸，氾聲。

【校勘】各本次「菩」下，今依《五經文字》正。《玉篇》次序同。小徐無「也」字。

【集解】「范」從「氾」聲，與「藻」相次，疑與上文「芝」爲一字也。《楚辭》：「氾崇蘭些。」注：「揺動皃也。」

 水艸也。從艸，澡聲。《詩》曰：「于以采藻。」是也。

【校勘】各本篆作「藻」，解「澡」作「從水巢聲」，小徐作「水巢聲」。蘭按：經傳皆作「藻」，鄭君曰：「藻之爲言澡也。」漢印亦作「藻」。然則「藻」當爲正字。許君説「蓱」曰「洴聲」，説「范」曰「氾聲」，又「璪」下曰「玉色，以水藻也」，然則許君當以「藻」爲正字也。《五經文字》先「藻」後「藻」，曰：「二同。並音早。」宋本《均譜》先「藻」後「藻」，知許君本以「藻」爲正字。後人亂之，而改爲「水巢聲」耳。今正。《玉篇》：「藻，同藻。」此今本所由出。《廣均》引「藻同藻」，已據今本。引《詩》小徐、《均會》皆作「藻」，此亦「藻」是正字之確證，大徐乃改作「藻」。「是也」，今增。

【集解】《采蘋》傳：「聚藻也。」「澡聲」者，箋云：「藻之爲言澡也。」

【眉批】《左傳》疏三引「水艸。從艸，從水，巢聲」。

 藻，或從水、巢聲也。

【校勘】各本作「藻，藻或從澡」，錢本、竹君本有「也」字，今意改爲此，説見上。然解説恐未是，俟更考。毛傳曰：「聚藻也。」似此爲毛本字，從「巢」，故訓「聚」。鄭則作「藻」也。

 王芻也。從艸，录聲。《詩》曰：「菉竹猗猗。」是也。

【校勘】小徐無「也」字。「是也」二字，補。

【集解】《釋艸》文。郭云：「菉，蓐也。今呼鴟脚莎。」《詩》疏引某氏作「鹿蓐」。《離騷》注：「菉，王芻也。」「《詩》曰……」者，《淇澳》文。《大學》引如此，今作「緑」。傳：「王芻也。」《韓詩》作「菉」。王逸引「終朝采菉」，今亦作「緑」。

 艸也。從艸，𣍘聲。

【校勘】「𣍘聲」，各本作「曹聲」。《篇》、《均》作「蓸」。《篇》次「苟」下「范」上。

 艸也。從艸，卤聲。

【校勘】《廣均》引首句。《玉篇》：「⿱艹逌，艸也。蓾，《説文》⿱艹逌。」

 艸也。從艸，佋聲。

【校勘】各本從「沼」聲。《玉篇》「蓾」下有「⿱艹佋」字，「市招切，草也」。《廣均》同。後別出「⿱艹沼，之少切，⿱艹沼子，藥」。《廣均》：「⿱艹沼子，艸。」蘭按：以《篇》次及大徐「胙焦切」、小徐「前焦反」校之，當從「佋」聲。今正（《廣均》平聲有「⿱艹沼，草名」，據今本《説文》）。然似即「邛有旨苕」之或字。

 艸也。從艸，吾聲。《楚詞》有「菩蕭艸」。

【校勘】《篇》、《均》：「艸，似艾。」

【集解】《方言》注：「呼荏爲菩。」蘭按：許意爲艾，與郭異。「《楚詞》……」者，段注。蘭按：《釋艸》：「萩蕭。」知「楸」、「蕭」通用。

 艸也。舊艸不芟，新艸又生曰艿。從艸，乃聲。

【校勘】各本無「舊艸」至「艿」二句。《玉篇》、《增均》並引「舊艸」二句。按《廣均》：「艿，艸名。謂陳根艸不芟，新艸又生，相因仍也。所謂燒火艿者也。」今姑依《廣均》並存二義。《玉篇》又出「芿，草芟陳者又生新者」（二字皆在部末）。

【集解】《列子・黃帝篇》：「藉芿燔林。」注：「艸不翦曰艿。」

 艸也。從艸，血聲。

【校勘】《玉篇》在後增字中，「草名」。《廣均》：「艸皃。」《類篇》：「地⿱艹血，蒨也。」蘭以爲「⿱艹血」即地血字，後人增。

 艸也。從艸，匋聲。

【校勘】《篇》、《均》：「蒲萄。」

 白苗嘉穀。從艸，己聲。《詩》曰：「維虋維芑。」

【校勘】各本無「《詩》曰」六字，依《均會》引補。《五經文字》：「芑，白苗嘉穀。」《玉篇》次「蕁」下。

【集解】《釋艸》：「芑，白苗。」注：「今之白梁粟，皆好穀。」《管子》：「其種蓼杞。」「《詩》曰……」者，「虋」作「穈」，傳：「芑，白苗也。」《采芑》傳：「草也。」「豐水有芑」，傳：「艸也。」

 水舄也。從艸，賣聲。詩曰：「言采其蕢。」是也。（其或反）

【校勘】「是也」二字，今補。「其或反」，見《詩》《釋文》。

【集解】段注。

 艸也。從艸，冬聲。

【校勘】《篇》、《均》訓同。函海本《均譜》：「苳冬艸。」《集均》：「苣苳，冬生。」

 薔虞蓼也。從艸，嗇聲。（音色）

【校勘】各本無「也」字，《釋艸》《釋文》引「虞蓼也。音色」，《均譜》「虞蓼」，皆無「薔」字，似是也。依「蓼」下則又當有「薔」字，今未能定，但補「也」字。《廣均》（入聲）：「薔，薔虞蓼。」

 艸也。從艸，召聲。

【校勘】《篇》訓同。《廣均》：「苕菜。」

【集解】《句讀》。

 艸也。從艸，𣏟聲。

【校勘】《篇》、《均》訓同。

 艸也。從艸，冒聲。

【校勘】《玉篇》訓同，在俗字中。鈕云：「《玉篇》無誤也。」《廣均》號部無此字，屋均訓「萺[艹習]菜」。此疑後人羼入。

茆　鳧葵也。從艸，卯聲。《詩》曰：「言采其茆。」是也。（音柳）

【校勘】各本作「茆」、「丣聲」，引《詩》亦作「茆」。惠棟曰：「《汗簡》《古文尚書》『缩』作『茆』。按『丣』爲古文『酉』，是『茆』即『莤』也。《説文》酉部有『莤』字，而艸部又有『茆』字，以爲『鳧葵』，此必『茆』字之誤。《周禮・醢人》有『茆菹』，《詩》『薄采其茆』，皆從『卯』。」桂未谷：「按《文選・籍田賦》：『思樂甸畿，薄采其茅。』《周禮・醢人》注：『鄭大夫讀「茆」爲「茅」。茅菹，茅初生。或曰茆，水艸。杜子春讀「茆」爲「卯」。玄謂茆，鳧葵也。』」蘭按：《説文》「莤」字斷不複出，先儒讀「卯」、「茅」，則從「卯」顯然。又《漢書・律曆志》曰：「冒茆於卯。」更一鐵證也。《詩》《釋文》音「卯」，徐音「柳」，韋昭「萌藻反」。「柳」亦從「卯」，雖音異，然非從「酉」也。段氏反以「茆」爲俗，非也。今依《均會》引正。《增均》：「茆，莫飽切。本作『茆』，從寅卯之『卯』。」《玉篇》：「茆，鳧葵也。《詩》曰：『言采其茆。』茆，出《説文》。」鈕云：「引《詩》同《説文》，其重文疑後人增。」蘭按：《廣均》卅一巧：「茆，鳧葵。《説文》作茆。音柳。」亦宋人所增。《均會》引「言」作「薄」，非。「是也」二字，今增。

【集解】「鳧葵也」者，《釋艸》文。見《文選・南都賦》注及《後漢書・馬融傳》注，今本脱。《句讀》：「《廣疋》……失之。」「《詩》曰……」者，《泮水》文。「言」，今作「薄」。傳：「鳧葵也。」干寶曰：「今之鳧䳭草堪爲菹，江東有之。」何承天曰：「此菜出東海，堪爲菹醬也。」鄭小同云：「江南人名之蓴菜，生陂澤中。」

荼　苦菜也。從艸，余聲。

【校勘】「菜」，各本作「荼」。《釋艸》：「荼，苦菜。」《釋文》：「音徒。《説文》同。」蓋陸所據《釋文》作「菜」字也。《玉篇》：「荼，苦菜也。」下引《爾疋》「檟，苦荼」及注，則上義亦本《説文》。《廣均》：「荼，苦菜。」據正。

【集解】《釋艸》文。郭云：「『誰謂荼苦』，苦菜，可食。」按毛傳亦同。《采苦》傳：「苦，苦菜也。」《月令》：「苦菜秀。」《章句》：「苦，蕒也。」按即今苦苣。

蘩　白蒿也。從艸，緐聲。

【校勘】《篇》訓同。孫本、毛本「緐聲」作「繁聲」。

【集解】《釋艸》：「蘩，皤蒿。」郭注同。又云：「蘩之醜秋爲蒿。」（蓋初生爲白蒿，老則青。）又曰：「蘩，由胡。」郭云：「未詳。」按「蘩，由胡」者，出《夏小正》。傳曰：「由胡者，蘩母也。蘩母者，旁勃也。皆豆實也。」按豆實者，菹實也。陸機云：「蘩，皤蒿，今白蒿是也。一名游胡，北海人謂之旁勃。郭氏疏矣。」「緐聲」，《儀禮》「采緐」用「緐」字。

蒿　菣也。從艸，高聲。

【校勘】《篇》訓同。

【集解】《釋艸》、《鹿鳴》傳文。陸云：「蒿，青蒿，荆豫之間、汝南、汝陰皆云菣也。」

蓬　蒿也。艸之不理者也。從艸，逢聲。

【校勘】各本無次句。《玉篇》：「蒿，艸也。」《廣均》訓「艸名」。《爾疋·釋艸》疏引「蓬，蒿也，艸之不理者也」。據補。

【集解】「蒿也」者，當連篆讀曰「蓬蒿也」。「蓬蒿」，經傳皆連言，此以蓬蒿申其名。《史記·老子傳》正義：「蓬，其狀若皤蒿，細葉，蔓生。」《七諫》注：「蓬，蒿也。」《爾疋》：「齧雕蓬，薦黍蓬。」注：「別蓬種類。」按《爾疋》與蒿類相次，蓋蓬亦蒿屬也。或以爲雕菰，似非。「草之不理者也」者，《召南》：「彼茁者蓬。」傳：「艸名也。」《荀子》：「蓬生麻中，不扶自植。」《説苑》：「秋蓬惡於根本而美於枝葉，秋風一起根且拔也。」蘭按：枝葉多而生不直，故曰「不理」也。

莑　籀文蓬。

【校勘】各本「蓬」下有「省」字，非。此當云：「從夆聲。」段欲改爲「古文」，則受五十三大篆之欺也。試思標題曰「古文五十三，重二」下曰「大篆從茻」，則此及「藻」（今本作「藻」）又皆有從「茻」之大篆矣，豈可通哉？

藜　艸也。從艸，黎聲。

【校勘】《繫傳》作「蔾」。《玉篇》訓「蒿類」。《廣均》訓「藜藋」。

【集解】段注。蘭按：此與「釐，蔓華」之一名萊蓏者不同。

蘬　薺實也。從艸，歸聲。

【校勘】小徐、錢本及鈕據本「實」上衍「食」字。

【集解】今《爾疋》作「紅，蘢古，其大者蘬荎，薺實」，許本無「荎」字也。《句讀》曰：「《本艸》陶注曰：『馬蓼生下溼地，其最大者名蘢鼓。』據此則『荎』乃衍字，今本又誤斷其句。」蘭按：玩郭注，似與許讀不異。舍人則讀「其大者蘬」爲句也。

葆　艸茂盛皃。從艸，保聲。

【校勘】各本無「茂」字，《廣均》訓同，依《篇》訓補。

【集解】《廣疋》：「葆葆，茂也。」《漢書・武五子傳》注：「艸叢生曰葆。」

蕃　艸茂也。從艸，番聲。（夫袁切）

【校勘】《西征賦》注引首句及音。

【集解】《坤・文言》：「艸木蕃。」《急就》注：「滋也。」

茸　艸茸茸皃。從艸，耳聲。

【校勘】首句，元應一引同，一引作「艸茸也」。「耳聲」，各本作「聰省聲」，依段改。

【集解】《句讀》：「《玉篇》……言同。」蘭按：《韓詩》「戎」即《說文》「茸」。《左傳》「尨茸」，《外傳》作「蒙茸」，《詩傳》作

「蒙戎」也。《倉頡》：「艸皃。」「耳聲」者，段云：「此以雙聲爲聲。」朱駿聲引或説：「耳之爲『禯』、『茸』，猶『戎』之爲『爾』、『汝』也。」

 艸多皃。從艸，隹聲。

【校勘】大徐次「蓷」下，非。「艸多皃」，《集均》、《均會》引同。《篇》、《均》均無此訓。《增均》：「萑，一名蓷，《説文》：『鬱也。』《韓詩》云：『茺蔚也。』」蘭按：《詩》作「蓷」，此所引皆「蓷」字。解今《説文》「蓷」下訓「萑」，後人以《爾疋》改也。「鬱」者，即陳藏器所謂鬱臭艸，非「萑」下義。桂、王據以補「萑」篆解，非。

 艸茂皃。從艸，津聲。《詩》曰：「葏葏者莪。」是也。

【校勘】鮑、毛本篆作「」，非。各本無「茂」字，《玉篇》訓「艸茂根」，「根」蓋「貌」之訛，據補「茂」字。各本無引《詩》，《義證》：「《集均》云：『《説文》引《詩》「葏葏者莪」，李舟説。』」桂曰：「舟所見本有引《詩》之文，今闕。」（按《字典》引《集均》「《詩》『菁菁者莪』，李舟説作『葏葏』」，段亦但引作「李舟説」，俟考《集均》。）據補。又補「是也」二字。

【集解】「艸茂也」者，《字林》同。「《詩》曰」者，今《詩》作「菁菁」，傳：「盛皃。」

 艸叢生皃。從艸，叢聲。

【校勘】「艸叢生皃」，毛、鮑本、明刻《五音均譜》作「藂」，《篇》、《均》宋本訓同，皆非。內府本《廣均》亦作「藂」。《釋魚》《釋文》引「草眾生也」。

【集解】《玉篇》：「俗作藂。」

 草斗（一曰様斗），櫟實也。從艸，早聲。

【校勘】小徐無「也」。各本「實也」下出「一曰象斗子」，汪本作「一曰象斗」，錢、顧本作「一曰橡斗」，《玉篇》引作「一曰

樣斗」。本書無「橡」有「樣」，今依《玉篇》，而別爲舊校語。《廣均》：「草，草斗，櫟子。」蘭按：大徐本本當有「櫟」字。

【集解】《大司徒》注：「司農曰：皁物柞栗之屬。今世間謂柞實爲皁斗。」《釋木》孫炎注：「櫟實，橡也。」《周禮·掌染艸》注：「染艸，藍蒨象斗之屬。」按此爲草，解則「草斗」爲長。

 麻蒸也。從艸，取聲。一曰蓐也。（阻留切）

【校勘】《西征賦》注引首句及切。《廣均》十八尤引首句、「一曰」句。毛本「麻」訛「蔴」。宋本、李本《均譜》：「麻莖。」《集均》：「枲，麻幹也。」

【集解】《西征賦》：「感市閭之菆井。」注：「即渭城賣麻蒸之市也。」《漢·五行志》：「或椒一枚。」注：「麻榦也。」「一曰」者，《廣雅》：「蓐謂之菆。」

 積也。從艸，畜聲。

【校勘】《篇》訓「蓄，積也」。宋本《均譜》：「菜也。」《唐均》：「蓄，冬菜。」

 推也。從日，從収，屯聲。

【校勘】篆各本作「」，《玉篇》：「萅，《説文》春。」非是。今正。「從日……聲」，各本作「從艸，從日，艸春時生也，屯聲」。《繫傳》曰：「春，陽也，故從『日』。屯，草生之難也，故云『亦聲』。」祁刻小徐本「屯聲」作「屯亦聲」，蓋用《繫傳》補之。《均會》引作「從日、艸、屯，屯亦聲」。蘭按：「艸」上當如今本有「從」字，今補。「艸」當作「収」，篆書「」、「」易誤，且唐人改之也。今正。小徐好説會意，實非許例。「屯亦」二字亦從删削。此字當依《玉篇》入日部（先出「從日」可證）。

【發明】「春」之訛從「艸」，二千年矣。而我得決然正之者，其證有六：「春」從「収」，故説解曰「推也」。今改從「艸」，而入艸部，且説之曰「草春時生也」，則與「屯」義便是重出，非造文之法。一也。《繫傳》説「從日，從屯」之故，而不説從「艸」者，證以《均會》，蓋小徐本從「収」，義易見，故不言耳。二也。薛氏《款識》商鐘「春」作「」、「」，楚王彝作「」，其二文

借「屯」爲之，其一字則從「日」從「」從「」。《奇字》引作「」，《逸古》引作「」，薛《識》別本則作「」。蓋傳摹皆異，然必從「」無疑。「從艸」者，古字「艸」、「屯」通也。三也。（《古籀補》「」下言「春從此」，吾幾受其愚。惟《六書統》作「春」字乃從此耳，豈可信哉？）李春私印「春」作「」，夏春作「」，《六書通》引名印作「」、「」，皆從「日」、從「収」、從「屯」省（印文或作「」、「」、「」。又從「収」省變）。四也。「」隸變作「春」，與「秦」、「泰」字同。凡從「収」之字，隸變並作「廾」、「大」、「丌」，而從「艸」則不能變。五也。《玉篇》日部有「春」，在《説文》次中，而艸部有「萶，雜也」，「春」若從「艸」，不得更施「艸」頭。六也。蓋唐人不知從「収」之義，見篆文似從「艸」，遂妄説之，以繫艸部耳。此必李陽冰等妄作，故小徐不從。小徐不信李，大徐甚尊之。函海本《均譜》「」下注「萶」，「春」既從「艸」，其誤固宜。

【眉批】當入日部。

當更檢秦漢篆及漢隸證之。

【發明】「推也。從日，從収」者，《考工記》注：「春作也」。《堯典》：「分命羲仲，宅嵎夷，曰暘谷。寅賓出日，平秩東作。日中星鳥，以殷中春。」蘭按：春道日出，故從「日」。春始東作，故從「収」。天子三推，諸侯五推，以及士庶人，故曰「推也」。耒耜推之，器也。種稑推之，事也。故四時惟「春」、「秋」有專字（「冬」古但作「夂」）。「秋」則從「禾」，言禾穀熟也。故列國史記古稱「春秋」者，記歲之豐歉也。記事者爲書也。孔子删述春秋，則自有義法在。吾於「春秋」二字，知古聖人之重農功，造字之具精義。「屯聲」者，《考工記》注、《尚書大傳》：「春，出也。」本書：「屯，象艸木之初生，屯然而難。出，象艸木益上出達也。」故或借從「出」、「艸」字。《廣疋》：「截，出也。」疑本作「萶」，後人不識，訛爲「截」耳。

凡四百二十六字

【校勘】大徐「文四百四十五」，小徐「文四百四十」。張次立云：「今文四百三十九。」案《説文》曰「文四百四十五」，補遺「莒」、「務」、「蒢」、「蘔」、「蓚」、「萃」六字，共文四百四十五。王念孫曰：「《繫傳》重出『茁』字，共文四百四十。次立遺去『茁』字，故但云三十九，不知實四十也。若再加六篆，是四百四十六。」蘭按：依小徐本，今删「芝」、「蘸」、「蒋」、「蔞」（見「務」下）、「蘄」、「蒝」、「芹」、「荃」（此似爲重文）、「萶」、「𦯷」、「菥」、「菽」（見「葑」字條）、「蒠」、「蔓」、「董」、「蔦」、「菰」十七字，亦不重出「苗」，實得四百二十八字，又「蔿」字當入華部，「春」字當入日部，實得四百二十六字。

重二十七字

【校勘】大徐「重三十一」，小徐「重卅」。次立改「三十一」，云補遺「蕿」一字。蘭按：依大徐本今删「𤖨」（「莊」下文）、「菽」、「蕰」、「薀」、「折」五字，實廿六字，增「荃」字，實廿七字。

【眉批】凡字有可疑，及改易篆文，校正説解，各詳本條，不復出。本部次序，當以「卉」終，今皆亂之，未能全定也。

附文

《字典》所引不在今《説文》者，若無旁徵，今不録。如「蔐」字等是也。

藡

嚴《聲類》據《均會》引補（俟考）。蘭按：《字典》「荻」引《説文》：「萑也。蔐，同荻。」引《説文》作「藡」，當本《均會》。此疑是「拜商藋」（見「藋」下）「商」之訛字。

蓺

嚴《聲類》據《均會》引補（俟考）。又見「埶」下。

芝　蘸　蒋

三字，見本條。

蓩

見「蓩」下。

蘄 ⿱艹睆 芹

各見本條。

莕

見「荇」下。

蕛 菥

各見本條。

⿱艹致

見「菿」下。

⿱艹是 蔓 菫 ⿱艹鷏

見本條。

⿰爿⿱⺊巾 薇 薀 ⿱艹⿰缶昷

見本條。

菰

【校勘】各本有此篆：「艸多皃。從艸，狐聲。江夏平春有菰亭。」《篇》、《均》皆無，蓋既衍「菰」字，又字誤爲「菰」耳。故説解全同「菰」也。今删。

折

【校勘】各本「斳」下云：「折，篆文斳從手。」小徐《袪妄篇》以爲籀文。《句讀》曰：「此字當删……尤曉然可見。」蘭按：《九經字樣》、慧琳書皆云「隸省作折」，今依删。

芙

【校勘】新附：「芙蓉也。從艸，夫聲。」李本《均譜》、《篇》、《均》：「芙蓉。」《新附考》。

蓉

新附：「芙蓉也。從艸，容聲。」函海本《均譜》、《篇》、《均》：「芙蓉。」

蘧

新附：「艸也……遠聲。」鈕《考》。函海本《均譜》亦不録此字。《廣均》：「艸。又姓。《左傳》楚有蘧氏，代爲大夫。」

荀

新附：「艸也。從艸，旬聲。」鈕《考》。漢印有「荀」。（《山海經》：「青要之山有艸也，黄華白實，名曰荀艸。」郭《贊》：「荀艸，赤實，厥狀如蓑。」）

笮

新附：「越……作聲。」蘭按：此亦非説解之例。《新附考》。蘭按：笮者，竹索也。西南或循之以涉水，故號其人曰邛笮。笮橋者，以竹索爲橋，亦曰夷里橋，見《華陽國志》。

蓀

新附：「……聲。」鈕《考》。蘭按：《集均》或作「荃」。（蘇詩：「秋來霜露滿東園，蘆菔成兒芥有孫。」宋有「芥孫」之名，疑即芥荃也。）

蔬

新附：「……聲。」鈕《考》。蘭按：疏食爲粗米之食，與菜蔬字不同，鈕誤也。《廣均》：「菜蔬。」「蔬」本字當爲「蔌」。《詩》：「其蔌惟何？惟荀及蒲。」乃肴蔌字也。《易》作「餗」，《釋器》注作「茹」（菜茹之總名也），以聲假借「蔬」字爲之，鈕不知何也。

芊

新附：「……聲。」《廣均》：「艸盛。」鈕《考》。

茗

新附：「……聲。」《字典》引《玉篇》：「艸芽也。」鈕《考》。蘭按：鈕云「荼荈」，「荈」當是「孨」，非。

薌

新附：「……聲。」《廣均》訓同。《新附考》。

藏

新附：「……聲。」《廣均》：「隱也。匿也。」《新附考》。

蒇

【校勘】新附：「……未詳。」《廣均》：「備也。一曰去貨。」《新附考》。蘭按：僎，具也。聲義相近。此非説解例。

蘸

新附：「……未詳。」蘭按：今尚有此俗語。《新附考》。

莄

【校勘】函海本《均譜》。王校。

菍

又。又。

菘

又。又。

芜

又。又。

菲

又。又。

蒪

又。又。

蘭按：《字林》：「蒪，辛菜也。」

著 又。 又。

蘭按：宋本《均譜》：「箸，陟慮反。」後再出「箸，遲倨反」。今作「筯」。藥均内不出「箸」。荎藸字作「箸」。

附文四十三

蓐 陳艸復生也。從艸，辱聲。一曰蔟也。凡蓐之屬皆從蓐。

【校勘】首句小徐無「也」。《玉篇》、《廣均》並引首句及「一曰」句。内府本《廣均》引「蔟」作「族」。小徐及《篇》、《均》「艸」作「草」。《五經文字》：「陳草復生。」

【集解】《句讀》。

蓐 删。

【校勘】《篇》、《均》皆無，各本籀文「蓐」從「茻」。小徐「茻」下有同字。

薅 拔田艸也。從蓐，好省聲。

【校勘】大徐各本「拔去田艸也」。汪本、宋本《均譜》無「去」字。《良耜》《釋文》、《均會》引同。《玉篇》蓐部、《五經文字》訓同。元應書十一引作「除田艸」，《玉篇》「茠」下訓同。《廣均》訓「除田艸也」，錢本、朱本、顧本、鈕據本作「披田艸也」，「披」蓋譌字。《玉篇》艸部：「薅，同茠。出《說文》。」

【集解】本書：「槈，薅器也。」經傳或借「耨」爲之。《周禮·甸師》：「掌帥其屬而耕耨王藉。」注：「耨，芸芓也。」《王莽傳》：「每縣則薅。」

 薅，或從休。《詩》曰：「以茠荼蓼。」是也。

【校勘】各本在籀文後，依宋本《均譜》移轉。「以」，各本作「既」，王毌山云：「《良耜》《釋文》引《説文》『以茠荼蓼』，與《詩》同，據正。」《釋艸》《釋文》引「茠，或作薅」。蘭按：《玉篇》引《詩》在「薅」下，云：「或作茠。」「是也」，今補。

【集解】「《詩》曰……」者，《良耜》文。今作「薅」。郭璞引「荼」作「蒤」，亦作「茠」。

 籀文薅，省。

【校勘】《玉篇》：「⿱艹娠，籀文。」《廣均》無。蘭按：桂以爲當爲古文，又誤於大篆從「茻」之説也。朱駿聲曰：「『⿱艹娠』當訓『陳艸復生』，從『艸』、『娠』會意，别爲正篆。『蓐』當訓『拔去田艸』，從『寸』從『⿱艹娠』省會意，爲『薅』之籀文。『薅』從『寸』從『⿱艹娠』會意。『薅』、『蓐』二字相承互訛。」其説雖野，通存之爾。

凡二字　重二

【校勘】各本重三，今删「蓐」。

附文

蓐

見本條。

附字一

茻 衆艸也。從二艸。凡茻之屬皆從茻。讀與网同。

【校勘】元應書引「衆艸曰莽也」。《玉篇》、《廣均》引首句。「二艸」，各本作「四中」。蘭按：張參説「莽」曰「從犬在兩艸中」，説「葬」曰「上下從兩艸」，則唐本從「兩艸」。本部固承艸部，説解亦曰「象艸矣」。部中字皆從兩「艸」，「寒」字亦同，故知從「兩艸」是也。今正。「网」，朱本、鈕據本、錢本、顧本作「罔」。

【集解】顧野王《玉篇》引《楚辭》「夕攬州之宿茻」，注：「艸木冬生不死者，楚人謂之宿茻。」今《離騷》作「莽」。《元包經・坤卦》：「巟茻莫默。」《晉卦》：「埜茻茻。」「讀與网同」者，《句讀》。

莫 日冥也。從日在茻中，茻亦聲。（音慕）

【校勘】各本曰「日且冥也」。《廣均》宋本引同，明本（又鈕據本）「且」誤「旦」。按《唐均》卅鐸引「日冥也」，《九經字樣》「莫，日冥也」，知唐本皆無「且」字。本書：「昏，日冥也。」莫不得先於昏，知無「且」字是，據刪。「從日在茻中」，《廣均》引同，下云：「茻，音莽。」《唐均》引「從茻。音莽」。《臣工》疏引「日在茻（音莽）中爲莫」。《九經字樣》「從日在茻中。茻，音莽。」蘭按：諸引皆有「音莽」二字，或恐人不識「茻」，便取「茻」下音附之。或此注本有舊音，今因易見，不復據補。「茻亦聲」者，大徐無，《均會》引亦無，依小徐、《九經字樣》「茻亦聲」也。「音慕」，見《玉篇》。《廣均》引「模故切」。

【集解】《文王世子》：「及莫又至。」注：「莫，夕也。」《纂要》曰：「將落曰薄莫。」蘭按：薄，迫也。未暮故曰薄暮。莫之爲言宋嘆也，夕則宋莫，莫，冥昧也。不見有物，故引申爲無也。注家牽於將冥之説，誤矣。「茻亦聲」者，《楚辭》：「茻，讀莫補反。」（以部首爲聲，故曰「亦聲」。）

莽 南昌謂犬善逐兔於艸中爲莽。從犬，從茻，茻亦聲。

【校勘】宋本《均譜》：「莽，同茻。」《玉篇》次「茻」下，存此俟考（小徐本兩字音同）。各本無「於」字，「兔」作「菟」，依《廣均》、《玉篇》、元應書補正。小徐、《均會》亦作「兔」。

葬 臧也。從死在茻中。一，其中所以薦之。《易》曰：「古之葬者，厚衣之以薪。」茻亦聲。

【校勘】「臧也」，各本作「藏也」。《篇》、《均》訓同，今正。大徐無「茻亦聲」句，依小徐補（《均會》引□）。蘭按：當在引《易》上。

【集解】「臧也」者，《檀弓》文。經傳通訓爲「臧」。「從……薦之」者，死屍也。《春秋説題辭》：「葬，屍下臧也。」三體石經作「[illegible]」，到上「艸」，又從「爿」。爿者，裝也（《汗簡》引王庶子碑「[illegible]」，略同）。石經又作「[illegible]」（《汗簡》引石經作「[illegible]」），與《説文》略同。「《易》曰……」者，《繫辭》文。

凡四字

【校勘】各本文四。

十四部　六百七十二文　重八十　凡萬六百三十九字

【校勘】十四篇皆有此。小徐本有數卷，依上下卷析，亦有未析。此等皆非許君原文，存之以當餼羊。第二句文字一、二、五、八、九、十、十一、十二在句末，餘在句首。鍇本卷一爲二百七十四文，卷二爲四百六十五文，總七百三十九文（此當誤）。鈕云：「除『璵』字，實六百七十一文。」「重八十」者，宋本、毛初印本作「八十一」。毛剜改去「一」字，鍇本卷一重七十七，卷二重廿二，則有九十九文。鍇無末句。本在卷首，今移此。

【眉批】鍇云：「部數、字數仍舊題」。此類蓋後人改。

唐氏説文解字注卷四

【眉批】始於癸亥五月十八

 是也。從一，從止。凡正之屬皆從正。

【校勘】《篇》、《均》訓同。「從一，從止」，大徐本作「從止（段改『止』爲『一』，非），一以止」，今從鍇本。《繫傳》曰：「守一以止也。」疑鉉本因鍇語而誤。薛據《孔子集語》下引「孔子席不正不坐，割不正不食，席不正不坐，不飲盜泉之水，積正也」，疑此處挩文，待考。

【集解】「是也」者，《詩·鳲鳩》傳、又襄七年《左傳》：「正直爲正，正曲爲直。」「從一，從止」者，江沅曰：「一，所以止之也。如『乍』之止亡，『毋』之止姦，皆以『一』止之。」嚴云：「『一』即『上』字，一以止，猶言上達，非一、二、三之『一』也。觀重文足以明之。」蘭謹按：金文盂鼎作「」，鼀文作「」、「」。綜而觀之，「」者的也，「止」則足也。立的於前，行而赴之之謂「正」（止，向前之足），「正」即「征」之古文也。引申爲正鵠之「正」，「正」亦的也。江、嚴並非。（吴大澂謂「」象履，行必以正。説亦非。）

 古文正，從二。（「二」，古「上」字。）

【校勘】唐本《書》《釋文》引「𤴓」爲古文「正」字也。《玉篇》：「𤴓，古文。」小徐本「從二」下有「止」字。各本「二，古文上」作大字，嚴云「校語」，今據改。

 古文正。從一、足。（「足」，亦「止」也。）

【校勘】唐本《書》《釋文》引古文作「足」。《玉篇》：「足，古文。」「足亦止也」，大徐作「足者，亦止也」。各本作大字，今

改。桂云：「足，當爲疋。」説非。羅先生曰：「殆由『』而訛。」俟考。

《春秋傳》曰：「反正爲乏。」

【校勘】王曰：「此説義，説形之詞皆挩，但存引經也。」

【集解】蘭按：古文正反同字，此亦「正」字。「正」字亦有不正之義。迨後「正」既爲正義之專字，乃以此爲不正之義之專字。此爲會意也。借爲射禮拒矢之「乏」（因「正」爲射的而借）。《句讀》以「正」、「乏」爲象形，則誤甚矣。

凡二字，重二字。

直也。從日、正。凡是之屬皆從是。

【校勘】《篇》、《均》引首句。

【集解】「從日、正」者，段云：「《五經文字》『是』入曰部，則唐本從『曰』也，恐非。」蘭按：金文亦從「日」，段説是也。

籀文是，從古文正。

【校勘】《玉篇》：「昰，古文。」

是也。從是，韋聲。《春秋傳》曰：「犯五不韙。」

【校勘】蕭該《敘傳音義》引首句。《篇》、《均》訓同。

【集解】段注。「《春秋傳》……」者，隱十一年文。

愇　籀文韙，從心。

【校勘】蕭該《敘傳音義》引「愇，籀文韙」。

【集解】《句讀》。（曹大家以「愇」爲「違」。）

尟　是少也。尟俱存也。從是、少。賈侍中説。

【校勘】《篇》引二句。馮本《均譜》訓「少也」。慧琳書二引「從是，少聲也。」

【集解】《繫辭》：「故君子之道鮮矣。」「鮮」，鄭作「尟」，「少也」。又：「尟不及矣。」虞云：「尟，少也。」

凡三字，重二字。

辵　乍行乍止也。從彳，從止。凡辵之屬皆從辵。讀若《春秋公羊傳》曰：「辵階而走。」

【校勘】《篇》訓同。《唐均》廿九藥引「乍行乍止。從彳，止聲。凡辵之屬皆從辵」。《廣均》十八藥引作「乍行乍止。從彳，止聲」。嚴云：「作『止聲』非。」各本「春秋」上有「讀若」二字，段、桂云衍文，據刪。嚴云「辵階」當作「躇階」，非。今《公羊》作「躇」，乃「辵」之叚字，不當反讀若「躇」。嚴説因「讀若」二字而誤。

【集解】「乍行……從止」者，《句讀》：「許君……是也。」蘭謹案：《公食大夫禮》：「賓栗階升。」注：「栗，實栗也，不拾級連步趨主國君，不拾級而下曰辵。」《公羊》何注曰：「躇，猶超遽，不暇以次。」何、鄭之義，辵者，一足在堂廉，一足越階次而至階下。以其一足先下，故以「辵」象先下一足之狀。「彡」，其脛；「止」，其足；象全足之形也。《廣疋》訓奔，奔者必一足提起，一足箸地，故衹象一足也。「春秋……」者，宣六年傳文。彼「辵」作「躇」。《釋文》云：「一本作辵。」

 步處也。從辵，亦聲。

【校勘】《玉篇》次「逹」後。

【集解】《莊子》云：「夫迹，履之所出，而迹豈履也？」《淮南・説山訓》：「足蹍地而爲迹。」「亦聲」者，朱云：「唐李陽冰云：『蔡中郎以「豊」同「豐」，李丞相持「朿」作「亦」，謂小篆「迹」字「狄」字改從「亦」省，皆謬誤也。』今隸於此（朱隸『朿』聲『趚』、『茦』字下）。」按朱説似未是，俟考（朱本段注）。

 或從足、責。

【校勘】《篇》、《均》以「蹟」爲別一字。《切均》十七昔：「跡，又作迹、積。」《唐均》十九昔：「跡，或作迹、蹟。」

【集解】《句讀》。

 籀文迹，從朿。

【校勘】《篇》、《均》：「速，籀文。」

【集解】段注。蘭按：段説是。但《説文》當有「䢱」字，惟從「速」不从「速」耳。段以爲孱入，則非。陸時不引《説文》而引《字林》，不足怪。惟音「素卜反」，則大誤。然《篇》、《均》皆然，其來固久矣。鈕引石鼓「□速速」以駁段氏，謂《釋獸》及鹿部並非後人改孱。然石鼓「速速」但狀鹿行，與鹿迹無關。下又云「麀鹿趚趚」，「趚趚」亦行皃也。鹿迹稱「速」全無意義，遠不如作「速」之安。斷從段説。

 無違也。從辵，羍聲。讀若害。

【校勘】《廣均》引同。《篇》在部末，訓「遠也」。桂、鈕皆疑「無」字衍文。

【集解】

 先道也。從辵，率聲。

【校勘】《篇》訓同。《唐均》五質引「先遵」。「遵」蓋「導」誤。《廣均》訓「先導」。

【集解】段注。

 遠行也。從辵，萬聲。

【校勘】《玉篇》、慧苑書一引首句。《唐均》訓「行也」。《廣均》訓「行也，遠也」。「萬聲」，大徐作「蠆省聲」，非。

【集解】《釋言》、毛傳：「邁，行也。」《小宛》：「我行斯邁。」

 邁，或從蠆。

【校勘】《玉篇》：「䢌，同上。」「或從蠆」，大徐本作「或不省」。

 延行皃。從辵，川聲。

【校勘】毛本作「視行皃」。顧本小徐、馮本《均譜》及《均會》引同。（按錢鈔作「延」。）《篇》、《均》十八諄引作「視行也」。

【集解】「延行皃」者，桂云：「延，當爲㢟。本書：『㢟，安步㢟㢟也。』《漢書·賈誼傳》：『遁巡不敢進。』『遁巡』即『逡巡』，猶遷㢟也。」「川聲」者，川猶順也。從「川」聲之字皆有安順之義，本或解作視行，非也。

 恭謹行也。從辵，𣪘聲。讀若九。

【校勘】《廣均》訓「也」作「皃」。次「逵」下。

【集解】

𨑃 步行也。從辵，土聲。

【校勘】《篇》、《均》訓同。

【集解】《易·賁·初九》：「舍車而徒。」

邎 行由徑也。從辵，䌛聲。

【校勘】各本「由」作「邎」，依馮《均譜》改。段注云：「當作『行徑也』，或作『行由徑也』。」按次説於馮《均譜》本合。

【集解】《論語》：「行不由徑。」蓋古文《論語》「由」作「邎」也。「邎」、「由」古今字。《方言》：「遥，疾行也。」《玉篇》：「邎，疾行也。」即本《方言》。《史記·弟子傳》：「顏無邎，字路。」

𨑥 正行也。從辵，正聲。

【校勘】

【集解】《孟子》：「征之爲言正也。」經典多作「征」。「從辵，正聲」者，《漢書·年表》「征和」皆作「𨑥和」。

征 𨑥，或從彳。

【校勘】《玉篇》云：「今作征。」似後人羼入。

隨 從也。從辵，隋聲。

【校勘】「從也」，大徐作「从也」，非。「隋聲」，大徐作「墮省聲」，非。《均》訓同。《篇》訓「隨從也」。

【集解】嚴云：「从部：『從，隨行也。』轉相訓。」

迊　行皃也。從辵，帀聲。

【校勘】汲古、鮑本作「迊」。段注。大徐無「也」。《切均》、《唐均》、《廣均》：「跡，行皃。」《唐均》亦作「趚」。《廣均》：「跋，同上。」《玉篇》「跡」訓「急行皃」。

【集解】《廣疋》：「迊，猝也。」《禮記・少儀》：「毋拔來。」《釋文》：「急疾也。」《史記・黥布傳》：「拔興之暴。」《索隱》：「疾也。」《後漢書・寇恂傳》注：「拔，猝也。」蘭謂皆「跡」之借字。

【眉批】當作「跡」，入足部，見下文「迊」注。

迋　往也。從辵，王聲。《春秋傳》曰：「子無我迋。」

【校勘】《篇》引首句。《均》訓同。

【集解】「迋」、「往」疊韻。《廣雅》同。襄廿八年《左傳》：「君使子展迋勞於車門之外。」「迋」，《五行志》作「往」。「春秋……」者，昭廿一年文。杜注：「迋，恐也。」按借爲「惶」。惶，恐也。

逝　往也。從辵，折聲。讀若誓。

【校勘】《篇》、《均》訓同。

【集解】《釋詁》、《方言》文。《方言》：「逝，秦晉語也。」

迌　往也。從辵，且聲。迌，齊語。

【校勘】《篇》、《均》訓「往也」。「迌，齊語」，《均會》引作「齊語曰迌」，在「從辵」上。

【集解】《釋詁》、《方言》文。「且聲」者，《溱洧》：「士曰既且。」傳：「且，往也。」省作「且」。「迌，齊語」者，《方言》：「徂，齊語也。」

徂　𨑥，或從彳。

【校勘】《玉篇》：「𨑥，與徂同。」《廣均》以「徂」爲正，「𨑥」同「徂」。

𨘋　籀文，從虘。

【校勘】小徐作「𨘋」，次「徂」上。《玉篇》：「𨘋，籀文。」

述　循也。從辵，术聲。

【校勘】《廣均》引首句。《篇》訓同。

【集解】「述」、「循」疊韻。《釋詁》：「遹，循也。」孫叔然曰：「遹，古述字。」「述」、「術」通。《詩》「報我不述」，本作「術」。即《沔水》「念我不蹟」也。《沔水》傳：「不蹟，不循道也。」《釋訓》：「不遹，不蹟也。」郭注：「不循軌跡也。」《釋文》：「遹，古述字。」按《釋訓》文釋「報我不述」也。

𨗈　籀文，從秫。

【校勘】《玉篇》：「𨗈，籀文。」

遵　循也。從辵，尊聲。

【校勘】《篇》、《均》訓同。（《玉篇》有古文作「遻」，待考。）

【集解】《釋詁》文。「遵」、「循」疊韻。

 之也。從辵，啻聲。適，宋魯語。

【校勘】「適，宋魯語」，《均會》引作「齊魯語也」，非。

【集解】《北門》、《緇衣》傳文。段注。「適，宋魯語」者，《方言》文。

 度也。從辵，咼聲。

【校勘】《篇》訓同。次「遵」上。

【集解】《廣雅・釋詁二》：「渡也。」段注。蘭按：過所引申爲愆、尤者，原於過不及之意。度越常情故謂之過。如《左》昭元年傳曰「過則爲菑」是也。段説鑿。

 習也。從辵，貫聲。

【校勘】《篇》訓同。（《廣均》卌諫有「慣」無「遦」。）

【集解】《句讀》。蘭按：《釋詁》《釋文》：「貫，本又作遦。」又按：「串」即「毌」之異文。又按：遦者，路之習孰也。

 遦也。從辵，賣聲。

【校勘】各本解作「媟𨘳也」。《玉篇》「𨘳」訓「遦也。易也。數也。亦爲『媟嬻』字」。《廣均》：「𨘳，遦也。」鈕樹玉曰：「『媟𨘳』字，並從『女』，『𨘳』注疑後人改。」蘭按：依原本《玉篇》之例，則當云「或爲『媟嬻』字，在女部」。是訓媟嬻者自以「嬻」字爲正，而「𨘳」不訓媟嬻可知。《篇》、《均》皆有「遦也」一訓，然經典相傳皆以「慣」爲「遦」，而《篇》、《均》此文皆作「遦」，則原出於《説文》可知也。又以本部次序推之，則「𨘳」次「遦」下，故訓「遦也」。於字義、篇例皆無不合也。今據《篇》、《均》改正。（「𡖖」、「遦」誤爲「𨘳」，後人見其與篆文相同，因加以「媟」字耳。）又按：《左傳》：「貫瀆鬼神。」或《玉篇》用其語而佚牘「遦也」二字。不然，何無訓遦之他證邪？然則作「遦也」亦未可確定，當存疑。

【集解】

 登也。從辵，閵省聲。

【校勘】《篇》、《均》訓同。

【集解】「閵省聲」者，《玉篇》古文作「𨘻」。

 就也。從辵，告聲。譚長說：造，上士也。

【校勘】

【集解】「造」、「就」疊韻。《廣疋》：「造，詣也。」《小爾疋·廣詁》：「造，適也。」《詩》：「小子有造。」「譚長說……」者，《句讀》。

 古文造，從舟。

【校勘】《爾疋》《釋文》、《廣均》三十二引「艁，古文『造』」。

【集解】《句讀》。

 逑，進也。從辵，俞聲。《周書》曰：「無敢昬逾。」

【校勘】《篇》訓「越也，進也」。《均》訓「越也」。

【集解】《句讀》。「《周書》……」者，《顧命》文。

 迨遝，行相及也。從辵，合聲。

【校勘】各本次「遝」下，訓「迨也」。「遝」訓「迨也」。按《說文》此等皆後人刪節。《篇》次「遝」上，訓「迨遝，行相及」。《切

均》同。《唐均》訓「合遝，行相及皃」。《廣均》訓「迨遝，行相及也」。據補正。説詳下。

【集解】「迨」、「遝」疊韻，猶沓合也。《廣均》：「沓，合也。眔，目相及也。譅諳，語相及也。迨遝，行相及也。」許君語例如此。古詩：「迨遝高飛莫安宿。」

迨遝也。從辵，眔聲。

【校勘】各本次「迨」上，訓「迨也」。《玉篇》次「迨」下，訓「迨遝也」。《切均》、《廣均》訓「迨遝」。《唐均》訓「合遝」。依正。按《繫傳》曰：「臣鍇按：《史記》曰：『魚鱗雜遝，熛至風起。』謂迨遝，並起也。」是鍇本《説文》本以「迨遝」連文，與《篇》、《均》所本同，故鍇云然也。不然引書爲「雜遝」，何爲以「迨遝」釋之乎？明今鍇本爲後改同鉉本，故與《篇》、《均》所本者異矣。

起也。從辵，作省聲。

【校勘】各本「起」上衍「迮迮」二字，依馮《均譜》刪。《篇》、《均》訓同。

【集解】《公羊傳》：「今若是迮而與季子國。」注：「迮，起也，倉卒意。」按經傳皆作「作」。《玉篇》曰：「迮，今爲作。」是迮起之字，「迮」爲正字。「作」疑當訓「爲」，今《説文》訓起，或非原本也。迫迮之義，則以「笮」爲正字。「作省聲」者，《句讀》云：「當云『乍聲』。」蘭按：或古文有「迮」字邪？待考。

这逪也。從辵，昔聲。

【校勘】「这」，各本訛「迹」。據馮《均譜》校正。《廣均》引「这錯也」。《唐均》卅鐸引「交逪也」。《玉篇》訓「这逪也」。小徐「逪」誤「道」。

【集解】段注：「《小疋》……一逪也。」按《文王世子》：「禮樂交錯於中。」本書：「轙，車籍交錯也。」《玉篇》：「这，今爲交。逪，今爲錯。」

往來數也。從辵，耑聲。《易》曰：「㠯事遄往。」是也。

【校勘】《均會》「㠯」作「已」。「是也」二字今補。

【集解】《釋詁》：「數也。」「《易》曰……」者，《易・損》作「已」。《釋文》：「本亦作以。」

疾也。從辵，束聲。

【校勘】《篇》、《均》訓同。

【集解】《釋詁》文。《方言》：「東齊海岱之間曰速。」

籀文，從敕。

【校勘】《篇》、《均》：「遬，籀文。」《廣均》先「遬」後「警」，與此序同。小徐本先「警」後「遬」。

【集解】段注。《方言》、《廣疋》：「遬，張也。」《管子》：「侈靡無源則遬竭。」《周語》「石遬」，《内傳》作「石速」。

古文，從敕，從言。

【校勘】小徐無下「從」字。《玉篇》：「古文速。」《廣均》：「警，古文。」次同。小徐次「遬」上。

【集解】《玉篇》：「言疾。」朱駿聲訂爲「誎」之古文（誎，言之促也）。蘭按：許所見古文經借「警」爲「速」也，故以「警」爲「速」之古文。以字義論，則朱説是。

疾也。從辵，卂聲。

【校勘】《篇》、《均》訓同。慧琳書一引「從……聲」。

【集解】《釋詁》文。「迅」、「疾」疊韻。《句讀》。

疾也。從辵，昏聲。讀與括同。

【校勘】《篇》、《均》訓同。唐本《唐均》十三末引「疾走」。

【集解】桂云：「或借『活』字。《長笛賦》：『汩活澎濞。』李善注：『汩活，疾貌。』」「讀與……」者，《句讀》。

迎也。從辵，屰聲。關東曰逆，關西曰迎。

【校勘】《篇》、《均》訓同。

【集解】段注。錢《斠詮》。按此亦可通用，不必泥。

逢也。從辵，卬聲。

【校勘】《均》訓同。《篇》訓「逢迎也」，非。

【集解】《方言》：「逢、迎，逆也。」

會也。從辵，交聲。

【校勘】《文選》沈約《和謝宣城》詩引首句，同。《篇》訓同。次「過」上。

【集解】段注。蘭按：「这」義即「交」義之引申，「这」乃後出字。

逢也。從辵，禺聲。

【校勘】《玉篇》訓「道路相逢也」。

【集解】《句讀》。

遭 遇也。從辵，曹聲。一曰邐行。

【校勘】《篇》訓「遇也」。慧琳書三引首句。

【集解】「遇也」者，《韓詩傳》文。《曲禮》曰：「遭先生於道。」「一曰……」者，段云：「俗云周遭是也。」俟考。

遘 遇也。從辵，冓聲。

【校勘】《篇》、《均》訓同。

【集解】段注：「按『遘』或作『逅』。《詩·野有蔓艸》：『邂逅，相遇。』《釋文》：『逅，本亦作遘。』《易》作『姤』，則『媾』之或字。《易》文借『媾』爲『遘』也。」

逢 遇也。從辵，夆聲。

【校勘】《篇》訓同。「夆聲」，各本作「峯省聲」。《説文》無「峯」。《均會》引「峯」作「夆」，據改，並删「省」字。鈕云：「據楚金云言若蠭飛，則當是『蠭』省。」按鈕説非。

【集解】《釋詁》文。

遻 相遇驚也。從辵，從咢，咢亦聲。

【校勘】小徐無下「從」字。《篇》、《均》十遇「迕」訓「遇也」。「遻」同「迕」（《均》十八藥「遻」引《列子》《釋文》）。《篇》次「雜字」中。

【集解】《釋詁》：「遇，遻也。遻，見也。」《句讀》。

 道也。從辵，由聲。

【校勘】《篇》、《均》訓同。

【集解】段注。蘭按：依上下文次序，當以「導」義爲正。

 更易也。從辵，虒聲。

【集解】段注。《句讀》。

【校勘】《廣均》十二霽訓「更遞」。十一薺訓「更代」。

 達也。從辵，甬聲。

【校勘】《篇》、《均》訓同。《集均》引「達」作「遠」，誤。

【集解】段注。

 迻也。從辵，止聲。

【校勘】《篇》、《均》訓「移也」。段去「聲」字，非。《篇》次部末。

【集解】《廣疋・釋言》同。《蒼頡篇》注同。

 徙，或從彳。

【校勘】《玉篇》作「辿」，非。《均會》云：「《說文》古作征。」

 古文徙。

【校勘】各本有此字。小徐在「𨑒」上。《玉篇》、《廣均》並無。段注。桂云：「《詩》『民之方殿屎』，『屎』即『𡱁』之省文，借『徙』字也。」蘭按：從「𡰥」者，「尾」之誤，本當作「𡱁」也。《玉篇》、慧琳皆以「𡱁」爲「屎」之俗（《玉篇》並在尸部）。然則本非《説文》字也。今删。

 遷也。從辵，多聲。

【校勘】各本「遷」下有「徙」字，唐本《切均》第二種五支：「移，按《説文》：『遷也。』」作此「迻」。《廣均》五支引《説文》：「遷也。」皆無「徙」字，據删。《篇》訓「徙也。遷也」。次「通」上。

【集解】段注。《楚詞》：「屢懲艾而不迻。」

 登也。從辵，䙴聲。

【校勘】

【集解】《字林》同。《廣均》：「去下之高也。《詩》云：『遷於喬木。』」蘭按：遷者，徙於高處也。「䙴聲」者，䙴，升高也。

 古文遷，從手、西。

【校勘】小徐作「」。《玉篇》作「⿰扌囟，遷徙也」。

 迻徙也。從辵，軍聲。

【校勘】

【集解】《釋詁》：「遷，運徙也。」（錢坫云：「《淮南子》月運字用此。」）

 遷也。從辵，盾聲。

【校勘】《景福殿賦》注引首句。《篇》、《均》與「遯」一字。《五經文字》：「遯、遁，二同。上：《易》卦：『遯逃也。』下：遷也。經典通用之。」各本「遷也」下有「一曰逃也」四字。段云：「以『遁』同『遯』，蓋淺人所增。」蘭按：據《五經文字》，段説是也。依刪。（《白駒》《釋文》：「遯，字又作遁。」宋本「遁」作「遂」。）小徐次部末。

【集解】段注。蘭按：《漢書·平當傳贊》：「逡遁有恥。」《敘傳》：「逡遁致士。」鄭國碑：「逡遁退讓。」又《廣疋·釋詁三》：「遁，避也。」按謂遷延退避也。

 遁也。從辵，孫聲。

【校勘】《篇》、《均》訓同。《篇》次「邋」下，「遷」、「逋」上。小徐次「逋」上，疑當依移。

【集解】段云：「六經有『孫』無『遜』。今《尚書》、左氏《經》傳、《爾疋·釋言》淺人改爲『遜』。許書蓋後人據今本《爾疋》增之。」《句讀》：「……」蘭按：段説非、王説是也。遜遁當作「遜」，愻順當作「愻」。惟從「辵」，故訓「遁」。若原作「孫」，祇是古文叚借。且《廣疋·釋詁》：「遜，去也。」凡言遜位、遜於齊者，皆謂逡遁退去，與遯逃不同也。

 還也。從辵，從反，反亦聲。《商書》曰：「祖伊返。」

【校勘】《篇》、《均》訓同。「伊」，各本作「甲」，依《集均》引改。

【集解】《釋言》：「還，反也。」「《商書》……」者，《戡黎》文。

 《春秋傳》返，從彳。

【校勘】《爾疋》《釋文》上引《春秋傳》作「𢓜，從彳」。

 復也。從辵，睘聲。

【校勘】《篇》、《均》訓同。

【集解】

 遣也。從辵、巽。巽，遣之。巽亦聲。一曰選擇也。

【校勘】《均會》引作「從巽。巽，遣之也。亦聲。徐曰：『亦選擇也。』」玄應書九引「選擇也。簡能曰選」。（此語未敢據補）。

【集解】段注。《甘泉賦》：「選巫咸兮叫帝閽。」「一曰……」者，《字林》：「選，簡擇也。」

 遣也。從辵、倂省。

【校勘】《篇》引首句。《均》訓同。玄應書十五引作「去也」，非。

【集解】《詩》：「遠送於野。」

 籀文，不省。

【校勘】《玉篇》：「送，籀文。」「文」下，《句讀》補「送」字。

 縱也。從辵，𠳋聲。

【校勘】《均》訓同。

【集解】《玉篇》：「縱，放也。」（朱駿聲以爲專用於喪禮，蓋不明六書之說。）

 行邐邐也。從辵，麗聲。

【校勘】《爾疋·釋丘》《釋文》、《釋丘》疏並引「行也」，蓋節此文。《篇》、《均》皆訓「邐迆」（俱本《釋丘》）。《類篇》引《說文》：「行邐迆也。」疑因《篇》、《均》而誤。小徐無「也」。

【集解】段注。錢云：「《西京賦》：『邐倚。』薛綜注：『一高一下，一曲一直也。』《大人賦》：『容以骫麗。』張揖曰：『左右相隨貌。』即『邐』字。」蘭按：「邐倚」即「邐迆」，《洛神賦》作「徙倚」。

 及也。從辵，隶聲。

【校勘】各本「及」上均有「唐逮」二字。鈕云：「宋本『及』作『反』，訛。《均會》兩引並無『唐逮』二字。《一切經音義》一、《華嚴經音義》四十六引及《玉篇》注並作『及也』。則『唐逮』二字蓋後人增。」蘭按：馮《均譜》無二字，據刪。《廣均》十二霽訓「逮及也」。十九代訓「及也」。（段以「唐逮」爲古語，然於古無徵。錢以「唐逮」爲「唐突」之古字，待考。）

【集解】《釋詁》：「逮、及、暨，與也。」《釋言》：「遏、遾，逮也。」《方言》七：「蝎、噬，逮也。東齊曰蝎，北燕曰逮。逮，通語也。」

 徐行也。從辵，犀聲。《詩》曰：「行道遲遲。」

【校勘】《均》訓「徐也」。

【集解】《釋訓》：「遲遲，徐也。」「《詩》曰……」者，毛傳：「舒行皃。」

 籀文遲，從屖。

【校勘】《篇》：「遟，籀文。」次同。大徐次「迡」下。《均》：「遟，同遲。」《五經文字》：「遲、遟。上：《說文》；下：籀文。」

 遲，或從𡰥。

【校勘】唐本《切均》第二種六脂：「遲，又按《説文》從辛，又作此。」「迡」，《玉篇》作「⿺辶尼」，云「同遲」。

【集解】錢大昕曰：「《史記・張釋之馮唐列傳》：『陵遲而至於二世。』《漢書》作『陵夷』。《平準書》：『選舉陵遲。』《漢志》亦作『夷』。《司馬相如傳》：『陵夷衰微。』《漢書》作『遲』。古文『夷』與『遲』通。《詩》：『周道倭遲』。《韓詩》作『郁夷』。《淮南・原道訓》：『馮夷、大丙之御。』高誘云：『夷，或作遲。』婁壽碑：『⿰彳屖⿰彳夷衡門。』即『棲遲』也。《説文》『遲』或作『迡』，從『𡰥』。『𡰥』，古文『夷』字。」桂馥曰：「《漢書・揚雄傳》：『俳佪招搖，靈遲迡兮。』顔注：『遲，音棲。迡，音文夷反。』宋祁曰：『張揖《字詁》云：迡，今遲，徐也。』馥謂『遲迡』即『屖遲』，本書『屖』下云：『屖，遲也。』」蘭按：《文選・甘泉賦》作「迟⿺辶尼」，李善云：「迟⿺辶尼，即棲遲也（按字書無『迟』，疑『遅』之爛字）。迟，音棲。⿺辶尼，大夷反。」「從𡰥」者，「𡰥」本「夷」字，今《説文》以同「仁」字，誤也。或從「尼」，聲類亦同，然當以從「𡰥」爲正。

 徐也。從辵，黎聲。

【校勘】《篇》訓同。《切韻》訓「徐行」。《均》訓「徐行皃」。似可據補。小徐作「黎省聲」，非。

【集解】《句讀》。

 去也。從辵，帶聲。

【校勘】《篇》、《均》訓同。

【集解】《句讀》。

 行皃。從辵，㞢聲。

【校勘】《篇》、《均》訓同。

 不行也。從辵，䮷聲。

【校勘】小徐、《均會》及毛剜補本、馮《均譜》作「馬不行也」。《玉篇》訓「不行也」。《廣均》十遇訓「不行」，三鐘訓「馬不行也」。按：嚴云：「䢭從『䮷』，非從『馬』也，有『馬』字者非。」各本「聲」下有「讀若住」三字，按古本在「逗」下。「䢭」、「住」古音亦不近（《廣均》十遇有「䢭」字，然《唐均》無之）。

【集解】「箠」，訓「策馬也」。

 止也。從辵，豆聲。讀若住。

【校勘】《後漢・光武紀》引「逗留，止也」。《句讀》曰：「此因《紀》言『逗留』，《說文》『留』下亦云『止也』，合引以解之。」玄應書六、《文選・舞鶴賦》、《長笛賦》、江文通詩注引首句。《篇》訓同。各本無「讀若住」三字，唐本《唐均》五十侯：「逗，逗留。《說文》音住。」（唐人亦引「讀若」爲「音某」。）據補。今本《說文》誤在上文「䢭」下。

【集解】《思元賦》：「逗華陰之湍渚。」「讀若住」者，鈕云：「住，當是駐。《西狹頌》：『息不得駐。』」段云：「當作侸。人部：『侸，立也。』立部曰：『立，住也。』『住』即『侸』之俗。」蘭按：「侸」爲「住」之正字，「駐」爲「住」之聲借。

 迟曲行也。從辵，只聲。

【校勘】「曲」上各本無「迟」字。《玉篇》訓「迟曲行也」。據補。（《廣均》上、去、入皆不見此字，俟考。）

【集解】段注。蘭按：《莊子・人間世》《釋文》：「郤，去逆反。字書作『迟』（本作「迟」，因艸書誤）。」《廣疋》云：「迟，曲也。」可證段說。錢十蘭云：「《考工記》曰『郤行』、『仄行』，亦當作『迟』。」

 逶迤，衺去之皃。從辵，委聲。

【校勘】《文選・舞賦》注引作「逶蛇，邪行去也」。《廣絕交論》注作「逶迆，邪行去也」。元應書十九引作「逶佗，行去

也」。《句讀》。蘭按：「佗」、「蛇」並聲借。「迆」一字一義，「逶迆」二字一義。王説非。

【集解】《羔羊》「委蛇委蛇」，《韓詩》作「逶迆」。錢十蘭云：「艸之委隨作『萎移』，行之委隨作『逶迆』，亦文異義同也。古『迆』、『移』、『隨』、『蛇』並同聲。《楚辭》：『載雲旗之委移。』本書釋『委』云：『委隨。』『委隨』亦『委移』也。惟《毛詩》『蛇』字爲假借，然蛇游行曲折，形意亦象之。知古人轉借之道，聲、形、意義必皆相近，然後能通也。」蘭按：「蛇」亦聲同。

蟡　或從虫、爲。

【校勘】《句讀》。蘭按：唐本《切均》第二種五支「逶」下引《説文》作「蟡」，是唐初本《説文》已有此字，未可删也。筆之誤，或雕板之失。

【集解】《西京賦》：「聲清暢而蜲蛇。」是「逶」有從「虫」也。逢盛碑：「當遂遏迆。」是「逶」有從「爲」聲也。朱駿聲曰：「即《莊子》『食之以委蛇』字也。」蘭按：《廣均》「蟡」訓曰：「涸水精。一身兩頭，似蛇。以名呼之，可取魚鼈。」

遹　回避也。從辵，矞聲。

【校勘】《玉篇》訓「迴也，避也」。《均會》引「避」作「辟」。按「辟」、「避」通字。

【集解】段注。

避　回也。從辵，辟聲。

【校勘】《均》訓「迴也」。「迴」，「回」之俗字。

【集解】段注。蘭按：回，猶違也。

違　離也。從辵，韋聲。

【校勘】《均會》引無「聲」字，非。《篇》次俗字中。

【集解】《谷風》傳文。《易·文言》：「憂則違之。」注：「知難而避也。」

遴 行難也。從辵，粦聲。《易》曰：「以往遴。」

【校勘】《篇》、《均》訓同。晉灼注《世系表》引作「難行也」。

【集解】《句讀》。

僯 或從人。

【校勘】《句讀》。蘭按：馮本《均譜》亦無此字。删。

逡 復也。從辵，夋聲。

【校勘】《玉篇》訓「退也」。鈕、桂、錢坫、洪穎煊皆云「復」當是「復」。桂引《均譜》「逡，退也」，非。《均譜》：「竣，退也。」

【集解】段注。《釋言》：「逡，退也。」《漢書》：「有功者上，無功者下，則羣臣逡。」

𨒫 怒（一曰驚也），不進也。從辵，氐聲。

【校勘】汪刻小徐本「進也」下有「一曰驚也」四字。别本小徐「驚」皆作「驁」（段改「驁」）。按《玉篇》訓「驚不進也」，蓋本《説文》。後人見其字作「驚」，不作「怒」，故注於下曰：「一曰驚也。」是校語也。作「驁」者非。今别爲小注。

【集解】錢云：「當是『怒也，不進也』。《爾疋》：『底，底，止也。』義與不進近。本書：『牴，觸也。』義與怒同。」

達 行不相遇也。從辵，羍聲。《詩》曰：「岐兮達兮。」

【校勘】首句，《均會》引同。小徐無「也」字。《子衿》《釋文》引作「不相遇也」。「岐」，本作「挑」。小徐作「佻」。本書「岐」

下作「叏」，《詩》《釋文》引亦作「叏」。據改。

【集解】段注。「《詩》曰」者，《子衿》文。傳曰：「佻達，往來相見皃。」按《正義》曰：「彼『叏』作『挑』。明其乍往乍來，故知挑達是往來皃。」是《正義》本無「相見」二字。《釋文》出傳作「桃達，往來見皃。」胡承珙曰：「古『貌』字作『皃』，或誤爲『見』。淺人因於『見』下添『貌』字耳。」蘭謂《廣均》十二曷「達」下「佻達」注「往來皃」，義本毛傳。可證本無「相見」二字。《詩》上云「子寧不嗣音」、「子寧不來」，下云「一日不見，如三月兮」，皆未遇之辭。鄭箋曰：「但好登高見於城闕以候望爲樂。」然則因未遇，故至城闕候望耳。安得於此著「相見」二字乎？自後人妄增而毛傳遂致不通。鈕氏復欲據毛傳誤本而改《說文》「行不」二字爲「往來」，誤之甚矣。毋山知《詩》文之不可通，而謂許改毛之「達」，則又誤於誤本也。本書「叏」訓滑，「泰」訓滑，「達」、「泰」音近（《字林》：「达，滑也。」），《正義》以「佻達」爲「乍往乍來」，皆有輕利之狀，故後世言輕薄者爲佻達兮（凡乍往乍來者，多不能相遇）。

达　達，或從大。

【校勘】各本「從大」下有「或曰迭」，蓋因《篇》誤。今刪。《玉篇》訓「達也。迭也。亦與達同」。

逯　行謹逯逯也。從辵，录聲。

【校勘】《篇》訓同。元應書五引「行謹逯也」。［似宜從玄應（據《釋名》）。］

【集解】「行」者，《方言》十二曰：「逯，行也。」「謹逯逯也」者，《釋名》：「禄者，録也，取上所以敬録接下，下所以謹録事上。」「謹録」即「謹逯」，蓋古語也。《荀子・脩身》：「程役而不録。」注：「檢束也。」《漢・董仲舒傳》：「録德而定位。」注：「謂存視也。」蘭謂二「録」字皆當作「逯」，訓「謹也」。（《淮南子》：「逯然而往。」）

迵　达也。從辵，同聲。

【校勘】各本訓「迵迭也」。《廣均》一送引無「迵」字。據刪。《玉篇》訓「通達也」。段、桂並云「迭」當作「达」，是也。今據正。《篇》次雜字中。

【集解】《史記》：「……達腋。」（見《句讀》）《淮南子》曰：「通迵。」

 更迭也。從辵，失聲。

【校勘】《篇》訓同。各本「聲」下有「一曰达」三字。小徐「达」作「迭」。按此後人語，《均會》引無，今據删。

【集解】《句讀》。段注。《方言》：「佚，代也。」「佚」即「迭」字。《穀梁傳》：「佚害中國。」

 惑也。從辵，米聲。

【校勘】《篇》、《均》訓同。宋本「惑」作「或」。

【集解】《釋言》文。《易》：「先迷後得。」

 衺行也。從辵，也聲。《夏書》曰：「東迆北會于匯。」

【校勘】《爾疋·釋丘》《釋文》及疏並引首句。

【集解】《句讀》。

 負連也。從辵、車。

【校勘】各本作「員連也」。《集均》二僊、《類篇》引「員」作「負」，據改正。段改作「負車也」。桂説「員連也」爲「貫連也」之誤。皆非。（「負連」爲漢人成語。）大徐「車」上有「从」。

【集解】嚴云：「《管子》作『服連』，即負連也。」《句讀》。錢坫引江説。「從辵、車」者，蘭按：從「車」則不當更從「辵」，從「車」而又從「辵」者，明人負車也。嚴可均曰：「連即輦，人所負以行。」其説是也。段注：「《管子·海王》：『服連軺輂。』……如負也。」

歛，聚也。從辵，求聲。《虞書》曰：「旁逑孱功。」

【校勘】各本「功」下有「又曰怨匹曰逑」六字，非《説文》語，今删。

【集解】《句讀》(「又曰怨匹」云云下一節删)。

散走也。從辵，貝聲。《周書》曰：「我興受其退。」

【校勘】各本訓「斅也」。《篇》訓「壞也」。蘭按：《篇》、《均》皆有「散走也」一訓，與從「辵」之義合。疑《説文》古本如此。與下文「逭」、「逃」、「逋」……諸字義並合，據改正。不然則「敗」、「退」已爲重複，不應分收兩部。訓壞而從「辵」，許君不□□□□□此訓，亦當次部末，不當次此也(「敗」、「斅」並訓「毀也」)。

【集解】《左》莊十一年傳：「大崩曰敗績。」《釋名》：「敗，潰也。」《顔氏家訓·音辭篇》：「江南學士讀《左傳》，口相傳述，自爲凡例。軍自敗曰『敗』，打破人軍曰『敗』，讀『補敗反』。諸記傳未見有『補敗反』，徐仙民讀《左氏》唯一處有此音，又不言自敗、敗人之别，此爲穿鑿耳。」桂馥：「案自敗當作『退』，敗人當作『敗』，音義有别，並非穿鑿。《增均》：『凡物不自敗而敗之，則「北邁切」。物自毀壞，則「薄邁切」。』物自毀壞即『退』字。」蘭按：「退」從「辵」，故爲「散走」。「敗」從「攴」，故爲「擊毀」。偏旁雖可通借，其專義未可混淆也。「《周書》……」者，《微子》文。今作「敗」。本書引「咈其耇長」，亦偁「《周書》」。蓋許所據不繫於《商書》也。「躋」下引《微子》偁「《商書》」者，疑後人校誤。

逃也。從辵，官聲。

【校勘】《篇》、《均》訓同。宋本「逃」作「兆」。

【集解】《釋言》文。樊光曰：「行相避逃謂之逭。」段注。

 逭，或從雚，從兆。

【校勘】《廣均》云：「同逭。」《玉篇》作「䢩」，云「古文」。《集均》兩收之。

【集解】「從雚，從兆」者，桂云：「當從『兆』，『雚』聲。『八』象分別相背，故有逃義。」朱駿聲曰：「從『逃』省，『雚』聲。」蘭按：從「兆」與「逃」同意，非省也。桂説尤誤。

 逃也。從辵，豚聲。

【校勘】「豚聲」，大徐作「從豚」。《篇》、《均》皆以爲「遁」之重文（《篇》次不在此）。《五經文字》：「遯、遁，二同。上：《易》卦：『遯，逃也。』下：遷也。經典通用之。」

【集解】《句讀》。

 亡也。從辵，甫聲。

【校勘】《篇》訓同。次「邍」下。

【集解】《易·訟》：「歸而逋。」《象》曰：「歸逋，竄也。」

 籒文逋，從捕。

【校勘】《玉篇》：「逋，籒文。」（《廣均》無。）

【集解】桂《義證》云：「逋當捕取，故從『捕』。」《山海經·南山經》注引《記》曰：「條風至，出輕繫，督逋留。」《淮南·天文》作「去稽留」。是「逋」訓爲捕也。

遺 亡也。從辵，貴聲。

【校勘】小徐作「忘也」。按字在辵部，作「亡」是，作「忘」非也。《篇》、《均》訓同。

【集解】《谷風》傳文。段注。

遂 亡也。從辵，㒸聲。

【校勘】慧琳書一引首句「會意也。從辵，㒸聲」。《九經字樣》訓「從意也」。《廣均》訓「從志也」。按「從意也」者，本書「㒸」下訓。《篇》、《均》並無「亡」訓。桂云：「亡，爲『乍』誤。」《句讀》。

【集解】未詳。

𨔞 古文遂。

【校勘】大徐作「𨔞」。《玉篇》作「逹」。

【集解】未詳。（段注）

逃 亡也。從辵，兆聲。

【校勘】《篇》、《韵》訓同。

【集解】「亡」、「逃」互訓。桂云：「《春秋通例》……去者也。」（亦見《句讀》）《韓詩外傳》：「桃之爲言亡也。」蘭按：假「桃」爲「逃」。

追 逐也。從辵，𠂤聲。

【校勘】《均》訓同。《切均》二六脂：「追，莎隹反。」按「隹」，《説文》作「追」。桂引或説：「逐，當爲遂。」非是（據《均》訓）。

【集解】《廣疋》同。《句讀》。

追也。從辵，從豖省聲。

【校勘】《篇》、《均》訓同。小徐作「豚省」。大徐作「从豚省」。段據小徐作「豖省」。《均會》同。然篆固從「豖」，非省也。《六書正譌》、段、桂皆謂爲「豖省聲」之誤。桂説最有據，今從正（桂説見下）。

【集解】《句讀》。

迫也。從辵，酉聲。

【校勘】《篇》、《均》訓同。《思玄賦》舊注、《釋木》《釋文》、《後漢・張衡傳》注並引「遒，迫也」。汪本小徐作「迨也」，誤。馮本《均譜》作「盡也」，蓋沿《切均》而誤。

【集解】《句讀》。「從辵，酉聲」，《漢書・景武功臣表》：「遒侯陸彊。」注：「古遒字。」《地理志》：「涿郡遒。」注：「古遒字。」

迺，或從酋。

【校勘】《篇》：「遒，同迺。」《廣均》以「遒」、「迺」爲二字（「迺」蓋後增入故也）。

【集解】《句讀》。

附也。從辵，斤聲。

【校勘】《篇》訓「附近也」。《均》俟檢（廿問）。「附」，段云：「當作坿。」桂云：「當作駙。」今仍其舊。

【集解】《易》：「爲近利市三倍。」

𣥢　古文近。

【校勘】《玉篇》在止部，訓同。

【集解】嚴云：「此蓋後人所加。『𣥢』古『旂』字而以爲『近』，誤識耳。」案嚴説甚是。然古文或借「旂」爲「近」，猶《祭法》「相近於坎壇」之借「近」爲「祈」也。《汗簡》以「𣥢」爲「近」，云「出《尚書》」（止部），又云「出馬日磾《集羣書古文》」（斤部），可知古文確有以「𣥢」爲「近」者。或「𣥢」當從「止」從「斤」作「𣥢」，省「辵」爲「止」，非從「㞢」也。更俟詳考。

邋　愶也。從辵，巤聲。

【校勘】各本作「搚也」。《説文》無「搚」字，段改爲「拹」，諸家説同。蘭謂「拹」訓「拉折」，與部次未協。《玉篇》、《集均》引作「愶也」。愶者，以威力相恐愶也。與上文「迺」、「近」，下文「迫」、「遷」至「迣」、「迾」諸字義均相近（恐「愶」亦云「迫愶」），今從之。《篇》次「追」下「逐」上。

【集解】《廣均》廿九葉：「邁也。」《禮記・學記》曰：「學不躐等也。」疏：「踰越也。」《楚辭・國殤》：「淩余車兮躐余行。」注：「踐也。」《爾疋・釋言》：「跋，躐也。」注：「跋前行曰躐。」並以「躐」爲之（《説文》無「躐」）。《釋言》：「獵，虐也。」注：「淩獵暴虐。」《吴語》：「以犯獵吴國之師徒。」注：「震也。」（《羽獵賦》引賈注：「取也。」）並借「獵」字。訓虐訓震，尤與愶義爲近。

逼

當補。見部末。

迫　近也。從辵，白聲。

【校勘】《均》訓同。

【集解】《句讀》。桂云：「經典借『薄』字。《易》：『雷風相薄。』《左傳》：『薄而觀之。』《荀子·天論篇》：『寒暑未薄而疾。』」

 近也。從辵，臸聲。

【集解】《句讀》。未詳。

【校勘】《篇》、《均》訓同。《篇》次「遜」下「逋」上。

 近也。從辵，爾聲。

【校勘】《篇》、《均》訓同。

【集解】《釋詁》文。

 古文邇。

【校勘】篆，《五音均譜》訛作「邃」，孫本同。字書多沿《韵譜》之訛。《篇》、《均》皆以「迩」同「邇」。《五經文字》「邇」作「迩」，同。

【集解】

 徽止也。從辵，曷聲。讀若桑蟲之蝎。

【校勘】各本作「微止也」。今按《繫傳》：「臣鍇曰：繳繞使止也。」（校勘記云：「當作『徽繞』。」説誤。）故《博物志》曰「轡遏行雲」。考「微」無繳繞之義，《説文》「徽」訓「三糾繩」，與繳繞之義正合。蓋鍇本原作「徽」，字形相近，誤而成「微」字耳。今正。「讀若桑蟲之蝎」，段云：「之字衍。」按此説非。

【集解】《釋詁》：「訖、徽、妥、懷、安、按、替、戾、底、厎、廢、尼、定、曷、遏，止也。」郭云：「今以逆相止爲遏。徽，未詳。」

許所見本次序或與郭異。《蒼頡篇》：「遏，遮也。」《句讀》。郝懿行云：「徼，從『微』省聲，微之止也。王説小誤。」（王《釋例・存疑篇》反以今誤本疑《爾疋》誤，非也。段以「徼」爲細密，則當作「敫」。其説亦誤。）「讀若桑蟲之蝎」者，「蝎」見虫部。《釋言》：「遏，逮也。」《方言》作「蝎」。

 遏也。從辵，庶聲。

【校勘】慧琳書一引首句，「從辵，從蔗省聲也」。「庶聲」作「蔗省聲」，非。

【集解】《吕覽・名類》：「子不遮乎親，臣不遮乎君。」注：「遮，後遏也。」

 遮䢎也。從辵，羡聲。

【校勘】馮本《均譜》訓「遮」。《玉篇》、《廣均》訓「遮也」。似説解舊本無「䢎」字。

【集解】未詳。蘭據《上林賦》「巴俞宋蔡，淮南于遮」。「于」、「䢎」雙聲，疑「䢎遮」即「于遮」也。舊説「于遮」曲名，今「䢎遮」二字並從「辵」，則豈舞之狀與？許於口部録「嗙」、「喻」，或於此録「䢎」、「遮」也。存以俟考。《玉篇》：「䢎，移也。」則當時尚識「䢎」字。（《廣均》一先又訓「行皃」。）

 迾也。晉趙曰迣。從辵，世聲。讀若寊。

【校勘】《篇》、《均》訓同。「寊」，各本作「寘」，《説文》無，依段、嚴説當作「寊」，據改。《句讀》謂本作「置」，似非。

【集解】《漢書・禮樂志》：「迣萬里。」晉灼曰：「迣，古迾字。」《鮑宣傳》：「部落鼓鳴，男女遮迣。」晉灼曰：「迣，古迾字也。」《廣疋・釋詁二》：「迣，遮也。」

 遮也。從辵，列聲。

【校勘】《玉篇》引首句。《均》訓「遮遏」。

【集解】《句讀》。《玉藻》：「山澤列而不賦。」注：「列之言遮列也。」

　進也。從辵，干聲。讀若干。

【校勘】《篇》、《均》訓同。「讀若干」，「干」，小徐作「千」。按《玉篇》次「迁」上有「迁」字，「且堅切，行進也」。《廣均》一先：「迁，伺候也，進也，又迁葬，又標記也。」或疑《說文》古本亦有「迁」字，存考。（「迁」有進義，見余《玉篇疏》。餘義未詳。「遷葬」殆「迁」之俗。）

【集解】段云：「干求字當作『迁』，干犯字當作『奸』。」（蘭謂干犯字衹當作「干」，犯淫乃作「奸」。）按《楚辭》：「既干進而務入兮。」《釋言》：「干，求也。」

　過也。從辵，侃聲。

【校勘】《篇》訓同。《廣均》無。《篇》次「追」下。

【集解】元應曰：「愆古文，𢛹、𨓈二字。」按此古文借「𨓈」爲「愆」耳。「愆」從「心」，「𨓈」從「辵」，字義不同。《易・歸妹》：「愆期。」當作「𨓈」。《漢書・劉輔傳》：「元首無失道之𨓈。」則借「𨓈」爲「愆」耳。段注：「本義……引伸也。」

　連遱也。從辵，婁聲。

【校勘】《廣均》引首句。《玉篇》訓同。

【集解】「連」、「遱」雙聲。《句讀》。（臣鍇按「《淮南子》有『連遱』之言」云云，俟考。）

　前頓也。從辵，市聲。賈侍中說。一曰讀若拾，又若郅。

【校勘】小徐篆作「」，馮本《均譜》同。「頓」，大徐誤作「頡」。「市聲」，《五音均譜》作「朮聲」，誤。汪刻本小徐校改爲

「宋聲」，以應鍇本，篆文亦非也。顧澗蘋曰：「考『迖』前後二字，鉉本《說文》同作『巿聲』，故《集韻》十三末：『迖，《說文》：「前頓也。賈侍中說。」北末切。迖，《說文》：「行皃。」薄撥切。』筆畫無異。《類篇》辵部：『迖，北末切。《說文》：「前頓也。賈侍中說。」又薄撥切。行皃。』且並之爲一字也。逮李燾編《五音韻譜》，則二字正相接連，覺其不可通，故改前從二百十四部首之『巿』，改後從二百六十一部首之『朩』，以作分別。其實『前頓也』之『迖』並不從『朩』。『讀若髕』之『朩』，李燾所改，殊誤也。唯其此二字鍇本《說文》同作『巿聲』，故鉉本仍之。若有一爲『宋聲』，則鉉本既不容不可通，李燾復不容如此之改。然則今本《繫傳》後『迖』字，恐是校者臆加一筆。故雖篆失其舊而『巿聲』尚存也。」蘭按：訓行皃與訓前頓二字，據鉉本則並從「巿」，據鍇本則後字從「宋」。然《篇》、《均》並無「迖」字，《切均》「迖」字「蒲活反」，則仍當從「巿」。以二本所附音切考之，鉉本前「蒲撥切」，後「北末切」，鍇本前「步捋反」，後「北末反」，皆不能應「宋」聲也。然則從「宋」者，決非二本之舊可知。然《說文》無重出之例，今此二篆明明相重，故校改歧出，異議紛起。今按：《切均》十一末「博末反」內有「迖」字，訓「急走」；「蒲活反」內有「跋」字，訓「行皃」。「蒲活反」，《唐均》作「蒲撥反」；「博末反」，《廣均》作「北末反」。訓義皆同。以《說文》校之，則前篆訓「行皃」切「蒲撥」者，當依《切均》諸書從「足」旁作「跋」（《切均》訓當本《說文》）；而此訓前頓之「迖」則正切「北末」，與急走之訓又合符也。蓋唐時《說文》本一爲從「足」、「巿」聲，一爲從「辵」、「巿」聲，本不相亂。後來不知何緣以足部之「跋」誤爲從「辵」而入辵部，遂與此篆重出而相亂矣。今改前「迖」篆爲「跋」，區入足部，使還《說文》之舊。唐人作「巿」字，常誤爲「宋」，《切均》、《唐均》寫本可證。故此篆鍇本誤從「宋」，或據以爲當從「宋聲」，非也。「拾」，孫本作「枱」。大徐無「曰」字。《玉篇》：「䢋，口黠切。又竹季切。前頓也。」與此篆次序相當，訓義亦同。段氏據此改「迖」篆爲「䢋」，「巿聲」爲「枼聲」。桂亦云：「本書前有『迖』字，此文當爲『䢋』。」蘭按：從「枼」聲，則不當有「口黠」、「竹季」二音，《廣均》「䢋」字收入三十怗「先頰切」，云「迾䢋走也」。「迾」、「䢋」二字，《切均》、《唐均》並不收，義又與前頓不合。而《說文》之「迖」，諸韵書列於「北末切」，可知從「巿」決非誤文。然則《玉篇》之「䢋」，正是「迖」之誤文耳。巿，篆文作「巿」，與「枼」形極似，故有此誤。其誤始於唐時，故孫强重修收《切均》之「迖」（博末切。急走），不知《篇》本有「迖」字（凡在《篇》末之字，大都重修所收），而《類篇》、《集均》皆承「䢋，前頓」之訓也（改切爲「乙業切」，則與《篇》不同）。而《玉篇》音爲「口黠」，則與「巿」聲爲近；爲「竹季」，則正「讀若郅」之音，猶未誤也。段、桂據已誤之《玉篇》，改不誤之《說文》，蓋亦非矣。朱駿聲改訓行皃之「迖」爲「宋聲」，亦非。正由不知「迖」爲「跋」誤也。

【集解】「前頓也」者，《釋名》：「頓，僵也。」《荀子・禮論篇》注：「頓，因躓也。」《論語》：「顛沛必於是。」《詩・蕩篇》：「顛沛之揭。」本書：「跋，顛跋也。」則謂當作「顛跋」。「賈侍中説」者，謂「前頓也。從巿聲」皆賈説也。「一曰讀若拾，又若郅」者，徵異説。「拾」疑當作「跲」，本書：「跲，躓也。」「郅」從「至」聲，「至」聲字皆有止義。《廣疋・釋詁三》：「駤，止也。」《易・訟》：「有孚窒。」虞注：「塞止也。」疑許所引後説以爲從「𣎳」聲（𣎳，止也。與「郅」、「疐」聲近），與賈異也。

【眉批】原本《玉篇》字多仿篆形書之。

 迦互，令不得行也。從辵，枷聲。

【校勘】「互」，馮本《韻譜》作「牙」。按《繫傳》云：「迦互，猶曰犬牙。」疑本亦作「牙」。《玉篇》訓「迦牙，令不得進也」。《廣均》訓「不得進也」。

【集解】「迦互」猶言「梐枑」。《易・大畜》：「豶豕之牙。」鄭讀「牙」爲「互」，以與上文「童牛之告」相儷。按鄭讀是也。「互」隸作「㸦」，與「牙」相混，故《説文》本亦有作「迦牙」者。《集均》四十禡「迦」注：「迦枒，木如蒺藜，上下相距。」既作「牙」，而又增「木」耳。古以「枷」訓「打穀具」，其枷鎖之字當正作此字。（《切均》八麻：「枷，枷鎖。」）「枷聲」，今釋迦字即此字之省。

 踰也。從辵，戉聲。《易》曰：「雜而不越。」是也。

【校勘】「是也」二字各本無，今補。《廣均》引首句。《玉篇》訓「散走也」。

【集解】段注。《曲禮》：「戒勿越。」疏：「戒慎勿得踰越。」

 通也。從辵，呈聲。楚謂疾行爲逞。《春秋傳》曰：「君何所不逞欲。」是也。

【校勘】「君」字大徐無。「是也」二字各本無，今補。《玉篇》引「通也。楚謂疾行爲逞。《春秋傳》曰：『何所不逞。』」。《廣

均》訓「通也」。《文選・思玄賦》舊注引《説文》：「逞，極也。」按此唯尤本有之，袁荼陵本無，即尤本亦有脱誤，以他訓誤爲《説文》，非《説文》有此訓也。《楚辭・哀時命》洪興祖注引首句、「楚謂」句、「一曰快也」。按「快也」者，《左傳》注也，非《説文》義。

【集解】「通也」者，昭十四年傳：「子何所不逞欲。」成十六年傳：「若逞吾願。」桓六年傳：「今民餒而君逞欲。」杜注並云：「逞，快也。」按通暢而快意，與窒塞而憂鬱相反。是快義即通義之引申也。《方言》十二：「逞，解也。」《左》隱九傳、成元傳：「乃可以逞。」注皆訓「解」。《論語》：「逞顔色。」皇疏：「申也。」亦皆通義之轉。「楚謂疾行曰逞」者，《方言》三：「逞，疾也。楚曰逞。」「《春秋傳》」云云者，昭十四傳文。「君」，彼作「子」。王筠曰：「上文已呼南蒯爲君矣。或此亦然。陪臣而用大夫、君之稱也。」

遼　遠也。從辵，尞聲。

【校勘】《篇》、《均》訓同。

【集解】段注。《九歎》：「山脩遠其遼遼兮。」《廣疋・釋訓》：「遼遼，遠也。」

遠　遼也。從辵，袁聲。

【校勘】

【集解】《方言》：「遥，遠也。」

𢕟　古文遠。

【校勘】毛本誤作「𢕟」，脱二筆。《玉篇》：「遠，古文。」《汗簡》引「逺」。

【集解】阜部「陟」古文從「𣥷」，是「𣥷」即「步」字也。然於聲未類，疑有誤。

 遠也。從辵，狄聲。《詩》曰：「舍爾介逖。」是也。

【校勘】《篇》、《均》訓同。各本無引《詩》，據《集均》及《詩考》引增。「是也」二字今補。

【集解】《釋詁》文。彼作「逷」。《易・渙卦》：「渙其血，去逖出。」王云：「逖，遠也。」《書・牧誓》：「逖矣，西土之人。」《史記・周本紀》「逖」作「遠」。僖廿八年《左傳》：「糾逖王慝。」杜注：「逖，遠也。」「《詩》曰」云云者，《句讀》。蘭按：古書多省形用聲，故今本作「狄」。段氏以毛訓遠，謂爲假借，竊所未安。

 古文逖。

【校勘】毛本篆誤「」。《釋詁》《釋文》引「逷，古逖字」。《篇》、《均》：「逷，古文。」

【集解】「狄」、「易」聲近，本書「惕」或從「狄」。《白虎通》：「狄者，易也。」《句讀》。

 遠也。從辵，同聲。

【校勘】《篇》、《均》訓同。

【集解】段注。

 遠也。從辵，卓聲。一曰蹇也。讀若掉苕之「掉」。

【校勘】「掉」，大徐作「棹」。《説文》無「棹」字。《篇》訓「蹇也」。《均》訓「遠也。一曰驚走」。《切均》作「警夜」。《唐均》作「驚夜」。《楚辭・七諫》《補注》引「踸踔，行無常皃」。《句讀》。按《均》訓未知何本，許君所見《方言》「逴」當不訓驚（詳余《方言疏》），此未必出《説文》也。

【集解】「遠也」者，《廣雅》同。《楚辭・哀時命》曰：「處逴逴而日遠。」《九章》曰：「道逴遠而日忘。」亦作「卓」。《逢尤》曰：「世既卓兮遠眇眇。」注：「卓，遠也。」「一曰蹇也」者，《方言》二：「自關而西，秦晉之間，凡蹇者或謂之逴。體面偏長短亦謂之逴。」注云：「行略逴也。」又六云：「逴、騷、踔，蹇也。齊楚晉曰逴。」注同。「讀若掉苕……」者，王氏煦曰（《句讀》）。朱氏校定本曰：「《方言》：『逴、騷、踔，蹇也。』據此『掉苕』即『掉騷』，同音通叚。亦與『一曰蹇也』義合。」蘭謂王説近是，朱似附會。

迂 避也。從辵，于聲。（羽夫切）

【校勘】《篇》訓同。次「逮」下。「羽夫切」，見《文選・答賓戲》注引。

【集解】《句讀》。本書：「僻，避也。」

𨗨 自進極也。從辵，𦘔聲。

【校勘】《篇》訓同（《廣均》先、仙、真、臻未見）。

【集解】《埤蒼》：「𨗨，至也。」「𨗨」、「進」音近。《釋名・釋形體》：「津，進也，津進出也。」

邍 高平之野，人所登。從辵、夂、田，彖聲。

【校勘】各本篆誤從「录」。《周禮》、《玉篇》諸書楷法同。《汗簡》引《尚書》作「□」，亦誤。朱本小徐作「□」，錢本同，則惟小誤。王氏《繫傳校録》曰：「朱本似後人校改。《繫傳》固云未知何故從『录』矣。且『彖』從『彑』，與『□』上半不同，又知校改者亦不識篆。要之，石鼓作『□』，從『辵』從『夂』從『田』以會意，『彖』則聲也。又鄭□饔父鼎銘作『□』，省『辵』爲『彳』，省『□』爲『□』。然自是『彖』字，非『录』也。金刻『录』多省作『录』，有『□』、『□』、『□』、『□』諸體，與『彖』本不相似。」蘭按：金文所從未能審爲何字，今以《説文》誤爲「录」推之，知小篆本從「彖」，王説得之。嚴校亦同。今據改。《玉篇》引「高平之野，人所登」二句。《韵會》引作「高平曰邍」，段據改。蘭按：據《玉篇》則古本作「高平之野」，且「人所登」三字正承「野」字，《韻會》所引非也。「夂、田」各本並作「备」，《説文》無「备」字，段、嚴議以爲「略」省，謂「經略土地也」。桂云：「徐鍇本作從『辵』、『夂』、『田』、『录』。」王菉友曰：「《繫傳》分釋『夂』、『田』，則知二字誤合爲一也。」按彼鍇本亦作『备』，惟《繫傳》分之耳。」王説是也。今據正。段、嚴説非。「彖聲」，各本作「录闕」二字。「闕」者，蓋因舊本闕去「聲」字，乃校者之辭，非許君之舊也。「录」爲「彖」之誤。今依嚴、王説正。

【集解】「高平之野」者，《尚書大傳》：「東邍底平，大而高平謂之大原。」《小爾疋・廣器》：「高平謂之太原。」《春秋説題辭》：「高平曰大原。原，端也，平而有度。」王逸《楚辭》注：「高平曰原。」鄭《大司徒》注：「下平曰衍，高平曰原，下濕曰隰。」按《釋地》：「廣平曰原，高平曰陸。」而此諸文並以「高平」釋「原」者，段玉裁曰：「謂大野廣平……唯見《周禮》。」蘭按：《公羊》昭元年傳：「上平曰原，下平曰陸。」説又不同。「人所登」者，蒙上文之義，以會於從「辵」也。許君蓋以從「辵」之字義主於人，故上文諸篆皆主於人者，行動之字也。而自此篆下至「邊」篆，則不主於人而主於物，是實字非動字也。故於此篆特舉文以喻之。謂「邍」、「道」諸字，雖爲物質，然皆爲人畜所登，或行或踐，故從「辵」也。其文理之密，可謂至矣。而淺者不察，如段氏謂當「从辵，从略省，从录。人所登也，故从『辵』」十四字，實背許君之例［許君於字不應部首者，常有彌縫之辭。而從無如段例者也（即有之，亦後人校語）］也。然段謂此三字爲解「從辵」，則尚非誤。桂氏謂當作「人所食」，附會《爾疋》「可食者曰原」之文，則大誤矣。無論「登」不當爲「食」所誤（字形、字音並遠），且原野所産未必但爲人食，即「人所食」三字而論，亦不通也（言「人所登」，明是詮「從辵」之意，故不必賅畜）。「從辵、夂、田」者，徐鍇曰：「人所登，故從『辵』。登而上，故從『夂』。夂，止也。《春秋傳》曰：『原田每每。』《詩》曰：『周原膴膴。』故從『田』。」王筠曰：「『夂』不嫌與『辵』複者，『退』從『辵』從『夂』可證。」「彖聲」者，古者遊牧擇水草而居，原田每每則獸所食也，故從「彖聲」。

　所行道也。從辵，從首。一達謂之道路。

【校勘】各本無「路」字，《廣均》引首句、「一達」句，同。據《御覽》一百九十五引增。段注：「行部偁『四達謂之衢』……遂不可讀矣。」《句讀》「所行道也」句：「此文似……測矣。」蘭按：段氏謂「自『邍』以下字不繫於人」，其識至卓。而其據「衢」、「馗」二文以議此解，則殊誤也。「所行道也」一句正承「邍」解「人所登」一句，故省「人」字耳。王氏不知此例，而以「行」爲實字，故多此紛錯也。惟其承上文，故必繫於篆下。與「衢」、「馗」二解例正不同。段氏强爲移易，殊非許君之意矣。

【集解】「所行道也」者，承「遂」解「人」字，謂人所行之道也。《周禮・遂人》：「澮上有道。」注：「道，容二軌。」道之引申爲道理（「理」古字當爲「里」，見「理」注），亦爲引道。「從首」者，嚴云：「當爲首聲。」蘭按：一達作道，九達作馗也。「一達……」者，《釋宮》文。《釋名》：「一達曰道路。道，蹈也。路，露也。人所踐蹈而露見也。」

𡬶 古文道，從首、寸。擬刪。

【校勘】《玉篇》無（《汗簡》亦有「衜」無「𡬶」）。按從「寸」不當爲「道」之古文。桂云：「『從首、寸』者，本書：『導，導引也。從寸，道聲。』馥謂『𡬶』即『導』。寸部『導』後人加之。」王筠云：「谷部『㐁』、木部『棪』、穴部『突』，其説皆云『讀若《禮》「三年導服」之「導」』。」蘭謂據王説，本書必有「導」字，桂説非也。而此作「𡬶」，與「導」略同，故朱駿聲移此篆爲「導」之古文。其實《説文》本無「𡬶」字，故《玉篇》亦無之。《玉篇》行部有「衜」字，注曰：「古文衜。」《切韵》卅皓「道」注：「作此衜。」按《切均》所言「作此」者出《説文》，詳見王静安先生所爲跋。然則《説文》原本作「古文衜」，不作「𡬶」也。（《廣均》「衜」、「𡬶」並古文。先出「衜」，承《切均》。「𡬶」，承誤本《説文》也。）蓋「衜」字脱去「彳」旁，因誤「亍」爲從「寸」耳。今删「𡬶」補「衜」。

衜 古文道，從行。

【校勘】各本無此篆，今據《玉篇》、《切均》補。詳上。「古文……」五字，蘭據例補。

【集解】「從行」者，「衢，四達道也。從行，瞿聲」。毛傳屢云「行道也」。《韓詩》薛君《章句》同。段玉裁云：「道者，人所行，故亦謂之行。」蘭按：金文貉子卣「」，從「行」從「首」，可爲古文之證。散氏盤「導」作「」，亦從「衜」。

遞 傳也。一曰窘也。從辵，虒聲。

【校勘】「一曰」四字，小徐本在「聲」下。《羽獵賦》注引「窘也」。《廣均》訓「窘也」。《玉篇》次「迅」下。

【集解】「傳也」者，本書：「傳，遽也。」段注。「一曰……」者，本書「恖」、「勿」二解見此義。徐鍇曰：「傳車尚速，故又爲窘迫也。」按此引申之義。《廣疋》：「遽，畏懼也。」

　至也。從辵，弔聲。

【校勘】各本「迅」次「迒」下，《玉篇》同。今以「迒」移部末。《篇》、《均》訓同。

【集解】段注：「《小雅》、《盤庚》……爲伍。」

　行垂崖也。從辵，𠭯聲。

【校勘】篆，盂鼎作「」，散盤作「」，與隸合（漢印有從「𠭯」者）。《廣均》訓「崖也」。《均會》一先引作「行垂崖也」，誤。蘭疑此字當次「道」下。此校者所補，故在篇末也。

【集解】段注。《句讀》曰：「言『行』者，爲其從『辵』也。」「𠭯聲」者，「矏」解云：「目旁𣔳。」注云：「屋𣔳聯也。」

　獸迹也。從辵，亢聲。

【校勘】各本次「遽」下。王筠曰：「迒當在末。」其説蓋以別人、獸也。今從之。（《廣均》訓「獸迹」。）

【集解】《釋獸》《釋文》引阮孝緒説同。《釋獸》：「兔，其迹迒。」《字林》及諸詮之皆云：「迒，兔道也。」段玉裁曰：「《序》曰：『見鳥獸蹏迒之跡。』是凡獸迹皆稱迒，不專謂兔也。」蘭按：《方言》：「迒，迹也。」《太玄・居》：「見豕在堂，狗繫之迒。」《釋名》：「鹿兔之道曰亢。」是迒不專謂兔也。《廣疋》：「迒，道也。」薛綜注《西京賦》同。則引申爲泛指道路者。

　迒，或從足、從更。

【校勘】《玉篇》足部「踁」訓「獸迹」，與「迒」同。蘭按：訓獸迹即本《説文》也。（《玉篇》又有「逕」字，云「同迒」。）

逕 近也。從辵，巠聲。

【校勘】各本無此字。《唐均》四十八徑「逕」注引《説文》云：「近也。」據補。「從辵」四字今補。《玉篇》訓同，次雜字中。疑或非《説文》本有，《唐均》此字云「加」，乃後人所增或新本《説文》也。

【集解】與「徑」字略同。《楚辭》：「夫惟捷徑以窘步。」

逼 近也。從辵，畐聲也。

【校勘】各本無此字。慧琳書一引從「從辵，畐聲也」，二引「近也。從辵，畐聲」，據補。（新附有此字，訓同。）按此字當補，《玉篇》次「遒」下「迫」上，可證其在《説文》也。［《玉篇》承《説文》序次，間有而入俗字者，必與其上字形近，如「迦」下廁「迦」字之類。或別書以爲古文。（此説似未畫然。）］

【集解】《小爾疋・廣詁》同。《爾疋・釋言》：「逼，迫也。」《左》隱十一年傳：「實逼處此。」

【眉批】擬補入「迫」篆上。

凡一百十九字

各本文一百二十八，今移「跡」字入足部，補「逼」、「逕」二字。

重廿八字

各本重卅一，汲古初印同，後剜去一字。鍇本重三十。張次立曰：「今重二十七，補遺『蝺』、『僯』二字，共重二十九。」

蘭按：各本皆重三十，次立説似誤。鉉本云三十一，或舊本「道」下有「衜」、「𩠐」二古文，如《廣均》邪？然「𧗳」字亦非《説文》原有。今仍補「蝺」字，「僯」字不補。又删去「屎」、「𧗳」二字，補「衜」字，實得廿八字。

附

邂　邂逅，不期而遇也。從辵，解聲。

【校勘】見新附。《玉篇》訓「邂逅，不期而會也」。

逅　邂逅也。從辵，后聲。

【校勘】見新附。《篇》訓同。

遑　急也。從辵，皇聲。或從彳。

【校勘】見新附。《篇》訓同。

邈　遠也。從辵，貌聲。

【校勘】見新附。《篇》：「邈，遠也。邇，同上。」

遐　遠也。從辵，叚聲。

【校勘】見新附。徐鉉等曰：「或通用『假』字。」《篇》訓同。

迄　至也。從辵，气聲。

【校勘】見新附。《篇》次「遽」下，訓同。

迸　散走也。從辵，并聲。

【校勘】見新附。《篇》訓「散也」。

透　跳也。過也。從辵，秀聲。

【校勘】見新附。《篇》訓「跳也」。

邏　巡也。從辵，羅聲。

【校勘】見新附。《篇》訓「游兵也」。

迢　迢遰也。從辵，召聲。

【校勘】見新附。《篇》訓「迢遰」。

逍　逍遥，猶翺翔也。從辵，肖聲。

【校勘】見新附。臣鉉等案：「《詩》只用『消摇』，此二字《字林》所加。」

遥　逍遥也。又遠也。從辵，䍃聲。

【校勘】見新附。

凡附十二字。

彳 小步也。象人脛形，三屬相連也。凡彳之屬皆從彳。（丑赤反）

【校勘】篆形小徐作「彳」。《校録》云：「顧本私改爲『彳』，而部中字皆從『彳』。」蘭按：金文、秦篆刻皆從「彳」，形義未詳。《繫傳校録》謂篆本作「彳」，附會可笑。《文選·魏都賦》注引首句及音。《唐均》十八昔引「小步，象人脛」。《廣均》廿二昔訓「小步也，象人脛」。《玉篇》訓「小步也」。各本無「形」字，《五經文字》訓「小步也。象人脛形，三屬相連」，今據增。

【集解】《句讀》。蘭謂此説可疑，俟訂。「三屬相連也」者，《句讀》。

【眉批】以彳部觀之，似《五經文字》次序不足憑。（《五經文字》「得」次「德」前，「循」次「復」前。）

蘭按：錢本似同，顧本俟考。

德 升也。從彳，悳聲。

【校勘】按篆凡從「悳」者皆作「悳」，獨此篆各本作「悳」。金文亦皆從「悳」，從「直」省。虢叔鐘則作「德」。《篇》、《均》訓同。段云：「升，當作登。」按段説謬，此不必與「遷」爲例。

【集解】錢十蘭《斠詮》曰：「……」桂未谷《義證》曰：「『升』與『登』通，故《喪服》注：『布八十縷爲升，「升」當作「登」。』古『升』、『登』、『陟』、『得』、『德』五字，義皆同。『陟』讀爲『德』者，古聲同。」朱豐芑《通訓》曰：「《易·剥》虞本：『君子德車。』按與『剥廬』對文，登也，升君子以順。『德』亦本字。姚信本以『得』爲之。」

徑 步道也。從彳，巠聲。

【校勘】《廣韵》訓「步道」。

【集解】《月令》：「審端徑術。」《論語》：「行不由徑。」鄭注並云：「步道曰徑。」《通俗文》：「邪道曰徯，步道曰徑。」皆本此。然蘭竊有疑。馬、許既訓「彳」爲「小步」，則從「彳」之字皆當以步義爲先。而「徑」字則以道義爲主，不以步義爲主，似不當置之部首也。古書引《通俗文》與《説文》有相混，如《後漢·輿服志》注引《説文》「令」、「星」，乃《通俗文》，非《説文》。疑此字亦本《通俗文》，後人誤據校入《説文》也。唐本《唐均》引《説文》有「逕」字，訓「近也」。疑《説文》有「逕」無「徑」。（《説文》間「復」、「𢓜」二篆而有「徎」，《玉篇》「徎」下間「德」篆而有「徑」，皆可疑。）

【眉批】疑。

 往來也（謂往來複重也）。從彳，复聲。

【校勘】朱竹君本小徐篆作「」。曶鼎作「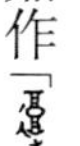」，散盤作「」。《廣均》四十九宥訓同。元應書六引首句，並引「謂往來」一句，蓋舊注或元應語也。《篇》次「𢓜」下「往」上。蘭按：《篇》次是也。（「復」訓「往來」，故承以「往」字。）

【集解】段注。蘭謂不往而來謂之來，必往而再來乃謂之復也。《易・泰》曰：「無往不復。」《雜卦》曰：「復，反也。復曰反，復其道。」《玉篇》「復」訓「返復也」。疑本《易》舊注，誤。《説文》複重之字作「復」，與「復」異也。

 復也。從彳，柔聲。

【校勘】《篇》次「徑」下「復」上，訓同。「柔聲」，大徐作「從柔，柔亦聲」。小徐無「從」字。《韵會》廿六厚引但作「柔聲」，今從之。

【集解】《釋言》文。今作「狃」。《玉篇》曰：「𢓜，或與狃同。」按李巡本蓋作「𢓜」，與許君所見同。故《爾疋》《釋文》引其注曰：「狃，能屈申之復。」謂爲能屈申者。《説文》：「柔，木曲直也。」「𢓜」從「柔」聲，是其義也。今《釋文》「之復」之字誤作「曰」，遂似此句爲「復」之注語。以李氏注例按之，無此也。《詩》：「將叔無狃。」傳：「習也。」箋：「復也。」《左傳》：「莫敖狃於蒲騷之役。」注：「忕也。」錢十蘭以爲前義與此字同，後義與犬部「狃」訓「犬性驕」同。蘭則謂「習」與「忕」一義之引申，皆非許君之本義也。許君以此字列彳部之首，其意固以爲從「彳」，必屬步行矣。其訓爲「復也」，而又次「復，往來也」之下，則許君之意固以「𢓜」爲亦可訓「往來也」。至於轉爲習、忕之義，則必訓爲重複之「複」。許君以「複」作「復」，若許君亦以此篆訓復重之義，則必不次於此。故知許君之義，必爲「往來」之「復」無疑。《詩・時邁》：「懷柔百神。」《詩・民勞》及《左》昭廿傳：「柔遠能邇。」《國語・周語》：「以懷柔之。」諸注皆曰：「安也。」蘭以爲「柔」字實有來義，即「𢓜」字之本義也。習、忕之義皆當爲「狃」之引申，而《釋言》「狃」字實「徖」字之叚。而孫、郭諸家並以叚義奪其本義，蓋皆遜於許君矣。以舊本《爾疋》「徖，復也」觀之，則許義最優，灼然可見。

【眉批】《論語》：「遠人不服則修文德以來之，既來之則安之。」

　徑行也。從彳，呈聲。

【校勘】《玉篇》訓「徑也」，次「德」上。《廣均》訓「雨後徑也」。《句讀》。蘭按：據王説，則「徎」爲實字，不當次此也。「徎」疑即「逞」之異文，許君所不收，故馮本《韻譜》無。小徐本「徎」「丑郢反」，與大徐正同，疑亦校者所加耳。大徐本此文亦校者所廁入，故間於「徖」、「往」二篆之中，不知許君「復」、「徖」、「往」諸篆義相連貫也。（《玉篇》以「徖」、「復」、「往」諸字爲次，蓋承許舊。）今删。

【眉批】《廣均》四十静「徎」字實當爲「彾」字之誤，詳《玉篇》、《廣均》眉批。《廣均》原本或無「徎」字。

　之也。從彳，㞷聲。

【校勘】《九經字様》、《廣均》訓同。

【集解】《釋詁》：「之，往也。」《方言》：「適，往也。」《易·屯卦》：「求而往明也。」虞翻曰：「之外稱往。」「㞷聲」，「㞷」從「屮」，故訓「屮也」。《詩·板》：「及爾出王。」傳：「往也。」「王」即「㞷」之隸變，「㞷」、「往」古今字。

　古文往，從辵。

【校勘】各本無「往」字。《甘泉賦》注引「迬，古文往字也」。據補。《玉篇》辵部：「迬，古文往。」各本篆作「」。《汗簡》：「，出《尚書》。」段據改。按小徐竹君本作「」，錢本作「」，今依之。

【集解】與「迋」字略同（迋，往也）。

忂 行皃。從彳，瞿聲。

【校勘】《篇》訓同。馮本《均譜》訓「行也」，非。按各本有此字，次「往」、「彼」之間。其實此字與足部「躣」字音義並同，是當爲「躣」之重文。本部：「往，之也。彼，往有所加也。」二文相次，不應羼入「忂」訓「行皃」之字。此蓋《玉篇》析重文入彳部，校《説文》者因而羼入此部也。《廣均》十虞：「躣，行皃。忂，上同。」此正「躣」字重文之證。今移入足部。

【眉批】稱入足部「躣」下。

彼 往有所加也。從彳，皮聲。

【校勘】篆各本作「彼」，誤。今據漢印諸從「皮」字改正。石鼓及金文「皮」字皆作「[illegible]」。（《説文》「皮」從「爲」省，此取「爲」之「爪」也。）桂、王以「加」爲「如」之誤，其説非。作「彼」亦可，此隸作「彼」所從出也。若作「彼」，幾不知如何變矣。

【集解】「往有所加也」者，「彼」、「加」疊均。許以「往」釋從「彳」，以「加」釋從「皮」也。「彼」有往義者，「彼」、「此」對文。此部「此」釋曰：「止也。」與「彼往」對文。《釋名》：「往，晆也，歸晆於彼也。」有加義者，經典多用「被」。《堯典》「光被四表」是也。靈臺碑：「德彼四表。」用「彼」字。「彼」字會往、加二義，故居於此而遥指他處或他物曰「彼」。《吕覽・本味》：「道者，止彼在己。」注：「謂他人也。」《先己》：「令困於彼。」注：「亦外也。」言行出於己，加於百姓，則百姓爲彼矣。此正「彼」字之本義，而朱豐芑指爲叚借，誤矣。

徼 巡也。從彳，敫聲。

【校勘】各本作「循也」。《五經文字》、《廣均》卅四嘯訓同。《後漢・董卓傳》注引「巡也」。今據改。本書：「巡，視行也。循，行順也。」二義不同。書傳巡、循二義多混，故《漢書》言「徼循」。

【集解】段注。

循 行順也。從彳，盾聲。

【校勘】桂云：「當爲順行也。」（朱駿聲改同。）《書》疏十一引「行也」。玄應書十三、十七、廿二引同。慧琳書一及二引「行也。從彳，盾聲也」。段據《書》疏、玄應刪「順」字，非。各本次「循」下。案《篇》次「彶」、「徲」下。小徐次「彶」下。此蓋大徐見「徼」注「循也」，因移以相次耳。不知「徼」注當作「巡」，與此字義不同也。今依小徐。

【集解】《句讀》。按：《文選》注引《廣疋》：「循，從也。」《淮南·本經》：「五星循軌。」注：「順也。」

彶 彶彶，急行也。從彳，及聲。

【校勘】各本作「急行也」。《玉篇》訓同。玄應書五及十三、十七並引「彶彶，急行也」。據補。

【集解】「彶」、「急」疊均。《廣疋》：「彶彶，遽也。」《問喪》曰：「望望然，汲汲然，如有追而弗及也。」《文子·上德》：「君子曰汲汲以成煇。」玄應曰：「彶，今皆從『水』作『汲』。」

徾 行皃。從彳，眔聲。一曰此與馺同。

【校勘】《玉篇》訓「行皃。與馺同，或䟒字」。《廣均》訓「眔行皃」。

【集解】「迨遝，行相及也。誻諸，語相及也。眔，目相及也。騇馺，馬行相及也。」（《說文》：「馺，馬行相及也。」《切均》：「騇馺，馬行。」）《玉篇》謂「與馺同」，當謂此字亦假爲「馺」也。又云「或䟒字」者，本書：「䟒，進足有所擷取也。」義皆相近。然此字與「迨」字聲義極近。至《吴都賦》「儸譶翜㵘」，《琴賦》「紛儸譶以流漫」，則皆與「誻諸」義相當。「諸」與「譶」音近也，與此字本義無關。

微 隱行也。從彳，㣲聲。《春秋傳》曰：「白公其徒微之。」

【校勘】慧琳書一引「隱行也。從彳，㣲聲也」。《玉篇》、《廣均》引首句。

【集解】《句讀》。

 徥徥，行皃也。從彳，是聲。《爾疋》曰：「徥，則也。」是也。

【校勘】大徐無「也」字。小徐則「也」上有「尾」字。「是也」二字今補。《篇》、《均》訓「行皃」。

【集解】「徥徥，行皃也」者，《爾疋・釋訓》：「懕懕、媞媞，安也。」《詩・葛屨》疏引孫炎注：「提提，行步之安也。」案：孫本蓋作「徥徥」，故與許說合也。《檀弓》：「吉事欲其折折爾。」注：「折折，安舒皃。」引《詩》「好人提提」，亦謂讀「折折」爲「徥」也。許於「徥」蓋亦有安義，故次「徐，安行也」之上。《方言》六：「徥，行也。朝鮮洌水之間或曰徥。」注曰：「徥，皆行皃。」「從彳」，案或作「偍」。《荀子・修身》曰：「難進曰偍。」「《爾疋》……是也」者，《釋言》文。「徥」，今本省作「是」。據《玉篇》訓「則也」，知六朝古本尚作「徥」。好人安諦之容（《葛屨》傳：「提提，安諦也。」），可爲法則也。此引申之義。（《句讀》說誤）

 安行也。從彳，余聲。

【校勘】《篇》、《均》引首句。《五經文字》訓同。

【集解】《易・困》：「來徐徐。」馬云：「安行皃。」《詩・北風》：「其虛其邪。」箋云：「邪，讀如徐。」《釋文》云：「《爾疋》作『徐』。」《釋訓》：「其虛其徐，威儀容止也。」郭云：「雍容都雅之皃。」「從彳」者，朱豐芑曰：「以『徑』從『彳』、『路』從『足』、『道』從『辵』、『行』訓『道』例之，『徐』亦訓『道』。字古借『涂』，後變作『途』，又作『塗』。《爾疋・釋宮》：『堂途謂之陳。』又：『路，旅途也。』《釋邱》：『堂涂梧邱。』」蘭謂朱說是也。然「途」即「徐」字，古「彳」、「辵」多通，非變也。訓道路者，引申之義。

 行平易也。從彳，夷聲。

【校勘】范應元注《老子》、《廣均》引同。

【集解】《釋詁》：「夷，易也。」《句讀》。「夷聲」者，《釋詁》作「夷」，《詩》「岐有夷之行」同。

𢔩 使也。從彳，𧦝聲。

【校勘】《篇》、《均》訓同。段云當作「𢔩夆，使也」。按段說非。《詩》、《爾疋》皆以單字爲義。

【集解】《釋詁》：「俾、拼、抨，使也。」以「拼」字爲之。《釋文》曰：「以利使人曰拼。」按「𢔩」從「甹」聲。「甹」注：「三輔謂輕財者爲甹。」是以利使人之義也。《詩・桑柔》：「荓云不逮。」傳曰：「荓，使也。」以「荓」字爲之。《小毖》：「莫予荓蜂。」傳：「荓蜂，掣曳也。」原本《玉篇》「甹」注引作「甹蜂」。《釋訓》：「甹夆，掣曳也。」以「甹」字爲之。他人使之，故掣曳也。「𧦝聲」，本書無「𧦝」。段云：「皆云當爲從『言』、『甹』聲。」蘭謂「甹」訓「亟詞也」，古本當有重文從「言」從「甹」之「𧦝」字，今脱之耳。《玉篇》：「𧦝，言也。」

𢓜 從也。從彳，夆聲。讀若蠭。

【校勘】「蠭」，各本誤「螽」，依汪本小徐改。嚴云當作「夆」，非也。《篇》、《均》訓同。段疑作「𢔩𢓜也」。按段說似非。

【集解】《爾疋》：「甹夆，掣曳也。」說見上「𢔩」字下。「讀若蠭」，今《詩》作「荓蜂」。

𢓊 迹也。從彳，戔聲。

【校勘】《均》訓同。

【集解】段注。《句讀》。蘭按：本書：「衜，迹也。踐，履也。」義皆相近。未知何故分隸三部。俟考。又按：疑「踐」謂足履，静字也。「𢓊」、「衜」謂行履，動字也。《士相見禮》：「不足以踐禮。」注：「行也。」《左》文元傳：「踐修舊好。」注：「猶履行也。」

 附行也。從彳，旁聲。

【校勘】《玉篇》、《五經文字》訓同。《文選》邱遲詩注引「傍，附也」，「徬」誤作「傍」。

【集解】段注。《句讀》：「《牛人》……迴別。」蘭按：依傍與附行不過一動一静耳，王説非。傍近者，四邊之謂。《爾疋·釋宫》：「道二達謂之歧旁，三達謂之劇旁。」《釋名·釋道》：「物兩爲歧，在邊曰旁。」按「旁」爲道當作「徬」也。《論語》：「放於利而行。」以「放」爲之。

 待也。從彳，奚聲。

【校勘】《篇》、《均》（十一薺）訓同。

【集解】《釋詁》文。段注。

 徯，或從立。

【校勘】各本「竢」作「蹊」，「立」作「足」。按《篇》、《均》皆「徯」、「蹊」各字，聲義不同。《詩·緜》《正義》引《説文》：「蹊，徑也。」與《篇》、《均》「蹊」義合。《玉篇》「徯」注云：「或爲竢。」立部「竢」下云：「待也。亦作徯。」蓋古本《説文》「徯」下重文本作「竢」也。或誤作「蹊」，遂删足部「蹊」字，而蹊徑之義無歸宿矣。今校正，而别「蹊」字於足部。

【集解】「從立」者，與「竢」同義。

 竢也。從彳，寺聲。

【校勘】「竢」，顧本小徐作「竢」，非。《篇》、《均》訓「俟也」。

【集解】《釋詁》：「竢，待也。」本書立部同。「寺聲」者，段注。

𢓊　行𢓊𢓊也。從彳，由聲。

【校勘】《篇》、《均》引首句。

【集解】經傳作「油」。《孟子・公孫丑上》：「故油油然與之偕。」注：「浩浩之貌。」《史記・司馬相如傳》：「雲之油油。」《集解》：「雲行貌。」《家語・五儀》：「油然若將可越而終不可及者。」注：「不進之皃也。」

徧　𠣾帀也。從彳，扁聲。

【校勘】各本作「帀也」。《五經文字》訓同。《玉篇》訓「周帀也」。按周帀義唯見《易》孟、虞注，顧野王引《易》則惟王注。此云「周帀」者，蓋即本許君。今據補。説詳【集解】。

【集解】「𠣾帀也」，本書：「𠣾帀，徧也。」「𠣾帀」二字連文。《易・益卦》：「偏辭也。」《釋文》云：「孟作徧，周帀也。」按許君《自序》其偁「《易》孟氏」，故「徧」、「𠣾」二字訓正本孟《易》也。虞注亦云「周帀也」。按虞亦本孟氏《易》也。《燕禮》注：「今文『辯』皆作『徧』。」按古文《易》有「偏」字而《禮》無之。

徦　至也。從彳，叚聲。

【校勘】《廣均》卌二馬「假」下引《説文》「又作徦，至也」。《玉篇》、《五經文字》訓同。

【集解】段注。蘭按：金文皆用「各」字。

復　卻也。從彳、日、夊。（夊，行遲曳夊夊也。）

【校勘】《九經字様》引首句。《篇》「退」下訓同，「復」下云「古退字」。《廣均》：「退，卻也。《説文》作『復』。」「從彳、日、夊」，大徐作「從彳，從日，從夊」。大徐有「一曰行遲也」五字在「從彳」上。小徐同，無「也」字，在「夊」下。段云：「疑後增。」蘭按：行遲義與卻相類，本書：「夊，行遲曳夊夊也。」蓋舊注取以釋「從夊」，因而混入正文耳。今校正附著於下。

【集解】《廣疋》：「卻，退也。」「從彳、日、夊」者，段云：「彳，行也。行而日日遲曳，是退也。」

 復，或從內。

【校勘】《玉篇》：「衲，同復。」又辵部：「逈，退古文。」《九經字樣》：「古文或作逈。」《韵會》引《説文》作「逈」。

 古文復，從辵。

【校勘】各本無「復」字，今補。《篇》、《均》、《九經字樣》皆云：「古文退。」

【集解】今隸所從變也。

 遲也。從彳、幺、夊。（夊者，後也。）

【校勘】《篇》、《均》引首句。顧本小徐脱「彳」字。各本「幺夊」下有「者後也」三字，段於「者」上補「幺夊」二字。蘭謂當但補「夊」字，乃舊注也。今校正附著於下。

【集解】《論語》：「非敢後也，馬不進也。」

 古文後，從辵。

【校勘】《篇》、《均》：「逡，古文後。」

 久也。從彳，犀聲。讀若遲。

【校勘】《篇》訓同。《廣均》作「徲」，訓「久待」。桂、段皆云「久」當作「夊」。按二説非，「夊」與「遲」義近。

【集解】《廣疋》：「遲，久也。」《荀子・修身》：「故學曰遲。」注：「待也。」《禮》曰：「遲之又久。」

 不聽从也。一曰行難也。從彳，皀聲。

【校勘】《華嚴經音義》訓「不聽從也」。「从」，小徐作「從」。各本「聲」下有「一曰盭也」四字，小徐無「也」字。《均會》無之。按盭義與不聽从義相複。本書：「詪，戾也。」是因「詪」下之文誤衍也，今删。

【集解】从，相聽也。《左》襄廿六傳：「太子痤美而狠。」服注：「狠戾不從教。」《莊子·漁父》：「見過不更，聞諫愈甚，謂之很。」《吴語》：「今王將狠天而伐齊。」注：「違也。」蘭按：閱狠之字當作「狠」，狠戾之字當作「詪」。「行難也」者，本書：「艱，土難治也。限，阻也。」

 相迹也。從彳，重聲。

【校勘】玄應書四引首句，「徸」作「踵」。按此順經文也。《玉篇》訓同。《切均》訓「相跡」。《廣均》訓「相跡也」。

【集解】《廣疋·釋詁三》：「踵，迹也。」《後漢·皇后紀》注：「踵，跡也。」按此字與踵義區别未明。

 行有所㝵也。從彳，㝵聲。

【校勘】各本篆從「」。馮本《均譜》、錢本小徐作「」。解從「㝵」聲。下有「，古文，省彳」。見部：「㝵，取也。從見，從寸。」與此古文正同。嚴、桂、王諸家皆據衛宏《官書》「得」、「㝵」同體，疑此古文爲後人據彼説所加。朱駿聲則於見部「㝵」篆引或説「當從貝」。蘭按：諸説多誤。《説文》此篆及古文皆當從「貝」。《玉篇》貝部：「䙷，多勒切。今作得。」是即《説文》之古文也。殷卜辭有「」、「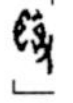」、「」諸字，皆可爲此篆及古文從「貝」之確證（虢叔鐘作「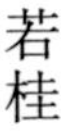」，亦從「貝」）。若「㝵」則隸於見部，自宜從「見」。《玉篇》見部：「㝵，丁勒切。取也。今作㝵，亦作䙷。」是本與「㝵」、「得」無關也。二字之分，於《説文》、《玉篇》本自昭然。自隸書以「㝵」、「㝵」並作「㝵」形，而二字相混。今《説文》遂誤「得」、「㝵」爲「得」、「㝵」，而馮本《均譜》遂删去重出之「㝵」字，徑以「取也」之義歸「得」，而「行有所得」之義亡矣。若桂、嚴、王諸家則非但不知「得」、「㝵」爲從「貝」之誤，又將删去古文矣。苟非卜辭、金文存其字體，《玉篇》可爲確證，則亦安從而得

許君之舊邪？今校正作「得」、「㝵」。説解「㝵」，各本誤「得」。段注云云，今據改。小徐無「也」字。「㝵聲」，舊作「㝵聲」，今校正。

【集解】《孟子》：「求則得之。」

徛　舉脛有度也。從彳，奇聲。

【校勘】「度」，各本作「渡」，依馮本《均譜》改。《均會》引同。《釋宫》《釋文》引作「舉脚有度也」。《類篇》引作「舉足以渡也」。《玉篇》訓「舉足以渡也」。《五經文字》訓「舉脛有渡」。《廣均》五支内無此字。

【集解】王筠云：「謂舉脛而有所過度也。」《釋宫》：「石杠謂之徛。」蘭按：此引申之義，以動字爲實名也。

徇　行示也。從彳，勻聲。《司馬法》：「斬以徇。」是也。

【校勘】《玉篇》引首句。玄應書十二引「行示曰徇」。《六書故》十六引唐本「旬聲」。《五經文字》：「徇，循也。」作「徇」。蘭按：「勻」、「旬」古通。《篇》、《均》皆從「勻」，今姑仍之。《書》疏十一「徇，疾也」。按「徇」當爲「佝」，字之誤也。義見人部。「是也」二字，今增。

【集解】《漢書·陳勝傳》、《劉屈氂傳》顔注並同。皆本此。元應曰：「行走宣令曰徇。」《周禮·司市》：「中刑徇罰。」注：「舉以示其地之衆也。」蘭按：《釋言》：「徇，徧也。」《古今字詁》：「徇，巡也。」皆此字引申之義。「《司馬法》『斬以徇』」者，《漢書·高帝紀》注引《司馬》同。《博物志》：「《司馬法》，周公所作。」《史記·自序》：「自古王者而有《司馬法》，穰苴能申明之。」《司馬穰苴傳》：「齊威王使大夫追論古者司馬兵法，而穰苴於其中，因號曰《司馬穰苴兵法》。」《漢書·藝文志》：「《司馬法》，百五十五篇。湯、武爰命以師克亂而濟百姓，動之以仁義，行之以禮讓，《司馬法》是其遺事也。」蘭按：太史公所作《穰苴傳》疑即本《穰苴兵法》。傳云：「於是遂斬莊賈以徇三軍。」疑即許君此文所節引者矣。（《史記》《正義》：「徇，行示也。」亦本許説。）

 均布也。從彳，聿聲。

【校勘】 蘭疑「均」當爲「彴」，説詳下。

【集解】「均」、「律」雙聲。桂未谷曰：「按義當是均也，布也。《樂記》：『樂，所以立均。』《周語》：『律，所以立均出度也。』《樂叶圖徵》：『聖人往承天助以立五均。均者，六律調五聲之均也。』宋均曰：『均長八尺，施弦以調六律五聲。』《釋器》：『律謂之分。』《禮運》注：『陽曰律，陰曰吕。布在十二辰。』」蘭按：均、布之説，桂氏盡矣。然竊疑「律」字從「彳」從「聿」，「彳」具行義，「聿」具書義，若以律吕爲訓，似非許君本意。「均」或爲「彴」之誤，承上文「彴」字而來，謂行而布其事也。《爾疋・釋詁》：「律，法也。」《釋言》：「律，述也。」《易》：「師出以律。」《中庸》：「上律天時。」皆其本義。（《廣疋・釋言》：「律，率也。」《春秋元命苞》：「律之爲言率也，所以率氣令達也。」）《周禮》有讀法之官，則其律令之布於民也。律、度、量、衡之「律」似爲引申之義。（又按：「建」下訓「立朝律也」，「律」之本義可知矣。）

 使馬也。從彳、卸。

【校勘】「卸」上大徐有「從」字。段云：「卸亦聲。」《玉篇》馬部：「馭，古文御字，使馬也。」《廣均》：「馭，使馬也。」

【集解】 元應書一云：「馭，今作御，駕馭也。」謂指麾使馬也。段注。

 古文御，從又、馬。

【校勘】 見上注。

【集解】《周禮》：「馭夫掌馭貳車。」《保氏》：「四曰五馭。」《管子・形勢解》：「馭者，操轡也。」《荀子・哀公》：「東野子之善馭。」

亍　步止也。從反彳。讀若畜。

【校勘】《玉篇》引「步止也。從反彳」。

【集解】《文選·射雉賦》：「彳亍中輟。」徐爰注：「彳亍，止貌也。」《白馬賦》：「秀騏齊亍。」

凡三十五字。

【校勘】各本文三十七。今删「徎」字，移「躩」字入足部，實得三十五字。

重七字。

廴　長行也。從彳引之。凡廴之屬皆從廴。

【校勘】《玉篇》、《五經文字》訓同。《五經文字》引「從彳引之」。《廣均》訓「長行之皃」。

【集解】「廴」、「引」同音。《玉篇》：「廴，今作引。」按《爾疋·釋詁》：「引，長也。」《詩》「勿替引之」，傳同。凡諸訓長、訓進、訓道之字，本當作此「廴」。「引」形聲俱，故「引」行而「廴」廢矣。「引」止爲開弓之義。

廷　朝中也。從廴，壬聲。

【校勘】《後漢·郭太傳》注引首句。汪本小徐誤作「從壬，廴聲」。

【集解】《論語》：「其在宗廟朝廷。」《句讀》：「广部……爲别耳。」蘭按：古者自天子至大夫皆有朝，朝於廟門之外，此廷也。寢門之外，則庭也，故庭曰「宮中」。王説非。段注。「從廴，壬聲」，「壬」下云：「朝廷也。」金文中「廷」字皆作「⿺乚壬」，從「乚」、「壬」聲。

 行也。從廴，正聲。

【校勘】《玉篇》訓同。《汗簡》引「延」。《廣均》以爲同「征」字，誤也。同「征」者當作「迋」。

【集解】《句讀》。「從廴，正聲」者，《史記》：「延道弛兮。」《漢書》作「正」。段注：「漢武帝……亦非也。」

 立朝律也。從聿，從廴。

【校勘】段及朱駿聲曰：「從『律』省，『廷』省。」蘭按：此解變「從聿」在上，疑非許君舊例。或本在聿部而言「從『聿』從『廷』省」乎？「聿」即「律」，不必從「律」省。《句讀》云：「不先言『從廴』者……之意。」似穿鑿。

【集解】《周禮》：「惟王建國。」注：「建，立也。」「立朝律者」，未詳所出。王《句讀》説鑿。

凡四字。

【校勘】各本作「文四」。

 安步延延也。從廴，從止。凡延之屬皆從延。

【校勘】《廣均》引首句。《篇》訓「延延安步也」。《五經文字》「延」注：「延，從止從廴。」

【集解】目部「䁩」從「延」，云：「相顧視而行也。」《元龜經·無妄日》：「貞顛顛，趾延延。」

 長行也。從延，厂聲。

【校勘】《文選·始安郡還郡詩》注引「長也」。各本從「丿聲」，聲類不近。桂謂當從「厂」，是也。今依正（段私改之，而不言其故）。《五經文字》：「延，從丿從延。」

【集解】《釋詁》：「延，長也。」段注。「厂聲」者，段注。

凡二字。

【校勘】各本作「文二」。

 人之步趨也。從彳、亍。凡行之屬皆從行。

【校勘】《玉篇》引首句。

【集解】段注。「從彳、亍」者，按殷契及金文並作「卝」，或疑「行」字當以道路爲正訓。蘭按：據《釋宫》所言，「跱」、「步」、「趨」、「走」、「奔」諸字皆主於人，是「行」亦當主於人也。《釋名》：「兩足進曰行。」疑古自有「」字，象三屬之形，與「卝」不同也。

 邑中道也。從行，朮聲。

【校勘】《篇》、《均》引首句。《九經字樣》訓同。琳書三引「術，道也。從行，朮聲」。

【集解】《倉頡篇》訓同。《玉燭寶典》引《字林》：「邑中道曰術。」《急就篇》顔注：「邑中之道曰術。」《句讀》：「《月令·孟春》……遂上之徑也。」

 四通道也。從行，圭聲。（音佳）

【校勘】《廣均》引首句。《篇》訓同。《西都賦》注引「四通也」及音。

【集解】《句讀》。《史記·貨殖傳》：「洛陽街居在齊秦楚趙之中。」

 四達謂之衢。從行，瞿聲。

【校勘】《玉篇》訓「四達道也」。馮本《均譜》作「四達之道」。似可據改。慧琳書一引「從行，瞿聲也」。

【集解】《釋宮》文。《淮南・繆稱訓》注：「道六通謂之衢。」蘭謂書傳無六通之義，「六」即「四」之誤，篆形訛也。

　通道也。從行，童聲。《春秋傳》曰：「及衝，以戈擊之。」是也。

【校勘】《廣均》引首句。解「衝」字，小徐省作「衝」。李燾本無「戈」字。段、王皆從之。段注曰：「……」蘭按：段説泥，不可從。「是也」二字今加。

【集解】今作「衝」。《漢書・酈食其傳》：「夫陳留，天下之衝，四通五達之郊也。」「《春秋傳》曰」者，昭元年傳文。今本曰：「及衝，擊之以戈。」杜注：「衝，交道。」

　通街也。從行，同聲。

【校勘】《篇》訓同。《均》訓「通街」。

【集解】《句讀》。按本桂説，俟考《南齊書》。

　迹也。從行，戔聲。

【校勘】小徐作「跡也」。汪本小徐作「踐也」。《繫傳校勘記》議改爲「踐迹也」。《繫傳校録》、《説文句讀》議改爲「後迹也」。並據汪本。蘭按：汪本不可據，二説並非。《篇》、《均》並訓「蹈也」。

【集解】與「後」覆，未詳。

　衙衙，行皃。從行，吾聲。

【校勘】各本無「衙衙」二字。《廣均》九魚引「衙衙，行皃」，據補。《兩漢刊誤補遺》引「行皃。音語」，無他音。《甕牖閒評》一引「音語」，無他音。蘭按：據此，則大徐本「魚舉切」下別有「又音牙」三字，非也。

【集解】《九辨》：「導飛廉之衙衙。」

䘕　行喜皃。從行，干聲。

【校勘】《篇》次「衍」、「衙」後。朱駿聲私改爲「喜皃」。

【集解】《句讀》。又補正。

衒　行且賣也。從行、言。

【校勘】各本「賣」作「賣」。《玉篇》引首句，同。據桂説改。「言」上大徐有「從」字。段玉裁曰：「言亦聲也。」《唐均》：「眩，行賣。又作衍、衒。」（《廣均》脱此句，誤。）

【集解】本書：「賣，衒也。」謂且行且賣也。《廣雅》：「衒，賣也。」《楚辭・九思》：「欲衒鬻兮莫取。」注：「行賣曰衒。」段注。

整理説明：

《古文字學導論・自敘》云「筆者最先是治《説文》的，曾做過《説文注》四卷，未完成，稿本今陷在遼寧」，其後找回其中二、四兩卷。現存稿本即找回者，係毛紙，無欄格，每卷裝訂一册。第二卷一百十八頁，約十三萬四千字，注文内容是《説文解字》第一卷下篇中、艸、蓐、茻四部；第四卷四十二頁，約四萬三千字，注文内容是《説文解字》第二卷下篇正、是、辵、彳、廴、延、行七部。唐先生的《唐氏説文解字注》四卷，已完成《説文解字》的第一卷全部和第二卷的大部。書名係自題。

該書卷四題下自注「始於癸亥五月十八」（一九二三年）。卷二卷首《識》云：「吾自去年冬成第一卷，今年在館中，自春徂夏所箋不百字，竊自愧。暑假歸乃力爲之……今日夕，始力疾竟第二卷。」末題「七月初三晚」。可見全書四卷寫於一九二一年至一九二三年間，即《天壤閣甲骨文存・序》云：「居錫三年，成《説文注》四卷。」

現存稿本保存尚好，但個别頁下部及頁中有磨損缺字，原稿無標點。

本次整理：

一、書的正文用大字，注文用小字，以相區别。

二、正文要删除的衍文用方框框起，新補的奪文不加符號，如果所補爲舊注或音切，則用括號括起。

三、注文分校勘、集解、發明、音韻、轉音、附録等部分，原稿用方框將相應標題括起，今統一用【】號括起。

四、眉批文字移入相應注文的最後，用**【眉批】**標記。

五、注文中原用雙行小字夾注者，今改爲單行，與注文同大字，並用括號括起。

（劉洪濤）

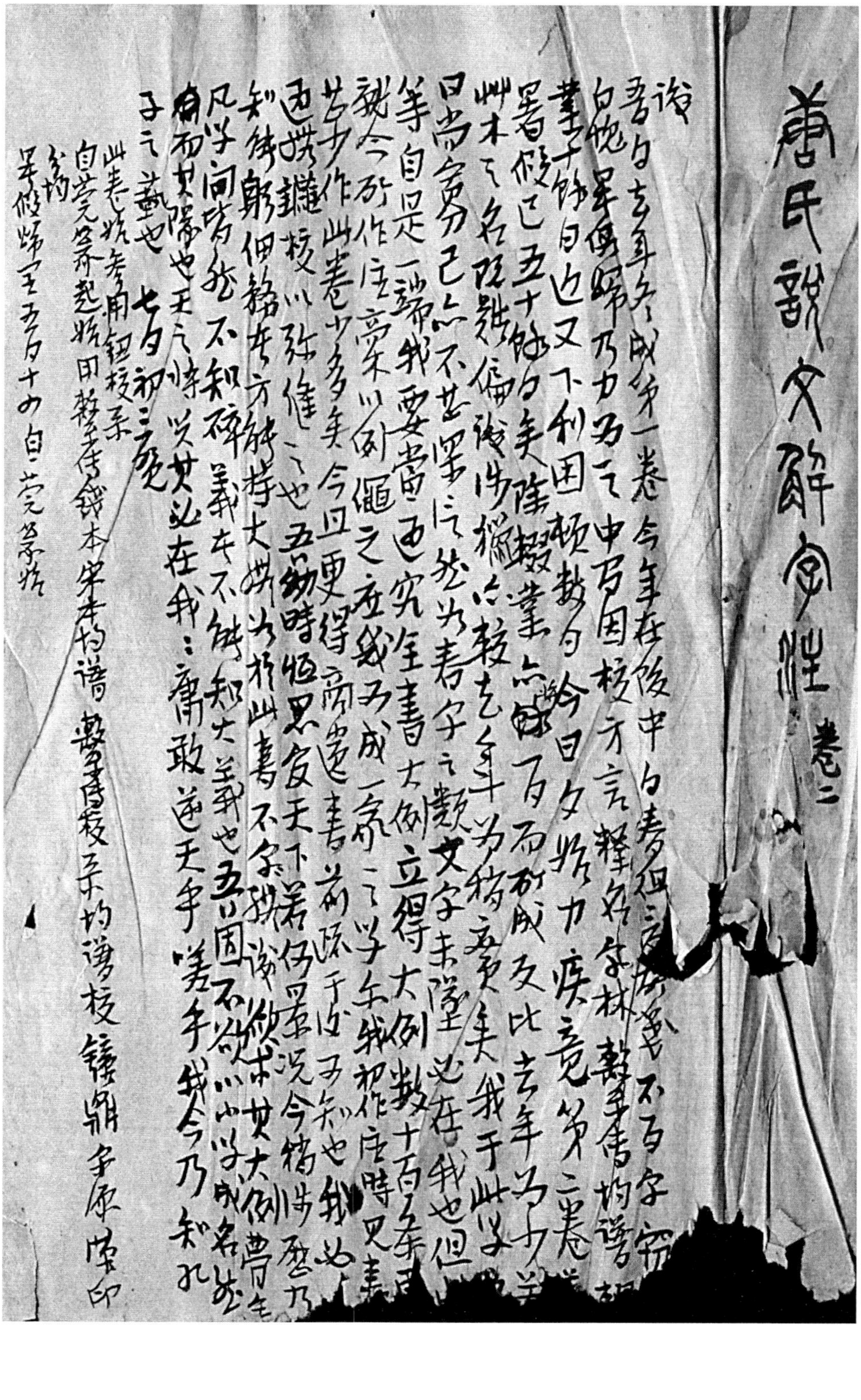
黃氏說文解字注　卷二

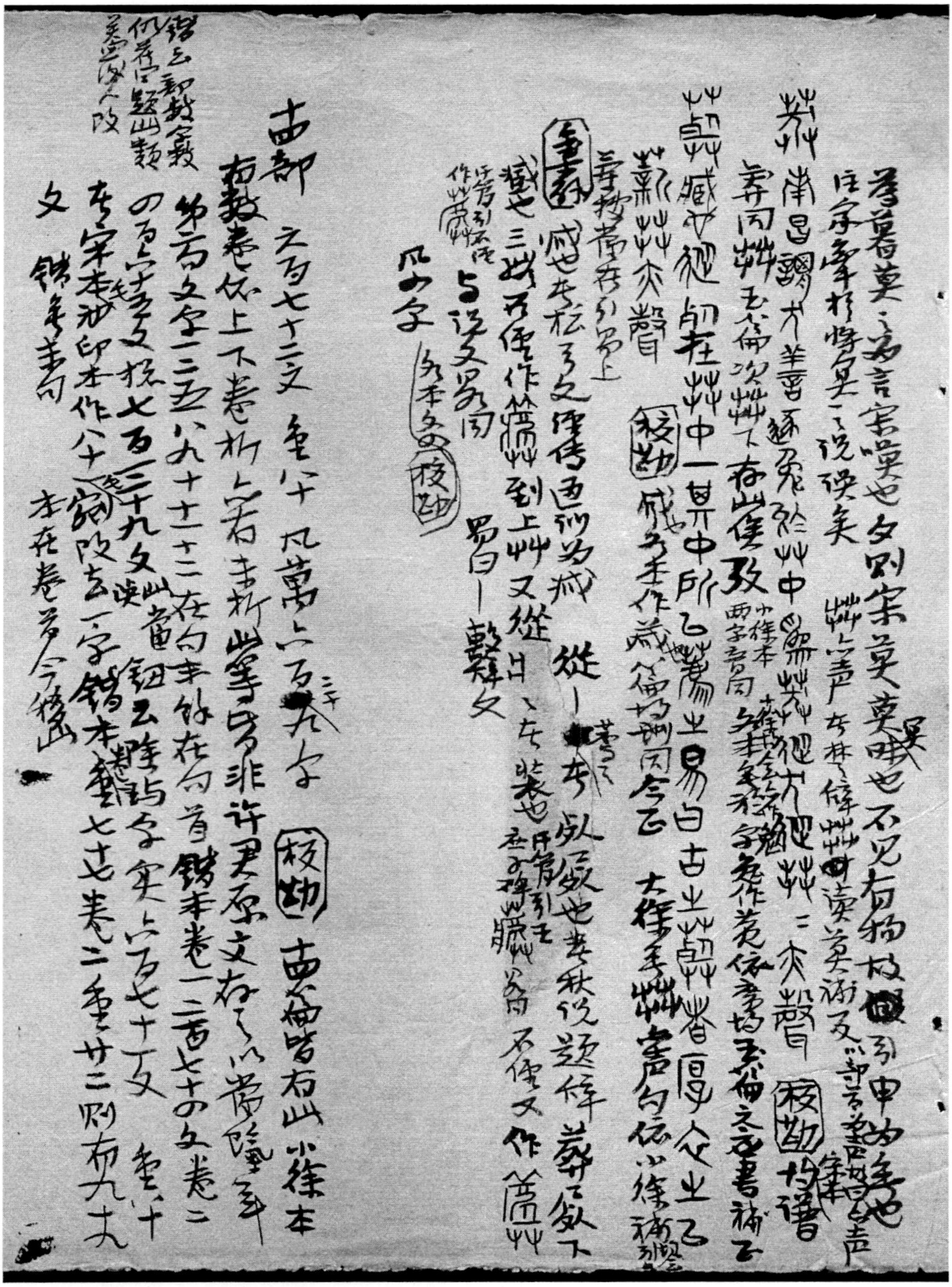

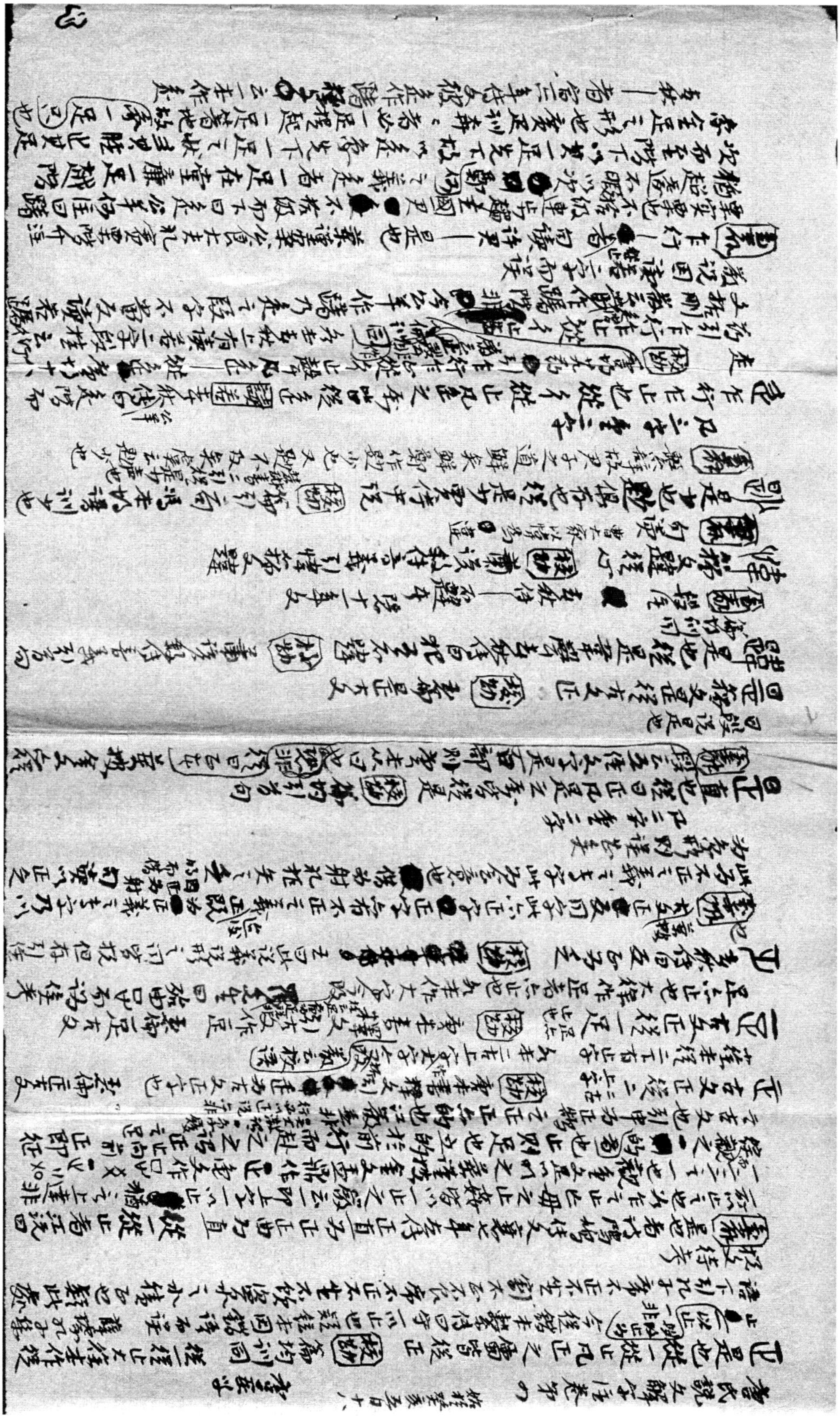

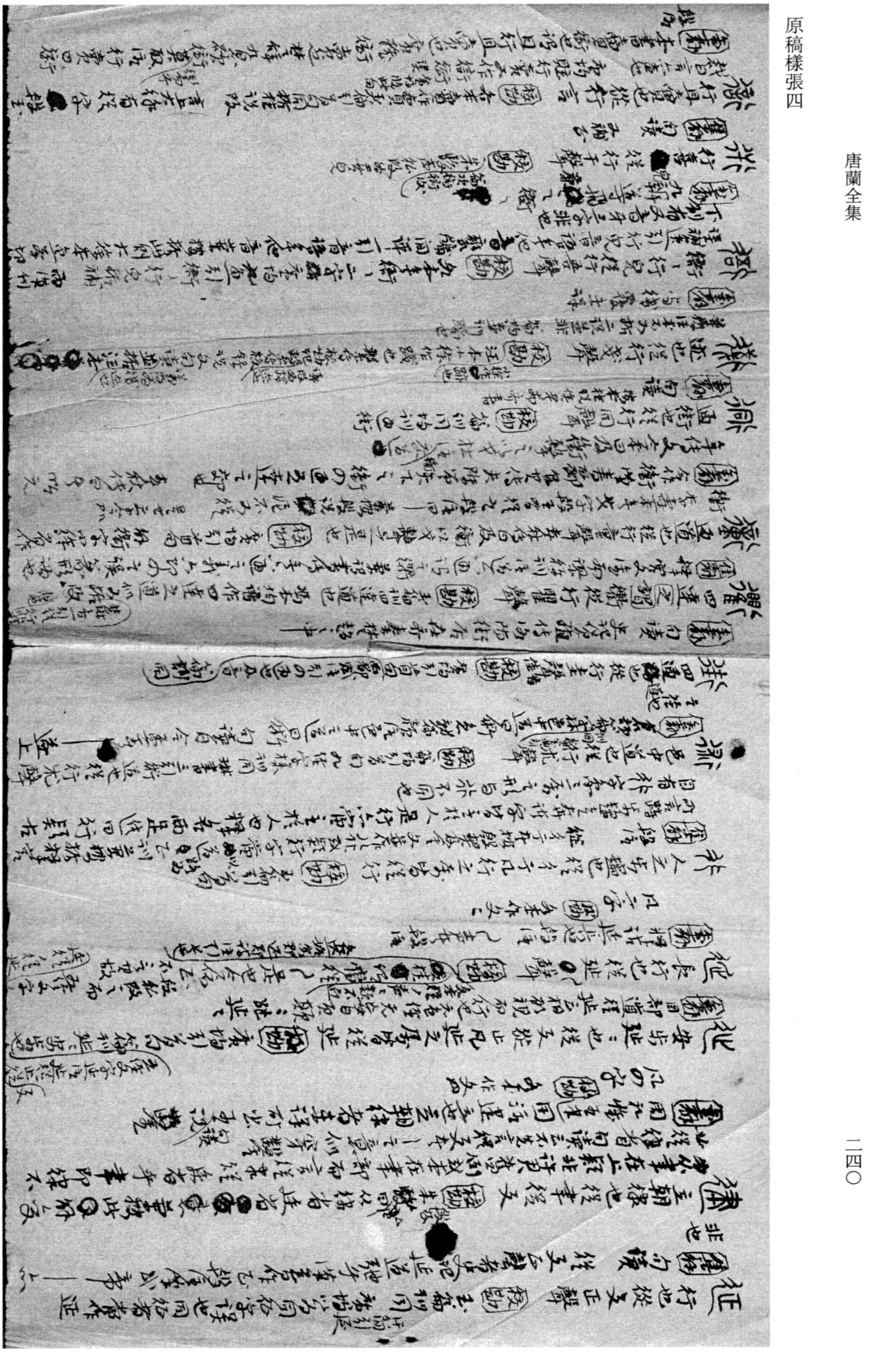

原稿樣張四

説文解字箋正

條　例

一、先就《詁林》校讀一過，次讀《詁林續篇》、《説文釋例》、《説文古籀疏證》，箋下己意。再就甲骨、金文、鉩印、匋器、碑版、木簡，每字必徵其證。

二、《説文》畢後，再取其他古書及字書中《説文》未録之字，每字考之，已録之書，亦可參證。

三、甲骨、金文中《説文》所無之字，當另搜集。

四、《説文部首訂》之類，泛取僞造古文，如「玉」引《六書分類》作之類，今概不取。

【眉批】廿五年十二月起，初讀《詁林》。

一部

此部當收「一」、「二」、「三」、「亖」四字，原所收各字均非從「一」。

【眉批】一篇上。

一

 古文一。

見國山碑。小徐説：「弋，杙也。」《六書故》謂「『弌』不能古於『一』」，甚是；謂「『弌』當爲小篆」，誤。凡此六國古文，段以爲「倉頡古文」，誤。王紹蘭以爲「甄豐等改定古文」，亦誤。王煦謂「『弌』從『弋』聲，『弍』、『弎』因『弌』而遞加，前修謂古文不盡可以六書推，此類皆是」，誤。當從「弋」、「一」聲。然此乃文飾之字，非形聲正軌，「一」固非聲母也。

 始也。從一，兀聲。

從《六書故》所引，一本《説文》及唐玄度《九經字樣》。《繫傳》云：「俗本有『聲』字，人妄加之也。」是鍇以爲不能從「兀聲」耳。戴伯説：「從『儿』從『二』（上），人上爲首。」林義光解爲「人首」，較近之。今按「元」、「兀」一字，本當作「」。三體石經「元」古文作「」。

【眉批】「兀」同字。

 顛也。至高無上。從一、大。

本作「」，不從「一」、「大」。吴清卿謂：「人所載也，天體圜，故從『●』。」卜辭或作「」，羅以爲「『二』即『上』字，人所

戴爲天」，並誤。林義光説是。按「其人天且劓」、《山海經》「刑天」當作「」，乃別一字，與此異。

 大也，從一、不聲。

漢石經作「」。《吴録》闞澤云：「不出十年，丕其没矣。」蓋截「𣎴」爲「不」、「十」二字也。金文及古書並以「不」爲「丕」，古蓋無「丕」字。不降（？）矛作「」，毋不敬鉩作「」，匋文作「」（此三事見《古籀補補》，當更詳考），蓋即隸書「𣎴」字所從出。凡直垂之筆多加肥作「」，更變而爲「十」。是「𣎴」即「不」之異文，後人誤謂爲兩字。又變爲「丕」，以爲從「一」從「不」耳。此與「卒」、「隼」等字同。

【眉批】「不」同字。宋公佐戈「丕陽」作「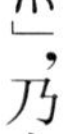」，乃上畫變兩畫之例。

 治人者也。從一，從史，史亦聲。

矢彝、石鼓有「吏」字「」。「吏」即「事」字也，許説誤。本不從「一」，當入又部。

【眉批】「事」同字。

上部

祇應有「上」、「下」二字，餘不從「上」。

二 高也。此古文上，指事也。

「二」，今本作「丄」，非是。甲骨、彝器作「」、「」，無作「丄」者。作「丄」始於天發神讖［古匋「丄公」（？）］。以《説文》本書例之，「帝」、「旁」、「示」並從「二」，則此部首不當作「丄」可知。今從段改。徐灝謂：「段氏訂正古文『上』作『二』，

宋張有《復古篇》、李從周《字通》皆如此作，蓋《説文》舊本如是。」許云「指事」，非是。此亦象形。象形有實名，有玄名。玄名最少，「上」、「下」、「方」、「圓」是也。

【眉批】秦公鐘「不豙才上」之「才上」二字，舊誤識「上帝」，以「上」爲作「丄」，誤。

□ 篆文上。

璽印、匋器多作「□」或「□」，三體石經古文「□」，篆文「□」，繹山作「□」。段改「丄」爲小篆，誤。

□ 諦也，王天下之號也。從二，朿聲。

□ 古文帝。古文諸丄字皆從一，篆文皆從二。二，古文上字。辛、示、辰、龍、童、音、章皆從古文二。

小徐本「辛」下有「言」字。金文或作「□」，卜辭或作「□」、「□」、「□」、「□」、「□」，三體石經古文作「□」，與卜辭合。《説文》謂「帝」從「朿」聲，鄭樵《六書略》謂：「□，象花蒂之形，假爲帝王字。」後儒多從之。吳大澂至謂「▼」爲「帝」字，其實非也。王筠、朱駿聲、徐灝等並疑「朿」作「□」與字體不合，王謂「恐字形失傳，許君以意爲之」（《釋例》）。彼因未見古文「帝」字率多作「□」、「□」也。又卜辭或逕作「□」，而金文「速」字、「積」字偏旁多作「□」，是「帝」即「朿」字之歧者，由「□」而「□」而「□」也。

【眉批】「朿」同字。

□ 溥也。從二闕，方聲。

見漢隸。

□ 古文旁。

見漢隸。

旁　亦古文旁。

卜辭作「□」、「□」，金文作「□」（《金文編》「□」字實「方」，非「旁」）。古文小篆均譌變。許説「從『上』闕」，錢坫云「從人」，諸家多從之，誤。林義光謂「從凡」，是也。從「冂」及「井」者，並「冂」之變。

旁　籀文。

此當從「雨」、「方」聲，入雨部。此特《籀篇》假借爲「旁」耳。

二　底也。從反上爲下。

「二」，各本作「丅」，依段改。從小徐本。大徐本無「從反上爲下」句，有「指事」二字。天發神讖有「丅」字。

下　篆文下。

會稽刻石同。魚匕及古鉩、古匋作「□」。

示部

示　天垂象，見吉凶，所以示人也。從二。三垂，日、月、星也。觀乎天文，以察時變，示神事也。

□　古文。

「□」，依小徐。大徐作「□」，非。卜辭作「□」、「□」、「□」、「□」、「□」、「□」、「□」等，金文偏旁作「□」、「□」。許

說「天垂象」云云，章太炎說本義「即三辰之『辰』」，均非。鄭樵謂「象旗斿之形」，周伯琦謂「即今『旗』字」，亦非。字本作「丅」，當是石几之類，可以薦祭物者。

祜　上諱。

金文「祜」、「祜」。

禮　履也，所以事神致福也。從示，從豊，豊亦聲。

三公山作「禮」，國山作「禮」，石經《君奭》篆文同，古文作「豊」，碧落作「豊」。今按金文「醴」字偏旁與「豐」字亂。王靜安謂「豊」本作「珏凵」，以碧落推之，頗近似。又《九經字樣》謂「從册」，待更考。

【眉批】？

礼　古文禮。

【眉批】？

禧　禮吉也。從示，喜聲。

《爾疋》：「禧，告也。」或據此謂當作「禮告也」。

【眉批】△

禛　以真受福也。從示，真聲。

【眉批】△

祿　福也。從示，彔聲。

古多以「彔」字爲之。古鉨「王祿」作「祿」，「賈祿」作「祿」，開母廟作「祿」，漢殘石作「祿」。

褫　福也。從示，虒聲。

【眉批】△

禎　祥也。從示，貞聲。

【眉批】△

祥　福也。從示，羊聲。一云善。

石經「祥」、「祥」，漢人多借「羊」爲之。

祉　福也。從示，止聲。

【眉批】△

福　祐也。從示，畐聲。

「祐」，毛本作「祜」，小徐作「備」。甲骨、金文習見。當作「福」。桂云「當從畐」，非。卜辭作「[示畁]」，從「示」、「畁」聲。金文作「[示富]」者，從「示」、「富」聲。

 助也。從示，右聲。

《龜甲獸骨文字》卷一十葉作「」（？）。《句讀》云：「《永樂大典》中《玉篇》無『祐』字，疑《説文》後增。」按《萬象名義》已有「祐」字。

 吉也。從示，其聲。

【眉批】△

 籀文。從基。

當云「基聲」。

【眉批】△

 敬也。從示，氏聲。

石經《君奭》「」、「」，古文借「耆」字。案「祇」與「祗」同字，《説文》誤分爲二。前儒强生區別，非也。「氏」即「氐」字之異。《説文》「示」有視意，「視」從「示」聲。而「視」古文作「眂」，金文作「眂」。《説文》「祗」字，《周禮》作「示」。

【眉批】「祗」同字。

 安福也。從示，是聲。《易》曰：「禔既平。」

今《易》作「祗」。

【眉批】△

神　天神引出萬物者也。從示，申聲。

小徐本作「神」。徐鍇云：「疑多『聲』字。」大徐本删。金文作「神」，開母作「神」，三公山作「神」，國山作「神」，天發神讖作「神」。《説文拈字》：「按顧炎武《金石文字記》云：『神』，古碑多作『𥘺』，下從『旦』。《禮·郊特牲》：『所以交於旦明之義。』鄭康成云：『旦，當爲神，篆字之譌。』《莊子》『有旦宅而無情死』，亦讀爲『神』。蓋昔之傳書者遺其下半，因誤爲『旦』耳。據此是『𥘺』譌作『旦』，非『旦』可作『神』也。」蘭按：「𥘺」當是「神」之誤，《汗簡》引《尚書》（？）作「神」，疑由隸變成。

祇　地祇提出萬物者也。從示，氏聲。

【眉批】「祇」同字（見上）。

祕　神也。從示，必聲。

【眉批】△

齋　戒潔也。從示，齊聲。

小徐本作「齊聲」。從《韵會》正。大徐作「齊省聲」，蓋以《説文》無「齊」字而改之耳。

【眉批】△

齋　籀文⿰齋夒，從⿰鬲夒省。

王國維云：「疑從⿰衣夒。」又云：「『⿰夒』字『夔』之譌。」詳《史籀疏證》。

【眉批】△

 潔祀也。一曰精意以享爲禋。從示，垔聲。

按：「禋」者，煙也，由「煙」字孳乳。

【眉批】△

 籀文，從宀。

《玉篇》云：「⿱宀⿰垔示，同上。」小徐本作「」。王國維謂「從『示』，『⿱宀垔』聲」（「⿱宀垔」，古文「煙」）。

【眉批】△

 祭祀也。從示，以手持肉。

《釋詁》疏引作「從示，從又，從肉。又，手也。以手持肉，所以祭也。」《韵會》作「從『示』，右手持肉」。金文作「」、「」、「」、「」、「」等，陶器作「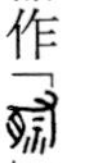」。按此字當從「示」、「⿰夕乂」聲，《説文》脱「⿰夕乂」字耳（「督」從「祭」省聲，實從「⿰夕乂」聲）。卜辭逕作「⿰夕乂」（）。又按匋器有「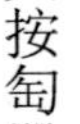」，舊亦釋爲「祭」，當釋爲「䕕」。

 祭無已也。從示、巳聲。

甲骨、金文同。

 祀，或從異。

當作「」。《周禮・大宗伯》、《小祝》皆云：「故書祀作禩。」碧落碑作「」。《汗簡》引《尚書》「祀」作「禩」。段云：「至魏時乃入三體石經。」未知何據。

 燒柴焚燎以祭天神。從示，此聲。《虞書》曰：「至於岱宗，祡。」

「祡」，大徐作「祡」，據小徐本。小徐無「焚」字。今《尚書》作「柴」。按此篆即「柴」之孳乳。

【眉批】△

 古文祡。從隋省。

《諧聲補逸》云：「從『隋』省聲。」（案：當云「育」聲。）此在脂部，「隋」在歌部，兩部古通。《詩》「屢舞傞傞」，《說文》引作「娑娑」。《引經證例》謂「『[illegible]』乃『祭』之古文」，待考。

【眉批】△

 以事類祭天神。從示，類聲。

按：此即「類」之孳乳字。

【眉批】△

 祔祪，祖也。從示，危聲。

案：由「垝」孳乳。垝，毀也。祪，毀廟主也。

【眉批】△

 後死者合食於先祖。從示，付聲。

「付」之孳乳字。郭璞《釋詁》注：「祔，付也，付新死者於祖廟。」《春官・太祝》：「付練祥。」注：「付，當爲祔。」

【眉批】△

祖　始廟也。從示，且聲。

《初學記》十三引嵇含《祖道賦》引「祈請道神謂之祖」。《類聚》作「社」，誤。「祖」、「祖」（三體石經），「祖」（齊鎛）。古多借「且」字。

𥛱　門内祭先祖所以彷徨。從示，彭聲。《詩》曰：「祝祭於𥛱。」

當以下「祊」爲正字，「𥛱」後起孳乳，「方」、「彭」音近。今《詩》作「祊」。

【眉批】△

祊　𥛱，或從方。

【眉批】當云「從方聲」。按「祊」古本借「匚」（「[illegible]」）或「コ」（「[illegible]」）爲之，後爲「⿷匚方」，其後變「⿷匚方」爲「祊」耳。

祰　告祭也。從示，告聲。

【眉批】△

「告」之孳乳字，卜辭祇作「告」，《曾子問》尚作「告」，《肆師》、《大祝》、《王制》借「造」爲之。

祏　宗廟主也。周禮有郊宗石室。一曰大夫以石爲主。從示，從石，石亦聲。

此「周禮」非《周官》。卜辭作「[illegible]」，「[illegible]」古「石」字。今謂以石爲示（「示」即「主」也），從「示」、「石」聲。金文作冊卣「不宗不制」。

𥙊 以豚祠司命。從示，比聲。漢律曰：「祠𥙊司命。」

齊鎛有「𥙊」，讀如「妣」。案：作「𥙊」字之始，豈專爲「以豚祠司命」耶？許君蓋求其説而不得，就漢律而附會之。凡此之類，皆俗説也。

祠 春祭曰祠。品物少，多文詞也。從示，司聲。仲春之月，祠不用犧牲，用圭璧及皮幣。

【眉批】△

卜辭但用「司」字，與「祀」字通。《生民》傳：「以太牢祠於高禖。」《釋文》云：「本作祀。」此引《月令》文。「仲春之月，品物少，多文辭」云云，附會。「祠」，今亦作「祀」。

礿 夏祭也。從示，勺聲。

金文作「礿」。通作「禴」［卜辭似作「」（？），「王乎酙」，俟考］。《説文》無「禴」字。

禘 諦祭也。從示，帝聲。《周禮》曰：「五歲一禘。」

戴侗云：「三代而上所禘皆帝也。」甚是。當解爲「王者祭其所自出之帝爲禘」。卜辭似用「帝」爲「禘」，俟考。

【眉批】△

祫 大合祭先祖親疏遠近也。從示，合聲。《周禮》曰：「三歲一祫。」

大徐無「聲」字，依小徐。徐鍇曰：「誤多『聲』字。」鉉據而删之耳。按《士虞禮》今文「祫」爲「合」。「祫」者，「合」之孳乳字。（卜辭似以「⿱劦口」字爲之，「祫」、「協」音近古通。俟考。）

【眉批】△

 灌祭也。從示，果聲。

《大宗伯》：「大賓客則攝而載果。」注：「果，讀爲祼。」《大行人》注：「故書祼爲果。」《玉人》注：「或作淉，或作果。」據此是本假「果」字。「祼」者，「果」之孳乳字也。《易・觀》「盥而不薦」，叚「盥」字。陳侯因資敦作「盥薦吉金」。《論語》「禘自既灌而往……」《大行人》注司農云：「祼，讀爲灌。」《大宗伯》注：「祼之言灌。」「果」、「祼」、「淉」、「盥」、「灌」、「觀」並一聲之轉。

【眉批】△

 數祭也。從示，毳聲。讀若春麥爲⿱毳米之「⿱毳米」。

小徐作「爲毳之『⿱毳米』」。徐鉉疑此語，後人疑者甚多。按此漢俗語。《廣雅》：「⿱毳木，春也。」從「木」。《説文》：「臿，春去麥皮也。」「⿱毳米」、「臿」聲之轉。《集韵》：「⿱毳米，穀再春。」從「米」。《廣韵》又有「⿱竹毳」，從「竹」。並後起字。

【眉批】△

 祭主贊詞者。從示，從人、口。一曰從兑省。《易》曰：「兑爲口爲巫。」

卜辭作「」、「」，金文作「」，卜辭或僅作「」，當更詳考。《説文》所釋字形，二説均誤。當從「示」，「兄」聲。「柷」字同。

 祝䄍也。從示，留聲。

篆本從「」，今正。《玉篇》有古文「袖」。惠士奇以爲即《素問》之「祝由」，甚是。「䄍」即「由」之後起字。

【眉批】△

 除惡祭也。從示，犮聲。

古或以「弗」爲之。《生民》：「以弗無子。」箋云：「弗之言祓也。」《卷阿》：「茀禄爾康矣。」郭注《爾雅》引作「祓禄」。《周

語》：「故祓除其心。」注：「猶拂也。」甲、金文「𠦪」、「𢷎」疑即祓祭。

【眉批】△

祈 求福也。從示，斤聲。

琳《音》廿九、十五引「求福祭也」。金文以「𣄰」、「旂」、「𣃘」、「䉷」爲之，「祈」蓋後起字。

【眉批】△

禱 告事求福也。從示，壽聲。

朱駿聲云：「《詩·吉日》：『既伯既禱。』《爾雅·釋天》：『既伯既禱，馬祭也。』三家詩作『禂』。按：毛傳：『禱，禱獲也。』『禂』、『禱』實一字。因《爾雅》又製『禡』字，字之所以孳乳寖多也。」按《周禮·甸祝》：「禂牲禂馬。」杜子春云：「禂，禱也。」則「禂」、「禱」聲近一字。

【眉批】△

禂 禱，或省。

大徐篆作「禂」，《玉篇》以爲「古文」。

【眉批】△

 籀文禱。

【眉批】△

《繫傳》在「禂」上。

禜　設緜蕝爲營，以禳風雨雪霜水旱癘疫於日月星辰山川也。從示，榮省聲。一曰禜衛使災不生。

小徐作「從營省聲」。按當從「𤇾」聲。大徐有「禮記曰雩禜祭水旱」八字，據《繫傳》乃小徐語誤入。

【眉批】△

禳　磔禳，祀除癘殃也。古者燧人禜子所造。從示，襄聲。

《月令》：「九門磔攘。」《呂氏春秋》作「禳」。「攘」、「禳」古今字。《詩》：「不可襄也。」傳：「襄，除也。」

【眉批】△

禬　會福祭也。從示，會聲。《周禮》曰：「禬之祝號。」

大徐作「從示，從會，會亦聲」，非。小徐「周禮」下無「曰」字。《藝文類聚》引作「除惡之祭」。《初學記》引與今本同。按「禬」見《太祝》、《女祝》、《庶氏》、《詛祝》。《女祝》注謂：「除災害曰禬，禬猶刮去也。」許云「會福祭」者，蓋以字從「會」，殆別有師説也。錢坫云：「《左傳》『將會孟子餘』，祇用『會』。」是「禬」爲「會」之孳乳字。

【眉批】△

禪　祭天也。從示，單聲。

段云：「凡封土爲壇，除地爲墠。古封禪字蓋祇作『墠』。項威曰：『除地爲墠，後改「墠」曰「禪」，神之矣。』」按「壇」、「墠」實一語而異稱。「壇」亦作「禶」。元鼎二年《紀》云：「望見泰一，修天文禶。」「禶」即古「禪」字，《説文》不録。

【眉批】△

禦　祀也。從示，御聲。

《廣均》八語引作「祠也」。段云：「古祇用『御』字。」按：卜辭用「卸」、「御」、「御」字，金文用「䘖」字。「禦」爲「卸」之後起字。

【眉批】△

䄑　祀也。從示，昏聲。

段云：「《周禮》注：『禬，刮去也。』疑『䄑』乃『禬』之或體也。」又云：「已上三篆疑後人所增。」

【眉批】△

禖　祭也。從示，某聲。

《月令》注：「變『媒』爲『禖』，神之也。」按禽𣪘：「周公某。」或云即「禖」。

【眉批】△

𥜕　祭具也。從示，胥聲。

《山海經》：「糈用稌米。」郭注：「糈，祀神之米。」《離騷》：「懷椒糈而要之。」王注：「糈，精米，所以享神也」。按「𥜕」爲「糈」之後起字。

【眉批】△

祳　社肉盛以蜃，故謂之祳。天子所以親遺同姓。從示，辰聲。《春秋傳》曰：「石尚來歸祳。」

經典並作「脤」（即「脣」之變體），「祳」爲「脣」之後起字。

【眉批】△

祴　宗廟奏祴樂。從示，戒聲。

見《周禮·笙師》「祴樂」，《鐘師》「陔夏」。《鐘師》注：「杜子春讀爲陔鼓之『陔』。」按「祴」、「陔」古通，經典互見。卜辭有「鼛」字，乃陔樂之本字，「陔」爲借字。《大司馬》：「鼓皆駴。」「太僕戒鼓。」注：「故書戒爲駭。」「祴」者，「戒」、「駭」之後起字也。

【眉批】△

禡　師行所止，恐有慢其神，下而祀之曰禡。從示，馬聲。《周禮》曰：「禡於所征之地。」

引禮者，《王制》文。《詩·皇矣》：「是類是禡。」《大司馬》：「有司表貉。」鄭司農云：「貉，讀爲禡。禡，謂師祭也。書亦或爲禡。」《肆師》「表貉」注：「貉，讀爲十百之『百』。」《甸祝》「表貉」注：「杜子春讀『貉』爲百爾所思之『百』，書亦或爲禡。」《詩·吉日》：「既伯既禱。」《風俗通》引作「既禡既禱」，《説文繫傳》引作「既禡既禂」。按「貉」、「伯」蓋皆假借字，「禡」後起字，或以祭馬，故從「馬」耳。

【眉批】△

禂　禱牲馬祭也。從示，周聲。（《詩》曰：「既禡既禂。」）

引《詩》乃小徐語，大徐入《説文》。《周禮·甸祝》：「禂牲禂馬。」注：「玄謂禂讀爲伏誅之『誅』，今侏大字也。」

【眉批】△

䮞　或從馬，壽省聲。

小徐本作「」。徐灝云：「『禂』即『禱』之異文。因有禱馬之祭，又別作『䮞』，故許別箸之也。」

【眉批】△

社　地主也。從示，土聲。《春秋傳》曰：「共工之子句龍爲社神。」《周禮》：「二十五家爲社，各樹其土所宜之木。」

大徐無「聲」字，誤。今據小徐。「社」、「土」同聲。按后土即社，猶后稷即稷也。卜辭祇作「土」。「社」者，「土」之孳乳字。

【眉批】△

社　古文社。

【眉批】△

禓　道上祭。從示，昜聲。

《韻會》引作「强鬼也」。《司巫》：「凡喪事掌巫降之禮。」注：「降，下也。巫下神之禮。今世或死既斂，就巫下禓，其遺禮。」《太祝》：「二曰衍祭。」注：「鄭司農曰：『衍祭，羡之道中，如今祭殤，無所主命。』」《郊特牲》：「鄉人禓。」注：「禓，或爲獻，或爲儺。」《論語》：「鄉人儺。」鄭注：「魯讀儺爲獻。」按「禓」，《釋文》音「傷」。「傷」、「獻」聲之轉。段杜撰「禓」字，從「易」聲，誤也。卜辭、金文並有「祀」字，疑「禓」之本字。

【眉批】△

祲　精气感祥。從示，侵省聲。《春秋傳》曰「見赤黑之祲」是。

「是」字據小徐本增。《字林》作「精气成祥」，是。慧琳八五・九引作「气感不祥也」，誤。按「侵省聲」當爲「𠬶聲」。

□□（查書名）① 云：「五穀不升謂之大侵。」《左》昭十一年：「盟於祲祥。」《公羊》作「侵羊」。《釋名》：「祲，侵也。」蓋「祲」爲「侵」之後起字也。

【眉批】△

禍 害也。神不福也。從示，咼聲。

會稽刻石作「禍」，可據正。

祟 神禍也。從示，出聲。

大徐作「從示，從出」，小徐作「從示、出」。據《繫傳》本當有「聲」字。徐鍇曰：「『出』又音『吹』去聲。故《詩》云『匪舌是出，惟躬是瘁』是也。」王筠《句讀》曰：「案『示』亦聲也。以『柰』從『示』聲，而『隸』、『隸』同字推之。」按王説是也。「柰」、「祟」一字，後人以與「出」聲近，改從「出」耳。卜辭「[illegible]」（柰）即「祟」。或从「[illegible]」作「[illegible]」、「[illegible]」、「[illegible]」。

【眉批】「柰」同字。

𥜻 籀文祟。從䜌省。

【眉批】△

祅 地反物爲祅也。從示，芺聲。

《左》宣十五傳曰：「地反物爲妖。」經典通作「妖」。《漢書·禮樂志》「祅孽」。《藝文志》引《左傳》：「訞由人興也。」「祅」

① 整理者按：出自《春秋穀梁傳》襄公二十四年。

當是後起字。

【眉批】△

祘　明視以筭之。從二示。《逸周書》：「士分民之祘，均分以祘之也。」讀若筭。

兩「筭」字，大徐作「算」，非。《周書》無此語。或謂《本典解》「均分以利之」，「利」當作「祘」。惠棟謂「『士』字依《墨子》（？）當作『言』」，待考。《夏小正》「内民祘」（今本誤爲「卵蒜」，見《廣答問疏證》）。按此字特與「丌」（即「开」）同字。後變爲「杯」，又變爲「祘」耳。其實本不從二「示」也。《六書故》廿三引蜀本《説文》「筭」古文作「[illegible]」、「[illegible]」，「[illegible]」即「杯」，「[illegible]」疑當作「[illegible]」（？）（見金文），「[illegible]」即「選」，「選」、「筭」通也。「筭」俗作「笇」，蓋即由「[illegible]」變。舊謂「『祘』四横六直，象觚形」，殆附會之説。

【眉批】△

禁　吉凶之忌也。從示，林聲。

見會稽刻石，作「[illegible]」。

禫　除服祭也。從示，覃聲。

《士虞禮》注：「古文禫或爲導。」《喪大記》注云：「禫，或皆作道。」許書「㐁」、「㝹」、「棪」三字並云：「讀若『三年導服』之『導』。」「㝹」下小徐注云：「古無『禫』字，借『導』字爲之。」按前人據此謂小徐無「禫」字，非也。小徐本音切與大徐異，知非由大徐增入者。「禫」字經典數見，卜辭作「[illegible]」字。

新附

禰 親廟也。從示，爾聲。

此大徐本又引「一本云古文『⿰礻壐』（⿰礻壐或作⿰犭壐）也」。小徐本作「秋畋也。從示，爾聲」。按《説文》本無「禰」字，故《五經文字序》云：「若『祧禰』、『逍遥』之類，《説文》漏略，今得之於《字林》。」則後人據《字林》附此於《説文》耳。「親廟」之義，即出《字林》也。「一本云古文『⿰礻壐』」及小徐作「秋畋也」者，則治《説文》者之説。《釋天》《釋文》云：「獮，息淺反。《説文》從薾。或作⿰礻薾，從示。」按從「薾」乃後人妄改，「爾」自有「壐」音，「壐」、「獮」一聲之轉，「⿰礻薾」即「禰」字也。然則「禰」在《説文》本爲「⿰犭壐」字重文，後人或據《字林》增於示部，或據《説文》本書明其爲「⿰礻壐」字重文，而移於此。於是今本《説文》「⿰犭壐」下反脱此篆矣。

《新附考》：「錢先生大昕云：『考於七廟爲近，故稱「爾」，後人加「示」旁。古讀「爾」如「昵」，故或爲「昵」。』樹玉謂：《高宗肜日》：『典祀無豐於昵。』《釋文》引馬云：『昵，考也，謂禰廟也。』據馬以禰釋昵，是漢時已有『禰』也（《隸釋》載孟郁修堯廟碑作『⿰礻壐』）。許君不收者，蓋以《舜典》『歸格於藝祖』用『藝』也（《禮記・王制》作『歸格於祖禰』，當本《舜典》。《公羊》隱八年傳注：『格於祖禰。』《釋文》：『禰，本作藝。』）。」卜辭「杋」、「忛」字是否作「禰」用，待考？

【眉批】△

祧 遷廟也。從示，兆聲。

小徐無「遷廟也」句，作「從示，從兆」。按此亦據《字林》補者。《周禮》「守祧」注：「故書祧作濯，鄭司農濯讀爲祧。」按史喜鼎「史喜作朕文考翟祭，氒日隹乙」，「翟」當讀爲「祧」。《廣雅》：「祧，祭先祖也。」是古借「翟」、「濯」爲之，「祧」爲後起字。《玉篇》古文作「⿰礻翟」，亦後起字。

【眉批】△

祆　胡神也。從示，天聲。

小徐作「從天」，非。錢大昕云：「祆，本番俗所事天神，後人因加『示』旁。」按《北魏書》作「天」。《兩京新記》：「右金吾衛西南隅有胡祆祠。」疑唐以後始作「祆」。

【眉批】△

祚　福也。從示，乍聲。

臣鉉等曰：「凡祭必受胙，胙即福也。此字後人所加。」小徐本無「福也」句，作「從示，從乍」。漢帝堯碑、華山亭碑、孫根碑、夏承碑並有「祚」字，開母石闕祇作「胙」。

【眉批】△

逸字

⿰礻虘　祝也。從示，虘聲。

此見小徐本。《玉篇》「⿰礻虘」亦作「詛」。《漢書·五行志》：「劉屈氂坐祝⿰礻虘要斬。」顏注：「⿰礻虘，古詛字。」蘭按：「⿰礻虘」當爲「祖」之重文，漢司空宗俱碑、孔謙碣、王羲之書曹娥碑並與「祖」同，蓋借爲祝詛字。

【眉批】△

⿰礻曹　祭豕先曰⿰礻曹。

見《初學記》十三、《藝文類聚》三十八。

祽　月祭曰祽。

同上。張氏《逸字識誤》曰：「當爲『卒』字之譌。蓋《士喪禮》『三月而虞，三虞而卒哭』，卒哭爲月終之祭，故後人加『示』爲『祽』，猶卒歲之作『晬』也。」

【眉批】△

禊

本書「⿰契頁」下云：「伺人也。一曰恐也。從頁，契聲。讀若禊。」《史記》：「武帝禊霸上，還。」

【眉批】△

三部

「三」無所從之字，可不立部，附一部可也。

三　天地人之道也。從三數。凡三之屬皆從三。

卜辭、金文、三體石經。

弍　古文三，從弋。

鍇本無「從弋」二字。今按當作「從弋，三聲」，屬弋部。

【眉批】△

王部

「王」亦非部首字。唯「閏」字似從「王」，待考。金文「玟」、「珷」、「琞」則似有從「王」之字，可爲部首矣。

 天下所歸往也。董仲舒曰：「古之造文者，三畫而連其中謂之王。三者，天、地、人也。而參通之者，王也。」孔子曰：「一貫三爲王。」凡王之屬皆從王。

 古文王。

徐灝曰：「『王』與『玉』篆體相似，故以中畫近上別之。古文『』下曲，亦所以識別也。李陽冰謂『中畫近上，王者則天之義』，楚金謂『地以承天，故下畫上偃』，皆穿鑿之說耳。戴氏侗云『能一下士謂之王』，亦通。」

（前二・十三・五、四・三十・六、後上・十九・七）  （？）（三・六） （後下・三一・五） （殷契卜辭、虹蟲） （前五・三一・五） （卬殷） （卬父殷） 

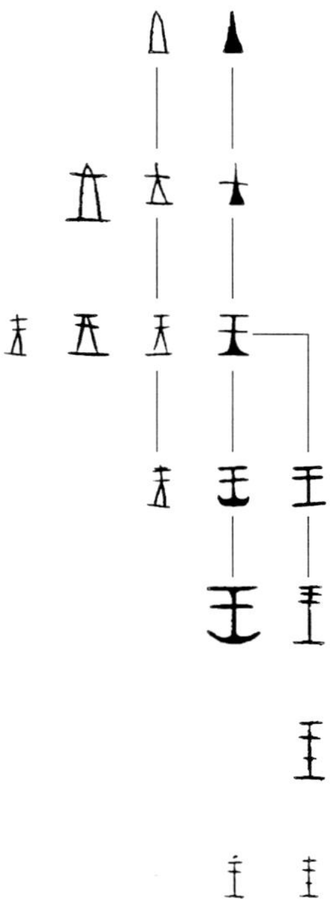

吴大澂謂「王」爲從「二」從「火」，僅據金文作「」而言之。卜辭從「」，則不讎矣。羅振玉尚從其説，反謂「皇」字古金文從「土」爲非土地字，誤矣。余友吴其昌氏謂「王」爲斧形，尤爲無據。今按「王」本作「」，實土象，惟「土」本作「」，變作「」，與此小異耳。「」或生殖器之象徵，與「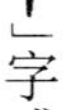」字或有關，其何以讀爲「王」，俟更詳考。

閏　餘分之月。五歲再閏。告朔之禮：天子居宗廟，閏月居門中。從王在門中。《周禮》曰：「閏月王居門中，終月也。」

袁安碑作「□」，漢印作「□」，漢書言府弩機（見薛《識》）作「閏」。朱駿聲引或曰：「唐虞時尚無『王』字。此字從『三』從『丨』，猶一也，指事；『冂』省聲。存疑。」按此説殊附會，然「閏」字舊解亦穿鑿可笑。當爲從「王」、「門」聲，其本義當别求之。許蓋用《周禮》説。故《太史》注引鄭司農云：「故於文『王』在『門』謂之『閏』。」與此合。

皇　大也。從自。自，始也。始皇者，三皇大君也。自讀若鼻。今俗以「始生子」爲「鼻子」是。

當作「□」。《韻會》引作「從自、王」。小徐「始生子」上有「作」字。大徐無「是」字。秦公毁作「□」，小篆變爲從「白」。嶧山、秦石權、開母、袁安、石經《君奭》、《無逸》古篆並作「□」，無從「自」者。汪榮玉謂「皇」爲冕形，誤。林義光謂：「象日光芒出地形。日出地，視之若大。皇，大也。」略近之。又云：「或作『□』，從古、王。」誤。按卜辭偏旁有「□」，疑即「皇」，蓋「皇」當即「□」、「□」形之變，像日光也。

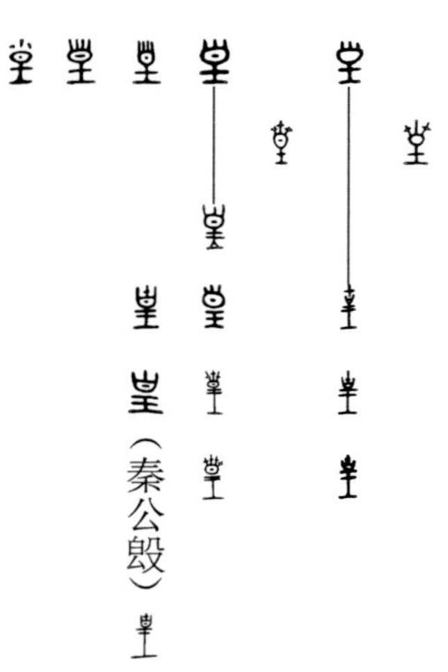

玉部

玉 石之美有五德：潤澤以温，仁之方也。䚡理自外，可以知中，義之方也。其聲舒揚，専以遠聞，智之方也。不撓而折，勇之方也。鋭廉而不技，絜之方也。象三玉之連。丨，其貫也。凡玉之屬皆從玉。

李陽冰曰：「三畫正均，如貫玉也。」「専」，大徐本或作「專」。「技」，小徐作「忮」，吴淑《玉賦》注引作「劌」。

[古文字形] 古文玉。

此「王」字之古文，後人誤隸於此也。古「王」字作「[古文字形]」，變作「[古文字形]」，引而長之則爲「[古文字形]」矣。「王」字中畫近上，故下有㣇飾。「玉」字三畫齊均，不容有此㣇飾也。甲、金文「玉」字無如此者，本書古文亦無從此。漢碑「王」字作「[古文字形]」者極多，而「玉」字不一見，是其證也。此字決非許原本，可删（《五經文字》古文作「[古文字形]」，似唐時已有）。

按「玉」爲象形，卜辭偏旁作「[古文字形]」（「賓」字等待查）可證，本象玉琮或玉斧之類也。「[古文字形]」變省而爲「[古文字形]」，不象貫三玉之形。「[古文字形]」字羅釋「玉」，誤。當釋「玤」。

【眉批】「玉」金文偏旁有作「[古文字形]」。

璙 玉也。從玉，尞聲。

《詩·瞻彼洛矣》：「鞞琫有珌。」傳云：「大夫鐐琫而鏐珌。」《釋文》：「鐐，本又作璙。《説文》云：『玉也。』」按此蓋據別本作「璙」者而增耳，其實當以作「鐐」爲是。《爾雅》：「金美者謂之鐐。」本書：「鐐，白金也。」

【眉批】△

瓘 玉也。從玉，雚聲。《春秋傳》曰：「瓘斝。」

《左》昭十七年文。

【眉批】△

璥 玉也。從玉，敬聲。

【眉批】△

琠 玉也。從玉，典聲。

《晉書音義·列傳五十六》引《字林》同。徐鍇引《符瑞圖》有「玉琠」。《玉篇》有古文「瑍」。俟查《晉書》列傳及《通鑑·秦二世紀》。

【眉批】△

瓇 玉也。從玉，夒聲。讀若柔。

【眉批】△

瓂 瓂玉也。從玉，毄聲。讀若鬲。

【眉批】△

璠　璵璠，魯之寶玉。從玉，番聲。孔子曰：「美哉，璵璠。遠而望之，奐若也。近而視之，瑟若也。一則理勝，二則孚勝。」

《説文》本無「璵」字，徐鉉補。「璵璠」見《左》宣五年傳、《呂氏春秋・安死》。或作「璠璵」，見《法言》。「孔子曰」云云，《初學記》、《御覽》等引作「《逸論語》」。

【眉批】△

璵　璵璠也。從玉，與聲。

此爲大徐所補十九文之一。《左》宣五年《釋文》：「璵，本又作與。」漢楊統碑：「器其璵璠之質。」作「璵」。

【眉批】△

瑾　瑾瑜，美玉也。從玉，堇聲。

《左傳》宣十五年：「瑾瑜匿瑕。」《九章》：「懷瑾握瑜兮。」《西山經》：「瑾瑜之玉爲良。」

【眉批】△

瑜　瑾瑜，美玉也。從玉，俞聲。

【眉批】△

玒　玉也。從玉，工聲。

【眉批】△

琜　琜瓄，玉也。從玉，來聲。

《説文》無「瓄」字，段云：「蓋古祇用『賣』，後人加偏旁。」今按段説是也。《史記・大宛列傳》：「漢使窮河源。河源出於窴，其山多玉石采來。天子案古圖書，名河所出山曰崑崙云。」《集解》引臣瓚曰：「漢使采取，持將來至漢。」按「采來」當爲「來賣」之誤。「來」、「采」字近。「賣」誤作「賚」，又誤作「來」。臣瓚所據本已誤，故附會爲説耳。云「其山多玉石來賣」，明「來賣」爲玉屬，或加「玉」，則爲「琜瓄」。故《玉篇》引《史記》云：「崐山出瓄玉。」所據本猶不誤也。《廣雅》玉類有「琜瓄」，與《説文》同。曹憲《音》爲「來瀆」。《晉・輿服志》云：「九嬪佩采瓄玉。」（《隋志》同）《初學記》十引《晉服制》：「婕好佩采瓄玉。」並誤「來」爲「采」，與今本《史記》同。《宋書・禮志五》、《御覽》六九二引《尚書》舊傳並作「采瓊玉」，則更誤「瓄」爲「瓊」矣。嚴可均、王筠輩反欲改《説文》「瓄」爲「瓊」，誤甚。漢印有「𪻐」（?）（見《繆印文字徵》）。

【眉批】更查《漢・張騫傳》。

瓊　赤玉也。從玉，夐聲。

「赤玉」，段改「亦玉」，桂改「琜」，丁午改「大玉」，並非。

【眉批】△

璚　瓊，或從矞。

【眉批】△

瓗　瓊，或從巂。

【眉批】△

 瓊，或從旋省。

臣鉉等曰：「今與璿同。」案《文選・陶徵士誄》注云：「《説文》曰：『琁，亦璿字。』」今本《玉篇》「琁」爲「璇」之重文。故各家均以爲「琁」非「瓊」字。今按楊倞《荀子・賦篇》注引《説文》：「璇，赤玉。音瓊。」是唐本已如此也。《萬象名義》於「瓊」下有「璇」字，云「同上」。是原本《玉篇》與《説文》同，而與今本《玉篇》異也。蓋「瓊」、「璿」古多通用。《左傳》「瓊弁玉纓」，許書引爲「璿弁」。《詩》云「瓊瑰玉佩」，《山海經》「西王母之山，爰有璿瑰」，《大荒西經》「爰有璇瑰」。《穆天子傳》：「璿瑰。」注引《左傳》「贈我以璿瑰」，云：「旋、回二音。」今《左傳》成十八年正作「瓊瑰」。《史記・五帝紀》「璿璣」，張守節作「瓊璣」。「璿」、「瓊」通用，故後世或以「璇」爲「璿」。徐鉉所注當爲唐人舊説，《文選》注所引亦當是後人説，非許原文也。

【眉批】△

 玉也。從玉，向聲。

【眉批】△

 玉也。從玉，剌聲。

【眉批】△

 醫無閭之珣玗琪，《周書》所謂「夷玉」也。從玉，旬聲。一曰玉器。讀若宣。

大徐本無「之」字，又「一曰」下無「玉」字。「珣玗琪」見《釋地》。《海内西經》：「開明北有玗琪樹。」「夷玉」見《顧命》。「一曰玉器」者，《釋器》：「璧大六寸謂之宣。」詛楚文：「用吉玉宣璧。」「讀若宣」者，字亦作「瑄」，《漢・郊祀志》：「有司奉瑄玉。」

【眉批】△

 玉也。從玉，路聲。

《九章》：「被明月兮佩寶璐。」

【眉批】△

 三玉二石也。從玉，贊聲。《禮》：「天子用全，純玉也。上公用駹，四玉一石。侯用瓚。伯用埒，玉石半相埒也。」

見《考工記》。錢大昕云：「凡字從『贊』者，皆非一之詞。故叢木爲『欑』，車衡三束爲『轒』，以羹澆飯爲『饡』。」

【眉批】△

 玉光也。從玉，英聲。

古書俱作「玉英」。《楚辭》：「懷琬琰之華英。」「瑛」後起字也。

【眉批】△

 三采玉也。從玉，無聲。

《周禮・弁師》：「瑉玉三采。」注：「故書瑉作璑。」《說文》「璑」武扶切。桂云「武夫即璑」，甚是。「武夫」或作「碔砆」。

徐灝云：「璑從無聲，言蕪雜也。」

【眉批】△

 朽玉也。從玉，有聲。讀若畜牧之「牧」。

「朽玉也」，《玉篇》及唐本《唐韻》四十九宥引並同。《史記・孝武紀》《索隱》云：「《三輔決録》云：『杜陵有王氏，音

肅。』《説文》以爲從『王』，音畜牧之『牧』。」段氏據以改此篆爲「王」，注云：「從玉有點。」非也。《索隱》當有闕文，不可輒據也（參後「王」字注）。「朽玉」者，段謂「玉有瑕玷」，引《淮南書》云「夏后之璜，不能無考」，「考、朽古音同」。是也。

【眉批】△

璿　美玉也。從玉，睿聲。《春秋傳》曰：「璿弁玉纓。」

詳「瓊」注。《左》僖廿八年。「璿」今作「瓊」。鍇本「弁」作「冠」，段云：「避李昪嫌名。」

璚　古文璿。

《穆天子傳》有此字。

【眉批】△

壡　籀文璿。

顧本小徐作此，是也。《篇》、《韻》並同。大徐作「叡」，非。㕡部重出。

【眉批】△

球　玉也。從玉，求聲。

大徐本作「玉磬也」。《廣韻》引同。宋本大徐「磬」譌作「聲」，今依小徐。金文嬗𡧜敔毁「賓」字從「球」作「[illegible]」。

璆　球，或從翏。

《禹貢》：「球琳琅玕。」鄭本作「璆」。《釋地》：「西北虛之美者，有昆侖丘之璆琳琅玕焉。」國山作「琭」。

琳 美玉也。從玉，林聲。

小徐在部末，蓋後人所補。

【眉批】△

璧 瑞玉圜也。從玉，辟聲。

「圜」，《御覽》八百二引作「環」。召伯毁作「□」，齊侯壺作「□」、「□」、「□」，古鉨「□」（丁佛言引），詛楚文作「□」，國山碑作「□」。按「辟」即「璧」之古文，從「○」、「屖」聲。「○」象璧形也。金文作「璧」，則是從「玉」、「屖」聲。「璧」者，「辟」、「璧」之後起字也。

瑗 大孔璧，人君上除陛以相引。從玉，爰聲。《爾雅》曰：「好倍肉謂之瑗，肉倍好謂之璧。」

「瑗」者，爰也。《説文》：「爰，引也。」故從「爰」聲。又按：金文獻霝卣「□」字蓋即「瑗」之古文，「□」爲從「○」、「于」聲，「○」象瑗形也。又從「玉」作「□」者，猶「辟」之作「璧」也。若從「玉」、「于」聲，則爲「玗」字。更變從「爰」聲，則爲「瑗」字矣。「玗」、「瑗」當是一字。

【眉批】「玗」、「瑗」一字。

環 璧也。肉好若一謂之環。從玉，瞏聲。

環者，圜也。古本當衹作「○」，象形。後世「○」字之用既廣，因借「瞏」、「袁」之字爲之。「瞏」、「袁」並從「○」聲也。番生毁作「瞏」，尚用假借字也。其孳乳則爲「環」，毛公鼎「□」是也。爲「□」，師遽尊「□」是也。若「□」則連環形，與此異。

璜　半璧也。從玉，黄聲。

金文多以「黄」、「亢」爲之。「黄」其本字，「亢」其假借字。「璜」者，孳乳字也。「璜」見召伯虎毁，作「[illegible]」。按「黄」古文本作「[illegible]」（後變作「[illegible]」），象人佩璜之形。「〇」象兩璜合而爲圜形似璧也。《詩》傳：「上有葱衡，下有二璜。」其遺制也。則「黄」爲「璜」之本字審矣。

琮　瑞玉大八寸，似車釭。從玉，宗聲。

「琮」從「宗」聲者，以有珇故。「珇」、「琮」聲近，猶「祖」、「宗」也。

【眉批】△

琥　發兵瑞玉爲虎文。從玉，虎聲。《春秋傳》曰「賜子家子雙琥」是。

大徐「子家」下脱「子」字，末脱「是」字。此見昭卅二年傳。大徐作「從玉，從虎，虎亦聲」。聶崇義《三禮圖》云：「白琥爲伏虎形，然則此後世銅虎符之所出也。」其字本即爲「虎」，「琥」者，孳乳字也。琥爲發兵瑞玉，昔人所未聞。孫詒讓據《御覽·珍寶部》引《吕氏春秋》：「戰鬥用琥，成功用璋，大喪用琮。」（今本《吕覽》悉無此文）又考段成式《酉陽雜俎》云：「安平用璧，興事用圭，成功用璋，邊戍用珩（當爲「璜」），戰鬥用璩（當爲「琥」），城圍用環，災亂用雋（疑「瓗」之誤），大旱用瓏，大喪用琮。」以爲即本《吕覽》。其説甚是。則許説出《吕覽》佚文也。

【眉批】△

瓏　禱旱玉也，爲龍文。從玉，龍聲。

本無「也爲」二字，依《左》昭廿九年《正義》引補。大徐作「從玉，從龍，龍亦聲」。此當以玉作龍形，爲「龍」之孳乳字也。《左傳》昭廿九年有「龍輔」。餘詳上注。

【眉批】△

琬　圭有琬者。從玉，宛聲。

《考工記》：「琬圭九寸。」鄭注：「琬猶圜也。」戴震曰：「凡圭剡上寸半，直剡之，倨句中矩。琬圭穹隆而起，宛然上見。」徐灝云：「凡穹隆上起者，謂之宛。窊下而圜者，亦謂之宛。故丘上有丘，謂之宛丘，宛中亦曰宛丘也。」按本當即用「宛」字，「琬」者孳乳字。

【眉批】△

璋　剡上爲圭，半圭爲璋。從玉，章聲。《禮》：「六幣，圭以馬，璋以皮，璧以帛，琮以錦，琥以繡，璜以黼。」

「禮」者，《周禮・小行人》文。金文多以「章」字爲之。子璋鐘作「」、「」、「」，古鉩作「」（丁引），「章」之孳乳字。

琰　璧上起美色也。從玉，炎聲。

「璧」字似誤，段改作「圭」。慧九三・八引作「玉圭長八寸，執以爲信，以征不義也」。《考工・玉人》：「琰圭九寸，判規。」注：「琰半以上，又半爲瑑飾。」蘭按：「判規」者，疑作「」，半爲剡上，半爲規形，有似「火」之古文，故從「炎」也。

【眉批】△

玠　大圭也。從玉，介聲。《周書》曰：「稱奉介圭。」

《顧命》文，彼云：「大保承介圭。」又云：「賓稱奉圭。」按《書》及《詩・韓奕》「錫爾介圭」，並作「介」。《釋詁》：「介，大也。」孳乳爲「玠」字。《釋器》：「珪大尺二寸謂之玠。」

【眉批】△

瑒　圭尺二寸有瓚，以祠宗廟者也。從玉，昜聲。

按金文本作「[illegible]」（玘），增作「[illegible]」、「[illegible]」、「[illegible]」、「[illegible]」、「[illegible]」、「[illegible]」等形（䎋、瓃），後省爲「瑒」字耳。金文均借爲對揚字。又後文有「璗」字，從「湯」聲，實一字。辨見彼注。「圭尺二寸有瓚」者，《周禮・玉人》、《典瑞》謂之「祼圭」，「祼之言灌也」。《魯語》：「文仲以鬯圭與玉磬如齊。」韋注：「鬯圭，祼鬯之圭。」《周語》：「奉犧牲玉鬯。」韋注：「玉鬯，鬯酒之圭。」按「鬯」通「暢」，又通「觴」，《説苑》「玉鬯」作「玉觴」。蓋以玉爲之，故或借「瑒」字，許遂據之爲説也。其實「瑒」字本作「玘」，象人奉玉對揚之形。聲化爲從「玉」、「丮」聲，後又增「昜」聲，更後又省「丮」耳。瑒圭非本義也。

【眉批】「瑒」、「璗」同字。

瓛　桓圭，公所執。從玉，獻聲。

小徐本「公」上有「三」字，誤。《大宗伯》：「公執桓圭。」注：「雙植謂之桓，桓圭蓋以桓爲飾。」此蓋古或借「獻」爲「桓」，又孳乳爲「瓛」字也。徐鍇引《字書》：「瓛，又音钀。钀則馬鑣，俗名排沫，此圭刻皆象之。」恐非是。

【眉批】△

珽　大圭長三尺，抒上終葵首。從玉，廷聲。

《王會解》：「朝服八十物，搢珽。」《玉藻》：「天子搢珽。」《荀子・大略》：「天子御珽。」《考工・玉人》：「大圭長三尺，抒上終葵首，天子服之。」注：「王所搢大圭也，或謂之珽。終葵，椎也。爲椎於其杼上，明無所屈也。杼，閷也。《相玉書》曰：『珽玉六寸，明自照。』」《楚辭》王逸注引《相玉書》作「珵」。「珽」、「珵」一字。又按字蓋本作「呈」，古文作「[illegible]」、「[illegible]」，與珽形作「[illegible]」近似也。孳乳從「玉」作「珵」，又借「廷」聲爲「珽」耳。

【眉批】△

瑁　諸侯執圭朝天子，天子執玉以冒之，似犂冠。《周禮》曰：「天子執瑁，四寸。」從玉、冒，冒亦聲。

按當衹云「從玉，冒聲」。（「犂冠」者，郭注《釋樂》云：「毊形如犂錧。」《釋文》引《字林》云：「田器也。江南人呼犁刀爲錧。」）「《周禮》……」者，《考工記》曰：「天子執冒，四寸，以朝諸侯。」是本作「冒」字，孳乳爲「瑁」字。

【眉批】△

⿰王目　古文省。

小徐云：「古文瑁，從目。」按「目」聲。《玉篇》作「玥」，然《萬象名義》作「珇」，似今本《玉篇》誤也。《汗簡》作「⿰禾目」，則以古文「目」作「⿴囗目」而誤耳。舊多改爲「玥」，非是。

【眉批】△

璬　玉佩。從玉，敫聲。

【眉批】△

珩　佩上玉也，所以節行止也。從玉，行聲。

小徐脱，次部末。「止」，《玉篇》引作「步」，是也。小徐脱「聲」字。《思玄賦》注引「珩，聽行也。從行」。《楚語》：「白珩猶在乎。」韋注：「珩，佩上之横者。」《晉語》：「白玉之珩六雙。」韋注：「珩，佩上飾也。珩形似磬而小。」《詩》傳曰：「上有蔥珩，下有雙璜。」《周禮·玉府》「佩玉」注引《詩》傳：「佩玉，上有蔥衡，下有雙璜。衝牙蠙珠以納其間。」（又見《賈子》、《大戴禮》）按「衡」字經典所用殊混。《玉藻》「幽衡」，金文作「幽黄」、「幽亢」，即《説文》之「璜」也。《詩》傳之「蔥衡」即「蔥珩」，則金文之「中蔥」、此文之「珩」也。蓋「珩」爲横佩，故亦可借「横」爲之，與半璧之「璜」相亂，乃借「行」聲爲之耳。

【眉批】△

玦　玉佩也。從玉，夬聲。

小徐次部末。《左》閔二傳注：「如環而缺不連。」按玦者，缺也。本當借「夬」字，孳乳爲「玦」。

【眉批】△

瑞　以玉爲信也。從玉，耑聲。

今本無「聲」字。慧廿四・七、四五・廿、八三・六引並有「聲」字。《繫傳》云：「或有『聲』字，誤也。」是徐鍇所見一本有「聲」字也。國山作「瑞」、「瑞」等形。

珥　瑱也。從玉、耳，耳亦聲。

案當「從玉，耳聲」。案以玉塞耳，故從「玉」、「耳」聲。

【眉批】△

瑱　以玉充耳也。從玉，真聲。《詩》曰：「玉之瑱兮。」

江淹雜體詩《擬顏延之》：「巡華過盈瑱。」注：「盈瑱，盈尺之玉也。《説文》曰：『田父得寶玉至尺。』」疑文有誤，不出《説文》也。按瑱者，填也，所以塞耳。「瑱」、「䐜」均孳乳字。

【眉批】△

⿰耳真　瑱，或從耳。

徐鍇曰：「『耳』爲形，『真』爲聲也。」

【眉批】△

琫　佩刀上飾。天子以玉，諸侯以金。從玉，奉聲。

《瞻彼洛矣》曰：「鞞琫有珌。」《公劉》曰：「鞞琫容刀。」「鞞琫」連文。《左傳》桓二年曰：「藻率鞞鞛。」「鞞鞛」即「鞞琫」。「琫」、「鞛」一聲之轉。《瞻彼洛矣》傳曰：「鞞，容刀鞞也。」《說文》訓「鞞」爲刀室。然則單言爲「鞞」，重言爲「鞞琫」也。《公劉》傳曰：「下曰鞞，上曰琫。」此分析言之。《釋名》曰：「刀室曰削，室口之飾曰琫。琫，捧也，捧束口也。下末之飾曰琕。琕，卑也，下末之言也。」「琕」即「鞞」之異文，與《詩》合。杜預《左傳》注云：「鞞，佩刀削上飾。鞛，下飾。」則上下正相反。《藝文類聚》六十引《字林》：「琫，佩刀下飾也。天子以玉，諸侯以金。琕，佩刀上飾也。」則與杜說合。或後人改之以從杜也。要之，刀室爲削，其飾爲鞞爲琫，「琫」亦作「鞛」，故刀室亦名鞞。本甚易明。而《瞻彼洛矣》傳乃云：「琫，上飾。珌，下飾。天子玉琫而珧珌，諸侯璗琫而璆珌，大夫鐐琫而鏐珌，士珕琫而珕珌。」乃誤以「珌」爲「鞞」，自《說文》以下皆從之，其名殊混。不知「鞞琫有珌」，猶前章云「韎韐有奭」，「有珌」乃形容詞，非名詞也。毛傳所引古禮佚文之「珌」字似當作「琕」，「琕」即「鞞」字。而「珌」或作「琿」，與之形聲俱近，故易淆也。又按：「琫」、「玤」蓋一字，此假借爲刀室口之飾耳，非本義。

【眉批】△。與「玤」爲一字。

珌　佩刀下飾。天子以玉。從玉，必聲。

戴震疑「珌」爲「文飾皃」，是也。餘詳上。《汗簡》引《說文》有古文作「琿」。

【眉批】△

璏　劍鼻玉也。從玉，彘聲。

《漢書·王莽傳》：「欲獻其瑑。」注：「服虔曰：『瑑，音衛。』蘇林曰：『劍鼻也。』」顏云：「瑑字本作璏，從『玉』、『彘』

聲，後傳寫者譌也。『瑑』自彫瑑字耳，音『篆』也。」朱駿聲云：「按字亦作『瑑』。從「𧰨」聲，非從『彖』聲也。注謂傳寫者譌以『瑑』，非誼耳。不知『瑑』、『瑑』各字。」蘭按：朱説是。「彘」、「𧰨」古一字也。《初學記》二十二引《字林》：「劍鼻謂之璏。」《藝文類聚》六十引《字林》：「瑑，劍鼻也。」「瑑」亦「瑑」之誤。此或《字林》補「瑑」字耳。服虔音「瑑」爲「衛」，《匈奴傳》孟康注直借「衛」爲「璏」。

【眉批】△

瑵　車蓋玉瑵。從玉，蚤聲。

按車蓋之「瑵」本當作「叉」。「叉」即「爪」字，謂蓋弓頭爲爪形也。《獨斷》云「凡乘輿車皆羽蓋，金華爪」是也。或借「蚤」爲「爪」，《續漢書・輿服志》「羽蓋華蚤」是也。蚤多以金爲華形，然亦有玉爲之者，桓譚《新論》「數見輿輦玉蚤華芝」是也。然則「瑵」爲「爪」及「蚤」之孳乳字。以有玉蚤，故從「玉」耳。

【眉批】△

瑑　圭璧上起兆瑑也。從玉，彖聲。《周禮》曰：「瑑圭璧。」

「彖聲」今本作「篆省聲」，據《韻會》十七霰引改。引《周禮》，今見《典瑞》，云：「瑑圭璋璧琮。」按瑑者，篆也。然「瑑」、「篆」並「彖」之孳乳字，「瑑」不必省「篆」爲聲也。

【眉批】△

珇　琮玉之瑑。從玉，且聲。

珇者，鉏牙也。鄭注《玉人》「大宗射四寸」云：「射，其外鉏牙也。」是也。《玉人》：「駔宗五寸，宗后以爲權。駔宗七寸，天子以爲權。」注：「駔，讀爲鉏，以組繫之。」按《記》文又言：「瑑琮八寸。」《典瑞》先言「瑑圭璋璧琮以頫聘」，又言「駔圭璋璧琮琥璜之渠眉」，則駔爲瑑之類，不應讀爲「鉏」也。蓋本或有作「珇」者，故許用之。《方言》十三：「珇，美也，好也」。

【眉批】△

⿰王綦　弁飾往往冒玉也。從玉，綦聲。

「往往」，小徐作「行行」，非。《周禮・弁師》：「王之皮弁，會五采玉璂。」注云：「鄭司農云：璂，讀如綦車轂之『綦』。玄謂：會，縫中也。璂，讀如薄借綦之『綦』。綦，結也。皮弁之縫中，每貫結五采玉十二以爲飾，謂之綦。《詩》云『會弁如星』，又曰『其弁伊綦』是也。」按《詩・鳲鳩》曰：「其弁伊騏。」作「騏」。箋云：「騏，當作『璂』，以玉爲之。」蘭按：字或作「琪」，從「其」聲，與「基」聲、「綦」聲同。古當僅借「其」或「基」爲之。《周書・王會解》「王玄繚碧基十二」祇作「基」，又《毛詩》借「騏」爲之，並可證。孳乳爲「琪」或「璂」字。説《周禮》者讀爲「綦」，遂作「⿰王綦」字耳。「其」、「基」、「綦」並與「結」聲近，玉飾之結者也。

【眉批】△

璂　⿰王綦，或從基。

璪　玉飾如水藻之文。從玉，喿聲。《虞書》曰：「璪火黺米。」

【眉批】△

「黺」，小徐作「粉」。《玉篇》引作「玉飾如水藻也」，《御覽》引作「玉飾似水藻也」。今本「之文」二字似誤。《西山經》：「洛水其中多藻玉。」注：「藻玉，玉有符采者。」《禮器》：「天子之冕朱緑藻。」注云：「藻絜而文，衆采爲之，故曰藻。」《玉藻》：「天子玉藻，十有二旒。」注：「雜采曰藻，天子以五采藻爲旒。」案：玉象藻者謂之藻，「璪」後起孳乳字。《禮器》及《玉藻》《釋文》云：「本又作璪。」《郊特牲》：「戴冕璪十有二旒。」《聘禮》：「啓櫝取圭垂繅。」注：「今文繅作璪。」是也。許引《虞書》者，明「璪」之爲「藻」。「藻」、「薻」一字，從「巢」、從「喿」之字古多通，疑「璪」、「璅」亦一字。楊譽龍、徐灝説。

【眉批】△。「璪」、「璅」一字。

瑬　垂玉也，冕飾。從玉，流聲。

《周禮・弁師》以「斿」爲之，其他經傳以「旒」爲之。按「㐬」字與旒形相近，古殆祇用「㐬」字。後借「流」字爲冕流，孳乳爲「瑬」字。爲旗斿，則孳乳爲「旒」字。

璹　玉器也。從玉，𠷎聲。讀若淑。

徐鍇曰：「《爾雅》：『璋大八寸謂之琡。』《説文》有『璹』無『琡』，謂宜同也。」

【眉批】△

瓃　玉器也。從玉，畾聲。

錢大昭云：「《韓詩》説『罍，天子以玉』，是瓃爲天子酒尊。」按錢説是。「瓃」即「罍」之異文耳。徐鍇以爲櫑具劍之「櫑」，非是。《説文》無「畾」字，乃「雷」之本字。

【眉批】△。「瓃」、「櫑」、「鑘」、「罍」、「⿱畾皿」，一器之異名。

瑳　玉色鮮白。從玉，差聲。

鍇本無此篆，張次立補之。段氏因鍇所無而删之，非也。《詩・君子偕老》三章：「瑳兮瑳兮。」《竹竿》：「巧笑之瑳。」「景差」，《古今人表》作「景瑳」。《詩・淇奥》「如切如磋」，《大學》《釋文》作「如瑳」。

【眉批】△

玭　玉色鮮也。從玉，此聲。《詩》曰：「新臺有玭。」

《詩·新臺》《釋文》、《君子偕老》《釋文》、慧八十·十五並引作「新色鮮也」。《韻會》引作「玉色鮮絜也」。《詩·新臺》今本作「泚」，「玼」猶「泚」也。

【眉批】△

璱　玉英華，相帶如瑟弦。從玉，瑟聲。《詩》曰：「瑟彼玉瓚。」

小徐作「璱彼」，誤。引《詩》見《旱麓》。按「瑟」古作「□」，從「珡」。又從「玉」作「璱」者，孳乳字也。

【眉批】△

瑮　玉英華，羅列秩秩。從玉，栗聲。《逸論語》曰：「玉粲之璱兮，其瑮猛也。」

【眉批】△

瑩　玉色。從玉，熒省聲。一曰石之次玉者。《逸論語》曰：「如玉之瑩。」

當云「𤇾」聲。「𤇾」即「熒」字，瑩猶熒也。《後漢·班固傳》：「琳瑉青熒。」瑩猶榮也，故曰「玉色」。又「石之次玉者」，《詩·淇奧》：「充耳琇瑩。」《著》：「尚之以瓊瑩乎而。」國山碑作「瑩」。

璊　玉䞓色也。從玉，㒼聲。禾之赤苗謂之虋，言璊玉色如之。

《玉篇》引同。《詩·大車》《釋文》引「䞓」作「赬」，「虋」作「穈」，無「言璊」二字。按《說文》「璊」、「𣯶」二字皆以虋爲義，謂借其聲以表玉色，因孳乳爲「璊」、「𣯶」字也。

【眉批】△。此即「璺」字。

 璊，或從允。

此字可疑。《新撰字鏡》：「玧，俞引反。滿，玧也。胡畬反。」王仁昫《刊謬正誤切韻》：「玧，余準反。蠻夷充耳。」《廣韻》：「玧，余準切。充耳玉。」並不以爲「璊」之重文。《萬象名義》「玧」篆次「璊」下，而隸字及解釋並誤爲「玩」。疑「玧」本非「璊」字重文，古以「璊」、「玧」連稱，後佚其說，遂以爲「璊」之或體耳。今本《玉篇》「璊」下有「玧」字，云「同上」。又以畬切，蠻夷充耳」。似後人據今本《說文》所改耳。

【眉批】△

 玉小赤也。從玉，叚聲。

《文選·海賦》注、慧三二·三引「玉之小赤色者也」。玉有以赤色爲病者，故赤色爲璊（即璺也），而小赤爲瑕。三體石經作「」、「」。古鉨作「」（吴）。

 治玉也。從玉，豖聲。

《孟子》：「必使玉人雕琢之。」《爾雅·釋器》：「雕謂之琢。」「雕」、「琢」一聲之轉。《詩·有客》：「敦琢其旅。」《棫樸》：「追琢其璋。」「敦琢」、「追琢」，猶「雕琢」也。古蓋祇借「豖」聲，其後孳乳爲「琢」字。

【眉批】△

 治玉也。一曰石似玉。從玉，周聲。

經傳多借「雕」字爲之。金文作「」、「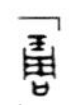」等形。按「琱」疑本作「」，象琱瑑之形，故「畫」字從「周」。「琱」者，「周」之孳乳字也。

理　治玉也。從玉，里聲。

《戰國策》：「鄭人謂玉未理者曰璞。」《韓非子·和氏篇》：「理其璞而得寶。」理猶里也。國山作「理」、「理」等形，會稽作「理」。

珍　寶也。從玉，㐱聲。

羅振玉以「眗」爲「珍」，誤。

【眉批】△

玩　弄也。從玉，元聲。

慧琳《音義》二·三引作「從玉，從翫省聲」。按「玩」、「翫」本一字，許分隸玉、習二部者，意以爲「玩」者弄器，「翫」者習也。慧所引乃後人改之。

【眉批】△

貦　玩，或從貝。

【眉批】△

玲　玉聲。從玉，令聲。

「令」象其聲。玉聲爲「玲」，金聲爲「鈴」。

【眉批】△

瑲　玉聲也。從玉，倉聲。《詩》曰：「鞗革有瑲。」

《詩·載見》。又彼作「鶬」。「倉」象其聲，玉聲爲「瑲」，金聲爲「鎗」。或爲「將」。《詩·終南》：「佩玉將將。」又借「鏘」。《玉藻》：「然後玉鏘鳴也。」

【眉批】△

玎　玉聲也。從玉，丁聲。齊太公子伋謚曰玎公。

「丁」象其聲，猶「伐木丁丁」也。「玎公」者，蓋許時書傳有借「玎」爲「丁」。

【眉批】△

琤　玉聲也。從玉，爭聲。

「爭」象其聲。玉聲爲「琤」，金聲爲「錚」。《籍田賦》：「衝牙錚鎗。」注：「玉聲也。」當作「琤瑲」，借「錚」爲之。《廣韻》：「鏳鎗，玉聲。」又借「鏳」字。段云：「此字恐係『瑲』之俗。」非也。

【眉批】△

瑣　玉聲也。從玉，𧴪聲。

「𧴪」貝聲也，「瑣」玉聲也。《繫傳》云：「左思詩『嬌語若連瑣』。」徐灝曰：「《廣雅》：『瑣，連也。』蓋以玉製爲小連環，其聲細碎，謂之『連瑣』。繫人琅當以鐵爲連環，其形相似，故亦謂之『瑣』。其後因易『金』旁作『鎖』。」蘭按：今之鏈索，古之瑣或鎖也。今之鎖，古之鑰也。

【眉批】△

瑝 玉聲也。從玉，皇聲。

「皇」象其聲。玉聲爲「瑝」，鐘聲爲「鍠」，小兒聲爲「喤」，樂聲爲「諻」。

【眉批】△

瑀 石之似玉者。從玉，禹聲。

【眉批】△

《女曰雞鳴》《正義》引「似」作「次」。《大戴·保傅》：「琚瑀以雜之。」

玤 石之次玉者，以爲系璧。從玉，丰聲。讀若《詩》曰「瓜瓞菶菶」。一曰若「蛤蚌」。

按字本當作「[glyph]」，或作「[glyph]」，見甲骨、金文，係玉之象。羅振玉釋「玉」，非是。《説文》脱「[glyph]」、「[glyph]」字，僅有「丰」字，古文作「[glyph]」，與此異也。既以「丰」爲「[glyph]」、「[glyph]」，則又從「玉」，孳乳爲「玤」字矣。《左傳》：「虢公爲王宫於玤。」「玤」、「琫」一字。

【眉批】「玤」、「琫」一字。

玪 玪⿱勒玉，石之次玉者。從玉，今聲。

《子虛賦》：「瑊玏玄厲。」《玉篇》「玪」與「瑊」同，「⿱勒玉」俗作「玏」。蘭按：《穆天子傳》「玪瑰」注：「音鈐璝。」誤也。「瑰」爲「玶」之誤。古「勒」字多省作「革」（如「鞶勒」爲「鞶革」），然則「玪玶」即「玪⿱勒玉」也。

【眉批】△。與「琀」同聲。與「珂」同字。

⿱勒玉 玪⿱勒玉也。從玉，勒聲。

「⿱勒玉」本當作「勒」，馬勒也。以玪爲勒謂之玪勒，因孳乳爲「⿱勒玉」。詳後「玏」注。

【眉批】△

琚　瓊琚。從玉，居聲。《詩》曰：「報之以瓊琚。」

《女曰雞鳴》疏引「琚，佩玉名也」。

【眉批】△

琇　石之次玉者。從玉，莠聲。《詩》曰：「充耳琇瑩。」

今《詩》作「琇」。

【眉批】△

玖　石之次玉黑色者。從玉，久聲。《詩》曰：「貽我佩玖。」讀若芑。或曰若人句脊之「句」。

【眉批】△。讀若「句」，則與「玽」爲一字。

㺿　石之似玉者。從玉，𦣞聲。讀若貽。

「似」，《玉篇》作「次」。又引《倉頡篇》云：「五色之石也。」

【眉批】△

珢　石之似玉者。從玉，艮聲。

《玉篇》作「次」。又引《埤蒼》：「璎珢，石似玉也。」《山海經·西山經》：「瑜次之山，其陽多嬰垣之玉。」注：「垣，或作短，或作根，或作埋。傳寫謬錯，未可得詳。」又：「泑山其上多嬰短之玉。」注云：「未詳。」錢大昭曰：「根，當作『珢』。」

【眉批】△

石之似玉者。從玉，曳聲。

【眉批】△

石之似玉者。從玉，巢聲。

《檀弓》：「縣子璅曰。」《釋文》：「依字作瑣。」《東京賦》：「既璅璅焉。」薛注：「小也。」

【眉批】△。「璪」、「璅」一字，詳前。或「璅」、「瑣」一字。

石之似玉者。從玉，進聲。讀若津。

《晉書音義》：「璡與瑨同。」

【眉批】△。「璡」、「琟」一字。

石之似玉者。從玉，晉聲。

【眉批】△

石之似玉者。從玉，悤聲。讀若蔥。

殆蔥珩之「蔥」，或作「璁」也。

【眉批】△

⿰王號　石之似玉者。從玉，號聲。讀若鎬。

【眉批】△

⿰王舝　石之似玉者。從玉，舝聲。讀若曷。

【眉批】△

⿱臤玉　石之似玉者。從玉，臤聲。

【眉批】△

《萬象名義》、《新撰字鏡》都瓘反，《繫傳》都灌反，《廣韻》丁貫切，惟大徐作烏貫切，誤。

⿰王燮　石之次玉者。從玉，燮聲。

【眉批】△

鍇本作「石之玉言次玉者」。

玽　石之次玉者。從玉，句聲。讀若苟。

小徐作「似」。

【眉批】△。「玖」或讀若「句」，與此殆一字。

琂　石之似玉者。從玉，言聲。

【眉批】△

璶 石之似玉者。从玉，盡聲。

【眉批】△

琟 石之似玉者，从玉隹聲。讀若維。

【眉批】△。與「璡」殆一字。

瑦 石之似玉者。从玉，烏聲。

【眉批】△

瑂 石之似玉者。从玉，眉聲。讀若眉。

【眉批】△

璒 石之似玉者。从玉，登聲。

【眉批】△

⿰玉厶 石之似玉者。从玉，厶聲。讀與私同。

【眉批】△

玗 石之似玉者。从玉，于聲。

字亦作「⿰王孛」，《西山經》：「小華之山，其陽多⿰王孛琈之玉。」

【眉批】「玕」、「瑗」一字，見前。

⿰王叟　玉屬。從玉，叟聲。讀若没。

卜辭作「□」、「□」、「□」等形。《玉篇》：「⿰王殳，莫骨切。」引《穆天子傳》：「采石之山有⿰王殳瑶。」按今各本《穆傳》並作「玫」，足證「⿰王殳」字本從「殳」也。《萬象名義》篆作「□」，與「穀」作「□」正同，亦從「殳」之證。蓋「没」、「役」音相近，故《說文》從「殳」而讀若「没」。後人見其讀若「没」，以「殳」聲爲不類，故改從「叟」耳。古「殳」、「支」通用，凡經傳玫瑰字俱當從「□」作「□」。劉楨《清慮賦》「馮玫瑶之几」，「玫瑶」即《穆傳》「⿰王殳瑶」也。「⿰王殳」、「玫」一聲之轉，與從「文」聲之「玟」亦作「砇」者異字也。

【眉批】？

瑎　黑石似玉者。從玉，皆聲。讀若諧。

《萬象名義》、《新撰字鏡》、《玉篇》並訓「黑玉也」。按鍇，鐵也。

【眉批】△

碧　石之青美者。從玉、石，白聲。

玄應十一，慧琳三・九、又五・六，《御覽》八百九俱引作「石之美者」。《急就篇》：「璧碧珠璣玫瑰甕。」《西山經》：「高山其下多青碧。」按字當從「石」、「珀」聲，或從「玉」、「砶」聲。

【眉批】△

琨　石之美者。從玉，昆聲。《虞書》曰：「揚州貢瑶琨。」

見《禹貢》。《招魂》：「昆蔽象棊。」作「昆」。「琨」爲孳乳字。

【眉批】△

瓘　琨，或從貫。

小徐曰：「貫聲。」《禹貢》《釋文》：「琨，馬本作瓘，韋昭音貫。」《地理志》引《禹貢》亦作「瓘」。國山碑有「瓘」字作「瓘」。

珉　石之美者。從玉，民聲。

《御覽》八百九引「石之次玉也。」《文選》潘尼《贈陸機》詩、《周禮》疏引與今本同。《中山經》：「岐山其陰多白珉。」《禮記·聘義》：「君子貴玉而賤碈。」注：「碈，或作玟。」《釋文》：「字亦作瑉。」《荀子·法行篇》作「貴玉而賤珉」。《玉藻》：「士佩瓀玟。」《釋文》：「字又作砇。」《鄭風·子衿》傳作「瓀珉」。按：「珉」、「瑉」、「碈」、「玟」、「砇」並一字。

【眉批】△。與下「玟」同字。

瑤　石之美者。從玉，䍃聲。《詩》曰：「報之以瓊瑤。」

《木瓜》。二徐本作「玉之美者」。今本《玉篇》引同。《文選》潘尼《贈陸機》詩注引作「玉美者」。按《木瓜》《釋文》引作「美石」。慧琳九八·五引作「石之美者也」。《御覽》八百九引作「石之美者」。各家均謂當作「石」，是也。《公劉》：「何以舟之，惟玉及瑤。」是「瑤」非玉也。

【眉批】△

珠　蚌之陰精。從玉，朱聲。《春秋國語》曰：「珠以禦火災。」是也。

《初學記》引「之」作「中」。《玉篇》引「珠」下有「足」字，與《楚語》合。古圜幣「重一兩十二珠」及「重一兩十四珠」作

「」，並借爲「銖」。國山作「」。于鬯謂：「珠本謂玉之圜者，蚌之陰精亦圜如玉珠，故亦謂之珠。」是也。

 玓瓅，明珠色。從玉，勺聲。

《文選·上林賦》注引「玓瓅，明珠光也」。又《舞賦》注引「的皪，珠光也」。《初學記》十七、《唐韻》十八錫、《廣韻》廿三錫、《龍龕手鑑》引並與今本同。《上林賦》：「明月珠子，的皪江靡。」蓋本有作「玓瓅」者。按「的皪」疊韻連語，本象其聲。如《舞賦》「珠翠的皪而炤燿」，《蜀都賦》「輝麗灼爍」，《思玄賦》「顔的礫以流光」，《魏都賦》「丹藕淩波而的皪」，《羽獵賦》「隨珠、和氏焯爍其波」，《哀郢》「外承歡之汋約兮」，《廣雅·釋詁一》「婥約，好也」，皆是從「玉」而爲「玓瓅」，孳乳字也。

【眉批】△

 玓瓅。從玉，樂聲。

【眉批】△

 珠也。從玉，比聲。宋弘云：淮水中出玭珠；玭，珠之有聲者。

小徐作「玭珠，珠之有聲者」。

【眉批】△

 《夏書》玭，從虫、賓。

《禹貢》：「淮夷蠙珠暨魚。」《釋文》：「字又作蚍。韋昭：舊迷反，蚌也。」《史記》《索隱》：「蠙，一作玭，並步玄反。又作濱；濱，畔也。」《漢·地理志》：「蠙珠暨魚。」注：「蠙，或作玭。」按《禹貢》本文今不可詳，注家或讀爲「濱」及「蠙」，或爲「蚍」及「玭」耳。韋昭訓爲蚌者，「蚍」即「蚽」字。《爾雅》：「蠯蚽，《説文》：『修爲蠯，圜爲蠇。』」《周禮·鼈人》：「共蠯蠃蚳。」杜注：「蜯也。」司農注：「蛤也。」「蠙」、「蚍」、「蠯」、「蜯」皆一聲之轉耳。後人以「珠」字從「玉」，改「蚍」字亦從「玉」而爲「玭」。又改

「蠠」字亦從「玉」而爲「琕」。《周禮・玉府》鄭注引《詩》傳：「衡牙蠙珠以納其間。」《大戴・保傅》作「玭珠以納其間」。《新書・容經》作「捍珠」。按「捍」當爲「琕」之誤。《萬象名義》及今本《玉篇》「玭」下云「琕，同上」，《新撰字鏡》「玭、琕二同」，《廣均》「玭」下有「琕」字云「上同」，皆可證也。然則「玭」爲「蚍」之孳乳字，玭本非珠。玭珠，猶蜯珠也。「蠙」者，「蚍」、「蠠」、「蜯」等字之異文，爲從「虫」、「賓」聲。《莊子・至樂》：「水苔蛙蠙之衣。」《廣韻》訓「蠙」爲「珠母」是也。《說文》「玭珠，珠之有聲者」，其義未詳。舊引《山海經》「文魮之魚」當之，謂當作「玭蚌之有聲」，殆非。《山海經》所述自是怪魚，非蜯也。

【眉批】△

珕　蜃屬。從玉，劦聲。《禮》：「佩刀，士珕琫而珧珌。」

引《禮》今見《瞻彼洛矣》傳，「珧珌」作「珕珌」。徐鍇曰：「音如厲，蓋今牡蠣之屬。」

【眉批】△

珧　蜃甲也，所以飾物也。從玉，兆聲。《禮》云：「佩刀，天子玉琫而珧珌。」

《釋魚》：「蜃小者，珧。」《釋器》：「弓以蜃者謂之珧。」《天問》：「馮珧利決。」注：「珧，弓名也。」《東山經》：「嶧皋之水多蜃珧。」注：「蜃，蚌也。珧，玉珧，亦蚌屬。」《江賦》：「玉珧海月。」按：稱玉珧者，以其甲類玉也，故字從「玉」。今其注曰：「江瑶其甲可爲飾者曰螺鈿。」

【眉批】△

玟　火齊玟瑰也。一曰石之美者。從玉，文聲。

玄應六，慧琳九・十四、廿七・九並引「玟瑰，火齊珠也」。一曰石之美好曰玟，圜好曰瑰」。玄應三引「石之美好」二句。慧琳二五・八、五四・十八引「火齊珠也」。《寰宇記》：「林邑國獻火珠，大如雞卵，狀如水精。日正午時，以珠承影，取艾依之，火見。」徐灝《段注箋》云：「火齊者，以藥物火治之而成。故玟瑰、琉璃皆有火齊之名。《藝文類聚》引《韻集》

云：『瑠璃，火齊珠。』是也。顔師古《司馬相如傳》曰：『火齊珠，今南方所出火珠，蓋言其出於火也。』」朱駿聲疑火齊、玫瑰之字從「枚」省聲，一作「砇」、「瑉」、「碈」者，從「文」聲。今按朱説近是。「玟」字當從「攴」，即「玫」之異文也。此從「文」聲者，與上「珉」同。

【眉批】△。與上「珉」同。

瑰　玟瑰。從玉，鬼聲。一曰圜好。

《玉篇》引作「一曰珠圜好」。

【眉批】△。與「瓌」同字（今「傀」重文）。

璣　珠不圜也。從玉，幾聲。

玄應三、六、九、十二，慧林九・二、三八・二、四六・十四皆引「珠之不圓者也」。《禹貢》《正義》引「珠不圜者」。《後漢・賈琮傳》注、《初學記》引「珠之不圜者」。玄應十六、《玉篇》引「珠不圓者也」。段玉裁云：「凡經傳沂鄂謂之幾，門橜謂之機，故珠不圜之字從『幾』。」

【眉批】△

琅　琅玕，似珠者。從玉，良聲。

《御覽》八百九引作「石之似玉者」。《釋地》：「西北之美者有崑崙虛之璆琳琅玕焉。」

【眉批】△

玕　琅玕也。從玉，干聲。《禹貢》：「雝州球琳琅玕。」

「球」，小徐作「璆」。

【眉批】△

古文玕。從玉、旱。

按「旱」聲。

【眉批】△

珊瑚，色赤。生於海，或生於山。從玉，删省聲。

小徐本作「或於山」。《玉篇》引「或」作「亦」。《廣韻》二十五寒引作「珊瑚，生海中而色赤也」。《御覽》八百七引「珊瑚，色赤，生於海中，或生於山也」。《華嚴經音義》廿五引作「珊瑚，色赤，生之於海，或生山中也」。按：「删省聲」者誤，當云「冊聲」。

【眉批】△

珊瑚也。從玉，胡聲。

【眉批】△

石之有光璧珋也，出西胡中。從玉，卯聲。

「璧」，小徐作「壁」。《江賦》注引「光」下有「者」字。今本篆作「珋」，云「從丣聲」。桂馥云：「當從寅卯之『卯』。」甚是。今改正。按古無「丣」字，後人所臆改也。《江賦》：「珕珋璿瑰璧。」珋者，段氏謂即璧流離是也。佛書作「吠瑠璃」。《玉篇》「瑠」同「珋」。今或曰頗黎，「頗」即「璧流」合音耳。按：此字本借「璧流離」爲聲，後人孳乳爲「珋」字，以代「流」耳。

【眉批】△

 送死口中玉也。從玉，從含，含亦聲。

《左》文五年傳《釋文》、《御覽》五百四十九引「死」字並作「終」。慧琳《音義》廿五・十一作「送終口中之玉也」。按經傳多作「含」，或作「唅」。此孳乳字，蓋以所含者玉，因從「玉」耳。玄應二云：「《字林》從『玉』作『琀』，諸書從『口』作『唅』。」似此字由《字林》而增。《説文》無「唅」字，當即「吟」及「含」字。

【眉批】△。與「玲」同聲。

 遺玉也。從玉，歔聲。

大徐本篆從「[illegible]」，今從小徐。小徐以爲《山海經》之遺玉，段氏以爲贈遺之玉。

【眉批】△

 金之美者，與玉同色。從玉，湯聲。《禮》：「佩刀，諸侯璗琫而璆珌。」

《廣均》卅七蕩引作「金之美，與玉同色者也」。《爾疋・釋器》《釋文》引作「金，與玉同色也」。《釋器》：「黄金謂之璗，其美者謂之鏐。」按：與「瑒」一字，《王莽傳》「瑒琫瑒珌」是其證。然「瑒」、「璗」本是奉玉之義，金之美者字當作「鍚」、「鐊」爲正，「璗」爲假借字。許以「與玉同色」爲解，附會之甚也。

【眉批】與「瑒」一字。

 靈巫以玉事神。從玉，霝聲。

《玉篇》引「以玉事神也」。《廣韻》引作「巫以玉事神也」。詛楚文、國山碑並作「𤫊」。

【眉批】與「玲」同字。

𤫊 𤫊，或從巫。

按卜辭有「霝妃」，古借「霝」字爲「靈」也。「𤫊」字從「玉」、「霝」聲，其本義當爲玉聲，與「玲」同字。《説文》「軨」重文「轜」，又霝雨之「霝」《詩》作「零」，「蘦」《詩》作「苓」，「螟蠕」《詩》作「螟蛉」，「龗」今作「羚」，皆足證「玲」、「𤫊」（或寫作「瓍」）當是一字也。霝爲巫稱，《楚辭》注：「靈，巫也。」又云：「楚人名巫爲靈子。」故孳乳爲從「巫」、「霝」聲之「靈」字，其字當入巫部。經傳多作「靈」，古或作「𤫊」者，假借字也。許以「𤫊」爲正字，「靈」爲或體，而説爲「以玉事神」，亦强爲附會也。

【眉批】△。應入巫部。

新附

珈 婦人首飾。從玉，加聲。《詩》曰：「副笄六珈。」

《詩·鄘風》。傳：「珈，笄飾之最盛者，所以别尊卑。」箋：「珈之言加也，副既笄而加飾，如今步摇上飾。」按：字本作「加」，加於笄之飾也。《太玄經》：「男子折笄，婦人易哿。」借「哿」字。孳乳爲「珈」。

【眉批】△

璩 環屬。從玉，豦聲。見《山海經》。

《東山經》：「青要之山穿耳以鐻。」注：「鐻，金銀器之名，音渠。」是郭本作「鐻」，不從「玉」。《魏都賦》：「鐻耳之傑。」亦同。此所據或别本也。穿耳之飾殆出外國。玄應書四「瑙渠」下云：「《埤倉》：『珠曰瑙，充耳也。渠，耳渠也。』」又云：「西國王等多用金銀作之，著耳匡中，用以莊飾。」按「渠」即「鐻」也，「鐻」於《説文》爲「虡」之重文。蓋「渠」、「鐻」皆叚其聲，無本字也。耳鐻或以玉爲之，則從「玉」，因孳乳爲「璩」字。《淮南子·泰族訓》：「璩伯玉以其仁寧衛」。《檀弓》：「蘧伯玉。」《釋文》：「本又作璩。」魏應璩，字仲瑗。則漢世已有其字也。

【眉批】△

琖 玉爵也。夏曰琖，殷曰斝，周曰爵。從玉，戔聲。

《玉篇》：「琖，側簡切。《説文》曰：『玉爵也。夏曰琖，殷曰斝，周曰爵。』亦作盞、醆。」按：此字殆《説文》所本有也。酉部：「醆，爵也。一曰酒濁而微清也。」乃大徐新修之文耳。盞之言淺也。《方言》郭注云：「盞，最小桮。」是也。盞爲皿屬，故從「皿」、「戔」聲。《方言》五：「盞，桮也。」《通俗文》：「盞或謂之盌」。字或作「⿱殘皿」，從「殘」聲。《廣雅·釋器》：「⿱殘皿，盂也。」盞有以玉爲之者，故或孳乳爲「琖」，從「玉」、「戔」聲。《明堂位》曰：「爵，夏后氏以琖，殷以斝，周以爵。」又曰：「爵用玉琖，仍雕。」是也。漢王君廟門碑：「束帛有琖。」則又借「琖」爲「戔」字也。盞有以角爲之者，故或孳乳爲「⿰角戔」，從「角」、「戔」聲。盞爲酒爵，故或孳乳爲「醆」，從「酉」、「戔」聲。《禮運》：「醆斝及尸，君非禮也。」《詩·行葦》傳：「夏曰醆。」是也。蓋其字當以「盞」爲正。《周禮·量人》《釋文》：「琖，劉本作湔。」則假借字也。錢大昕謂當用淺深之「淺」，則拘泥於今本《説文》所無之失也。

【眉批】△

盞 或從皿。

據新附注增。王子申盞盂作「盞」。

【眉批】當入皿部。

琛 寶也。從玉，深省聲。

琳《音》九七·二引《説文》「從玉，深省聲」。「深省聲」者，當作「罙」聲。碧落碑作「琛」，微誤。《詩·泮水》：「采獻其琛。」《爾雅·釋言》：「琛，寶也。」此字當補。鈕疑是「珍」之別體，非是。琳《音》八·十三引《字書》：「琛，寶也。」《古今正字》：「從玉，從深省聲。」

【眉批】△

璫　華飾也。從玉，當聲。

按物之圓底者稱當。《韓子・外儲》：「玉卮無當，瓦卮有當。」是也。引申之爲榱頭之當，今傳世之瓦當是也。《史記・司馬相如傳》：「華榱璧璫。」《索隱》引韋昭云：「裁玉爲璧，以當榱頭。司馬彪云：『以璧爲瓦之當也。』」此文士之藻飾耳，非真以玉爲榱頭之當也。今訓爲「華飾也」，非矣。《釋名》「璫」訓「穿耳施珠」，蓋亦非中國之制。《玉篇》：「琩玧，蠻夷充耳也。」「璫」、「琩」一聲之轉也。《史記》、《釋名》俱有「璫」字，則漢時已有其字。疑與「珦」爲一字。

【眉批】△。與「珦」一字。

琲　珠五百枚也。從玉，非聲。

《吴都賦》：「珠琲闌干。」劉淵林注：「琲，貫也，珠十貫爲一琲。」《廣韻》十八隊：「⿱非王，《埤倉》云：『珠百枚曰⿱非王。孫權貢珠百⿱非王。』⿱非王，貫也。」又云：「珠五百枚也。亦作琲。又蒲罪切。」《唐韻》同。慧琳九七・十五引顧野王云：「琲，謂貫珠之名也。百珠爲貫，五貫爲琲。或作蜚也。」按「蜚」字今本《玉篇》同，疑「⿱非王」之誤。《萬象名義》作「⿱非王」，篆作「〓」。按琲之語由「朋」來。古者貫貝曰朋，其字作「〓」，與「非」形聲均相近。故借「非」爲「朋」，爲貫珠之稱，猶「倗」之與「輩」耳。孳乳爲從「玉」之「琲」字。百珠爲琲，猶許書百車爲輩矣。

【眉批】△

珂　玉也。從玉，可聲。

慧琳《音義》數引《古今正字》：「從玉，可聲。」《廣雅》：「珹玏，珂。」又云：「石之次玉。」按「珹玏」即「玪塾」。《説文》：「玪塾，石之次玉。」則「珂」即「玪」之轉音也。劉達注《吴都賦》「珂珹」云：「老雕化西海爲珹，已裁割若馬勒者謂之珂。珹者，珂之本璞也。」《通俗文》云：「勒飾爲珂。」然則玲塹云者，乃以玲石爲勒，猶珂勒也。後世於玲勒之「勒」增「玉」作「塹」，以玲塹爲一名，而不復知其爲勒飾，乃別選「珂」字以當之矣。慧琳《音義》引《埤倉》曰：「瑪瑙也。」按「瑪瑙」或作「碼碯」，或作「馬瑙」，本無其字。顧薦《負暄録》謂梵言「摩羅迦」隸此言「瑪瑙」，則譯音也（《韻會》謂「色如馬腦」，非也）。王粲有《馬瑙勒賦》，則馬腦即珂之證也。然則古書言玲塹，即漢魏之珂也。後又以譯名稱馬瑙，而珂亦隱晦矣。劉淵林謂：「老雕入海所化。」慧琳《音義》廿五·十二引顧野王曰：「螺屬也，出海中，白如雪，所以纓馬膺。」則是以蜃屬爲珂，《西京雜記》所謂「以南海白蜃爲珂，紫金爲勒」是也。非「石之次玉」之本義矣。

【眉批】△

 玉也。從玉，己聲。

《切韻》、《廣均》並訓「佩玉」。鈕云：「《説文》『玖』訓『石之次玉黑色者』，引《詩》『貽我佩玖』，讀若芑。音義並近，疑爲『玖』之別體。」《晉書音義》引《字林》：「玘，本作幾字。萬意反。」

【眉批】△

 玉也。從玉，羽聲。

鈕云：「《玉篇》引《吴志》：『薛綜，字子珝。』」按「瑀」音義與「珝」近，《春秋》、《左》昭三十年「徐子章禹」，《穀梁》「禹」作「羽」，疑「珝」即「瑀」之別體。案《晉書·藝術傳》有「卜珝」。

【眉批】△

 璀璨，玉光也。從玉，崔聲。

《玉篇》：「璀璨，玉光。」按：此連語，猶「翠粲」及「萃蔡」也。《文選·琴賦》：「新衣翠粲。」李注引《子虛賦》曰：「翕呷翠粲。」張揖曰：「翠粲，衣聲也。」《史記·司馬相如傳》作「萃蔡」。《玉篇》「呷」引《子虛賦》亦作「萃蔡」，訓「衣裳張起之聲

也」。又作「綷縩」。《漢書》班婕妤賦作「綷縩」。《文選・籍田賦》：「綃紈綷縩。」又作「璀粲」。《洛神賦》：「被羅衣之璀粲。」又作「璀璨」。《史記・司馬相如傳》《索隱》引郭璞云：「萃蔡，猶璀璨也。」《天台山賦》：「琪樹璀璨而垂珠。」《靈光殿賦》：「汩磑磑以璀璨。」是。蓋以象衣聲，則孳乳爲「綷縩」。以象玉光，則孳乳爲「璀璨」。又《洛神賦》但有「璀」字，《新撰字鏡》玉部亦衹有「璀」字（《萬象名義》兩字並不録）。似「璀」字漢世已有，「璨」爲後增也。段云：「『新臺有玼』，《韓詩》作『漼』，云『鮮皃』，即今璀璨字。」然「瑳」字或作「琗」，亦與萃蔡近也。

【眉批】△

璨　玉光也。從玉，粲聲。

【眉批】△

琡　玉也。從玉，叔聲。

與「璹」同字，見前。

【眉批】△。與「璹」同用。

瑄　璧六寸也。從玉，宣聲。

本作「宣」，詳「珣」下。

【眉批】△。與「珣」同用。

珙　玉也。從玉，共聲。

字本作「共」。「共」之字本作「𠬞」，象奉璧也。《商頌》：「受小共大共。」箋云：「共，執也。小共大共，猶所執搢小球大球也。」或作「拱」，「共」之孳乳繁文也。《左》襄二十八傳：「與我其拱璧。」《老子》：「雖有拱璧，以先駟馬。」是也。以所執爲璧，因引申爲璧名，而孳乳爲從「玉」、「共」聲之字。高誘《淮南》注：「拲，讀《詩》『小珙大珙』。」《玉篇》：「珙，大璧也。」是也。

【眉批】△。與「共」一字。

逸字

已見「珌」下。

【眉批】△

瓄

見本書「壐」下。按：本祇作「賣」字，見「壐」注。又按：卜辭有「」字，疑或「瓄」字也。

琪

見本書「珣」注。按：即「璂」字，《周官·弁師》《釋文》：「璂，本亦作琪。」

【眉批】△

瓀

《西京賦》注引「瓀，石之次玉也」。按即《說文》「碝」字：「石次玉者。」《玉藻》：「士佩瓀玟。」《釋文》：「瓀，又作瑌。」

【眉批】△

珮

慧琳三二・十七引「珮，所以象德也。從玉，凧聲」。九十四・十四引「從玉，凧亦聲」。按此「佩」之俗字。丁福保據補《說文》，誤也。《新撰字鏡》引原本《玉篇》：「珮，《說文》爲佩字，在人部也。」《廣韻》十八隊：「珮，玉珮。俗。」

【眉批】×

玊

琢玉工也。

【眉批】×

珏部

此部不必立。

玨 二玉相合爲一珏。凡珏之屬皆從珏。

《釋器》：「玉十謂之區。」郭云：「雙玉曰瑴，五瑴爲區。」《左》莊十八傳：「皆賜玉五瑴。」杜云：「雙玉爲瑴。」《正義》云：「《倉頡篇》『瑴』作『珏』，雙玉爲瑴，故字從兩『玉』。」僖三十年傳：「皆十瑴。」襄十八年傳：「係玉二瑴。」杜並云：「雙玉曰瑴。」《魯語》：「行玉二十瑴。」韋注：「雙玉曰瑴。」《淮南子》：「玄玉百工。」注：「二玉爲一工，『工』、『瑴』聲近而借也。」卜辭有「丯丯」，自是「丰丰」字，舊誤以爲「珏」，非也。金文噩侯鼎「玉五㱿」，作「㱿」，蓋借爲「珏」也。孳乳爲從「玉」之「瑴」。

【眉批】△。入玉部。

瑴　珏，或從㱿。

按「㱿」聲。

【眉批】△。入玉部。

班　分瑞玉。從珏，從刀。

《堯典》：「班瑞於羣后。」金文作「班」（班鎛），「班」（弭叔簋）。班從「刀」，音義與「分」、「辨」皆近。《周禮·太宰》注：「司農曰：頒，讀如班布之『班』。」《王制》注：「肦，讀爲班。」《士虞禮》注：「古文班爲辨，或爲胖。」是其證也。《五經文字》：「班，從刀，分也。」《廣韻》：「俗作班。」朱駿聲、張文虎均謂從「分」省聲，非是。

【眉批】△。入刀部。

𨋎　車笭間皮篋。古者使奉玉以藏之。從車、珏。讀與服同。

「笭」，《東京賦》注引作「籣」。「篋」，《東京賦》注、王仁煦《切韻》、《唐韻》一屋並引作「筐」，今本《玉篇》、《廣韻》並引作「篋」。《萬象名義》亦訓「皮篋以藏之」。《玉篇》作「所以盛之」。按字當從「車」、「珏」聲，許説誤也。其本意當與「轂」同，猶「珏」之爲「瑴」也。假借爲車腹。今本《玉篇》車部：「輹，筐也。𨋎，同上。」按：此不見於原本《玉篇》，當別有所本。輹者，車腹，孳乳爲「輹」字。《易·小畜》、《大畜》並曰：「輿説輹。」《大壯》曰：「壯於大輿之輹。」《左》僖十五傳：「輿脱其輹。」皆當作車腹解，説者多誤。馬融《易》注：「車下傅也。」《説文》：「車軸傅也。」此一説也。鄭玄《易》注：「伏兔。」《釋名》：「屐，似人屐也。又曰伏兔，在車軸上似之也。又曰輹。輹，伏也，伏於軸上也。」此又一説也。按《説文》：「轉，車下索也。」《釋名》：「轉，縛也，在車下與輿相連縛也。」則訓爲車下縛者，其本字當作「轉」。《説文》據《考工記》以轐爲車伏兔，則訓爲伏兔者，其本字當作「轐」。然此二訓乃借「輹」爲「轉」，或爲「轐」，均非「輹」之本義也。「輹」音與「縛」、「轐」均相近，而其本義自爲輿之腹。輿腹則車箱也，故引申爲筐矣。輹亦借「服」爲之，此字下云「讀若服」。《考工記·車人》：「牝服。」

司農注：「服，車箱也。」《禮・既夕》注：「服，車箱也。」《詩・大東》曰：「不以服箱。」傳：「牝服也。」均其證也。「輹」亦借「輻」爲之。今《易・小畜》《大壯》「輹」並作「輻」。《後漢書・輿服志》「耕車」、「戎車」、「輕車」下「轓」字凡三見，段玉裁據《漢書・張安世傳》注所引「琕弩」字，正今本《輿服志》「轓軛弩」之譌。不知「轓」爲「輻」之繁文，「輻」、「琕」並借字也。《輿服志》「輕車，建矛戟幢麾轓軛弩服」者，《説文》：「軛，車兩輢也。輢，車旁也。」鄭注《考工記》：「戈殳戟矛皆插車輢，故於車軛有轓以盛弩服也。」《東京賦》：「琕弩。」李注：「置弩於琕曰琕弩。」是也。然則《輿服志》本無誤字，《張安世傳》顔注乃節引其文，段氏議其譌，非矣。今謂無論爲「服」爲「琕」爲「轓」及「輻」，皆「輹」之叚借字。輹爲車腹，即車箱也。後世於「輹」字既失其本義，而以伏兔及車下縛當之，乃誤以「琕」爲正字。許君説其字又誤以爲會意，因創「古者使奉玉以藏之」之説以附會之。藏玉於琕既無所本，而其字從「珏」，安能會筐篋之意？失之甚也。或者更以琕有時盛弩而《説文》「讀若服」，謂爲借「琕」爲「箙」，又失許之本意矣。

【眉批】△。入車部。

气部

　雲气也。象形。凡气之屬皆從气。

《大司馬》注：「皆畫以雲氣。」《釋文》：「氣，本或作气。」經傳通用「氣」字。於气匄字則省爲「乞」。又在偏旁中，形母多用「气」，聲母多用「乞」。按气即雲也。引申爲熱物之气，呼吸之气。後世於雲气但稱爲雲，遂不知气爲何物。而望气之説遂多神秘矣。金文洹子孟姜壺作「」。疑卜辭、金文之「」、「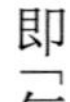」即「气」字。「」爲「𠭯」（訖）。

【眉批】「」難解。

　祥气也。從气，分聲。

氛者，气也。「氛雲」猶「紛紜」、「氛氳」也。蓋天地間除日月星辰外，可見者唯雲气，故象其形以爲「气」字。其气紛紛

紜紜，因借「分云」二字爲之。「分」孳乳爲「氛」爲「雰」，「云」孳乳爲「雲」。後世以「雲」爲雲气之專字，而气非雲矣。「氛」爲凶惡之氣之專字，「雰」爲寒气、霧气之專字，而「氛」、「雰」亦似有別矣。

【眉批】△

 氛，或從雨。

按「分」聲。

【眉批】△。當互見雨部。

士部

 事也。數始於一終於十，從一，從十。孔子曰：「推十合一爲士。」凡士之屬皆從士。

《玉篇》、《韻會》作「推一合十」。「士」、「事」聲近可通借，非本義也。《易》：「士刲羊，無血。女承筐，無實。」《詩·溱洧》：「士與女，方秉蕑兮。」《氓》：「女也不爽，士貳其行。」又《女曰雞鳴》：「士曰昧旦。」《野有死麕》：「有女懷春，吉士誘之。」，《荀子·非相》：「處女莫不願得以爲士。」凡士與女對稱，男子也。曰「士卒」，曰「士大夫」，曰「學士」，皆引申之義也。「士」字本作「」，象陽性生殖器之形，即後世之「勢」字。故「牡」、「⿰豕士」、「⿰羊士」等字並從之。引申之爲男性之通稱耳。許説穿鑿，其所引孔子語當出讖緯依託，鄙誕不經，與「人持十爲斗」之類何異乎？金文作「」。林義光謂：「士象構作之形，與『工』、『乍』同意。」俞樾《兒苦録》謂：「從二從丨，通下情以達於上者，士也。」並非。

 夫也。從士，胥聲。《詩》曰：「女也不爽，士貳其行。」士者，夫也。讀與細同。

小徐脱「聲」字。《釋親》疏引作「女之夫也」。「士」與「胥」一聲之轉，古殆借「胥」爲「士」，其後孳乳爲「壻」也。古多稱

士，惟《儀禮》稱「壻」，對「婦」而言。《爾雅》則以爲「女子子之夫」矣，其稱殆興於東周以後乎！「壻」又聲變爲「倩」，《方言》：「東齊之間，壻謂之倩。」古鉨作「」（丁）。漢碑「胥」作「」，省爲「」。《金石文字記》云：「壻字，一傳爲『埍』，再傳爲『聟』，三傳爲『聓』，四傳爲『聟』。」

壻，或從女。

按「胥」聲。此「壻」字之後起孳乳字也。古鉨作「」。

大也。從士，爿聲。

《釋詁》：「壯，大也。」《方言》一：「秦晉之間，凡人之大謂之奘，或謂之壯。」《曲禮》：「三十曰壯。」《月令》：「養壯狡。」《呂覽》注：「多力之士。」《管子》：「苗始其少也，眗眗乎，何其孺子也！至其壯也，莊莊乎，何其士也！」然則壯者，男子之壯盛也。古鉨作「」、「」、「」。

舞也。從士，尊聲。《詩》曰：「壿壿舞我。」

《繫傳》作「壿舞也」。《伐木》及《釋訓》《釋文》並引作「士舞也」。《詩・伐木》文今作「蹲」，《釋文》：「蹲，本或作壿。」《釋訓》：「坎坎，壿壿，喜也。」《釋文》：「壿壿，本或作蹲。」朱駿聲曰：「此重言形況字。毛訓『舞皃』，猶『坎坎』爲鼓聲也。『坎』不得訓鼓，『壿』何得訓舞？此後出字，許可不録。」按此殆《詩》或《雅》本有作「士」旁者，因涉上「坎坎」而誤，因而誤收耳。

【眉批】△

丨部

此不成部。「丨」即「十」字。「中」、「於」均當併入㫃部。

丨　上下通也。引而上行讀若囟。引而下行讀若退。凡丨之屬皆從丨。

《玉篇》作「下上通也」。此俗説也。「丨」在古文爲「十」字，其在他字中直筆非字也。許有「囟」、「退」二音，而《玉篇》「思二切，又古本切」，皆後世隨時所立耳。横、直、㫄、捺俱爲字作僞於許，而張大於鄭樵，其實非也。《萬象名義》思貳、他外二反，「思貳」即「囟」音，「他外」即「退」音。

【眉批】與「十」一字。

　和也。從口、丨。上下通。

宋本「而也」，麻沙本「肉也」，今依小徐。二徐本作「」，從「」，下二篆同。《六書故》云：「鼂説之曰：林罕謂從『口』，象四方上下通中也。《説文》徐本皆作『』，殆誤也。」今據正。甲骨、金文多以此爲伯仲字，亦間有用爲中間字者。會稽刻石作「」。三體石經尚作「」。

【眉批】當入㫃部。象意字。或立中部。

　古文中。

此篆無所見，殆書家變其姿勢耳。

【眉批】△

　籀文中。

甲、金文作「」、「」、「」、「」、「」、「」、「」、「」、「」、「」、「」、「」等形。「中」字本象旗常形，已見《殷虚文字記》。觶文作「」（《續殷》下五五）。

[glyph]　旌旗杠皃。從丨，從㫃，㫃亦聲。

此字於經傳無徵，今謂「㫋」之誤也。「㫋」字當作「[glyph]」，從「㫃」、「工」聲。蓋「工」聲之字可以象長直之形，「杠」、「虹」之屬是也。《釋天》：「素錦綢杠。」《鄉射禮・記》：「杠長三仞，士之制也。」《廣雅》：「天子杠高九仞，諸侯七仞，大夫五仞。」《士喪禮》：「竹杠長三尺。」然則旌旗之杠古多以「杠」爲之。《楚辭・遠逝》：「建虹采以招指。」注：「旗也。」借「虹」爲之。孳乳則爲從「㫃」、「工」聲之「㫋」字矣。金文剌卣（《殷》上四下）有「[glyph]」字，亞[glyph]角（《殷》下廿二、《續殷》下三八）有「[glyph]」字，妐觚（《續殷》下四七）有「[glyph]」，並從「㫃」、「虹」聲。可證商時已有此字矣。「㫋」字本應在㫃部，後世「㫋」字既譌「於」，《說文》乃誤入丨部，而解爲「旌旗杠皃」，則其義訓猶未誤也。《鄉射禮・記》注：「杠，橦也。」《士喪禮》注：「杠，銘橦也。」「杠」、「橦」聲近，今韻並在四江。《廣韻》「於」宅江切，與「幢」、「橦」同紐，是聲猶未誤也。《萬象名義》「於」丁陵反，《玉篇》陟陵切，則宅江切之轉也。《玉篇》、《廣韻》又丑善切，徐本《說文》引《唐韻》同，則又轉也。而今本《說文》謂「從㫃聲」，則失之彌遠矣。

【眉批】當入㫃部。

廿六年一月廿日初稿寫完

整理說明：

《說文解字箋正》現存手稿係朱絲欄框文華閣信箋紙，裝訂一册，每頁十行，每行大字單行，小字兩行或三行，共五十五頁，三萬四千字，全文無標點，内容係《說文解字》卷一上篇。

卷首自注「廿五年十二月起初讀《詁林》」，書末自注「廿六年一月廿日初稿寫完」，知此稿作於一九三六年至一九三七年間。《古文字學導論・自敍》云：「又因爲《名始》裏不能完全舉出《說文》的得失，所以想另寫一部《說文解字箋正》來擱在最後。」

此書的眉批主要有三種形式：一種是記「某同字」，講文字的分化、孳乳；一種是標記△，表示已經確定；一種是標記？，表示還有疑問。

（劉洪濤）

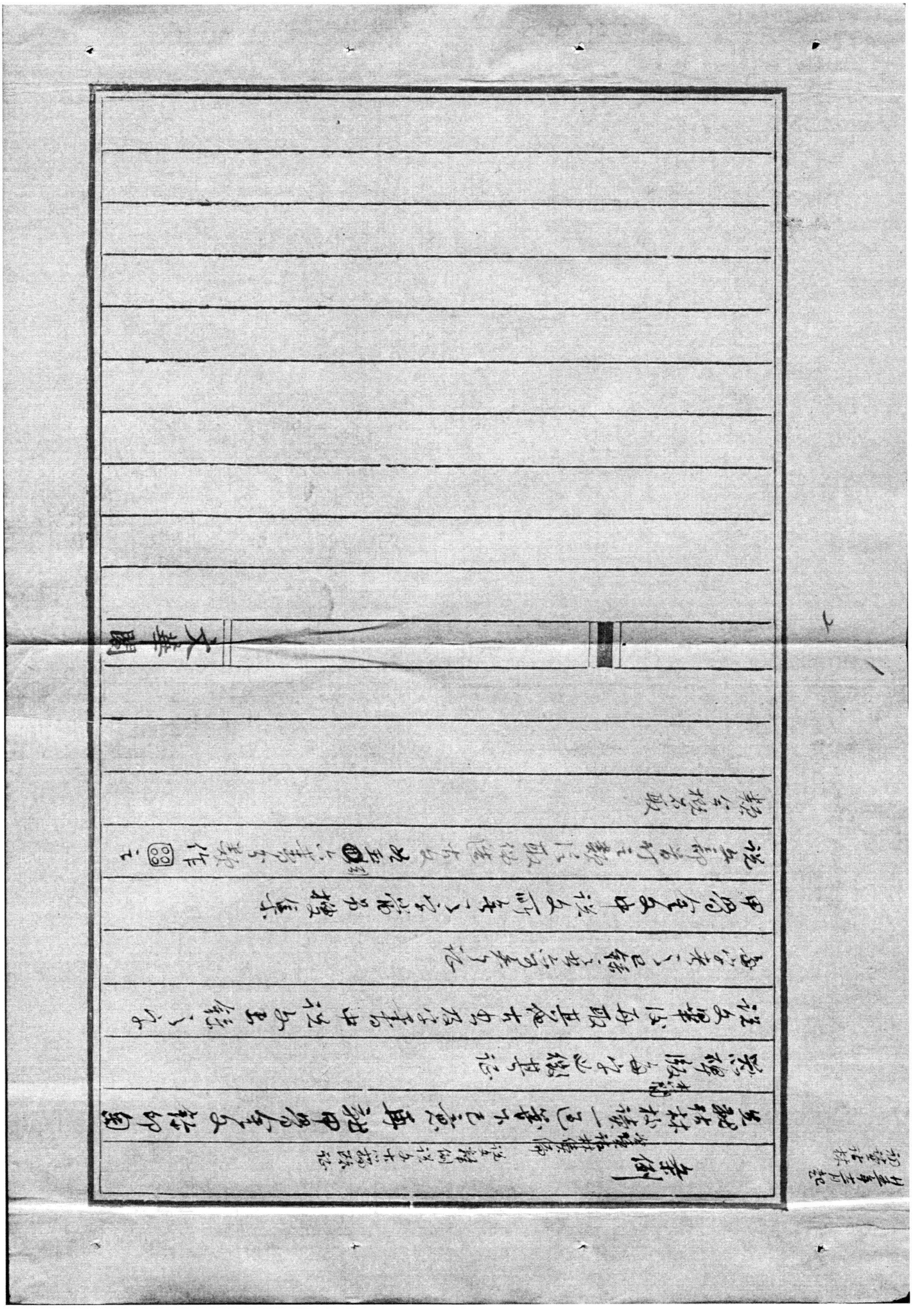

原稿樣張一

廿三年六月記
初纂詁林

条例

先就詁林校讀一過，簽下己意，再就甲骨金文鉥印匋

（旁注：以譚詁林後附　說文解字說文大小篆跡記）

器碑版每字必徵其證

說文異體再取其施古書及字書中說文未錄之字

每字考之已錄之者亦考之證

甲骨金文中說文所無之字當另搜集

說文部首行之數後取他諸古文如玉⊞六書分類作⊞之

類合概不取

文華閣

當入㫃部

𠁩 籀文中 [illegible] 中 中 中 中 中 中 中 中 等形 [illegible]

㫃 旌旗杠皃 從丨從㫃 㫃亦聲

此字於經傳無徵 今謂旌字之誤也 旌字篆作㫃 從㫃工聲 蓋工聲

之字可以象長直之形 杠 杠之厚是也 釋天素錦綢杠 鄉射記 杠長三[redacted]仞 士之制也 [illegible]

雅天子杠高九仞 諸侯七仞 大夫五仞 士喪禮竹杠長三尺 [redacted] 然則旌旗之杠 杠古多[redacted]

杠者 [redacted] 桂杆也 非杠也 杠非以指注旌旗也 借杠為之 華說例為從㫃工聲 [illegible]

旌字矣 金文刻旨有 [illegible] 字 旌角有廿二 [illegible] 字如 [illegible] 有 [illegible] 並從㫃虹聲

可證商時已有此字 [illegible] 世 [illegible] 譌於說文者誤入丨部 而衍為旌旗杠皃 則其義

訓猶未謹也 [redacted] 鄉射記注 杠橦也 士喪禮注 杠銘橦也 杠橦聲近 今

語無存 四江廣韻 忻(?)宅江切 與幢橦同 但是聲猶未謹也 萬象名義 忻丁陵 [redacted] 玉篇陟

陵切 與宅江切之轉也 玉篇貿韻 工五善切 旌本從久 引申 韻同例又 [redacted] 轉也 而謂說文誤

從㫃聲 則失之彌遠矣

廿六年一月廿日初稿寫完

玉篇校本

一部第一　凡八字〔一〕

一　於逸反。《說文》曰：「惟初太始，道立於一，造分天地，化成萬物。」《道德經》云：「昔之得一者，天得一以清，地得一以寧，神得一以靈，谷得一以盈，萬物得一以生，侯王得一以爲天下正。」王弼曰：「一者，數之始也，物之極也。」又同也。少也。初也。或作壹。

弌　古文

天　他前反。〔二〕《說文》曰：「天，顛也，至高無上。从一、大。」《爾雅》曰：「春爲蒼天，夏爲昊天，秋爲旻天，冬爲上天。」《詩傳》云：「尊而君之則稱皇天，元氣廣大則稱昊天，仁覆閔下則稱旻天，自上降監則稱上天，據遠視之蒼蒼然則稱蒼天。」《呂氏春秋》云：「天有九野，東方蒼，東南方陽，南方炎，西南方朱，西方顥，西北方幽，北方玄，東北方變，中央鈞。」《太玄經》曰：「九天，一爲中，二爲羨，三爲從，四爲更，五爲睟，六爲廓，七爲減，八爲沈，九爲成。」《釋名》曰：「天，豫司兖冀以舌腹言之，天，顯也，在上高顯也。青徐以舌頭言之，天，坦也，坦然高而遠也。」○君也。〔三〕

兲

兲　並古文〔四〕

元　五袁反。〔五〕《說文》曰：「元，始也。」《易》曰：「元者，善之長也。」《春秋傳》曰：「狄人歸其元。」元，首也。《韓詩》曰：

「元，長也。」《公羊傳》曰：「元年春者何？君之始年也。」何休云：「變一言元，元者，氣也。」《左氏傳》注曰：「凡人君即位，欲其體元以居正，故不言一年一月也。」《漢書》曰：「勸元元。」野王案：「元元，猶喁喁，可憐愛貌。」〔六〕○大也。〔七、八〕

丕　普邳反。〔九〕《虞書》曰：「嘉乃丕績。」孔安國曰：「丕，大也。」或作丕。○丕也。多也。〔一〇〕

吏　力致反。〔一一〕《說文》曰：「治人者也。」《夏書》曰：「天吏逸德，烈于猛火。」《周禮》八則：「三曰廢置，以馭其吏。」《左氏傳》曰：「王使委於三吏。」杜預曰：「三吏，三公也。」《禮記》曰：「五官之長曰伯，其擯於天子也，曰天子之吏。」○使也，君所使也。〔一二、一三〕

上部第二　凡十字〔一四〕

上　市讓反。〔一五〕《說文》云：「高也。」又君也。〔一六〕《易》曰：「本乎天者親上。」《虞書》曰：「正月上日。」孔安國曰：「上日，朔日也。」《老子》曰：「太上，下知有之。」王弼曰：「太上，大人也。」《漢書》云：「望於太上。」如淳曰：「太上猶天子也。」又市掌反。登也。升也。○前也。遠也。〔一七〕

丄　古文

帝　丁計反。〔一八〕《說文》云：「諦也，王天下之號也。」《爾雅》云：「君也。」《白虎通》云：「德合天者稱帝。」《商書》云：「惟皇上帝。」孔安國曰：「上帝，天帝也。」《周禮》曰：「兆五帝於四郊。」鄭玄曰：「五帝，蒼曰靈威仰，太昊食焉；赤曰赤熛怒，炎帝食焉；黄曰含樞紐，黄帝食焉；白曰白招拒，少昊食焉；黑曰汁光紀，顓頊食焉。」〔一九〕

帝　古文〔二〇〕

旁　步郎反。〔二一〕旁猶側也，邊也，非一方也。〔二二〕《說文》作「㫄」，〔二三〕「溥也」。

雱　籀文〔二四、二五〕

旁〔二六〕

𣃦 並古文〔二七〕

下 何雅反。〔二八〕《易》曰：「化成天下下者，對上之稱也。」《說文》曰：「底也。」《詩》云：「下武維周。」箋云：「下猶後也。」《禮記》曰：「揖讓而升，下而飲。」鄭玄曰：「下，降也。」杜預注《左傳》云：「下猶賤也。」《爾雅》曰：「下，落也。」又何稼反。行下也。《易》曰：「以貴下賤。」是也。○去也。服也。〔二九〕

丅 古文〔三〇〕

示部第三　凡一百十二字〔三一〕

示 時至反。〔三二〕《說文》云：「天垂象，見吉凶，所以示人也。」《易》曰：「夫乾，確然示人易矣。夫坤，隤然示人簡矣。」示者，語也，以事告人曰示也。○見也。〔三三〕

𥘅 古文

神 市人反。〔三四〕神祇。《說文》曰：「天神引出萬物者也。」〔三五〕《夏書》曰：「乃聖乃神。」孔安國云：「聖，無所不通；神，妙無方。」《易》曰：「陰陽不測之謂神。」王弼云：「神也者，變化之極。」《大戴禮》云：「陽之精氣曰神，陰之精氣曰靈。」《爾雅》云：「神，重也；治也；慎也。」《廣雅》云：「神，引也。」〔三六〕○鬼也。〔三七、三八〕

祇 巨支反。〔三九〕地之神也。《易》曰：「無祇悔。」韓康伯云：「祇，大也。」《周禮》亦作「示」。〔四〇〕

齋 側皆反。〔四一〕《易》曰：「聖人以此齋戒。」韓康伯曰：「洗心曰齋，防患曰戒。」又敬也。○莊也。〔四二〕

𥜊 籀文〔四三〕

祕 悲冀反。〔四四〕《說文》云：「神也。」《廣雅》曰：「勞也。蜜也。藏也。」○視也。察也。〔四五〕

祇 〔四六〕諸時反。敬也。俗作祍。〔四七〕

祭 子滯反。〔四八〕薦也。祭祀也。又側界反。周大夫邑名。○察也。至也。享也。〔四九、五〇〕

祉 〔五一〕必利反。〔五二〕《説文》云：「以豚祠司命也。」〔五三〕

祀 徐里反。〔五四〕《周書》八政：「三曰祀。」《爾雅》云：「祭也。又年也。」○歲也。〔五五〕百神之福可祭曰祀也。〔五六〕

禩 同上〔五七〕

祏 殊亦反。《説文》云：「宗廟主也。」《周禮》有「郊宗石室」。一曰大夫以石爲主。〔五八〕

禋 於神反。敬也。《説文》：「絜祀也。一曰精意以亨爲禋。」○燎柴祭也。〔五九〕

𥛚 同上〔六〇〕

祡 仕佳反。《説文》云：「燒柴㸑燎以祭天神。」〔六一〕亦作柴。《爾雅》曰：祭天曰燔柴。〔六二、六三〕

禥 古文〔六四〕

祖 子古反。〔六五〕父之父也。〔六六〕道祭也。始也。○轉也。居也。上也。摇也。本也。解也。法也。〔六七〕

鬃 〔六八〕布庚反。〔六九〕《説文》曰：「門内祭先祖所以傍徨也。」亦作䘦。〔七〇〕

祊 同上

祠 似司反。〔七一〕《公羊傳》云：「春（祭）曰祠。」「祠，猶食也。」○嗣也。〔七二〕百神廟皆云祠。〔七三〕又祠亦祭之總名也。〔七四〕

礿 餘灼反。《公羊傳》云：「夏（祭）曰礿。」

禴 同上〔七五〕

祫 何夾反。〔七六〕合祭也。○大祭大祖也。〔七七〕

禘　徒計反。大祭也。諦也。〔七八〕

祜　胡古反。《詩》云：「受天之祜。」箋云：「祜，福也。」○厚也。亂也。〔七九〕

禧　許其反。〔八〇〕福也。○吉也。〔八一〕

祐　于救反。〔八二〕助也。《易》曰：「自天祐之，吉，無不利。」或作佑。〔八三〕○〔八四〕從也。信也。〔八五、八六〕

祺　巨基反。〔八七〕吉也。又徵祥也。

禥　籒文〔八八〕

福　〔八九〕方伏反。〔九〇〕禄命也。《説文》：「祐也。」○胙也。羸也。〔九一、九二〕五福：一壽，二富，三康寧，四攸德，五考終命。又云：一天所貴，二鬼神所祐，三人道所吉。〔九三〕

禄　旅穀反。〔九四〕賞賜也。又福禄也。○録也。〔九五、九六〕

禛　之仁反。以真受福也。

祉　丑理反。〔九七〕福也。○禄也。〔九八〕

禔　之移反。福也。安也。又音匙。○祚也。喜也。善也。〔九九〕

祥　似羊反。〔一〇〇〕妖怪也。又福也。善也。○吉凶之先見也。〔一〇一〕象也。告也。〔一〇二、一〇三〕

禎　忠平反。〔一〇四〕吉祥也。○善也。〔一〇五〕

禠　息離反。〔一〇六〕福也。

禨　〔一〇七〕居衣反。〔一〇八〕祥也。

祪　居毀反。毀廟之祖也。○庿也。〔一〇九〕

禰　年禮反。〔一一〇〕父廟也。

祢　同上〔一一一〕

祰　口老、公篤二反。禱也。告祭也。〔一一二〕

祼　古換反。祼鬯告神也。○灌也。〔一一三、一一四〕

祝　之六反。〔一一五〕祭詞也。○盟祝主於要誓鬼神以祈福祐也。〔一一六〕斷也。織也。屬也。融也。纘也。〔一一七〕

祈　巨衣反。〔一一八〕禱也。報也。告也。○求也。叫也。〔一一九〕

禷　力季反。祭也。《爾雅》曰：「是禷是禡，師祭也。」或作胄。〔一二〇〕○禡祀神也。〔一二一〕

禱　丁老反。〔一二二〕請也。謝也。求福也。

𥜒　籀文

𥘺　古文〔一二三〕

禶　昌芮反。〔一二四〕數祭也。重禱也。〔一二五〕又此芮反。○謝也。〔一二六〕

禮　力底反。體也。理也。○履也。〔一二七〕

礼　古文〔一二八〕

祔　扶付反。〔一二九〕祖也。〔一三〇〕合葬也。○屬也。〔一三一〕

䙐　除霤反。〔一三二〕祝䙐也。又力救反。

袖　古文〔一三三〕

禖　莫回反。〔一三四〕求子祭。○吉祥也。〔一三五〕

禪　市戰反。〔一三六〕祭名。又市然反。静也。○傳也。定也。闡也。〔一三七〕

禜　胡命反。〔一三八〕風雨不時祭名。○祭星也。營也。災不生也。〔一三九〕

祰　胡括反。《説文》云：「祀也。」〔一四〇〕又法也。〔一四一〕○謝也。〔一四二〕

禳　而羊反。〔一四三〕卻變異也。○謝也。衆多也。〔一四四〕

禬　胡外、古外二反。〔一四五〕除災害也。會福祭也。○刮去也。〔一四六〕

禕　於宜反。美皃。〔一四七〕又歎辭。○美盛也。〔一四八〕

禦　魚舉反。禁也。又當也。○侮也。止應也。祠也。〔一四九〕

祓　〔一五〇〕孚物反。〔一五一〕除災求福也。又方吠反。〔一五一〕福也。○掃除也。潔也。〔一五二〕

祴　古來反。祴，夏樂章名。○戒也。〔一五三、一五四〕

禡　〔一五五〕莫駕反。〔一五六〕師祭也。又馬上祭也。

社　〔一五七〕市者反。〔一五八〕土地神主也。○封也。母也。稷也。〔一五九〕

袿　〔一六〇〕古文

祳　時忍反。〔一六一〕祭社生肉也。〔一六二〕俎實也。

祚　〔一六三〕才故反。〔一六四〕禄也。保也。○報也。位也。福也。〔一六五、一六六〕

祾　力矜、力登二反。〔一六七〕祭名。〔一六八〕神靈之威福也。

祱　始鋭反。《博雅》云：「祭也。」

祽　子内反。月祭也。〔一六九〕

褸　力俟反。飲食祭也。冀州八月楚俗二月。〔一七〇〕亦作膢從篗亦同。

䄍　仕駕反。報祭也。古之臘曰䄍。〔一七一〕亦作蜡。〇索也。〔一七二〕

禂　丁道反。〔一七三〕馬祭也。〇禱也。〔一七四〕

䄚　〔一七五〕才刀反。〔一七六〕豕祭也。

祧　他幺反。〔一七七〕遠祖之廟也。〔一七八〕

䄮　古文〔一七九〕

禊　〔一八〇〕胡計反。〔一八一〕《史記》云：「漢武帝禊霸上。」徐廣曰：「三月上巳，臨水祓除謂之禊也。」〇三月三日祭名。〔一八二〕

禓　〔一八三〕與章、書羊二反。〔一八四〕逐强鬼也。〔一八五〕道上祭也。

祲　子鴆反。〔一八六〕《周禮》有「眡祲」，鄭玄曰：「祲，陰陽氣相侵漸成祥者。」《左氏傳》曰：「吾見赤黑之祲。」杜預曰：「妖氣也。」

𥛱　〔一八七〕私呂反。〔一八八〕祭具也。〇祀神米也。作糈字。〔一八九〕

禍　〔一九〇〕胡果反。害也。神不福也。

祟　思遂反。神禍也。

𥜻　籀文〔一九一〕

祙　〔一九二〕靡愧反。〔一九三〕即鬼魅也。〇魅字也。〔一九四〕

𥜐　側慮反。〔一九五〕祝也。亦作詛。〔一九六〕

禁　記鴆反。〔一九七〕止也。錮也。又記林反。〇制也。謹也。〔一九八〕

⿰礻芺　〔一九九〕於驕反。天反時爲災，地反物爲祅。〔二〇〇〕○祅害物也。〔二〇一〕

祅　同上〔二〇二〕

禫　徒感反。祭名也。《説文》曰：除服祭也。

禲　〔二〇三〕力滯反。〔二〇四〕無後鬼也。鬼有所歸乃不爲禲。○疫也。作痢。〔二〇五〕

祩　之俞反。〔二〇六〕呪詛也。又音注。

⿰礻賴　力大反。〔二〇七〕墮壞也。

祤　于矩反。没祤，縣名，在馮翊。又音詡。

⿰示巳　丘倦反。〔二〇八〕祀也。〔二〇九〕

⿰礻叕　竹芮反。祭名。〔二一〇〕亦作醊。

禶　〔二一一〕思淺反。〔二一二〕秋田祭也。與獮同。○煞也。〔二一三〕

⿰礻豕　同上〔二一四〕

禉　〔二一五〕以久、以州二反。〔二一六〕燎也。柴祭天也。〔二一七〕

⿰礻虘　〔二一八〕欣居反。耗鬼也。與驉同。

⿰礻央　於畺反。〔二一九〕禍也。古文殃。○凶也。咎也。敗也。〔二二〇〕

礽　而凌反。〔二二一〕福也。又就也。亦作仍字也。〔二二二〕○因也。數也。重也。厚也。〔二二三〕

⿰礻焦　子誚反。〔二二四〕祭名。或作醮。〔二二五〕○祭酒。酬酢也。〔二二六〕

⿰礻尞　力弔反。〔二二七〕與尞同。柴尞祭天也。〔二二八〕

䄉　我多反。〔二二九〕盛皃。或爲娥字，在女部。〔二三〇〕〇好也。〔二三一〕

⿰礻𠃬　〔二三二〕市救反。〔二三三〕久年也。〔二三四〕〇壽字也。〔二三五、二三六〕

⿰礻睪　以石反。〔二三七〕祭之明日又祭。殷曰肜。周曰⿰礻睪。亦作繹。⿰飠睪字也。〔二三八〕

禗　息茲反。〔二三九〕不安欲去意也。〔二四〇〕

祘　蘇換反。明示也。〇筭字古文也。〔二四一〕

二部第四　凡九字〔二四二〕

二　而至反。〔二四三〕《説文》曰：「地之數也。」《易》曰：「天一地二。」

式　古文〔二四四〕

恒　〔二四五〕何登反。常也。《易》曰：「恒久也。」〇弦也。〔二四六〕

亙　古文〔二四七〕

亘　〔二四八〕思緣反。求宣也。〔二四九〕今宣從亘同。〇小全反。謂亘也。〔二五〇〕

亟　居力反。急也。〔二五一〕疾也。又丘致反。數也。〇趣也。速也。愛也。〔二五二〕

亝　祖兮反。〔二五三〕古文齊。〔二五四〕〇正也。辯也。莊也。中也。疾也。肅也。壹也。〔二五五〕

竺　丁沃反。〔二五六〕厚也。又音竹。〇篤也。固也。〔二五七〕

凡　扶嚴反。凡計數也。又非一也。《説文》云：「最括也。」《廣雅》云：「輕也。皆也。」

三部第五　凡二字

三　思甘反。《説文》云：「天地人之道也。」《老子》曰：「道生一，一生二，二生三，三生萬物。」

弎　古文〔二五八〕

王部第六　凡五字

王　禹方反。《説文》云：「天下所歸往也。」董仲舒曰：「古之造文者，三畫而連其中謂之王。三者，天地人也。而參通之者，王也。」孔子曰：「一貫三爲王。」蔡邕《獨斷》云：「皇子爲王。」〇往也。大也。君也。姓也。咸也。〔二五九〕

𠙺　古文〔二六〇〕

皇　胡光反。大也。匡也。《爾雅》云：「君也。」《論語》曰：「皇皇后帝。」注：「謂大夫（？）帝也。」《儀禮》：「賓入門皇自莊盛也。」〇天也。正也。美也。〔二六一〕

𦤎　〔二六二〕古文

閏　如舜反。閏餘也。《説文》云：「餘分之月，五歲再閏。告朔之禮，天子居宗廟，閏月居門中。」《周禮》云：「閏月詔王居門終月。」

玉部第七　凡一百　字〔二六三〕

玉　魚録反。《禮記》曰：「君子比德於玉焉。温潤而澤，仁也。縝密以栗，知也。廉而不劌，義也。垂之如隊，禮也。叩之，其聲清越而長，其終詘然，樂也。瑕不揜瑜，瑜不揜瑕，忠也。孚筠旁達，信也。氣如白虹，天也。精神見于山川，地也。圭璋特達，德也。故君子貴之也。」〇尊卑以輕重爲差，玉多則重，石多則輕。公侯四玉一石，伯子男三玉一石也。〔二六四〕

玊　古文〔二六五〕

璙　力弔、力小二反。〔二六六〕玉名也。〔二六七〕

瓘　古喚反。〔二六八〕玉名也。〔二六九〕

璥　居影反。玉名。

琠　他典反。〔二七〇〕玉名。

⿰王殿　古文

玘　去里反。〔二七一〕玉名。

璽　弭規反。玉名。

瓇　〔二七二〕奴刀反。〔二七三〕玉名。

⿰王毄　郎敵反。〔二七四〕玉名。

瑾　奇鎮反。瑾瑜，美玉也。〇玉名。〔二七五〕

瑜　弋朱反。〔二七六〕瑜，玉不掩瑕，〔二七七〕玉中美也。《禮記》：「世子佩瑜玉也。」

璵　〔二七八〕弋居反。〔二七九〕璵璠，美玉皃。

璠　方袁、房袁二反。〔二八〇〕美玉皃。〇理勝也。〔二八一〕

玒　古邦、古紅二反。〔二八二〕玉名。

玽　〔二八三〕思旬反。〔二八四〕玉屬也。〇玉器也。〔二八五〕

瓊　渠營反。〔二八六〕《説文》云：「赤也。」《莊子》云：「積石爲樹，名曰瓊枝。其高一百二十仞，大三十圍，以琅玕爲之寶。」〔二八七〕

璚　同上

瓗　同上〔二八八〕

琁　〔二八九〕同上〔二九〇〕

璐　〔二九一〕力故反。美玉也。

琜　力才反。〔二九二〕玉屬也。

珦　虚亮反。玉名。

瑓　力達反。玉名。

瓄　徒木反。《史記》云：「崐山出瓄玉也。」〇玉器。〔二九三〕

璿　〔二九四〕似緣反。〔二九五〕《山海經》云：「有沃之國，沃民是處，爰璿瑰瑶碧。」《虞書》曰：「璿璣玉衡。」孔傳云：「璿，美玉。」〔二九六〕《穆天子傳》：「春山之寶有璿珠也。」〇即蚌所含珠也。〔二九七〕

壡　籀文〔二九八〕

瑢　古文

珵　除荆反。美玉也。珵六寸光自輝。〔二九九〕

琳　力金反。玉名。

球　巨周反。〔三〇〇〕《虞書》曰：「戛擊鳴球。」孔傳云：「球，玉磬也。」

璆　奇樛反。美玉也。○琳字也。〔三〇一〕

珚　奇殞反。〔三〇二〕齊玉也。

瑅　大兮反。〔三〇三〕玉名。

瑭　徒郎反。〔三〇四〕玉也。〔三〇五〕

珙　居容、居勇二反。〔三〇六〕大璧也。○玉名。〔三〇七〕

瓗　似睡反。〔三〇八〕玉名。

琛　敕今反。〔三〇九〕琛寶也。○重也。〔三一〇〕

璧　俾亦反。瑞玉圜以象天也。○好孔也。〔三一一〕

玊　〔三一二〕欣救、思六二反。〔三一三〕玉工也。亦姓也。

環　〔三一四〕下關反。〔三一五〕繞也。又玉環。《爾雅》曰：「肉好若一謂之環。」○旋也。〔三一六〕

瑗　爲眷反。玉名。

琮　才宗反。〔三一七〕琮玉八角象地。《説文》云：「瑞玉大八寸似車釭。」○聚也。〔三一八〕

璜　胡光反。半璧也。

琥　〔三一九〕呼古反。瑞玉也。《説文》云：「發兵瑞玉，爲虎文。」〔三二〇〕

瓃　力追反。玉器也。〔三二一〕又力回反。

瓏　〔三二二〕力恭反。禱旱之玉，爲龍文也。〔三二三〕又音聾。玲瓏，玉聲。

珪　古攜反。古文圭。〇鎮安也。〔三二四〕

璋　之陽反。半珪也。又明也。

玠　柯薤反。〔三二五〕珪長尺二寸也。

琬　於遠反。琬珪也。〔三二六〕〇圓也。〔三二七〕

琰　〔三二八〕弋冉反。〔三二九〕璧上起美色也。

瑒　雉杏反。〔三三〇〕珪尺二寸有瓚以祀宗廟。又音暢。

瓛　胡官反。《周禮》：「公執瓛珪也。」〔三三一〕

珽　他鼎反。《說文》云：「大圭長三尺，抒上，終葵首。」《禮》：「天子搢珽，方正於天下也。」〇笏也。〔三三二〕

琡　〔三三三〕齒育反。《爾雅》云：「璋大八寸謂之琡也。」

瑁　莫到反。〔三三四〕珪長四寸，天子執之。又莫對反。瑇瑁也。〇冒也。〔三三五〕

玥　古文〔三三六〕

瑞　市惴反。〔三三七〕信節也。〔三三八〕諸侯之珪也。〇王者盛德感乎乾坤，故天地應之以信瑞也。〔三三九〕德感乎山川丘陵，則芝草植也。製禮樂則祥風至。皆是祥瑞也。〔三四〇〕王者之政，大平則有河溓海夷之瑞。〔三四一〕符應。與睡同音也。〔三四二〕

瑱　他見反。以玉充耳也。〔三四三〕

珥　仁志反。〔三四四〕珠在耳。〇耳璫也。〔三四五〕

琫　布孔反。〔三四六〕佩刀上飾也。〔三四七〕

珌　卑密反。〔三四八〕佩刀上飾也。〔三四九〕

琿　古文〔三五〇〕

璏　雉例反。劍鼻也。又音衛。

璏　同上〔三五一〕

珇　女九反。〔三五二〕印鼻也。〔三五三〕本作鈕。

璫　多郎反。〔三五四〕穿耳施珠也。

瑑　持轉反。〔三五五〕珪有圻鄂也。〔三五六〕○轂約也。〔三五七〕

瓚　才但、才旦二反。〔三五八〕珪頭也。爲器可以挹鬯灌祭。〔三五九〕鄭玄注《禮記》云：「瓚形如槃，容五升，以大圭爲柄也。」〔三六〇〕

璂　巨基反。〔三六一〕飾弁也。○玉屬也。〔三六二、三六三〕

玦　居穴反。玉佩也。如環而缺不連。○離也。〔三六四〕

珩　下庚反。〔三六五〕《説文》云：「佩玉所以節行步也。」○謂玉佩上衡也。〔三六六〕

璬　公了反。〔三六七〕玉佩也。

珮　〔三六八〕蒲背反。〔三六九〕《周禮·玉府》：〔三七〇〕「掌王之玉佩、珠玉。」〔三七一〕鄭玄曰：「佩玉，所帶玉也。」〔三七二〕《大戴禮》：「珮上有衡，下有雙璜、衝牙、蠙珠以納其間。」《禮記》：「天子佩白玉，公侯佩山之玉，大夫佩水倉玉，世子佩瑜玉，佩瑜瓊。以孔子佩象環立寸。」野王案：凡帶物於身皆謂之佩。〔三七三〕帨帨、刀、厲、小錐門、金燧，古佩決、扞、管、遰、人雙、木檖，婦人佩箴、管、線、纊，《楚辭》「紉秋蘭以爲佩」，並是也。《説文》作佩字，在人部也。〔三七四〕

校勘記

〔一〕據《萬象名義》改。今本九字，增「人」字。

〔二〕他前反，《萬象名義》作「秦堅反」。

〔三〕出《爾雅・釋詁》，據《萬象名義》補。

〔四〕《萬象名義》作「兂」、「兟」、「旲」、「吴」四形，並注云「古文」。按《名義・一部》共八字，是本亦祇有二體，傳寫譌增耳。

〔五〕五袁反，《萬象名義》作「魚園反」。

〔六〕今本無「野王案」云云，别有「師古曰元元善意」七字。蓋校者旁注其後，遂略去顧氏原按耳。《史記・孝文紀》《索隱》引「顧野王云」當是原本所有，今據訂補。

〔七〕出《詩・六月》「元戎十乘」及《采芑》「方叔元老」傳，據《萬象名義》補。

〔八〕《萬象名義》有「庣古文」三字，似誤衍。

〔九〕邳，《萬象名義》作「坯」。

〔一〇〕據《萬象名義》補。「丕也」，疑是「丕丕」之誤。《爾雅・釋訓》：「丕丕，大也。」《書・大誥》：「弼我丕丕基。」「多也」一義未詳。

〔一一〕力，《萬象名義》作「理」。

〔一二〕據《萬象名義》補。

〔一三〕《萬象名義》有「岂古文」三字。

〔一四〕據《萬象名義》改。今本九字，脱「下」字古文。

〔一五〕市，《名義》作「時」。

〔一六〕君，今本誤「居」，據《名義》改。「君也」，見《廣雅・釋詁》及《中庸》「上也者」注。

〔一七〕據《名義》補。

〔一八〕《名義》作「都麗反」。

〔一九〕《名義》有「天也」一義。

〔二〇〕《名義》尚有「[illegible]古文」三字，「[illegible]」即「帝」之譌而衍。

〔二一〕《名義》作「薄唐反」。

〔二二〕《名義》但引「方也」，誤。（整理者按：《名義》但作「方」，無「也」字。）

〔二三〕今本作「□」，與《説文》同。按《名義》篆文作「□」，與金文較近。蓋「□」誤爲「□」，遂變爲「□」耳，今正。

〔二四〕《名義》誤作「雱，古文」。

〔二五〕《名義》篆文次「旁」字後，與《説文》合。

〔二六〕今本作「旁」，《説文》同。蓋後人誤認「□」爲從古文「下」，故改從篆文「下」耳。按《名義》篆文作「□」，注作「旁」，今據正。

〔二七〕《名義》篆文僅四字，與《説文》及此合。注中則云「㫄古文、旁、旁、□、□、雱，皆古文帝旁」。按「㫄」疑「旁」之譌。「□」、「□」則皆「旁」字，乃「旁」之譌。殆《説文》既譌，校者又取以增之耳。

〔二八〕《名義》作「遐蝦反」。

〔二九〕據《名義》補。《周禮·司民》「歲登下其死生」，注：「下猶去也。」

〔三〇〕今本闕此字，據《名義》補。《名義》尚有「□古文」三字，「□」即篆文「□」之譌。

〔三一〕據《名義》改，今本「凡一百四十五字」。

〔三二〕至，《名義》作「志」。

〔三三〕據《名義》補。按《蒼頡》篇云：「示，現也。」

〔三四〕三部《經音義》集二引與此同，《名義》作「視仁反」。

〔三五〕三部《經音義》集三「天神」條引下有「鄭玄注禮記曰天之神日爲尊也周禮曰舞雲門以祀天神鄭玄曰天神謂五帝及日月星辰也」卅七字，不能定爲《玉篇》本文，故未據補。

〔三六〕引，今本誤「弘」，據《名義》改。

〔三七〕據《名義》補。

〔三八〕《名義》有「□□古文」四字，殆「□」、「□」之誤。

〔三九〕巨，《名義》作「渠」。

〔四〇〕《名義》有「敬也」一義，疑誤衍。

〔四一〕皆，《名義》作「階」。

〔四二〕據《名義》補。

〔四三〕《名義》作「[illegible]，古文；[illegible]，齋文也」。

〔四四〕悲，《名義》作「鄙」。

〔四五〕據《名義》補。按「視也」一義當爲「眦」字，《廣雅·釋詁一》：「眦，視也。」

〔四六〕《名義》作「袒」。

〔四七〕《名義》有「[illegible]古文」三字。

〔四八〕滯，《名義》作「禘」。

〔四九〕據《名義》補。按「察也」義見《春秋繁露·祭義》。

〔五〇〕《名義》有「[illegible]古文」三字，殆「祭」之譌。

〔五一〕《名義》在「祀」下，乃誤抄，故於「祀」注内有「上文祧俾利反」六字。

〔五二〕必，《名義》作「俾」。

〔五三〕《名義》作「祭伺命名也」，誤。

〔五四〕里，《名義》作「理」。

〔五五〕據《名義》補。按當云「唐虞曰載，夏曰歲，商曰祀，周曰年」，今本但存「年也」一義，《名義》則但存「歲也」一義耳。

〔五六〕據慧林《音義》五十七卷十一葉補。按此文似有誤。

〔五七〕《名義》「祀」注有「裸衣」二字，又有「又裸大」三字，並誤。

〔五八〕「《説文》曰」以下今本僅節取「廟主石室也」五字，《名義》僅節取「宗廟以石爲主也」七字。蓋原本所引乃《説文》也，今依《説文》補。

〔五九〕據《名義》補。

〔六〇〕《名義》作「古文」。按《説文》爲籀文。
〔六一〕樊，原誤「樊」，今正。
〔六二〕燔柴，《名義》作「焚祡也」。
〔六三〕《名義》有「祡仕佳反燔」五字。
〔六四〕《名義》作「柴文」誤。
〔六五〕古，《名義》作「魯」。
〔六六〕慧琳《音義》八十卷二葉引「父始爲祖也」，疑有誤。
〔六七〕據《名義》補。按「轉也」義出《方言》十二，「居也」出《方言》十三，「上也，摇也」並出《方言》十二，「本也」出《廣雅·釋詁三》，「法也」出《廣雅·釋詁一》，惟「解也」未詳。
〔六八〕《名義》出「祊」字下，注「䄘上文」三字。
〔六九〕《名義》作「補衡反」。
〔七〇〕《名義》作「䄘上文」。
〔七一〕司，《名義》作「滋」。
〔七二〕據《名義》補。
〔七三〕據慧琳《音義》四五·十四補。
〔七四〕《名義》云「祭也」，慧琳《音義》四十五卷十四葉引「又祠亦祭也」，六十九卷二十五葉引「亦祭之總名也」，今參合補之。
〔七五〕《名義》作「䄍上文」。
〔七六〕何，《名義》作「衡」。
〔七七〕據《名義》補。
〔七八〕《名義》有「禰古文」三字，「禰」乃「禘」之譌。
〔七九〕據《名義》補。

〔八〇〕《名義》作「虚之反」。

〔八一〕據《名義》補。

〔八二〕于，《名義》作「胡」。

〔八三〕《名義》云：「作佑字」。

〔八四〕整理者按：原無「〇」，據是書體例加。

〔八五〕據《名義》補。

〔八六〕《名義》有「[illegible]古文」三字。

〔八七〕巨，《名義》作「勤」。

〔八八〕《名義》作「上文」。

〔八九〕今本「福」在「禧」上，今依《名義》。

〔九〇〕方，《名義》作「甫」。

〔九一〕據《名義》補。

〔九二〕《名義》有「[illegible]古文」三字。

〔九三〕據《名義》補。

〔九四〕今本作「音鹿」，據《名義》改。

〔九五〕據《名義》補。

〔九六〕《名義》有「[illegible]古文」三字。

〔九七〕丑，《名義》作「勅」。

〔九八〕據《名義》補。

〔九九〕據《名義》補。

〔一〇〇〕羊，《名義》作「陽」。

〔一〇一〕據《史記·太史公自序》《正義》引補。《名義》作「吉也」。

〔一〇二〕據《名義》補。

〔一〇三〕《名義》有「紛古文」，疑「⿰革爪」之譌。

〔一〇四〕今本作「音貞」，據《名義》改。

〔一〇五〕據《名義》補。

〔一〇六〕息，《名義》作「思」。

〔一〇七〕《名義》次「褫」上，乃寫誤。

〔一〇八〕衣，《名義》作「依」。

〔一〇九〕據《名義》補，「庿」原誤「廣」。

〔一一〇〕年，《名義》作「那」。

〔一一一〕《名義》於「禰」注云：「祢也。」

〔一一二〕告，《名義》作「吉」。

〔一一三〕據《名義》補。

〔一一四〕《名義》有「祼古文」三字。

〔一一五〕六，《名義》作「育」。

〔一一六〕據慧琳《音義》十五卷八葉引補。

〔一一七〕據《名義》補。按「斷」義出《廣雅・釋詁一》，「織」義出《詩・干旄》「素絲祝之」傳，「屬」義出《白虎通》「號謂之祝融何？祝者，屬也」及《釋名・釋言語》，「融也」者爲「祝融」之誤，「纘也」義未詳所出。

〔一一八〕《名義》作「渠依反」。

〔一一九〕據《名義》補。

〔一二〇〕一本作「膋」，今正。當云「或爲膋，字在肉部」。

〔一二一〕據《名義》補。

〔一二二〕《名義》作「都道反」。

〔一二三〕《名義》云「又作鬷，又作禧」，並譌。

〔一二四〕昌，《名義》作「𠚏」。

〔一二五〕禱，今本作「祭」，依《名義》改。

〔一二六〕據《名義》補。按出《廣雅・釋詁四》。

〔一二七〕據《名義》補。

〔一二八〕《名義》篆只有「禮、礼」兩字，注云「[illegible]古文，[illegible]古文，礼上文」，按「[illegible]」即「豊」字，「[illegible]」即「礼」字。

〔一二九〕付，《名義》作「賦」。

〔一三〇〕祖，今本誤「視」，據《名義》改。《爾雅・釋詁》：「祔，祖也。」

〔一三一〕據《名義》補。

〔一三二〕《名義》作「徐留反」。

〔一三三〕今本次「祝」上，注云「恥雷切，古文䆑」，蓋傳寫錯誤，今依《名義》。

〔一三四〕回，《名義》作「荄」。

〔一三五〕據《名義》補。

〔一三六〕市，《名義》作「時」。

〔一三七〕據《名義》補。

〔一三八〕今本作「音詠」，依《名義》改。

〔一三九〕據《名義》補。

〔一四〇〕祀，《名義》作「祠」。

〔一四一〕「法也」義，《廣雅・釋詁一》作「括」。

〔一四二〕據《名義》補。

〔一四三〕《名義》作「讓章反」。

〔一四四〕據《名義》補。

〔一四五〕《名義》作「胡憒、胡鱠」二反。

〔一四六〕據《名義》補。

〔一四七〕《名義》作「美也」。

〔一四八〕據《名義》補。

〔一四九〕據《名義》補。

〔一五〇〕今本誤次部末，蓋傳寫脱去，今依《名義》次此。

〔一五一〕《名義》作「甫物、甫穢」二反。

〔一五二〕據《名義》補。

〔一五三〕據《名義》補。

〔一五四〕《名義》「也」下有「秡」字，疑誤衍。

〔一五五〕「禡」上今本有「禶、禰」二字，依《名義》删。

〔一五六〕駕，《名義》作「賀」。

〔一五七〕今本「社、袿」二字次「福、祼」之間，今依《名義》正。

〔一五八〕《名義》作「時野反」。

〔一五九〕據《名義》補。

〔一六〇〕今本譌「袿」，《名義》篆作「袿」，注作「哇」，並譌，今正。

〔一六一〕忍，《名義》作「軫」。

〔一六二〕《名義》作「祭社稷之肉也」。

〔一六三〕今本次「裬」後，依《名義》改。

〔一六四〕才，《名義》作「但」。

〔一六五〕據《名義》補。「位也」又見慧苑八十卷、《音義》四卷八葉、慧琳《音義》二十三卷十四葉引。

〔一六六〕「福也」下《名義》衍「祚」字。

〔一六七〕《名義》無「力登」二反。
〔一六八〕名，《名義》作「也」。
〔一六九〕今本作「祭名」，依《名義》改。
〔一七〇〕《名義》作「八月祭也」。
〔一七一〕《名義》作「祭臘」。
〔一七二〕據《名義》補。
〔一七三〕丁，《名義》作「都」。
〔一七四〕據《名義》補。
〔一七五〕今本誤次部末，依《名義》次此。
〔一七六〕《名義》作「似勞反」。
〔一七七〕《名義》作「吐堯反」。
〔一七八〕「祖之」二字今本無，依《名義》補。
〔一七九〕《名義》作「古文祧字」。
〔一八〇〕今本在「祲」字下，據《名義》改。
〔一八一〕胡，《名義》作「何」。
〔一八二〕據《名義》補。
〔一八三〕《名義》作「禓」，然其篆文仍從「昜」。
〔一八四〕《名義》作「舒章反」。
〔一八五〕今本無「逐」字，依《名義》補。
〔一八六〕鴂，《名義》譌作「鴿」。
〔一八七〕今本次「禍」下，依《名義》改。
〔一八八〕《名義》作「使旅反」。

〔一八九〕據《名義》補。按當云「或作糈字，在米部」。

〔一九〇〕今本有重文「祮」字，注云「同上」，《名義》無，今刪。

〔一九一〕《名義》作「⿱⿰祟頁大同文」。

〔一九二〕今本次「⿰礻盧」後，依《名義》改。

〔一九三〕今本作「音媚」，依《名義》改。

〔一九四〕據《名義》補。按當云「即鬼魅字也」，今本及《名義》各節取之耳。

〔一九五〕慮，《名義》作「據」。

〔一九六〕《名義》云「詛也」。蓋本或作「亦作詛也」，遂節取「詛也」二字耳。此當云「亦作詛字，在言部」。

〔一九七〕《名義》無此一反切。

〔一九八〕據《名義》補。

〔一九九〕今本作「祆」，據《名義》改。

〔二〇〇〕今本此下有「説文作祑」四字，今刪。

〔二〇一〕據《名義》補。

〔二〇二〕今本無，據《名義》補。

〔二〇三〕《名義》篆文作「禡」，正文作「禡」。今本次「祆」上，今據《名義》改。

〔二〇四〕今本云「音厲」，據《名義》改。

〔二〇五〕據《名義》補。

〔二〇六〕《名義》作「丈瑜反」。

〔二〇七〕大，《名義》作「帶」。

〔二〇八〕倦，《名義》作「弁」。

〔二〇九〕祀，《名義》作「祠」。

〔二一〇〕名，《名義》作「也」。

〔二一一〕今本作「祄」。

〔二一二〕浅，《名義》作「踐」。

〔二一三〕據《名義》補。

〔二一四〕今本無，據《名義》補。「祄」，《名義》作「禄」，疑本作「祿」，故致誤也。

〔二一五〕今本次「禜」後，據《名義》改。

〔二一六〕《名義》作「翼九反」。

〔二一七〕《名義》作「祭天柴也」。

〔二一八〕今本次在新增字中，據《名義》次此。

〔二一九〕畺，《名義》作「壃」。

〔二二〇〕據《名義》補。

〔二二一〕《名義》作「如羕反」。

〔二二二〕今本無「字也」二字，《名義》云「仍字也」，據補。

〔二二三〕據《名義》補。

〔二二四〕《名義》作「咨肖反」。

〔二二五〕《名義》作「醮也」。

〔二二六〕據《名義》補。

〔二二七〕弔，《名義》誤「予」。

〔二二八〕據《名義》補。

〔二二九〕今本作「音俄」，依《名義》改。

〔二三〇〕今本作「或作娥」，《名義》作「爲娥字」，今訂正。

〔二三一〕據《名義》補。

〔二三二〕今本在「襗」後，據《名義》改。《名義》作「禋」，篆及正文同。

〔二三三〕《名義》作「時柳反」。

〔二三四〕《集韻》作「祈久年也」。

〔二三五〕據《名義》補。

〔二三六〕《名義》有「埜古文」三字。

〔二三七〕今本作「音亦」，據《名義》改。

〔二三八〕據《名義》補。

〔二三九〕兹，《名義》作「慈」。

〔二四〇〕今本作「不安也，欲去意也」，依《名義》改。按《漢書・禮樂志》「靈禗禗」，注：「神不安欲去也。音近枲。」

〔二四一〕據《名義》補。

〔二四二〕今本「凡一十四字」，依《名義》改。

〔二四三〕《名義》作「耳異反」。

〔二四四〕《名義》脱，僅篆文有此字。

〔二四五〕今本下有「悩」字，注云「同上」。按《名義》無此字，僅於上二字注云：「悩、恒字，常也。」蓋顧氏原本僅一字，寫本或作「恒」，或作「悩」，校者記别本耳，今删。

〔二四六〕據《名義》補。

〔二四七〕《名義》「亟古文、亟同上」乃譌衍。

〔二四八〕今本作「亘」，《名義》作「亙」，蓋「亘」之誤。又《名義》篆文作「亘」。又於「恒」字下注「亘，求宣也」，蓋皆校者記異本耳，今正。

〔二四九〕宣，《名義》兩出，皆同《説文》。及今本《玉篇》並作「亘」，非是，今據正。

〔二五〇〕據《名義》補。

〔二五一〕急，《名義》誤「怱」。

〔二五二〕據《名義》補。

〔二五三〕《名義》作「在雞反」。

〔二五四〕《名義》作「齊也」。

〔二五五〕據《名義》補。

〔二五六〕《名義》作「都告反」。

〔二五七〕據《名義》補。

〔二五八〕《名義》脱，以字數計之，當有。篆文亦有。

〔二五九〕據《名義》補。按「往也」一義古書習見，未能必其節取《説文》語，故仍補入。

〔二六〇〕《名義》作「[illegible]同上」，「[illegible]」字譌。

〔二六一〕據《名義》補。

〔二六二〕《名義》作「𠂤」。

〔二六三〕今本「凡二百六十七字」。

〔二六四〕據《三教指歸注》二卷一葉補。按此或「瓚」注，待考（《説文》在「瓚」下）。

〔二六五〕《名義》云「[illegible]古文、[illegible]古文」，誤衍。

〔二六六〕《名》無「力弔」一反。

〔二六七〕今本無「也」字，依《名義》。

〔二六八〕喚，《名義》作「换」。

〔二六九〕「也」字今本無，據《名義》。

〔二七〇〕他，《名義》作「湯」。

〔二七一〕里，《名義》作「理」。

〔二七二〕今本作「瓇」，《名義》篆文作「瓇」，正文譌作「𤫩」。

〔二七三〕《名義》作「如勞反，惱平」。

〔二七四〕《名義》作「力激反」。

〔二七五〕據《名義》補。

〔二七六〕《名義》作「翼珠也」。

〔二七七〕整理者按：掩，手稿本部「玉」字下注「瑕不揜瑜，瑜不揜瑕」，兩「揜」字原均作「掩」，後改爲「揜」，此「掩」當仿彼改爲「揜」。

〔二七八〕今本作「璵」，《名義》作「璵」。

〔二七九〕弋，《名義》作「翼」。

〔二八〇〕《名義》「甫園反」。

〔二八一〕據《名義》補。

〔二八二〕《名義》作「居紅反」。

〔二八三〕今本次「玗」下，據《名義》移此。

〔二八四〕旬，《名義》作「均」。

〔二八五〕據《名義》補。按出《説文》。

〔二八六〕渠，《名義》作「求」。

〔二八七〕《名義》云：「玉樹也。」

〔二八八〕今本下云「又音畦，又羊水切，美皃」，乃後人所增，《名義》及《説文》俱無之，今删。

〔二八九〕此據《名義》，原作「璥」，譌。

〔二九〇〕此據《名義》。今本「璇，似宣切，美石，次玉，亦作琁」、「琁同上，又徐宣切」，蓋校者所改。原祇「璇」字，其後又增「琁」字耳。《説文》「琁」爲「瓊」之重文，與《名義》合，《玉篇》原本亦必如此也。

〔二九一〕今本次「瓊」上，今據《名義》。

〔二九二〕才，《名義》作「該」。

〔二九三〕據《名義》補。

〔二九四〕今本「璿」、「璿」、「瑢」三字次在「琳」後「球」前，今據《名義》訂正。

〔二九五〕似，《名義》作「辭」。
〔二九六〕《名義》作「玉名」。
〔二九七〕據慧琳《音義》八七卷四葉補。
〔二九八〕《名義》作「舂」，云「古文」。
〔二九九〕琞，今本誤「理」，今訂正。《名義》云：「六寸玉。」
〔三〇〇〕巨，《名義》作「渠」。
〔三〇一〕據《名義》補。按當云「璆琳字也」。
〔三〇二〕殞，《名義》作「隕」。
〔三〇三〕大，《名義》作「徒」。
〔三〇四〕郎，《名義》作「當」。
〔三〇五〕也，《名義》作「名」。
〔三〇六〕《名義》作「居庸反」。
〔三〇七〕據《名義》補。
〔三〇八〕似，《名義》作「以」。
〔三〇九〕今，《名義》作「林」。
〔三一〇〕據《名義》補。
〔三一一〕據《名義》補。按此有脱文，《爾雅·釋器》「肉倍好謂之璧」，注：「肉，邊也。好，孔也。」
〔三一二〕今本次「玉」、「𤣩」二字下，依《名義》正。
〔三一三〕《名義》作「欣救、思鞠、思録」三反。
〔三一四〕今本次「璧」上，今依《名義》正。
〔三一五〕下，《名義》作「胡」。
〔三一六〕據《名義》補。

〔三一七〕才，《名義》作「祚」。
〔三一八〕據《名義》補。
〔三一九〕今本次「璢」下，據《名義》正。
〔三二〇〕《名義》云：「已上美玉名也。」
〔三二一〕今本無「也」，據《名義》增。
〔三二二〕今本次「璌」上，今依《名義》正。
〔三二三〕《名義》作「玉有龍文」。
〔三二四〕據《名義》補。
〔三二五〕今本作「音界」，依《名義》改。
〔三二六〕慧琳《音義》九三卷八葉引作「玉圭也」。
〔三二七〕據《名義》補。
〔三二八〕今本次「璋」上，據《名義》正。
〔三二九〕弋，《名義》作「餘」。
〔三三〇〕杏，《名義》作「梗」。
〔三三一〕《名義》作「珪名也」。
〔三三二〕據《名義》補。
〔三三三〕今本次「瑇」下「瑞」上，據《名義》正。
〔三三四〕《名義》作「奠戴到反」，「戴」字誤衍。
〔三三五〕據《名義》補。
〔三三六〕《名義》作「同上」。
〔三三七〕市，《名義》作「時」。
〔三三八〕慧琳《音義》卷五二七葉引作「節信」。

〔三三九〕據慧琳《音義》六卷十九葉、二十卷十三葉、二十四卷七葉引補。
〔三四〇〕據慧琳《音義》六卷十九葉引補。
〔三四一〕據慧琳《音義》八九卷十一葉引補。
〔三四二〕據慧琳《音義》二七卷五葉引補。按《名義》云：「應也。符也。」
〔三四三〕《名義》作「塞耳玉也」。
〔三四四〕仁，《名義》作「如」。
〔三四五〕據《名義》補。
〔三四六〕《名義》作「補薰反」。
〔三四七〕上，今本作「下」，《名義》云「刀上飾也」，據改。與《説文》、《毛詩》均合。
〔三四八〕《名義》作「俾蜜反」。
〔三四九〕《今本》無「也」字，《名義》云「刀上飾也」，據補。「上」字疑「下」字之譌。
〔三五〇〕《名義》作「同上」。
〔三五一〕今本脱，依《名義》補。「璏」原譌作「瑑」，今正。《王莽傳》「欲獻其璏」，服虔云：「璏，音衛。」蘇林曰：「劍鼻。」師古曰：「璏字本作璲，從玉彘聲。後轉寫者譌。瑑自雕瑑字。」按顔説誤，「瑑」當作「璏」，非雕瑑字也。唐以後人不識「璏」字，故於《玉篇》亦删去。
〔三五二〕整理者按：九，《名義》同。今本《玉篇》作「久」。
〔三五三〕今本無「也」字，據《名義》。
〔三五四〕《名義》作「都唐反」。
〔三五五〕持，《名義》作「治」。
〔三五六〕圻，今本譌「折」，今正。
〔三五七〕據《名義》補。按出《周禮·巾車》注。
〔三五八〕《名義》作「子旦反、財旦反」。

〔三五九〕《名義》云：「灌也。」

〔三六〇〕今本在「玦」後，依《名義》改。

〔三六一〕巨基，《名義》作「渠箕」。

〔三六二〕據《名義》補。

〔三六三〕今本此下有「璂」、「琪」二字，「璂」注云「同上，見《説文》」，「琪」注云「巨基切，玉屬」，俱《名義》所無。蓋《玉篇》所據《説文》本無「璂」字，後人據別本《説文》增之。至「琪」訓「玉屬」，本亦但作「璂」字，今並删。

〔三六四〕據《名義》補。

〔三六五〕《名義》作「何羹反」。

〔三六六〕據慧琳《音義》九十八卷十葉引補。又八十五卷十二葉引及《名義》並云「佩上銜也」。

〔三六七〕了，《名義》作「鳥」。

〔三六八〕此字注據《新撰字鏡》六卷卅二葉引。

〔三六九〕《名義》同，今本作「步輩切」。

〔三七〇〕府，本作「苻」，今改。

〔三七一〕今本注云：「玉珮也。」

〔三七二〕今本注云：「王帶玉也。」

〔三七三〕慧琳《音義》三二卷十七葉又九六卷三葉並引「凡帶物」云云。

〔三七四〕今本云：「本作佩，或從玉。」

整理説明：

《玉篇校本》手稿原無篇題，唐先生在其《中國文字發生史綱要》中云：「《説文》所遺漏的古文字……《玉篇》收集的比較完備些，可惜現在流傳的不是原本。」本書係作者用《篆隸萬象名義》等書校勘張氏澤存堂宋本《玉篇》，目的顯然是爲恢復原本《玉篇》而作，因此整理者代擬《玉篇校本》爲題。

手稿係朱絲欄框文華閣信箋紙，共四十六頁，裝訂一册，每頁十行，大字單行，小字雙行，全文無標點，約一萬五千字。内容僅爲《玉篇·卷第一》的一、上、示、二、三、王、玉七字（玉部未校完）。原稿無撰作時間，然視其用紙和筆跡與《説文解字箋正》最近，彼作於一九三六至一九三七年間，估計一九三三年作者應馬衡之邀任故宫博物院專門委員後，始用文華閣信箋紙，本書撰作時間亦應在《箋正》前後。

作者校語原分别書於《玉篇》正文相應各條之後，爲使正文版面清晰，今將校語統一置於正文之後，標號作統一處理，題爲「校勘記」。

（劉洪濤）

原稿様張一

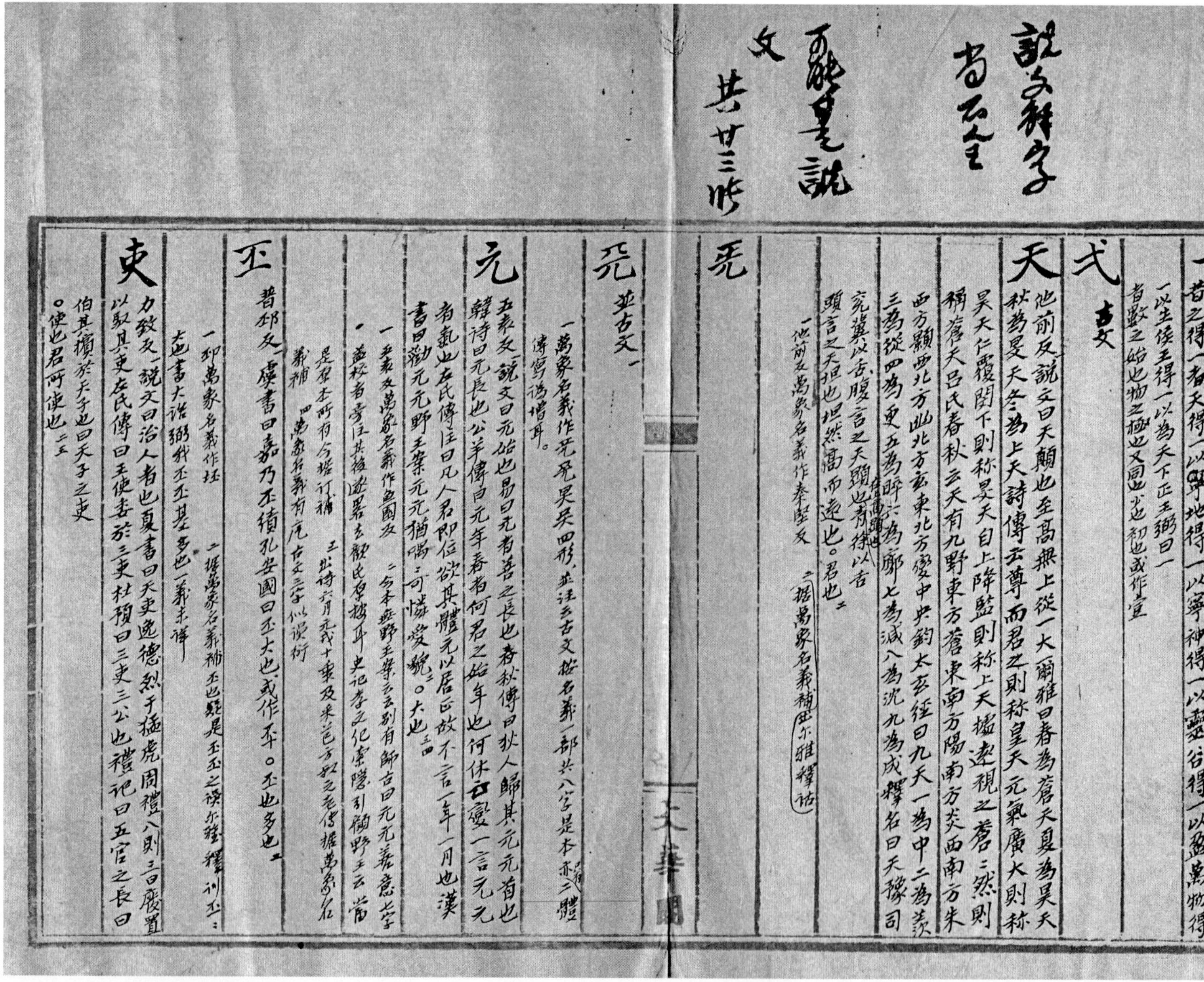

說文解字考正

文 共廿三册

一部第一 凡八字

一 於逸反。說文曰：惟初大始，道立於一，造分天地，化成萬物。道德經云：昔之得一者，天得一以清，地得一以寧，神得一以靈，谷得一以盈，萬物得一以生，侯王得一以為天下正。玉篇曰：一者數之始也，物之極也。又同也，少也，初也。或作弌。

弌 古文

天 他前反。說文曰：天，顛也，至高無上，從一大。爾雅曰：春為蒼天，夏為昊天，秋為旻天，冬為上天。詩傳云：尊而君之則稱皇天，元氣廣大則稱昊天，仁覆閔下則稱旻天，自上降監則稱上天，據遠視之蒼蒼然則稱蒼天。呂氏春秋云：天有九野，東方蒼天，東南方陽天，南方炎天，西南方朱天，西方顥天，西北方幽天，北方玄天，東北方變天，中央鈞天。太玄經曰：九天，一為中，二為羨，三為從，四為更，五為晬，六為廓，七為滅，八為沈，九為成。釋名曰：天，豫司兗冀以舌腹言之，天，顯也；青徐以舌頭言之，天，坦也，坦然高而遠也。君也。

兲

兲 並古文

元 五袁反。說文曰：元，始也。易曰：元者，善之長也。春秋傳曰：狄人歸其元。元，首也。韓詩曰：元，長也。公羊傳曰：元年春者何？君之始年也。何休曰：變一言元。左氏傳注曰：凡人君即位，欲其體元以居正，故不言一年一月也。漢書曰：勸元元。野王案：元元猶喁喁，可憐愛貌。大也。

丕 普邳反。虞書曰：嘉乃丕績。孔安國曰：丕，大也。或作𠀑。丕也。多也。

吏 力致反。說文曰：治人者也。夏書曰：天吏逸德，烈于猛虎。周禮八則：三曰廢置以馭其吏。左氏傳曰：王使委於三吏。杜預曰：三吏，三公也。禮記曰：五官之長曰伯，其擯於天子也曰天子之吏。使也，君所使也。

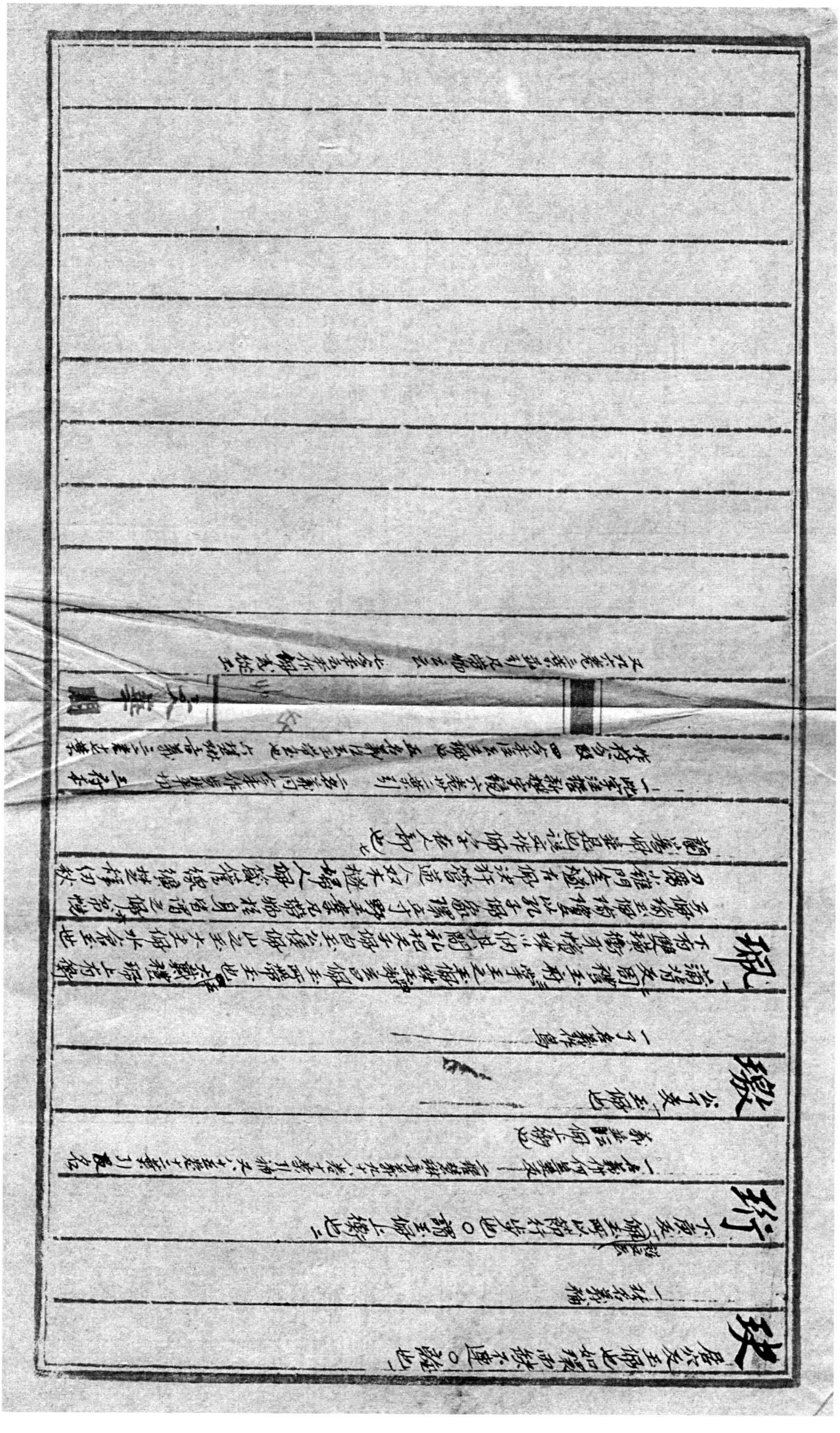

讀説文記

三十四年一月五日

讀説文記卷一

（標題係整理者加）

惟初大始，道立於一，造分天地，化成萬物。

「一」與「物」韻，是質、物不分也（越范蠡語叶「物」、「一」、「失」、「利」）。按宋本「太始」，《玉篇》引同，小徐本及《韻會》始作「太極」。不知「極」又在職韻，此不知古韻者改之也。嚴可均云「可隨本」，非也。

一

段云：「於六書爲指事。」

今按：當是象形。「一」、「二」、「三」、「亖」並象形也。（徐灝云：「造字之初，先有數而後有文。『一』、『二』、『三』、『亖』畫如其數，是爲指事，亦謂之象事也。」）

「一」不當爲一部，許從「一」之字均誤。（「一」既不爲形母，亦不爲聲母。許書「聿」從「一」聲，誤。）

弌 弍 弎

李陽冰：「弋，質也。」（見《袪妄》）

徐鍇：「弋者，物之株橛。若言一弋、二弋、三弋，如今人一箇、二箇，一枚、二枚。」

王煦：「弋聲。」（「弍」、「弎」因「弌」而遞加。）

許印林：「從『弋』聲非，前篇（？）謂爲彡飾是也。『弋』古音之部（與職），『一』古音至部（於悉），古今韻皆不合也。況有『弍』、『弎』之必不可『弋』聲乎！」（《釋例》）

蘭按：「弋」聲之誤，許印林言之甚是。徐鍇說最爲人所樂用，然古文字以「弍」爲「二」，「弍」實當讀如「貸」，蓋即「再」之異音也。「弌」字、「弎」字乃由「弍」字推類衍出，殆漢人所造。［禪國山碑有之，隸書尚無此字（？）。］

【眉批】推類。

弌，古文。

《六書故》：「弌，不能古於一。」欲以「弌」爲小篆，「一」爲古文。桂未谷駁戴説，以爲小篆意趨簡易，故省「弌」爲「一」。段謂「凡言古文者，謂倉頡所作古文也」，此説大誤。「一」、「二」、「三」之本古文明矣，何以更出「弌」、「弍」、「弎」也？蓋所謂「即古文而異者」，當謂之古文奇字。

王紹蘭《段注訂補》謂：「此古文『弌』蓋《自敘》所謂甄豐等改定之古文，非孔子壁中之古文也。」

錢大昕謂：「作字之始，先簡而後繁，必先有『一』、『二』、『三』，然後有從『弋』之『弌』、『弍』、『弎』。而叔重乃注『古文』於『弌』、『弍』、『弎』之下，以是知許所言古文者，古文之別字，非『弌』古於『一』也。」

于鬯：「古文，謂古文諸經中字，非別有古字書也。然古文諸經中字實有兩種，其一爲真古文，如上部『丄』、『丅』之類是也；其一乃籀文，如『弌』、『弍』、『弎』。」

于謂許《敘》「其稱《易》孟氏……」，皆古文也，謂即書中之古文而非引經，故引經不限於古文。似可從。

「一」古音在質部，與「壹」同音，故古多通用。（《士冠禮》「壹揖壹讓」，注：「古文壹作一。」《公食大夫禮》「一以授賓」，注：「古文一作壹。」）然「壹」本「壺」字轉讀（商鞅量作「壺」，不從「吉」），非本字也。「一」本數名，引申之可爲獨一（《方言》）、專一（《禮運》「欲一以窮之」）、純一（「惟精惟一」）、合一（「定於一」）、同一（「其揆一也」）、一切（「政事一埤益我」）。

蓋表少數之一則獨一、專一、純一也，表大範圍之一則合一、同一、一切也（統一或一統、一概、一齊均同）。後世獨以「壹」屬專壹，乃强生分别耳。（商鞅量「壹」字與《士冠禮》「壹揖壹讓」、《周禮·典命》「其士壹命」均只數目字。）若《呂氏春秋·知士》云「一至此乎」，則如《東方朔傳》「壹何壯也」。（《燕策》：「此一何慶弔相隨之速也。」雖冠一「此」字，句法亦同。）則皆當讀如「抑」，猶「壹鬱」之爲「抑鬱」也。《莊子·大宗師》「回一怪之」，《禮·檀弓》「予壹不知夫喪之踊也」，則俱當讀如「實」。

然則「一」爲古語，「壹」由音轉而來，適與同音，故通用，其語源則「一」也。（《説文》「壹」讀如「絪緼」，則聲更變入真矣。此質、真之轉也。）《文始》謂：「『一』孳乳爲『勻』（少也），『勻』孳乳爲『酌』（少少飲也）、『赹』（獨行也）。」今按：「勻」有少義，可爲一單獨語源，未必即由「一」聲之所轉。章乃謂「『勻』從『勹』、『二』，即渾沌未分，兩儀勹於太極。然『勻』可晐『壹』、『壺』之義」，則附會穿鑿，殊爲可笑。由彼不知「勻」、「旬」一字，不從「勹」（音包）也。章又謂：「『一』又孳乳爲『馬』，馬一歲也。」按古人於畜之年齡多易新名，「豵」又爲豕一歲，「豝」亦爲豕一歲，豈復是「一」之孳乳乎？「豯」三月豚，「豵」六月豚，「豣」三歲豕，「駒」馬二歲，「駣」馬三歲，「㸬」二歲牛，「羜」五月生羔，「羍」六月生羔，豈復爲「二」、「三」、「五」、「六」等字所孳乳乎？此未可以「犙」、「牭」、「馴」三字例之也。（「驂」、「駟」義與「犙」、「牭」又别。）古未有以「一」爲聲者，疑馬之作「馬」，猶豕之作「豕」，皆象牡形，不從「一」也。（犬爲「犮」，疑亦牡形。）

元

當從《九經字樣》及《六書故》所引一本、《繫傳》所謂俗本作「兀聲」。然「元」即「兀」字，「兀」象人首。古從「一」之字，後多從「二」也（髡、髨，軏、転，虺、蚖）。《六書故》謂「從人上」，亦非。

橫海將軍呂君碑：「民無虺蝪。」

「兀」在没韻，爲魂之入。寒、魂古多相亂也，《莊子》「兀者王駘」、「兀者叔山無趾」，皆以「兀」爲「刖」（亦作「跀」），在月韻。「軏」亦在月韻，則正元之入聲矣。

天

《釋名》：「豫、司、兖、冀以舌腹言之：天，顯也，在上高顯也。青、徐以舌頭言之：天，坦也，坦然高而遠也。」按卜辭

「天」與「大」爲一字，「□」、「□」即由「亣」所孳生，「天邑商」即「大邑商」，「天乙」即「大乙」。（「天子」蓋即「大子」，與小子相對，非謂天之子也。孟鼎「天翼臨子」，逕作「子」。）則「天」本當讀如「嘽」（他單反），在寒部無疑。蓋轉爲陰聲，則爲「大」（「大」有他蓋、徒蓋二音），在泰部也。然則青、徐以舌腹言之者，乃古音也。

三百篇中以「天」叶真部（即先部），故《說文》「天，顛也」。《春秋說題辭》：「天之言鎮也。」（《白虎通》同）《元命苞》：「天之言瑱也。」賀述（？）《禮統》：「天之爲言鎮也，神也，陳也，珍也。」此聲訓之在真部者也。「天冬」即「顛冬」（《山海經》），「刑天」（《山海經》，無首）即「鑿顛」（《刑法志》秦刑。此太炎《小學答問》說），此通假之在真部者也。由寒入先，當遠在周代矣。《釋名》以「顯」訓「天」，「顯」古音本在寒部，亦正是由寒入先者也。（《素問・天元紀大論》「元」、「天」、「玄」、「旋」，則以寒類與先類混。）

諧聲字「吞」在痕韻，則真（先）、文（魂）二部之相混也。《楚辭・惜頌》「顛」、「天」、「雰」，《遠遊》「天」、「聞」，《高唐賦》「天」、「淵」、「論」，則真、文之混也。「忝」在忝韻，則 n 變爲 m，由先入添也。六國時《易・乾》《象傳》以「形」、「成」、「天」、「命」、「貞」、「寧」爲韻，《文言傳》「精」、「情」、「天」、「平」爲韻，以及《坤》、《大畜》、《革》卦，《越語》、《莊子・秋水》、《韓非・揚榷》、《楚辭・招魂》等均與青類叶，則 n 與 ŋ 之混，故讀真入青也。

忝（他玷反）tʻæm（添）
↑
天（讀如「嘽」。商時及漢時青、徐讀如「坦」）tʻan（寒）→ 天（他前反。周時、漢時豫及兗、冀讀如「顯」）tʻæn（先）tʻan（魂）→ 天（讀如「吞」。《楚辭・惜誦》、《遠遊》、《高唐賦》）
↓　　　　　　　　　　　　　　　　　　　↓
天（讀如「汀」，《易傳》、《越語》、《莊子》、《韓非》（《高唐賦》））tʻæŋ（青）← 吞（吐根反）

□　無異段蓋天子字一作「□」。按《說文》「爽」字篆文作「□」，亦從「亣」，可證《說文》「亣」字即「大」之異文也。

丕，即不字。（《六書故》已有此說。）

師𧻚（？）敦：「不顯文武。」牧敦：「不顯休。」……據此，則《詩・文王》「於乎，不顯」，《烈文》「不顯維德」，《執競》「不顯成康」，皆當讀爲「丕」。《爾疋》：「不顯，顯也。」（《尚書》：「是有丕子之責於天。」鄭曰：「丕，讀曰不。」）（《席氏讀說文記》）

「肧」、「坏」等字並從「不」聲，而讀與「丕」同。（徐《箋》）

段改「敷悲切」爲「鋪怡」。徐謂敷之重脣讀若「鋪」，謂段爲未達。不知段嫌敷悲爲脂韻，故改爲「怡」，明其爲之部字耳，不關輕重脣也。

《隸釋》石經殘碑「丕」作「」，中直貫下，與「卒」、「隼」篆文同法。《吴録》闞澤論曹丕之名曰：「不十爲丕。」斷而爲兩耳，非真從「十」、「不」聲也。（《句讀》）（按《五經文字》：「不，《説文》；丕，石經。下見《春秋傳》。」）《漢書·匡衡傳》：「未丕揚先帝之盛功。」注：「或作本。」《後漢·耿秉傳》：「太醫令吉丕。」注：「或作平。」論魏文帝者曰「丕」之字「丕」，皆形似也。（《通訓定聲》）

《説文》：「丕，從一，不聲。」蓋「一」在「不」字之中，後人以「一」字移「不」字下，闞澤之言遂不可解矣。（《讀書雜録》）

按「不」作「」、「」、「」，見《古籀補補》（本敬），此「丕」字所由來。陳柱《釋丕》以「」移上一畫於下而爲「丕」，誤也。

「不」聲本在之部，今「甫鳩反」在尤韻者，由之轉幽也（「方久反」在有韻）。「杯」布回反，「肧」芳杯反，「培」薄回反，在灰韻者，由之轉微也。「丕」敷悲反，「邳」符悲反，「嚭」匹鄙反，「否」符鄙反，在脂、旨韻者，又由微轉脂也。惟「㤓」普乃反，「倍」薄亥反，尚在海韻（之部）。而「剖」普厚反，「部」蒲口反，在侯韻者，由之轉幽，由幽變爲侯也。此字大體屬平聲，今吴語讀爲入聲如「撥」。

杯（灰）→丕（脂）

不（之） ｜ ｜

不（幽）→剖（侯）

【眉批】按《左》襄十傳「丕茲」，《釋文》本作「不」。《無逸》「乃諺既誕，不則侮厥父母」，漢石經作「丕」。《大誥》「爾丕克遠省」，陳士元曰：「丕，馬融作不。」

「吏」與「事」、「使」爲一字，與「史」亦當爲一字。

[illegible]、[illegible]、[illegible]（與「[illegible]」、「[illegible]」似非一字。）

上部

「丄」、「丅」當作「二」、「二」，段改不誤。

宋張有《復古編》、李從周《字通》皆如此，蓋《説文》舊本如是。（徐灝《箋》）

《説文釋例》謂：「段改似是而非，如果部首作『二』，則古文『帝』下云『二，古文丄字』，此語何自來哉？」今按：此獨不可爲後人所增乎？王《句讀》「帝」下即删去，自相矛盾。

丄

見天發神讖碑、《汗簡》、王庶子碑（[illegible]）、華岳碑。「[illegible]」者，蓋據三體石經「元」作「[illegible]」也。石經「上」古文作「[illegible]」。

「[illegible]」、「[illegible]」，段改「丄」、「丅」，誤。

「上」、「下」各有上、去兩音者，以動、静分也。上（時掌反，升上；常亮反，高也）、下（胡雅反，底也；胡駕反，行下）。「上」、「下」以韻言，則一陽一魚，陰陽聲之别也。以聲言，則一禪一匣，齒與喉之别也。然「上」在三等，「下」在二等，此豈古音當如此邪？

「上」，無錫人讀如「釀」，此蓋由禪母變日母。

帝，朿聲。

鄭樵《六書略》謂「[illegible]」象華蒂之形，假爲帝王字。説殊新異。然許云「朿聲」，實於篆體小有未合也。（徐灝）

「朿」篆作「□」，而「帝」字中直不上出，既無所取義，何以變形？恐字形失傳，許君以意爲之也。周伯琦《字原》以此爲花蒂字象形，與「不」字同意。説雖不經，然篆從「朿」而缺其顛，古文亦不類朿形，疑「啻」之本字。當爲「啻」。從「口」，與「后」、「君」解同誼。（朱駿聲）

按：卜辭多作「□」，金文𢉩鼎「□」，聃段「□」，則從「朿」不誤。爲「□」、「□」，皆變形。許君蓋有所受之也。然「帝」特「朿」之異文耳。《後編》上四葉作「□」，可證。「□」作「□」，猶「□」爲「□」耳。（卜辭作「□」者，「工」可作「□」也。）「帝」在齊韻，「朿」在齊類支韻，然則「帝」爲「朿」之古音也。（從「朿」者如「責」，從「帝」者如「啻」，音皆不異。）

古文諸「上」字皆從「一」，篆文皆從「二」。「二」，古文「上」字……皆從古文「上」。

戴侗曰：「六書衡『一』於上者，若『天』若『兩』若『不』若『丏』若『末』，皆指其在上之象，非『一』也，亦非『上』也。衡於下者，若『土』若『丘』若『旦』若『至』若『本』若『戚』，皆指其在下之象，非『一』也，亦非『下』也。衡於中者，若『毋』若『王』若『朱』，非『一』也，亦非『中』也。『上』、『下』非從『一』數，而指事之畫同於『一』。」

按：當云凡古作「一」形之字，後世多變爲「二」形，非「一」與「上」字也。

旁，從二闕，方聲。

李陽冰、徐鍇以爲「□」、「□」旁達之形。王筠、朱駿聲從之。嚴可均、錢坫據許説「央、旁同意」，謂「旁」從「人」。

按：古作「□」、「□」、「□」者，當從「凡」、「方」聲。（𡚬貍母段「□」乃「□」之變，「□」變「□」。）「凡」本古「盤」字，作「□」、「□」，象方盤形。（今傳世有所謂水鑑，疑是方盤也。）後世盤多圓形，故作方盤字爲「旁」耳（猶「鼎」之作「鼎」「鼒」也）。由「□」變而爲「□」、「□」，更變爲「□」（亦古文「旁」），「□」變爲「□」，而謬其篆體，則爲「□」；若「雱」，則當是「□」形之經後人妄改者也。

若籀文「雱」則假借字也，許每以假借字作重文，此誤。

二徐本云「闕」者，「旁」、「單」、「𠱠」、「𩫖」、「諡」、「𠂆」、「㞋」、「叚」、「芇」、「𣎵」、「𧆨」、「𡿨」、「从」、「㞑」、「某」、「㮖」、「□」、

「棘」、「䅗」、「質」、「邑」、「𨛜」、「𣪠」、「柬」、「㒳」、「𢁘」、「𠮦」、「丏」、「夗」、「屾」、「尯」、「豩」、「鷈」、「毚」、「奭」、「𣲡」、「𩇟」、「𤋎」、「㬎」、「㦰」、「弜」、「所」、「𦉼」、「䝉」、「𣪘」、「𠤕」，凡卌六。（《校議》）余謂卌七，自部「𠳋」下亦有「闕」字。（《校議議》）

段以互訓爲轉注，大誤。許云「……考、老是也」，異部互訓非「建類一首」明矣。況轉注乃造字之一法，豈可以訓詁之注釋當之乎？轉注之説迄無定論，《繫傳》謂若「耆」、「耋」等字，取類於「老」，「松」、「柏」同受意於「木」，「江」、「漢」同主於「水」，似與「建……受」之恉有合。但如此，則轉注即是諧聲。六書僅有其五，恐非法也。惟戴仲達以轉體爲轉注，如反「上」爲「下」，反「ナ」爲「又」，反「正」爲「乏」之類是也。此説人多疑之，予竊以爲獨得轉注之解，説詳《六書略例》。（徐《箋》）

【眉批】互訓、轉注、轉體。

上　尚（按「尚」有上義，故「冂」本義當如「絅」）　冂、冋、絅（衣錦尚絅。由陽入青）　敞（高土可以遠望也）　堂　襄（上也）　驤（馬之低昂也。騰驤。高驤）　卬仰

下　窊（汙衺下也）　（窪）（窊也。以圭爲聲，由魚入支）　洿（窊下也）　窳（汙窬也。段云：「汙窳蓋與汙衺同，亦謂下也。」按《集韻》「窊」亦作「窳」，當是。「窊」烏瓜切，「窳」以主切，是由魚轉入虞耳）

凹

「上」不可爲一部，《説文》從「上」之字古本不從「上」。「上」、「下」二字，古無用作偏旁者。爲諧聲者，惟「下」字有「芐」（侯古切）。

示部

示，從二。三垂，日月星也。

「示」但從「上」，而以三垂象日月星，是以意爲之耳，恐非法也。宋鄭樵《六書略》：「示，音祈，象旗斿之形。」元周伯琦《六書正譌》：「𠀀即今『旗』字，象飛斿之形，借爲神祇字。古者號令於民以旗召集，又取義爲昭示字。」此二説皆新異，然

《周禮》神祇字皆作「示」，是其音本與「旗」同。（蘭按：「祇」巨支切，「旗」渠之切，諸氏不知古音，妄説耳。）阮氏《鐘鼎款識》古文「祈」作「旂」，則從「示」之字義通乎「㫃」。㫃者，旗旒也。古者畫三辰於旗，神明之象在焉。此「三垂象日月星」之説所由昉乎？旗以象神祇，銘旌以依人鬼，其義一而已矣。（徐《箋》）

《釋例》以「古文『巛』所從『二』爲地，『巛』與『气』同義，乃流動充滿湊地而出之狀也。」「斿」或作「[illegible]」。

蘭按：「示」古作「丅」、「亍」、「𥘅」、「示」，不象旌旗，許説尤不可安。

按：「宗」從「宀」下「示」，卜辭所謂「示」多即「宗」也。（如「雩示」即「雩宗」），「示」又即「主」字（如「示壬」、「示癸」即「主壬」、「主癸」。）「祏」從「示」、「石」，「宗廟主也，《周禮》有郊宗石室。一曰大夫以石爲主」，則「示」當爲「主」初文也。凡從「示」之字，如「福」（⿰示酉）象灌酒于示；「祭」，象陳肉於示；「⿰⿱木示又」，象陳木於示；「⿰⿱貝示又」，象陳貝於示；「⿰示隹」，象陳鳥於示；「⿱亼示」象陳金于示。則古之示，或類祭壇也。《禮器》「大夫、士棜禁」，注：「如今方案。隋長，局，高三寸。」《士冠禮》「有禁」，注：「承尊之器也。」《鄉飲酒禮》「斯禁」，注：「禁之切地無足者。」《士昏禮》「有禁」，注：「所以庪甒者。」按「禁」象「示」在「林」中，則示形如案可知。

「示」，神至反。《儒行》以「示」、「死」、「致」爲韻，是古音在脂部也。《詩》「視民不恌」，鄭箋：「視，古示字。」《曲禮》「常視母誑」，注：「視，今之示字。」《士昏禮》「視之衿鞶」，注：「視乃正字，今文作示。」按「視」即從「示」聲，古音亦在脂部。《易》「寘於叢棘」，《周禮》「朝士」注「示於叢棘」，范甯引作「示」。《詩・鹿鳴》「示我周行」，鄭箋：「示，當作寘。」又鄭注《中庸》：「示，讀如『寘諸河干』之『寘』。」「寘」則由真部轉入脂部者，則「示」當爲脂部無疑矣。

古時天神地祇人鬼均爲示，然殷周之際金文已見百神。「示」之爲「神」，由脂而真也。《周禮》天神地示人鬼猶作「示」，《説文》作「祇」，則由脂入支也（「祇」巨支切，猶「祁」渠脂切耳）。此蓋如「視」或作「眂」，從「氏」聲矣（又作「眡」，從「氐」聲，然「氏」、「氐」亦本一字）。章太炎以「示」變爲「祇」，由脂旁轉支部，「祇」次對轉真而爲「神」，何其迂曲而可笑也。

祇（支）

一

示（脂）→神（真）

「示」孳乳爲「視」，其重文爲「眂」，乃讀入支部者。故有「題，顯也」，「睼，迎視也」，蓋「氏」、「是」同音也。故《左傳》「提彌明」,《史記》作「示眯明」也。

然「示」字轉爲「主」,則在侯部矣。又爲「宗」,則在冬部矣。此與音變軌迹似不盡同,或周前古音「示」本不在脂部邪?「辰」在真部(脂之陽聲),而「農」在冬部,「辱」在屋部(侯部入聲),其嬗變與此正同。更俟詳考。

禮,古文礼。

按古文「礼」疑從「」(水)、「示」聲,借爲「禮」耳。「示」、「禮」同在齊部。朱駿聲以爲從「示」、「乙」聲,非也。(徐鍇謂:「乙,始也,禮之始也。又乙者,所以記識也。」《重文管見》謂:「乙以治之。」並非。)

唐玄度謂:「禮,禮,從『示』從『豊』。『豊』音禮,從『册』從『豆』。上《說文》,下隸省。」是唐所據《說文》從『册』也。(《商義》云:「《字樣》『豊』形從『册』,從無此體。唐元度不應荒忽至此,乃書石經人之誤,開成石經所以爲世詬病也。」蘭按:開成石經不作「禮」,唐氏明引《說文》,不闕石經也。)然則卜辭「」即「禮」之古文,「典」、「禮」二字同出一原也。(「澧」即「澧」字。作「」形者,葉玉森已疑爲「豊」。)若卜辭之「」則當即「豐」,故金文「醴」與「醴」相混也。王靜安《釋禮》以「」、「」爲「禮」(按「」與「」一字),不知「」即《說文》「」字(曲),當從「玨」聲,非「禮」也。

禄

古多作「」、「」,後世增「示」。示部字大體如此。《瞻彼洛矣》「福禄如茨」,《既醉》「天被爾禄」,又「百禄是荷」,《少牢饋食禮》「使女受禄于天」(鄭注:「古文禄爲福。」),此均福禄義。

《周禮・天府》「若祭天之司民、司禄」,注:「司禄,文昌第六星,禄之言穀也。」

朱駿聲謂禄位之「禄」乃假借爲「穀」。「按經傳凡云『穀禄』,一借一正,實同字,猶『戲謔』、『乞匄』、『步武』、『曲局』、『族屬』、『方法』之複語也」。

按「」殆碌碡(一作「磟碡」)之象形,其作「」者,象其碾穀爲米也。《說文》訓「剥木录录」,若改爲「剥米录录」即合矣。然則「穀禄」之來源相同,猶「角」者之爲「鹿」也。福禄之義,當由食穀之義引申。「穀」爲善,故「禄」亦爲善矣。朱謂假

借爲「穀」，非也。

福，從畐聲。

丁佛言謂：「殷商古文『福』皆從『酉』從『尊』。『』、『』、『』、『』皆酉尊之訛。」

羅謂：「『福』象奉尊，許君謂『福，畐聲』，非也。」（《文字類編》）

按「福」實象以畐（湢）灌酒于示之形，「畐」亦聲，非尊形也。

祐

古多用「右」字，然卜辭已有「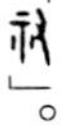」。

祇

《説文》「旨移切」。

段云：「古音凡『氏』聲字在十五部，凡『氏』聲字在十六部。此《廣韻》『祇』入五支，『祇』入六脂所由分也。鉉所據《唐韻》『祇』旨移切，是孫愐『祇』入五支，遠遜於宋《廣韻》所改定矣。《經典釋文》於《商頌》『上帝是祇』諸時反，則又闌入七之；於《孔子閒居》諸夷反，則固不誤。」

蘭按：「氏」、「氏」本一字，則「祇」、「祇」亦本一字。「氏」在支部，故神祇之「祇」訓適。《墨子・非命上》引《泰誓》「禍厥先神禔不祀」，《天志中》云「棄厥先神祇不祀」。《易》「祇既平」，《説文》引作「禔既平」。《史記・徐長孺傳》「禔取辱耳」，徐廣曰：「禔，一作祇。」「祇」既爲神祇義所專，而讀爲巨支切，乃以祇敬字讀爲「氏」聲，在脂部。《費誓》「祇復之」，《魯世家》作「敬」，徐廣曰：「敬，一作振。」《皋陶謨》曰：「嚴祇敬六德。」《夏本紀》作「振」，又作「震」。《無逸》「治民祇懼」，《魯世家》作「震」。《盤庚》「爾謂朕曷震動，萬民以遷」，漢石經作「祇」。《禮・內則》「祇見孺子」，鄭注：「祇，敬也。或作振。」則由脂部轉入真部也。

《説文》旨移切，疑是《説文》舊音。若陸法言則以秖適爲章移反（《廣韻》改作「祇」是也，「秖」俗字），祇敬爲旨夷反。《韻譜》亦正以「祇」爲旨夷反也。《經典釋文》作「諸時反」者，與原本《玉篇》同，則是支、之之亂。可見「祇」原在支部也。

祇適字當本作「祇」，通俗多用「祇」，前人不知「祇」有「章移」、「巨支」二音，因謂祇適義當作「祇」（「緹」之或體），其誤甚矣。（孫奕《示兒篇》曰：「祇兩音，音『歧』者，神祇之『祇』；音『支』者，訓適是也。如《詩》『亦祇以異』，揚子曰：『茲，若也。祇，其所以爲樂也。』陸德明、司馬温公並以爲音『支』。今杜詩、韓詩或書作『秖』，從『禾』從『氏』，而俗讀曰『質』者，非也。」）

「祇」、「祇」爲一字，故祇敬之義，當由神祇義之引申。祇適字，其從「衣」旁者，乃後世所改耳。（段在「祇」下有説，從張參、顏師古説。徐灝謂「語辭之『適』皆借『祇敬』爲之，傳寫或省去一點。其或讀如『支』，或讀如『只』，又讀他禮切，則輕重之異耳，斷無借用神祇字之理也。唐人作『祇』，從『衣』，或作『秖』，從『禾』，皆不可爲典要。張參、唐玄度之徒不通六書，所言不足爲法。近儒多已辨之，而段氏往往仍爲所誤。」蘭按：「祇」之訓「適」，同爲支部字也。徐不明聲訓之理，故謂由「祇」省一點耳。實則語辭本無正字，何必不可借神祇字也。）

【眉批】「祇」與「齊」、「躋」爲韻，見《商頌》。

唐石經用「祇」。按用張參説。

顏注《竇嬰傳》：「祇，適也。音支，其字從『衣』。」

神（真）→與文混　《禮記·孔子閒居》、《楚辭·大招》、《莊子·馬蹄》、《荀子·雲賦》、《素問·寶命全形論》、《八正神明論》、《靈樞·九鍼十二原》、《文子·自然》

←與青混　《韓非·揚搉》、《莊子·天地》、《德充符》

「祇」之誤爲「秖」，猶「祕」之誤爲「秘」，「禊」之誤爲「稧」也。

省聲

段「齋」注云：「凡字有不知省聲則昧其形聲者，如『融』、『蠅』之類是。」

徐云：「凡省體有二例，其一省之而可識者，如『齋』從『齊』省，『羆』從『熊』從『罷』省，『倉』從『食』省，『會』從『曾』省，及『孝』、『考』等字，皆從『老』省是也。其一古籀本不省，後乃省之，如『融』從『蟲』省聲，而籀文『融』不省；『麇』從『囷』省聲，而籀文『麢』不省之類是也。餘詳《六書略例》。」

蘭按：二例只是一例。

齊，徂奚反。

「齋」從「齊」聲，側皆反。經傳多以「齊」爲「齋」，此「齊」本讀如「齋」也。此可以證「齊」當爲一等。

祭，子例反。

按經傳多以「祭」爲「蔡」（《廣韻》：「又國名。」），是讀七大反爲一等也。《廣韻》「祭」又側界切，則二等也。

蔡（一等，七大反）　祭（二等，側界反）　祭［三等、四等（？），子例反］

鄒

禋、煙（《大宗伯》注：「禋之言煙。」史農碑：「以供煙祀。」受禪表：「煙于六宗。」樊毅脩華嶽廟碑「紫燎煙埋」則作「煙」。《續漢·祭祀志》：「禋也者，埋祭之言也。」）　祡、柴（《書》只作「柴」）　禷、類　祖、且　祰、告（造）　祏、石（石宗不捌）　祠、司（見卜辭）　禘、帝　祫、合（《士虞禮》注：「今文祫爲合。」）　祼、果（《大宗伯》注：「果讀爲祼。」《大行人》注：「故書祼爲果。」）　祝、兄　褶、由（祝由）　禜、營　禳、攘（磔攘）　禬、會（會福祭也）　禪、墠（變墠爲禪，神之也）　禦、御　禑、糈　祳、蜃　禂、騆（禱）

社、土　祆、妖

禥

當爲「祭」之古文。《說文》古文「祡」從「隋」聲。按誤，當爲「祭」之古文。

按《説文》：「隋，裂肉也。從肉，從隓省聲。」《周禮・小祝》「贊隋」，注：「隋尸之祭也。」《守祧》「既祭，則藏其隋」，司農注：「隋，謂神前沃灌器名。」康成曰：「謂尸所祭肺、脊、黍、稷之屬。」《大祝》「隋釁」，注：「謂薦血也。」考《説文》從「隋」之字，有「墯」、「蓨」、「隨」、「譼」、「橢」、「墮」、「豴」、「憜」、「鰖」、「嫷」、「鐫」等，而從「肴」者有「惰」（「憜」或體，省「𨸏」）、「媠」（「憜」古文，從「隋」省聲）、「𥙊」（「惰」省聲）、「鬌」（「隋」省聲）。依許説則「隋」從「隓」省聲，而「隓」又作「墯」，從「隋」聲，此徒爲紛亂者一也。「惰」從「憜」省，「𥙊」又從「惰」省聲，「媠」、「鬌」並從「隋」省聲，此徒爲紛亂者二也。今謂古當有「肴」字，裂肉「隋」、「惰」、「媠」、「𥙊」、「鬌」等字並從「肴」聲，其他則從「隋」聲耳。「隋」即從「𨸏」「肴」聲，則當爲「隓」、「墮」之本字，裂肉之訓應作「肴」字也。卜辭「」字，舊釋爲「祭」。按「祭」字見於史喜鼎者作「」，以卜辭「」作「」推之，當作「」或「」，不當作「」也。「肴」字從「左」作「」，古「左」字只作「」，漢隸或從「有」（随），則即卜辭「」字異體之「」（《後編》上二），蓋由「」少變即爲「」矣。

考《周禮・膳夫》「授祭」注：「禮，飲食必祭，示有所先。」是「祭」當以手祭肉爲本義，祭薦、祭祀爲引申義也。然史喜鼎以下作「」則有似于從「」（六國器如陳侯午敦作「」，更似從「有」）。余疑其字本當作「肴」。「祭」、「肴」本一字，「肴」在歌部，「祭」在泰部，聲相近也。蓋所謂祭者本指尸之祭肉，故象以手裂肉之形。其所祭者亦即謂之肴。其後祭衍爲祭祀之通稱，改「」、「」爲「」，而又加「示」；裂肉之義爲「肴」所專。然以《周禮》借用「隋」字，古書不見用「肴」，而「肴」字又亡矣。

此「𥙊」字，當爲「祭」之重文。今《説文》作「祡」之重文，不知是許君之誤，抑後世誤次之。夫「祡」即「柴」字，今本皆作「柴」。許君所録已是異文，安得別有一古文作「𥙊」者邪？[「隋」在歌部，「此」在支部（宋葆淳《諧聲補逸》謂脂部，誤），歌可變支聲，固可通，以「𥙊」爲「祡」重文，其誤或由此也。]

鬃

按卜辭本作「」，亦作「」，均即「祊」字也。經傳亦並作「祊」，惟《廣雅》有「𥛚」字。「方」、「彭」並在陽韻。易「方」聲爲「彭」聲者，殆「方」爲幫母，讀如並母耳。（今「鬃」補盲切，仍在幫母。）

以石爲主

嚴《校議》云：「大夫以石爲主，經傳無文。《公羊》文二年《解詁》云：『主狀正方，穿中央，達四方。天子長尺二寸，諸侯長一尺。』疏云：『皆《孝經》説也。大夫以下，正禮無主，故不言之。』《新唐書・張齊賢傳》云：『社稷主用石。』引崔靈恩曰：『社主用石。《吕氏春秋》言殷人社用石，後魏天平中遷太社石主。』若然，大夫無廟主。其以石爲之者，社主耳。」（《校議議》云：「《公羊》文二年傳何休注引《禮・士虞・記》：『桑主不文，吉主皆刻而謚之。』《魏書・禮志》：『清河王懌引饋食設主，見於《逸禮》。』《通典》：『徐邈云：《左傳》稱孔悝反祏。又《公羊》大夫問君之喪，攝主而往。皆大夫有主之明文也。』」）

《五經異義》：「或曰卿大夫有主不？答曰：今公羊説卿大夫非有土，子民之君，不得禘、祫，序昭穆，故無木主。大夫束帛依神，士結茅爲叢（菆）。古《春秋》左氏説衛孔悝反祏於西圃。祏，石主也。言『大夫以石爲主』，禮無明文，今山陽民俗有石主。」

桂《義證》云：「惟社主、禖主則以石爲之。《周禮・大司徒》『設其社稷之壝』，崔靈恩注：『社主用石，以地産最實歟。』又《小宗伯》『若大師則帥有司而立軍社，奉主車』，鄭注：『社之主蓋用石爲之。』賈疏：『按許慎云「今山陽俗祠有石主」，彼雖施於神祠，要有石主，主類其社，其社既以土爲壇，石是土之類，故鄭注「社主蓋以石爲之」。無正文，故云「蓋」以疑之也。』《禮記外傳》『社主用石』，注云：『石，土中堅者。』《水經注・穀水》云：『禮，天子建國，左廟、右社以石爲主。』後齊天子親征，宜於社，有司載：『帝社石主於車以俟行次。』《唐書・張齊賢傳》……馥謂此社主用石也。晉元康六年高禖，壇上石破，詔書問此石來幾時，出何經典，今應復不？束皙議曰：按《郊祀志》秦、漢不祀高禖，漢武帝《五子傳》武帝晚得太子，始爲立禖，其事未之能審。許慎《五經異義》説云：『山陽民祭皆以石爲主。』然則石之爲主，由來尚矣。此其象矣。今石破則宜理而更造，不宜遂廢。時公卿從太常所處，此議不用。其後得高堂隆故事，魏青龍中造立此禮，詔書更鐫石，令如舊，置高禖壇上。《隋書・禮志》：『梁太廟北門内道西有石，文如竹葉，小屋覆之。』宋元嘉中修廟所得，陸澄以爲孝武郊禖之石。馥謂此禖主用石也。」

《左》哀十六年：「衛孔悝使貳車反祏于西圃，子伯季子追之，遇載祏者，殺而乘其車。許公爲得祏于橐中。」杜注：「祏，廟主石函也。」《六書故》曰：「許公爲得祏于橐中，非石室，亦非石函也。」

按「祏」字見於卜辭，金文「石宗不刜」，即《左》莊十五之「宗祏」，則「石宗」當是一事。以石爲宗，故可名爲「石」，可名爲「宗」耳。（昭十八年曰「主祏」，同。）「許公爲得祏于橐中」，明以石爲主，非石函也。

祕

只應作「祀」（），猶「妣」作「」也。

祠，仲春之月，祠不用犧牲，用圭璧及皮幣。

此引《月令》，今本「祠」作「祀」。《詩·生民》傳：「以太牢祠于高禖。」《釋文》云：「本作祀。」按「祠」、「祀」平、上聲之異，故卜辭借「司」爲「祀」。

礿

金文有「」字。

按經傳多作「禴」。（《詩·天保》：「禴祠烝嘗。」《易·萃》：「乃利用禴。」《既濟》：「不如西鄰之禴祭。」《漢·郊祀志》作「瀹」，劉作「爚」，蜀才作「躍」。《周禮·大宗伯》「以禴夏享先王」作「禴」，《大司馬》「獻禽以享礿」則作「礿」。）《説文》無「禴」字，卜辭有「王賓龠」，疑即禴祭也。然則「禴」與「礿」，或不同。

禘有三

桂《義證》：「《祭法》『周人禘嚳而郊稷』，大禘也。『禘於武公』，時禘也。閔二年『吉禘於莊公』，吉禘也。」

《禮稽命徵》：「三年一祫，五年一禘。」

《公羊》文二年傳：「五年而再殷祭。」

《異議》：「今《春秋》公羊説五年而再殷祭，古《春秋》左氏説古者日祭於祖考，月祀於高曾，時享及二祧，歲祫及壇墠，終禘及郊宗石室。許君謹案：叔孫通宗廟有日祭月薦之禮，知自古而然也。三歲一祫，此周禮也。五歲一禘，疑先王之禮也。」（陳壽祺謂當作「三歲一祫，五歲一禘，此周禮也。三歲一禘，疑先王之禮也」。）鄭君駁之曰：「三年一祫，五年一禘，百王通義以爲禮。讖云：『殷之五年。』殷祭亦名禘也。」

時禘。《王制》：「夏曰禘。」《祭義》：「春禘秋嘗。」《郊特牲》：「春禘。」

祫

按此即卜辭「⿱劦凵日」字。卜辭有「羽日」、「彡日」、「⿱劦日日」。「彡日」即「肜日」，「⿱劦日日」即祫，「羽日」待考。

「祫」侯夾反，「協」胡頰反，聲相近。《詩·豐年》「以祫百禮」（《釋文》本作「洽」），朱駿聲謂假借作「協」。按據此則卜辭或非三歲一祫也。

𥜠，數祭也。

《玉篇》：「又重祭也。」此芮反，又楚歲反。

卜辭「𣦼」字當即此，《說文》「𣦼」之芮反，音相近。（此不憶何人說）

祝　柷（呪）　鬻（「鬻」當從「兄」聲）

「祝」有之六、職救二音。按《詩·蕩》叶「祝」、「究」，是陰聲也。《干旄》叶「祝」、「六」、「告」，是入聲也。殆古有二音矣。

《禮·樂記》「封帝堯之後於祝」，注云：「祝，或爲鑄。」按金文正作「鑄」（《呂覽·慎大》作「鑄」）。《淮南·俶真》「冶工之鑄器」，注：「鑄，讀作祝。」

《穀梁》「祝吁」，《左傳》、《公羊》作「州吁」。

祓

此即卜辭、金文之奉祭。

按「祓」之本義當爲祈福。《生民》「以弗無子」，箋：「弗之言祓也。」《卷阿》「茀禄爾康矣」，郭注《爾雅》引作「祓禄」。《爾雅・釋詁》：「祓，福也。」《玉篇》：「祓，除災求福也。」

《周禮》：「女巫掌歲時祓除釁浴。」（鄭注：「如今三月上巳，如水上之類也。」）《左》定四傳：「君以軍行祓社釁鼓。」襄廿五年：「祝祓社。」（注：「祓，除也。」按誤。）僖六年傳：「受其璧而祓之。」（注：「祓，除凶之禮。」）昭十八傳：「祓禳於四方。」《周語》：「王其祇祓監農不易。」（注：「齋戒祓除也。」）「敬其祓除。」（注：「猶掃除也。」）《史記・周本紀》：「周公乃祓齋。」（《正義》：「謂除不祥求福也。」）

《韓詩》：「鄭國之俗，三月上巳於溱、洧二水之上，招魂續魄，秉蘭草祓不祥。」按此蓋祓禊之起源。《史記・外戚世家》：「武帝禊霸上，還。」此「禊」字之始。《續漢書・禮儀志》：「仲春之月上巳，官民皆絜於東流水上，曰洗濯祓除去宿垢疢，爲大絜。」注云：「絜，謂之禊也。」

徐灝謂「上巳」當作「上己」，「《易》『己日』，乃革之去故更新之義也。」

祈

微、文對轉之例。徐鍇云：「聲韻之家所言傍紐也。」（按朱翱音「近離切」，則支、微亂矣。）金文多借「旛」爲之，或借「簹」、「旝」（省「斤」聲），或借「旂」。

禦

《說文》：「祀也。」他書不見。按卜辭有此祭，當即《詩》「以御田祖」之「御」。

祰，古末反（切）。

朱翱户斡反。按《玉篇》胡括反。

桂云：「《廣韻》：『祰，禳祠。』名義未聞。」按即《周禮・女祝》「掌以時招梗襘禳之事」之「襘禳」也。鄭注云：「除災害曰禬。禬，猶刮去也。」故作「祮」耳。

禖

《月令》：「玄鳥至之日，以大牢祠于高禖。」鄭注：「玄鳥，媒氏之官以爲候。高辛氏之世，玄鳥遺卵，娀簡吞之而生契。後王以爲媒官，嘉祥而立其祠焉。變『媒』言『禖』，神之焉。」高注：「《周禮·媒氏》以『仲春之月合男女於時也，奔則不禁』，因祭其神於郊謂之郊禖。或云：王者后妃以玄鳥至日祈繼嗣於高禖。」

《商頌》傳：「春分玄鳥降，湯之先祖有娀氏女簡狄配高辛氏帝，帝與之祈於郊禖而生契。故本其爲天所命，以玄鳥至而生焉。」

《大雅》傳：「古者必立郊禖焉。玄鳥至之日，以大牢祀於郊禖。天子親往，后妃率九嬪御，乃禮天子所御，帶以弓韣，授以弓矢於郊禖之前。」

《漢書·戾太子傳》：「爲立禖。」注：「禖，求子之神也。」

朱駿聲謂變「腜」爲「禖」也。

蘭按：「高禖」當是「高母」。「禖」讀爲「媒」，「高」讀爲「郊」，均誤。

祴

《周禮·笙師》「祴樂」，《鐘師》「祴夏」，杜子春云：「祴，讀爲陔鼓之『陔』。」是「祴」字出《周禮》也。《鄉飲酒禮》、《鄉射禮》、《燕禮》、《大射儀》並作「陔」。按卜辭作「嫛」是本字，「陔」是假借字，「祴」爲後起字。

禡，師行所止，恐有慢其神，下而祀之曰禡。

按此取《詩》「是類是禡」，《爾雅》所謂「師祭也」。《周禮·春官·肆師》、《甸祝》，《夏官·大司馬》均言「表貉」。《大司馬》注：「鄭司農云：貉，讀爲禡，禡謂師祭也。書亦或爲『禡』。」《甸祝》注：「杜子春讀『貉』爲百爾所思之『百』，書亦或爲『禡』。」《詩序・桓》《正義》：「禡，《周禮》作『貉』，貉亦或爲『貊』字，古今之異也。」

按「禡」、「貉」爲去、入之別，「貉」可爲「貊」，故杜子春讀爲「百」耳。（《肆師》注：「貉，讀爲十百之『百』。」亦同。）《詩・吉日》「既伯既禱」，毛傳：「伯，馬祖也。」《爾雅》：「既伯既禱，馬祭也。」《風俗通・祀典篇》：「《詩》云『吉日庚午，既禡既禱』，豈復殺馬以祭馬乎？」蘭按：「伯」、「禡」聲相近，當亦「禡」之假字，特許但言師祭，不及馬祭。《吉日》爲田獵，故毛傳、《爾雅》但言馬祭耳。然《大司馬》、《甸師》、《肆師》之「貉」，亦皆田獵之事。此蓋移師祭爲田獵之祭，非必禱馬祖與禱氣勢之十百也。毛、鄭說俱非。

禂，禱牲馬祭也。

按此本《周禮・甸祝》「禂牲禂馬」，然即「禱」字之異文耳。鄭云：「禂，讀如伏誅之『誅』，今侏大字也。」此幽、侯之亂。

𩥇

朱駿聲「禱」下云：「『禂』、『禱』實一字，因《爾雅》又製『𩥇』字，字之所以孳乳浸多也。」

社

江淮謂母爲社（《淮南・說山》注），可證「母」應讀「媽」。

禓，道上祭。

《世本》「微作禓」，注：「微者，殷王八世孫也。禓者，强死鬼也（謂時儺、索室、驅疫、逐强死鬼也）。」（按此《郊特牲》注）《急就篇》：「謁禓塞禱鬼神寵。」《周禮・春官・太祝》「二曰衍祭」，注：「鄭司農曰：衍祭，羨之道中。如今祭殤，無所主命。」《司巫》「凡喪事掌巫降之禮」，注：「降，下也。巫下神之禮。今世或死既斂，就巫下禓，其遺禮。」

盧文弨曰：「宋趙彦肅行狀云：『秀州推宦犴，多重囚廉其故。蓋俗多淫祀，兇人欲甘心於仇怨，則挾酒食祭拜乞助，謂之起傷。今此風不知尚有否，而其名猶傳於人間。每見强梁肆暴者，輒目之曰起傷。又優人演目連變，必先攜雞酒至叢冢間，殺雞瀝血而飲之，借鬼神附其身以爲助，亦名曰起傷。演畢，仍向元來處解之。』按《禮記・郊特牲》『鄉人禓』，鄭注：『禓，强鬼。』又《周禮・春官・司巫》『下禓』，『禓』與『禓』《釋文》皆音『傷』，則起傷當從『示』爲正。」

蘭按：「禓」當即「殤」字，《楚辭》有《山鬼》與《國殤》，殤當是强死之鬼，殤、鬼義相近也。「禓」字本含二義：（一）《説文》「道上祭也」，《急就篇》之「謁禓」，均與《大祝》注之「祭殤」同，均爲無主命之野鬼也。盧氏所謂「起傷」，亦即《急就篇》所謂「謁殤」耳。後世謂之煞神，詈人强暴者所謂兇神惡煞也。（二）《司巫》所謂「今世或死既斂，就巫下禓」，則人方死之禓，今謂之煞。《顔氏家訓・風操》：「偏旁之書，死有歸煞，子孫逃竄，莫肯在家。畫瓦書符，作諸厭勝。」按今世通稱回煞，北方俗多避煞，南方則曰接煞，則南俗與司農所據漢俗同也。按嘉興（即舊秀州）俗稱接煞爲接禓，「禓」讀如式亮切（《廣韻》：「傷，式亮切，未成人。或作殤。又音商。」），則知禓即今所謂煞也。

禓既爲强死之鬼，則驅强死鬼亦可通爲禓。《郊特牲》「鄉人禓」，注：「禓，或爲獻，或爲儺。」《論語》作「鄉人儺」，鄭注：「魯讀儺爲獻。」按讀「儺」爲「獻」者，歌、寒聲相轉也。（《倉頡篇》：「䍐，除疫人也。」按乃多切。）「獻」聲得讀如「莎」，「莎」、「禓」聲亦相近（「桑門」即「沙門」），故作《郊特牲》者寫作「禓」字，其實逐疫當以「儺」爲正字，「禓」雖可通，終非本義也。段謂「昜」聲與「獻」、「儺」遠隔，謂《禮記》「禓」字本從「昜」聲作「禓」，杜撰可笑。（陸心源《段氏説文注跋》已駁之。段不知後世聲變多由雙聲也。且陽、寒聲相近，猶魚、歌聲近耳。）

禍，害也。神不福也。　　旤，屰惡驚辭也。

當是一字。《漢・五行志》顔注：「旤，古禍字。」

祟

以「叔」即「叔」字，「隸」、「隸」、「敹」即「隸」字（並見漢碑）例之，則「祟」與「柰」爲一字也。「柰」、「祟」音相近（「柰」在泰韻，「隸」在齊韻）。

由「柰」變「祟」，蓋後人讀如「出」聲，因易「木」爲「出」耳。

祘，明視以算之。讀若算。

《六書故》引蜀本《説文》「算」古文作「」、「」。玄應《音義》三：「筭，古文作祘。」據此，似「祘」字不應在示部。原本《玉篇》在部末。

禫

卜辭有此字。《説文》此字或非本有。

附

禰（大徐新附。親廟也。從示，爾聲。一本古文⿰示璽也。尼米切。）

禰（小徐本。秋畋也。從示，爾聲。鍇曰：又祖禰也。息淺反。）

按「禰」原本《玉篇》郡禮反，又作「祢」；「⿰示璽」思踐反，又作「⿰示豕」（《説文》「⿰犭璽」重文作「⿰示豕」）；是非一字，二徐均誤併爲一。「禰」字見《王制》「歸格於祖禰」（當本《舜典》「歸格于藝祖」。「藝祖」，《史記》作「禰祖」）。《尚書》《釋文》云：「馬、王曰：禰也。」），《周禮・甸祝》「舍奠於祖廟，禰亦如之」，《詩・邶風・泉水》「飲餞於禰」，《高宗肜日》「典祀無豐於昵」，《釋文》：「馬云：昵，考也，謂禰廟也。」張參《五經文字序》：「若『祧禰』、『逍遥』之類，《説文》漏略，今得之於《字林》。」

按《詩》、《周禮》已見「禰」，漢人至以「禰」爲姓，此可證爲《説文》漏略者。

孟郁修堯廟碑：「祖⿰礻璽所出。」「⿰礻璽」即「禰」。此作「⿰礻璽」，可明二徐本與「⿰礻璽」、「祢」相亂之故。

【眉批】《文王世子》：「其在軍，則守於公禰。」

⿰礻璽，秋畋也。

小徐作「禰」，誤。當依大徐，原本《玉篇》可證。

《釋天》：「秋獵爲獮。」《釋文》：「獮，息淺反。《説文》從『薾』。或作『⿰礻薾』，從『示』。」《玉篇》：「⿰犭璽與獮同，秋曰⿰犭璽。」又云：「璽，與薾同。」桂馥謂：「本書及《玉篇》之『禰』當是『⿰礻薾』，本書犬部之『⿰犭璽』當爲『璽』。若『禰』、『⿰犭璽』從『爾』、『壐』，安得有息淺之音乎？」

蘭按：「⿰礻薾」見今本《玉篇》：「古典切，祇也。」非「獮」字。《爾雅》《釋文》所據非是。桂謂「⿰犭璽」當作「⿰犭璽」，獨不思「璽」之非古字邪！（《唐韻》：「璽，俗薾字。」）桂氏徒知「禰」、「⿰犭璽」從「爾」、「壐」，不當有息淺之音，不知「禰」（乃禮反）在齊韻，爲齊類，「獮」在仙韻，爲先類，齊、先得相轉也。余頗疑「爾」字本在歌類，後入齊類，故「覼」《説文》作「覶」也。若然，則「繖」之俗字作「傘」，似即「爾」之誤字。此即仙韻「獮」字所由來矣。（今「爾」字在支韻。）

祧

《周禮·春官·守祧》注：「故書祧作濯。」原本《玉篇》：「濯，古文祧字。」

祆，胡神也。火千切。

《字鏡》呼煙反（《唐韻》同）。今本《玉篇》呵憐切（按「呵」當爲「阿」字之誤）。

《北魏書》作「天」。韋述《兩京新記》：「右金吾衛西南隅有胡祆祠。説云西域胡天神，佛經所謂摩醯首羅也。」《廣韻》：「官品令有祆正。」《字典》引《説文》：「關中謂天爲祆。」不知何所本，待考。（按當出《集韻》邪？胡謂神爲祆，關中謂天爲祆。）

【眉批】祅教即辟火教。

祚

臣鉉等曰：「凡祭必受胙，胙即福也。此字後所加。」

《國語》「天地之所祚」，賈逵曰：「禄也。」（李善班氏賦注）又班固賦「漢祚中興」，注引《國語》賈注云：「位也。」《大雅》：「永錫祚胤。」《左》宣三年：「天祚明德。」《周語》：「必有章譽蕃育之祚。」

漢帝堯碑、華山亭碑、孫根、夏承諸碑並有「祚」字，祝穆碑、開母廟石闕銘則作「胙」。

以上見新附。

䃌，祝也。從示，虘聲。

見小徐本。見原本《玉篇》。即「詛」字。

䘹，月祭曰䘹。

《初學記》引。見原本《玉篇》。

禮，祭豕先曰禮。

《初學記》引。見原本《玉篇》。

三部

三

何秋濤《釋三》謂「三」(穌甘切)、「彡」(所銜切)爲一字，甚是。(與人、儿，大、亢，自、白，首、百同。)

蘭按：「三」在談(一等)，「彡」在銜(二等)。又按：去、谷，大、夰，彳、廴。

三彡→曑(覃部。倉含反。三星)→驂(駕三馬)

↘慘(三歲牛)

↙縿(旌旗之旒也。古有三斿()，章據「勿」字說之，非。)

↓參天兩地

↓參伍(《荀子·議兵》：「窺敵制勝，欲伍以參。」《韓非》：「偶參伍之實。」)

↓參驗

←嫯(倉旦反。女三爲嫯)←姦(删韻。古顔反)

↓众(魚今反。三人爲众，即三人爲眾也。「三」，讀入侵韻，猶「參」、「滲」等字)→眾(之仲反。此侵與冬之轉)→潀(小水入大水)

←豵(豕生三年)

此較《文始》爲翔實。《文始》由「參」孳乳爲「宷」、「審」、「諶」、「訦」，由「縿」孳乳爲「游」、「旈」、「塗」，由「眾」孳乳爲

「㚇」，今並不録。「众」、「㚖」二字，則今所加也。

王部

王

李陽冰曰：「中畫近上，王者則天之義。」

朱駿聲：「按此字爲學者一大疑，謂倉頡所製邪？軒轅承三皇之終，肇五帝之始，爲臣民者偁君爲皇帝。君無王偁，字安用之？稽唐虞之書，未有『王』字。始見於《禹貢》『王屋』，夏諺『吾王不遊』，則字當起於夏時。然『三皇』字、《堯典》『閏月』已從『王』，似又不始於夏。疑未能憭也。或曰古《太誓》『至于王屋』，馬注：『王所居屋。』則《禹貢》王屋山或治水時禹嘗居此，遂以名山耳。又按：『王』古文作『□』，華岳碑作『□』，揚氏阡作『□』，則『以一貫三』之説，亦殊難定。」

《説文疑疑》引金安曰：「從『二』從『土』，率土歸于一也。中畫近上，或下畫上曲，皆向化之象也。」

俞樾《兒笘録》：「『玉』亦三畫一而連其中，古之造文者不太無别乎？今按：『王』字從『二』從『十』，二者，天地也；十者，四方也。王者中天下而立其德，上際於天，下極於地，東西南北無思不服。故其字從『二』從『十』，而天地、四方無不具矣。」

吴大澂：「從『二』從『□』，□古『火』字。地中有火，其氣盛也。火盛曰王，德盛亦曰王。」

林義光：「象火在地下形。『二』象層疊，謂地之極下，地中之火，盛大之象。」

羅：「卜辭從『□』從『□』，並與『□』同，吴中丞釋爲古『火』字是也。卜辭或逕作『□』，王徵君謂亦『王』字，其説甚確。蓋『王』字本象地中有火，故省其上畫誼已明白。且據編中所載諸文，無不諧也。（又「皇」字從「王」，古金文或從「王」，或從「土」。「土」非土地字，即「王」也。）又卜辭中或作『□』作『□』，則亦但存火，亦得示盛大之義矣。」

顧實《釋王、皇、㞷》：「吴説『王』字從『火』，誠爲塙詁，足發千年未發之蒙。然謂『從二，象地』，則非也。羅從吴説，亦得失參半。不悟殷契『王』字既可省其上畫，則必不取義於地中有火明矣。如取義於地中有火，則上畫象地最爲重要，豈可省乎？考《説文》『正』古文『疋』，『示』古文『不』，則甲文『□』、『□』正即疋、正，示、不之比。其上畫非象地，乃指事也。故可一畫而作『□』、『□』，可二畫而作『□』、『□』，可三畫而作『□』、『□』。蓋在造字最初原形作『□』，從『□』，古『火』字，復於『□』上加横畫，以指夫火之炎上而大放光明也。」

吴其昌。

徐中舒。

蘭按：「王」卜辭作「□」作「□」，而「火」祇作「□」，則可明「王」非火形矣。古文之從「□」或「□」者，如「□」、「□」、「□」、「□」、「□」，以釋土形爲宜。余疑「□」（士）、「□」（土）、「□」（王）本一字，「土」魚部，「王」陽部，陰陽對轉也（唯「土」在透母，「王」在于母耳）。「士」在之部，則由魚變之也。

【眉批】于鬯謂「三皇」本作「三王」。章太炎《文始》：「倉頡時無王號，蓋王即皇。」

閏

疑從「王」、「門」聲（或從「土」）。

皇

《説文》「□」當作「□」，段改是（惜未言其故耳）。「□」由「□」誤也。（秦公毁「□」，三體石經作「□」。）

吴大澂曰：「出土則光大，日爲君象，故三皇稱皇。」

林義光：「象日光芒出地形，日出地，視之若大。皇，大也。或作『□』，從『古』、『王』。（亦後世「先人」爲「老」、「追來」爲「歸」之類。）」

按：林不知「□」即由「□」變來，附會可笑。

汪榮寶《釋皇》：「有虞氏皇而祭。皇，冕屬。『□』象冠卷，『□』象冠飾，『□』象其架，與『□』（弁）一源。『□』當從『□』

從『皇』省。『古』下古文『□』，從『冂』從『皇』從『十』從『口』。」

顧實：「皇，當爲從日上出光，『王』聲。」

蘭按：當由「□」字來。

王（大也）　皇（大也）　喤（小兒聲也）

——　瑝（玉聲也）見《文始》。按「其鳴孔皇」。

——　鍠（鐘聲也）

皇（暇也，見《釋言》）——→暇（閒也）

玉部

「□」乃「丰」字，「□」乃「玤」字。「□」→「□」。

璠

《顏氏家訓·音辭篇》：「璵璠，魯之寶玉。當音餘煩。江南皆音藩屏之『藩』。」

按：《切韻》「璠」附袁反，「藩」（陸作「蕃」）甫煩反，與顏合。（《玉篇》「璠」甫園反，所謂江南之音也。）

《荀子·正名篇》：「單足以喻則單，單不足以喻則兼。」楊倞注：「單，物之單也。兼，復名也。」馥謂單如「玉」是也，兼如「璵璠」是也。

璵

此徐氏所補十九文之一。

然楊統碑「璵璠」作「璵」。

璗璝，玉也。

《廣雅》：「琜璝，玉。」原本《玉篇》：「璗璝也。璝，玉器也。」今本《玉篇》引《史記》：「崐山出璝玉。」《晉書·輿服志》：「九嬪佩采（？）璝玉。」（嚴引「采」，《斠詮》引「璗」。）《初學記》十引《晉服制》：「婕好佩采璝玉。」《宋書·禮志五》：「九嬪銀印青綬，佩五采瓊玉。」《御覽》六九二引《尚書舊傳》：「淑妃修媛修華修容，婕好佩采瓊玉。」

案：璗璝自是玉名，嚴改「采瓊」，殆非。《說文》或本有「璝」字也。然《史記·大宛傳》、《漢書·張騫傳》但云「采」、「來」，無「璝玉」。

瓊

琁，或從旋省。

臣鉉等曰：「今與璿同。」

徐鍇：「今音似緣反。」

《席記》：「『瓊』與『琁』古書多不通，疑是兩字。考《玉篇》：『璇，似宣切，美石次玉。亦作琁。』而上文『瓊』字重文只有『璚』、『瓗』二字，是《說文》『琁』字上當脱去『璇』字正文，而『琁』字注中徐氏誤增一『瓊』字。」

沈濤《古本考》：「據顔延年《陶徵士誄》注引『琁，亦璿字』，古『璿』、『琁』通用。《舜典》『璿機』，《史記》『旋機』，《尚書大傳》『璇機』，《太玄經》『琁機』。《爾雅·釋詁》《釋文》：『璿，又作璇。』《大荒西經》『西有王母之山，爰有璇瑰瑶碧』，注：『璇瑰，亦玉名。』《穆天子傳》：『枝斯璿瑰。』『枚』、『回』二音。《文選》注引此經作『璿瑰』，引郭注作『旋、回二音』，正與《穆傳》注合。惟《荀子·賦篇》注引《說文》云：『琁，赤玉。音瓊。』似楊氏所據本已爲『瓊』之重文，則其誤在有唐中葉以後矣。」

桂《義證》：「《荀子》楊注引《說文》即誤本《說文》，《淮南子》『崑崙之山有瓊宫琁室』，據此則『瓊』、『琁』不同文。《舜典》『璿璣』，京房《易略例》『琁機』，《尚書大傳》『旋機』，《左傳》『瓊弁玉纓』，本書『璿』下引作『璿』，《詩》『瓊瑰玉佩』，《山海經》『璿瑰』，郭璞《江賦》『瑲㺹璿瑰』，即『瓊瑰』也，李善注：『《説文》琁爲璿之重文。』則今本爲人所亂，明矣。」

段據李注改入「璿」下。

朱駿聲謂《文選》注引「琁」亦「璿」字，誤。

《舊音補注》：「考郭注《中山經》、《海内西經》，或云『琁，石次玉』，或云『琁，玉類』，或云『璿瑰，亦玉名』，是不以『璿』、『琁』爲一字。疑《文選》及注兩『璿』字均『瓊』之訛。《史記・五帝紀》：『在璿機玉衡。』張守節《正義》引『璿，赤玉也』。赤玉乃瓊，當由《史》文『璿機』本作『琁機』，而《説文》『琁』爲『瓊』之重文，故所引如此。」

蘭按：《萬象名義》及《字鏡》「瓊」下並有「璇」字，而「璿」下無之，則《説文》原本確以「璇」爲「瓊」之重文也。王筠謂「琁」字省法，大謬。《説文》從省者多有，然必既省之後仍復成字，未有草率割裂者。「旋」字從「㫃」從「疋」，去「方」留「疋」，豈復成字？且「㫃」以石鼓文作「[illegible]」爲是，杠與華蓋形也。《説文》之形即已不類，若省爲「疋」，是必但識楷書者所爲也。（《釋例》）按孟琁碑已作「琁」字，「孝琚」則「瓊琚」相應，可知當讀「瓊」也。後人不知「瓊」、「琁」、「璿」並聲近，以「瓊」已讀入渠營切，遂轉以「璇」屬之「璿」耳。

「旋」可省爲「疋」，猶「旟」可省爲「㫚」，「施」可省爲「㐌」也。

瓊（本當在元部）→琁→先部（n）（敻，許縣切，在霰韻）→青部（ŋ）（渠營切，清韻。）

還（子之還兮。胡關反，删韻）→嫙（韓詩。似宣反，仙韻）→營（齊詩。清韻）

按「敻」有許縣、休正二切（霰韻注又求聘切，求聘蓋即休正），則「敻」蓋從「旻」聲也。《切韻》「旻」許劣反（薛韻正先、銑、霰、屑，三、四等也），「夐」《説文》況晚反（阮韻），亦當從「旻」聲。朱駿聲以「旻」列履，「夐」、「敻」列乾（分兩母），非也。然於此可見「敻」當屬元部也。

「瓊」或作「璚」者，嵇喜《答嵇康詩》「仰幾璚枝」，《説文》「觼」或作「鐍」，「遱」讀若「繘」（《廣韻》或體作「趫」）。按《切韻》從「矞」聲字多在屑、術二韻［即先部（脂）入聲］，「瓊」既由寒部轉入先部，故聲得相通也。

瓊，或作瓗。　蠵，或作蠳。

按「巂」聲在齊部（即佳、支韻），先、齊之轉也。

宋保《諧聲補逸》云：「支、佳與元、寒、桓、山、仙多出入，故支佳部内偏旁如『𩊠』、『覡』、『規』三字皆當從『見』聲，『㥟』讀若『膎』，從『彖』聲，『觶』從『單』聲，『𩆵』讀若『斯』，從『鮮』聲，『鼭』從『只』聲，皆其類也。王先生曰（蘭按：當指王念孫）：『𩊠』、『覡』、『規』以『見』爲聲是也。支與元相出入，經傳中確有其據。而自來論音韻者皆未之及。今試以韻語證之。《老子》云：『是以聖人自知，不自見；自愛，不自貴。故去彼，取此。』『知』、『見』爲韻，『愛』、『貴』爲韻，『彼』、『此』爲韻。《逸周書・開武篇》：『三極既明，五行乃常。四察既是，七順乃辨。』『明』、『常』爲韻，『是』、『辨』爲韻。《太子晉篇》：『百姓悦之，相將而遠。遠人來驩，視道如咫。』『遠』、『咫』爲韻。《史記・李將軍傳贊》：『諺曰：桃李不言，下自成蹊。』『言』、『蹊』爲韻。皆以支、元通用也。再以偏旁證之。『瓗』、『蠵』、『𩊠』、『覡』、『規』、『㥟』、『觶』、『𩆵』、『鼭』八字而外，又有『扇』從『𢧵』省聲，而『匙』字從『少』從『是』，『是』亦爲聲也。再以字音證之。《小雅・瓠葉》箋云：『今俗語斯白之字作「鮮」，齊魯之間聲近「斯」。』《漢書・地理志》樂浪郡『黏蟬』，服虔云：『蟬，音提。』《揚雄傳》『恐鷤鴂之將鳴兮』，師古曰：『鷤，音大系反。鴂，音桂。』宋祁《筆記》引蕭該《音義》曰：『蘇林鷤鴂音殄絹。』而『蠲』字古讀若『圭』，今讀若『涓』。亦是從支部轉入元部也。再以或作、通作之字證之。《士喪禮》下篇注云：『古文算或爲策。』《老子》：『埏植以爲器。』《釋文》：『埏，如淳作繫。』《莊子・在宥》：『尸居而龍見。』《釋文》云：『見，崔本作睍。』《五帝紀》：『帝顓頊生子曰窮蟬。』《索隱》云：《世本》作窮係。』《陸賈傳》：『數見不鮮。』《漢書》作『數擊不鮮』。『見』與『擊』聲相近，故巫覡之『覡』以『見』得聲，而《荀子・王制篇》作『巫擊』也。又《貨殖傳》之『計然』，《越絶書》作『計倪』，皆支、元相通之證也。保謹按：『删』、『珊』、『姍』、『姗』皆從『册』聲，亦完、寒、桓、删、山、仙通支、佳之一證。」

【眉批】蘭按：「斯民之生」作「鮮民之生」。鮮以不孚於天時。

珣，讀若宣。

即《釋器》「璧大六寸謂之宣」，詛楚文「宣璧」，《郊祀志》「瑄玉」。「旬」在真部，「宣」在仙韻，真部讀入仙，猶「甄」爲居延反也。

瓚，三玉二石。

錢大昕云：「凡字從『贊』者，皆非一之詞。故叢木爲『欑』，車衡三束爲『⿰車贊』，以羹澆飯爲『饡』。」

瑛，玉光也。

《范子·計然》：「玉英出藍田。」《孝經援神契》：「神靈滋液則有玉英。」《楚詞》：「懷琬琰之華英。」《淮南·地形訓》：「龍淵有玉英。」注：「英，精光也。」《尸子》：「龍泉有玉英。」《穆天子傳》：「天子於是得玉榮（？）枝斯之英。」《山海經》：「黄帝乃取密山之玉榮，而投之鍾山之陽。」徐鍇引《符瑞圖》：「玉瑛仁寶，不斵自成，光若白華。漢文帝時渭陽玉瑛見。」《易林》：「飲食玉瑛。」「五常修則玉瑛見。」（未見所出。《史記·文帝紀》：「當有玉英見。」《集解》：「駰案：《瑞應圖》云：『玉英，五常並修則見。』」）

按：凡此皆即《本草》之石英也。《玉篇》：「水精謂之玉瑛也。」按水精即石英之純粹者。《晉書·大秦國傳》：「琉璃爲牆壁，水精爲柱礎。」今世通稱水晶。蓋水精之名盛行，而玉瑛之名不行矣。（此由通名爲專名。）

珋，石之有光壁珋也。

徐鍇云：「今有白石、紫石瑛，皆石之有光壁者。」

《繫傳考異》、徐灝並謂「壁」字疑衍。按：此謂六面若削成，故曰「壁」，非衍字也。鍇以「光壁」斷句，《繫傳》云：「按有光壁，言光處平側如牆壁也。」桂引《本草圖經》：「兖州黑羊石有牆壁光瑩。」又云：「丹砂出辰州者良，碎其塊嶄巖作牆壁，真辰砂也。」則知「光壁」自是徐氏語法，言「壁」亦是有此例。故知校書非易事也。

《聲訂》云：「『玉光』二字即切『瑛』。」按「玉」爲疑母，「瑛」爲於母，如何可切？闇於音理如此，烏能言古音邪？

璑

《周禮·弁師》：「瑉玉三采。」故書「瑉」作「璑」，鄭司農云：「璑，惡玉名。」《聘義》：「君子貴玉而賤瑉。」注：「瑉，石似玉。」《國策》：「碔砆類玉。」《漢書·董仲舒傳》：「猶武夫之與美玉。」桂云：「案：反語『武夫』爲『璑』，然則『武夫』即『璑』也。」《山海經》：「會稽之山下多砆石。」郭注：「珷玞，石似玉。今長沙臨湘縣出之。赤地白文，色蔥蘢不分了也。」《子虛賦》：「碝石珷玞。」張揖曰：「碝石珷玞，皆石之次玉者。」

珛

《史記·孝武紀》「公玉帶」，《索隱》云：「《三輔決録》云：『杜陵有玉氏，音肅。』《説文》以爲從『玉』，音畜牧之『畜』。」段據改「珛」爲「王」。《段注訂》、《匡謬》、《徐箋》及陳寶璐《段氏改「珛」篆作「王」辨》均改之。

蘭按：《萬象名義》「玉」魚録反（部首），「王」欣救、思鞠、思録三反，次「璧」、「環」之間，無「珛」字。則「珛」殆非《説文》也。書傳僅有「公玉帶」，別無「珛」字。《切韻》：「玉，息逐反。朽玉。又人姓。」則即《三輔決録》所謂音「肅」、《萬象名義》思鞠反也，本無別音。《唐韻》於「息逐反」下：「玉，朽玉。《説文》云：『琢玉工。』又姓。玉況，字文伯，光武以爲司徒。」又三燭云：「玉，相足反。西蕃國名。亦姓。又香救、新菊二反。」此即《萬象名義》之思録反也。又四十九宥：「珛，許救反。朽玉，出《説文》。加。」則即《萬象名義》之欣救反、三燭「玉」下所謂香救反也（今本《玉篇》欣救、思六二切，無三燭一音）。然則據原本《玉篇》及《唐韻》三燭作欣救反或香救反者，本即「玉」字。而《唐韻》於屋、燭作「玉」，於宥韻作「珛」，且於屋韻引《説文》「玉，琢玉工也」（今本《玉篇》：「欣救、思六二切。玉工也。亦姓也。」），宥韻引《説文》「珛，朽玉」，則當是唐人校《説文》者以「玉」有三音二訓，妄謂「玉」象琢玉之形，而改朽玉之「玉」爲從「有」聲耳。《唐韻》則正據此增加本《説文》也。（《廣韻》俱不引《説文》。）今本《説文》則不取「琢玉工」之訓，故但改「玉」爲「珛」也。

《佩觿》：「『玉』有欣救、魚録、息足、相逐四翻，俗別爲『王』，則『魚録』爲玉石字，『欣救』、『息足』、『相逐』即《玉篇》之『王』，『相逐』即《唐韻》之『息逐』，『息足』即《唐韻》之『相足』也。」

《說文》今本重出籒同。見嚴《校議》「璿」下。

叡

當依小徐一本及《篇》、《韻》等作「[illegible]」。

《文選・陶徵士誄》：「璿玉致美。」李善注曰：「《山海經》云：『升山黃酸之水出焉，其中多琁玉。』《說文》云：『琁，亦璿字。』」段據此注改「琁」次「璿」下。

蘭按：《文選》蓋有誤字，蓋本文原作「琁玉致美」，故李引《山海經》「琁玉」證之，又引《說文》「琁，亦瓊字」以釋「琁」之音也。「琁」、「璿」音近，後人於本文改寫「琁」作「璿」，則疑注文不合，遂又改注「瓊」字爲「璿」矣。段誤從之。

璧

古多作「[illegible]」，從「屖」聲也。或作「[illegible]」，從「辟」聲。「辟」不從「口」，而從「〇」，即瑞玉圜之「圜」，璧象也。然則「[illegible]」當從「〇」、「屖」聲，爲「璧」本字，後加「玉」耳。

瑗

「瑗」從「爰」聲，「爰」當作「[illegible]」，象「大孔璧，人君上除陛以相引」之形。今「爰」作「[illegible]」者，以「市」代「〇」也。後人以「爰」、「于」聲同，改從「于」聲耳。然則「瑗」亦象意字，本作「爰」，後加「玉」耳。

環

按從「睘」聲，即「圜」字。師遽尊作「[illegible]」，從「袁」聲。「睘」、「袁」皆從「〇」得聲也。

璜

從「」聲。「黄」或作「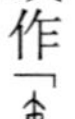」，從「大」，象人形；「○」，象璜形也。然則「佩有雙璜」者（見《大戴・保傅》、《毛詩傳》），合之如璧也。（戴侗謂璜即玦，大誤。）

《左》定四傳：「夏后氏之璜。」《海外西經》：「夏后啓佩玉璜。」

段云：「古者天子辟雝，築土雝水之外，圜如璧。諸侯泮宫，泮之言半也，蓋東西門以南通水，北無也。鄭箋《詩》云爾。然則辟廱似璧，泮宫似璜。此『黌』字之所由製歟！」

按：《後漢・儒林傳》注：「黌，學也。」或亦以「横」爲之。又見朱浮《鮑昱傳》注。

琮，瑞玉大八寸，似車釭。

《玉人》：「璧琮九寸，璧琮八寸，駔琮五寸，宗后以爲權。駔琮七寸，天之以爲權。瑑琮八寸。」

蘭按：琮似當如「」形，所謂外有捷盧，故可爲權。而非如今所謂「」形器也。待考。

琥　瓏

余謂作虎形與龍形，非虎文、龍文也。（《三禮圖》引鄭康成《禮圖》：「白琥爲伏虎形。」）

戰鬥用琥，成功用璋，大喪用琮。（《御覽・珍寶部》引《吕氏春秋》，今本無。）

安平用璧，興事用圭，成功用璋，邊戍用珩（孫詒讓《書〈説文〉玉部後》謂當作「璜」），戰鬥用璩（孫謂當作「琥」），城圍用環，災亂用嶲（孫謂疑「瓗」之誤），大旱用龍（孫謂當作「瓏」），大喪用琮（《酉陽雜俎》。按當本《吕覽》）。

《左》昭二十九傳：「昭公使公衍獻龍輔於齊侯。」

蘭按：「輔」即「傳」也。

琬

猶圜也(《玉人》注)。《典瑞》注：「琬圭無鋒芒。」(按：異於剡上也。)

璋，半圭爲璋。

《考工記》無此説，疑圭之較狹者耳。

琥、虎　瓏、龍　琬、宛　璋、章　琰、剡　玠、介　瑒、暢(鬯)　瓛、桓　瑁、冒　玦、缺　瑱、填

瑤、蚤、爪　璂、綦　璪、藻　瑬、流、旒　瓃、畾　璱、瑟　瑮、栗　璊、虋　瑣、肖　玓、瓅、矽、礫、的、皪

琀、含

瑁

古文作「珇」，從「目」。段依《玉篇》作「玥」，從「冃」。按《萬象名義》、《字鏡》並作「珇」，今本《玉篇》誤。小徐云「冒，亦音墨」，則從「目」可知。余謂「冒」即卜辭「」，從「目」聲，故得亦從「目」也。(魯公伐郜鼎有「」，乃訛器。)

師遽尊「圭一」，當釋「瑁圭」。

毒冒(《漢・郊祀志》)　瑇瑁　蝳瑁　玳瑁

「冒」讀如莫佩切，由幽部轉入灰部也。

瑞

從「耑」聲(徐鍇刪「聲」字)。按「瑞」是僞切，由寒入支也。考「歂」從「耑」聲，讀若捶擊之「捶」，是由寒入歌，蓋歌轉入支耳。(徐鉉於「瑞」下刪「聲」字，「揣」下引鍇説云：「此字與『耑』聲不相近，如『喘』、『遄』之類，當從『瑞』省。」朱駿聲：

「揣省聲。」)

王先生懷祖曰：「案『惴』字古蓋讀若『專』。《小雅・小宛》：『温温恭人，如集于木。惴惴小心，如臨于谷。戰戰兢兢，如履薄冰。』『木』與『谷』爲韻，『兢』與『冰』爲韻，而『惴惴』二字上與『温温』爲韻，下與『戰戰』爲韻。『惴惴』，讀若『專專』。《列女傳序》云：『專專小心，永懼匪解。』是其明證也。《莊子・齊物論》：『大言閑閑，小言閒閒；大言炎炎，小言詹詹。』又云：『小恐惴惴，大恐漫漫。』『閑』、『閒』爲韻，『炎』、『詹』爲韻，『惴』、『漫』爲韻，『惴』亦讀若『專』。《齊策》云：『安平君以惴惴之即墨三里之城，五里之郭，而反千里之齊。』《潛夫論・救邊》云：『昔樂毅以慱慱之小燕，破滅彊齊。』『慱慱』即『惴惴』也。小心謂之『惴惴』，小恐亦謂之『惴惴』，小城亦謂之『惴惴』，而其字皆讀若『專』，故《潛夫論》又作『慱慱』也。《孟子》：『吾不惴焉。』《音義》：『惴，丁本作遄。』『惴』讀若『專』，故又與『遄』通也。」(《諧聲補逸》)

琫，佩刀上飾。

宋本及《玉篇》作「下飾」。案：《萬象名義》作「上飾」，今本《玉篇》誤也。然《字鏡》則曰：「刀上飾曰鞞，下飾曰琫。」

珌，佩刀下飾。

案：《萬象名義》作「上飾」，與《玉篇》同。《玉篇》有重文作「琿」(《汗簡》、《古文四聲韻》引《説文》，段據補)。《類聚》引《字林》：「琕，佩刀上飾。」《御覽》引作「琿」。

按「鞞琫容刀」，「鞞琫有珌」，或説蓋謂「鞞」上飾，「琫」下飾。杜《左傳》注：「鞞，上飾。鞛，下飾。」正如此。與毛傳、許説異也。

璏

《類聚》引《字林》作「瑑」，《初學記》引作「璏」。《王莽傳》：「欲獻其瑑耳，即解其瑑。」服虔曰：「瑑，音衛。」蘇林曰：

「劍鼻也。」顏云：「瑑字本作璏，從『玉』『彘』聲。後轉寫者譌也。『瑑』自彫瑑字耳，音篆也。」《匈奴傳》：「玉具劍。」孟康曰：「標首鐔衛，盡用玉爲之。」顏曰：「衛，劍鼻也。」

蘭按：依《切韻》，則「衛」在合口，「彘」在開口，「衛」爲于母，「彘」爲直母也。

又按：金文屢言「鞞剢」，疑「剢」即「璏」也。剢本刀劍飾，故從「刀」，且與鞞爲同類。舊謂射韝，則非類也。「遂」在至韻，「璏」在祭韻，「墜」直類反，「璏」直例反，是聲相近也。疑本作「琢」，故變作「瑑」，猶「墜」作「墜」矣。

又按：「瑑」直戀反，「璏」直例反，線與祭陰陽對轉也，是「瑑」、「璏」一字之證。第「瑑」別有雕瑑一義耳。

瑑

《周禮》先鄭注云：「瑑，有圻鄂瑑起也。」《禮器》：「大圭不琢。」注：「琢，當爲『瑑』字之誤也。」《司馬遷傳》：「今雖欲自雕瑑。」《董仲舒傳》：「良玉不瑑。」《東方朔傳》：「陰奉琱瑑刻鏤之好。」《春官·典瑞》：「瑑圭璋璧琮。」《考工記·玉人》：「瑑圭璋。」「剡圭，剡半以上，又半爲瑑飾。」《水經注·褒水》：「漢司隸校尉楊厥所開。建和二年，王升瑑石頌德。」《周禮·巾車》：「孤乘夏篆。」注：「篆，讀如圭瑑之『瑑』。」」「童子雕蟲篆刻，壯士不爲也。」《考工記》：「鐘帶謂之篆。」

按：篆書之「篆」，當由「瑑」來。

珇，琮玉之瑑。

按《典瑞》「駔圭璋璧琮琥璜之渠眉」與「瑑圭璋璧琮」相對，是駔亦瑑之類也。然琮有瑑琮有駔琮，則駔與瑑應不同也。先鄭注：「駔，外有捷盧也。讀爲駔疾之『駔』。」後鄭則謂「駔讀爲組，以組繫之，因名焉」。按鄭君説「渠眉」曰：「玉飾之溝瑑也。」則指玉器之窪處。先鄭謂「刻作捷盧」，鄭君謂「繫以組也」，許君之義似從先鄭，謂捷盧耳。（然「珇」或是瑑如組形，當俟詳考。）

《廣韻》：「珇，圭上起。」

「捷盧」當即「駔」之反語。《廣韻》：「駔，徂古切，又祖朗切。」讀爲「祖朗」乃魚、陽之轉。「徂」即「捷」（惟「徂」爲一等字，

「捷」爲三、四等字)，「盧」平聲，「古」上聲耳。

堪

《弁師》注：「鄭司農云：讀如綦車轂之『綦』。玄謂堪讀如薄借綦之『綦』。綦，結也。」

按「薄借」即「不借」，當以「薄借」爲是，猶云「簿籍」也。按「薄借」即舄，亦即鞹，舊以「不借」爲義非也。

璹，讀如淑。（即《爾疋》「琡」）

按「𠷎」在十八尤，「璹」、「淑」在一屋之三等，平入相應也。

王菉友《句》引桂氏曰：「《桑柔》『穀』與『垢』韻，劉向《九歎》『篼』與『囿』韻，皆此例。」

蘭按：「穀」、「垢」是侯部，此是幽部，例卻相近。若「篼」與「囿」則一是侯部之入，一是幽部之入（「囿」可讀于救切，然終是幽部字），正今《切韻》合此兩類爲屋韻之例。而非「璹」讀「淑」之適例也。

《釋例》謂：「茮，經典作『椒』，從『叔』聲，尤、宵二部則通。壔讀若『毒』，與此相近。」

尤、宵二類，與此祇幽類又不同也。

瓃

轠轤（《羽獵賦》）　轆轤（腰間轆轤劍）　鹿盧（晉灼《雋不疑傳》：「櫑具劍。」注：「以玉作井鹿盧形。」）　𨏥轤（井上汲水木）　碌

碡　磟碡　䃙碡　礰礋　獨廘　獨鹿（《集韻》）　獨禄　陀螺

按：段謂捷盧亦謂鹿盧，非是。

璊　玧

按「璊」在寒部，「允」在真部，然從「允」、「夋」之字如「沇」、「酸」，則在寒部。故「允」當本在寒部，得相通也。今音則「璊」、「玧」並讀入文部矣。

畫從琱字

《廣疋·釋訓》：「彫，畫也。」《釋詁》：「彫，畫也。」

玩

金文作「元」。

玤

當即「丰」字。

讀若《詩》「瓜瓞菶菶」。一曰若盦蚌。

《釋例》：「此乃六朝人語，豈漢人語乎？小徐《韻譜》所用者，李舟《切韻》也。一董『琫』、『菶』皆補孔反，三講『蚌』步項反，《廣韻》『菶』邊孔、蒲蠓二切，『玤』、『蚌』皆步項切，此其所以異也。然『玤』、『蚌』皆從『丰』聲，『菶』從『奉』聲，『奉』亦從『丰』聲，本無異也。許君安知後人韻部乎？」

蘭按：王仁昫《切韻》韻目一董下云：「『呂』與『腫』同，夏侯別。今依夏侯。」則呂靜只是「董」、「腫」同韻，而「董」、「講」本有別也。呂承《聲類》，與許時近，安知許氏不即分董、講邪？況幫、並亦似有別也。

玲墪

瑊玏（《子虚賦》、《廣雅》）　中山經：「葛山其下多瑊石。」注：「玏石似玉者。」

玲瓌　「瓌」乃「瑋」誤。「勒」省作「革」，猶「肇勒」爲「肇革」。

玖，讀若芑。或曰若人句脊之「句」。

按：讀若「芑」，則本在之部也。讀若「句」（即「痀」，在虞韻），則由讀「久」入尤韻，而尤、侯相亂耳。

珁

《蒼頡篇》：「五色之石也。」（《玉篇》）

琨

《埤蒼》：「瓔琨，石似玉也。」（《玉篇》）《西山經》：「瑜次之山，其陽多嬰垣之玉。」注：「桓，或爲根。」「根」當爲「琨」。

（《義證》引錢大昭説）

瑰

今本《玉篇》别有「瑍」字。（原本無）

璅

楊譽龍《釋璪、璅》據「藻」、「薻」一字，《周禮·司几筵》《釋文》「藻，本作繅」，《禮記·明堂位》《釋文》「藻，本作繰」，

《書・甘誓》「天用勦絶其命」，《説文》「劋」下引《書》作「劋絶」，《漢書・外戚傳》「命樔絶而不長」，班婕妤賦「命㯺絶而不長」諸證，謂「璪」、「璅」一字。

徐灝云：「『藻』、『繅』字古多通用，疑『璪』亦『璅』之異文。」

按《萬象名義》「璅」下云：「璪也。」則「璪」、「璅」確一字矣。（《説文》並子皓切。）

朱駿聲引《檀弓》「縣子璅曰」，《釋文》：「依字作瑣。」假借爲「瑣」。《東京賦》：「既璅璅焉。」薛注：「小焉。」《晉書・習鑿齒傳》：「璅璅常流離。」「璅」、「瑣」雙聲。

按《字鏡》以「瑣」、「璅」爲一字。（「欲少留此靈璅兮。」）

璡（晉人有劉璡）、瑨、璁、琥、瓙、𤪌、瓔、珣、瑄、璶、琟、瑦、瑂、璒、玒、玗、玟、瑎

此類字大抵不見所出，疑均在《倉頡》之類也。

𤪌（烏貫切，今本《玉篇》同，小徐《韻譜》同）

《繫傳》都灌反，《萬象名義》同。《廣韻》：「瑖，丁貫切，石之似玉。」則作「瑖」字。《萬象》篆作「[illegible]」。

玗

《穆天子傳》有「玗琪」，《海内西經》「開明北有玗琪樹」，則《爾疋》所謂「珣玗琪」爲二玉也。

𠭯霝卣「錫𠭯霝[illegible]一」，疑是「玗」、「○」合文，「○」即「環」也。

碧，石之美者。從玉、石，白聲。

玄應、慧琳《音義》，《御覽》，《唐韻》引並無「青」字，《玉篇》有。

段云：「從『玉』、『石』者，似玉之石也。碧色青白，金剋木之色也，故從『白』。云『白聲』者，以形聲苞會意。」徐灝謂

「此於字義無涉，徒穿鑿無當」。

《山海經・西山經》：「章莪之山多瑶碧，高山其下多青碧。」《東山經》：「耿山多水碧。」《淮南・地形訓》：「青水宜碧。」又云：「昆侖碧樹、瑶樹在其北。」《漢書・司馬相如傳》：「錫碧金銀。」揚雄《蜀都賦》：「遠則有銀鉛錫碧。」張衡《南都賦》：「緑碧紫英。」《急就篇》：「璧碧珠璣玫瑰瓅。」《漢書・地理志》：「越巂郡會無縣東山出碧。」

蘭按：「碧」字疑本作「珀」，從「玉」「白」聲。今「珀」訓琥珀者，本作「虎魄」，實則「珀」之字本當爲「碧」字也。《切韻》本無「碧」字，而有「珀」字。《切韻》所據爲李登、吕静舊文，或即以「珀」爲「碧」耳。（《新撰字鏡》「碧」陂薄反。）「碧」所以當作「珀」從「玉」者，古多以碧爲玉類。《西山經》「瑶碧」，注：「碧，亦玉屬。」「青碧」，注：「碧，亦玉類也。」《急就篇》顔注：「碧，縹玉也。」《司馬相如傳》顔注：「碧，謂玉之青白色者也。」其從「白」聲者，顔氏所謂「玉之青白色」。又云「縹玉」。《南都賦》注李善引《廣志》曰：「碧有縹碧，有緑碧。」案《説文》：「縹，帛青白色。」劉熙《釋名》：「縹，猶漂漂，淺青色也。有碧縹，有天縹，有骨縹，各以其色所象言之也。」然則縹碧者，當是最淺之緑色（《新撰字鏡》注引「淺翠」），有類於白，今俗所謂月白之類。今雲南所産之碧緑淺者，大抵如此也。然則古人爲譬況之辭，謂碧色爲玉之白者，故從「白」聲耳。後人又謂碧乃石類而非玉，故又爲從「石」、「珀」聲。故《説文》亦訓爲「石之美者」。然既訓爲石，何不入石部邪？（他字從「玉」，故雖訓爲石，只得入玉部，此則明明從「石」也。）

徐鉉兵尺反，《切韻》、《唐韻》新加者爲方彳反，小徐《韻譜》同。然「彳」爲丑亦反，與「辟」必益反無異。《萬象名義》、《玉篇》彼戟反，故宫《王韻》逋逆反，則在陌韻三等（開口）。《字鏡》陂薄反，則似在鐸韻。今《廣韻》彼役反，則爲昔之合口矣。

琨　瑻（或從貫）

《禹貢》《釋文》：「琨，馬本作瑻，韋昭音貫。」《漢書・地理志》引《禹貢》亦作「瑻」。

《皇矣》：「串夷載路。」箋：「串夷，即混夷。」

《明堂位》：「崇鼎貫鼎。」鄭注：「崇、貫，國名。文王伐崇。古者伐國，遷其重器。」

按此寒與魂之轉也。

《穆傳》：「天子之寶玉昆。」《招魂》：「昆蔽象棊。」《司馬相如傳》：「琳瑉琨珸。」《漢書音義》：「琨吾，山名。又作昆吾。」《廣雅》：「琨珸，石之次玉者。」王念孫《廣雅疏證》：「琨即琨珸也。琨珸謂之琨，猶碔砆謂之砆，瑊玏謂之瑊。」

蘭按：轀轤即轀也。

珠，蚌之陰精。

桂云：「琅玕、火齊皆珠也，故從『玉』。」《説文職墨》、《説文引經證例》並謂「圜玉稱珠」，甚是。

《爾雅・釋地》：「西方之美者，有霍山之多珠玉焉。」于云：「珠出於山，則明是玉珠，而非蚌珠。《論衡・率性》『璆琳琅玕』者，此則土地所生真玉珠也。」

蘭按：《周禮・玉府》：「珠盤玉敦。」當謂以玉珠嵌盤，如傳世以緑松石嵌銅器之類，非蚌珠也。

然則珠本圜玉珠，故從「玉」。蚌珠似之，故因其名。許説誤。

玭　蠙

此脂、真相轉也。（徐鉉步因切，《唐韻》符真。）《玉篇》步蠲切，先韻，本真之一等也。

《西山經》：「濫水鴽魮之魚，狀如覆銚，鳥首，魚尾音如磬聲，是生珠玉。」《江賦》：「文魮磬鳴以孕璆。」

然則魮未必即蚌也。玭珠，珠之有聲者，乃指《大戴・保傅》「玭珠以納其間」，蓋以爲玉佩行則有聲，非蚌珠也。

珕，劦聲。

徐鉉云：「劦，亦音麗。」按：今未見此音。「劦」胡頰切，此乃添帖部内字轉入齊部也。

劦（xæp?˙）→珕、荔（læi）

按《説文》從「玉」之字，惟珕、珧、珊瑚似玉而非玉石類，珕、珧以爲刀飾，見其平面，故亦有似於玉也。（珠、璣本亦玉類。)

玟

讀莫桮切者，文對轉入灰也。(據此可知「文」本應在一等。)朱駿聲以爲從「枚」省聲，非。《射義》「瑉，或作玟」者，「瑉」《説文》作「珉」，真、文之亂也。

火齊玟瑰也。

按：當是紅寶石之類，舊説多誤。

珋

段云：「按古音『卯』、『丣』二聲同在三部，爲疊韻。而『留』、『珋』、『茆』、『聊』、『駠』、『𨛜』、『劉』等字皆與『丣』又疊韻中雙聲。『昴』、『貿』、『茆』等字與『卯』疊韻中雙聲，部分以疊韻爲重，字音以雙聲爲重。許君『卯』、『丣』畫分，而從『丣』之字俗多改爲從『卯』，自漢已然。『卯金刀』爲『劉』之説，緯書荒繆，正『屈中』、『止句』、『馬頭人』、『人持十』之類，許所不信也。」

桂云：「篆當從寅卯之『卯』，非從古文『丣』，轉寫誤連上畫。《文選·江賦》：『琭珋璿瑰。』直作『卯』旁，可證也。『留』亦從『卯』。古讀『卯』、『留』聲相近，《詩·朔月》『辛卯』與『醜』爲韻，本書『鮑』或從『孚』或從『卯』，皆取其聲，古音『包』、『孚』、『卯』皆屬尤幽侯部也。」

蘭按：「卯」、「酉」皆幽部，桂但説韻部而未及聲母，段謂「昴」、「貿」等與「卯」雙聲，是矣。其謂「留」、「珋」等與「丣」爲雙聲，則大誤。「留」、「珋」爲來母，「酉」爲喻母，安得爲雙聲邪？段明古音而不諳聲理如此。

玪

朱駿聲謂「含」俗字。

附

珈

見《詩》。箋：「珈之言加也。」

璩

見《山海經》。案《東山經》作「鐻」。《魏都賦》、《後漢書·張奐傳》並作「鐻」。玄應《音義》四引《埤倉》：「珠曰璫，充耳也。渠，耳渠也。」玄應《音義》引《字書》：「璩，玉名，耳璩也。」《檀弓》：「蘧伯玉。」《釋文》：「本又作璩。」《淮南子·泰族訓》作「璩」。

琖，玉爵也。夏曰琖，殷曰斝，周曰爵。（《玉篇》引同）

《周禮·量人》《釋文》：「琖，劉本作湔。」漢王君廟門碑：「束帛有琖。」「琖」通作「戔」。《行葦》《詩傳》作「醆」，《釋文》：「字或作琖。」本書酉部：「醆，爵也。」則許書以「醆」爲「琖」。

鄭知同曰：「琖之言淺也，《方言》郭注云：『盞，最小桮。』是也。《說文》：『竹木之車曰棧。』是車箱淺露之名。《爾雅》：『鐘小者謂之棧。』李巡注云：『棧，淺也。』又：『虎竊毛謂之虦貓。』虦亦指淺毛言之。」

琛

見《魯頌》、《爾疋》。

璫(當)

《司馬相如傳》：「華榱璧璫。」此瓦當之「當」。

耳璫見《釋名》：「穿耳施珠，本出於蠻夷，所爲今中國人效之。」

琲

《玉篇》：「珠五百枚也。」《廣韻》引《埤蒼》：「珠百枚曰蜚。孫權貢珠百蜚。蜚，貫也。」又云：「珠五百枚也。亦作琲。」《吴都賦》：「珠琲闌干。」劉淵林注：「琲，貫也，珠十貫爲一琲。」

王《校正》云：「名目隨時而起，字即隨時而增。凡古人所無之器物皆然。今之不可爲古，猶俗之不可爲雅也。」

魏晉以前無用此字者，前人多云未詳。蘭按：此當是「朋」之聲轉，珠琲猶貝朋耳。「朋」與「琲」乃咍、登對轉。

王《校正》、鈕《新附考》云：「核計《説文》都數溢於原額。既有增加，必有脱漏，故以今本之有無定許君之去取者，誣也。且鼎臣本亦經改易，非原書也。藤花榭、平津館皆翻宋本，言部『詿』、『誤』字皆兩見，汲古亦仿宋，乃一見，又删併『詿』下兩説，以致不通。（《韻譜》亦一見，而注明一本重出。）《繫傳》之廿五卷宋末已亡，後人抄大徐本補之，而次第、篆法、説解尚有不同。」（按鈕原云：「凡經典中字許君不應遺，或所見本不同，或經典爲後人改。」）

又云：「俗字有三種於古人所無，即借音用之，後乃匹配形聲，如紡專後作『塼』、『甎』是也。或古有是字而後人不識，而别作之者是也。或並無同音之字可借，則率意造之是也。又俗字多諧聲，其外無形可從者，則前作多從『人』，後作多從『口』。」

珂，玉也。

(1)《玉篇》：「珂，石次玉也。」《廣雅》：「瑊玏，珂。」又云：「石之次玉。」

(2)《玉篇》：「亦瑪瑙，絜白如雪者。」

(3)《玉篇》：「一云螺屬也，生海中。」

(4) 劉逵注《吴都賦》「珂珹」云：「老雕化西海爲珹，已裁割若馬勒者謂之珂。」《西京雜記》：「武帝時長安盛飾鞍馬，以南海白蜃爲珂，紫金爲勒，以飾其上。」《初學記》引《通俗文》：「勒飾曰珂。」

玘

《字鏡》：「玘（?），古里反，佩玉。」《字書》：「玘，玉名也。」

《晉書音義》、《字林》：「玘，本幾字，萬（?）意反。」

玥

《玉篇》引《吴志》：「薛琮，字子玥。」《字鏡》：「人名。」《韻會》、《晉・藝術傳》有「卜玥」。

璀璨（玉光也）

《琴賦》：「新衣翠粲。」李注引《子虚賦》「翕呷翠粲」張揖曰：「翠粲，衣聲也。」班婕妤《自傷賦》：「紛翠粲兮紈素聲。」

《洛神賦》：「被羅衣之璀粲。」《史記・司馬相如傳》：「噏呷萃蔡。」《集解》引《漢書音義》云：「萃蔡，衣聲。」《索隱》引郭璞云：「萃蔡，猶璀璨。」

《漢書》班婕妤《自傷賦》：「紛綷璨兮紈素聲。」《文選・籍田賦》：「綃紈綷縩。」孫綽《天台山賦》：「琪樹璀璨而垂珠。」《靈光殿賦》：「汩磑磑以璀璨。」

琡

見《爾疋》。徐鍇説即「璚」。

瑄

《爾疋》、詛楚文作「宣」，《漢書・郊祀志》作「瑄」。《爾疋》：「本或作瑄。」

珙

拱璧。高誘注《淮南子》云：「拲，讀《詩》『小拱大拱』。」

玨部

玨

按：當作□→玨→玨（玨）→玨。

二玉相合爲一珏。「□」，象二玉也。《左》莊十八傳注：「雙玉爲瑴。」《正義》云：「《倉頡篇》『瑴』作『珏』，雙玉爲瑴，故字從兩『玉』。」按經傳多作「瑴」，許此字蓋取諸《倉頡篇》。

《淮南》：「玄玉百工。」「工」東類，「珏」屋類，陽入相轉也。

工→玉→珏、瑴→□

班

按卜辭作「⿰口⺄」，即「玢」(可讀爲「斌」，亦可讀「班」)，亦即「班」，從「玉」與從「珏」同。從「⺄」與從「分」同，取「分」聲也。(「⿰羊⺄」即「羒」字，牝羊也。)

朱駿聲謂從「分」省，「分」亦聲。

《舒藝室隨筆》亦謂「當云分省聲」。

蘭按：《明堂位》：「頒度量。」注：「頒，讀爲班。」《孟子》：「頒白者。」注：「頒，班也。」《周禮・大宰》：「匪頒之式。」鄭司農曰：「頒，讀爲班布之『班』。」《王制》：「名山大澤不以肦。」《釋文》：「肦，讀爲班。」

⿲王車王

《東京賦》：「⿲王車王弩重旃。」《張安世傳》顔注：「⿲王車王，皮篋盛弩也。」《輿服志》：「⿲王車王弩。」今本訛「韗輒弩」三字。徐鍇引江總《行李賦》「持⿲王車王玉而多士」，今本作「馳珏玉之多事」。蘭按：當作「馳⿲王車王玉之多士」。

蘭按：「⿲王車王」讀與「服」同。漢人用爲琿弩字，即讀爲「箙」耳。許則因其字從「玉」，故釋爲奉玉也。

气部

疑與「介」意近。

气

本作「三」。徐鍇曰：「古文又作昕、炁。」《汗簡》引「⿱气火，氣」。按當是「⿱气火」之誤。或「⿱旡火」，故又變作「炁」也。「气」去既切，未韻。「乞」去乙切，迄韻。去與入之轉。(似本爲入聲。)

气，雲气也。引申爲呼吸之气。「眉」、「𩑶」、「魣」、「呬」、「愾」、「嘅」、「鎎」本屬於「自」，亦與气相應。其「詯」爲膽氣滿，聲在人上，尤與气合。（《文始》）

「乞」訓匄者，「乞」、「匄」音近也。張行孚《釋乞》以爲假「乞」爲「耤」，非是。

「雰」與「氛」非一字。

士部

士

「士」與「女」。《易》：「士刲羊，無血。」《荀子·非相》：「處女莫不願得以爲士。」《詩·褰裳》：「豈無他士。」

推十合一

或作「推一合十」（《玉篇》、《六書故》、《韻會》、《孔子集語》）。

《兒苦録》：「從『二』從引而上行之『丨』，蓋通下情以達於上者，士也。」

《文源》：「『士』象構作之形，與『工』、『乍』同意。」

按「土」、「士」一字，魚變爲之也。《射義》以「舉」、「士」、「處」、「所」爲韻，尚在魚部。

「士」讀爲「牡」，由之部變爲幽也。

《周禮》：「其附於刑者，歸於士。」注：「士，謂主斷刑之官，或謂歸於圜土。」

禮器碑：「四方土仁（士人）。」華山亭碑：「卿土百辟。」史晨祠孔廟奏：「百辟卿土。」周憬銘：「濟濟吉土。」均以「土」爲「士」。

壻，讀與細同。（蘇計切）

按此由魚部入齊部也。「東齊謂壻爲倩」者，「倩」倉甸切，齊、先對轉也。或讀七政切，轉入青部也。然則「壻」字當是轉入支部。《切韻》支、脂合爲齊韻，故在齊類耳。魚可轉支，不可轉脂也。（宋保《諧聲補逸》所據皆訓詁。）

然《説文》云「讀與細同」，已是支、脂之亂矣。

又按：古「胥」字讀若「蘇」（「姑胥」即「姑蘇」），則即「土」之轉音耳。（「土」音變爲「士」，而稱士夫之「士」者讀如「胥」，乃改爲從「士」「胥」聲耳。）

土 ta（魚） ↘ 士 dzə（之）
↙ 胥 sa（魚）→ 壻 sæ（支）

又按：「壻」字祇見《爾雅》、《儀禮》、《左傳》，恐是春秋後之稱。《詩經》、《易經》祇作「士」。

壯，大也。

《管子·小問》：「苗始其少也，眴眴乎，何其孺子也！至其壯也，莊莊乎，何其士也！」《曲禮》曰：「三十曰壯，有室。」《月令》：「養壯狡。」

然則「壯」之本義乃指生殖器之壯大，引申則爲壯夫之「壯」，引申爲凡人大之壯。《方言》：「秦晉之間，凡人之大謂之奘，或謂之壯。」

「壯」亦「土」之音轉，魚、陽對轉，猶「駔」讀祖朗反耳。後人則易爲「爿」聲矣。

墫

《毛詩》作「蹲」，《爾雅》作「墫」。

朱云：「此重言形況字。毛訓『舞皃』，猶『坎坎』爲鼓聲也。『坎』不得訓鼓，『墫』何得訓舞？此後出字，許可不録。」

丨部

丨，引而上行讀若囟。引而下行讀若退。

按：《萬象名義》、《新撰字鏡》並有思貳、他外二反。按思二反讀如「四」，「囟」之音轉也。他外反讀如「娧」，「退」之音轉也。則原本《玉篇》之音本與《説文》合也。今本《玉篇》脱他外一反，衹存思二反，而引《説文》又古本切。今徐鉉本《説文》古本切，燉煌《王韻》、《廣韻》亦均收在古本切，此音當依「棍」字而作。然《廣韻》「棍」胡本切不知何自而至，若徐鍇謂「囟」音「信」，今人音「進」，引而下行音「退」，又音「衮」，則又望文而作音矣（惟許或以進、退爲義）。

段謂思二切，「囟」之雙聲，甚是。桂謂思二即「退」音，誤也。

按「丨」古無此字，必欲求之於古，其爲「工」乎。（「十」字古作「丨」，與此無涉。）「[illegible]」即「尋」，「㫃」即「於」，可證也。「工」即「杠」字音轉，可爲「棍」也。

舁（升高也）→遷（登也）→僊→真（僊人變形而登天也。由寒至真部）→禛（以真受福也）

←屳（人在山上皃）

←迻（遷徙也。由寒至歌）→徙（迻也。由歌至支）

章謂「遷」次對轉支爲「徙」，「徙」旁轉歌爲「迻」，今正。

先（前進也）→兟（進也）→侁（行皃）

前（不行而進也）

逮（自進極也）→津（水渡也）

[夲+允]（進也）→駿（馬之良材也）→陖

躋（脂）　登也　虹也（朝躋于西。《春官》：「視祲九曰躋。」注：「虹也。」）　猶言縉也　又訓隊（《書》言「顛躋」。躋隊猶壟墜）

晉（登也）→日出→縉（帛赤色也。赤雲謂之縉雲）

進（登也）

「辛」説解曰：「辛，辠也。」「辛」從「䇂」、「上」，猶「辛」從「干」、「上」。次對轉泰孳乳爲「辠」、「辥」，犯法也。「辛」轉爲「辠」，猶「辛」爲「滓」矣。五味之「辛」，乃「𨙭」之借字。𨙭，列也，即今「辣」字。「𨙭」讀如「迅」，與「辛」同音。

「姊」亦如「躋」，得聲義於「丨」。「妹」亦得聲義於隊部之「丨」。彼本孳乳爲「娟」（楚人謂女弟曰娟娟），「娟」近轉脂，乃變易爲「妹」也。

囟（小皃）　細（微也）　稺（幼禾也）

一

佌（支）→柴（婦人小物也）

妓（婦人小物也）　蘇（小頭蘇蘇也）　尟（少也。寒部）

嫈（小心態也）　榮（絶小水）　謍（小聲）　熒（小瓜）

淺（不深也）　俴（淺也）　虦（虎竊毛）　越（淺渡也。支部）

𨺅（卻也）　隤（下隊也）　隊（從高隊也）　䃍（陊也）

壞（敗也。脂）　毀（缺也。支）　垝（毀垣也）

隕（從高下也）　磒（落也）　抎（有所失也。《春秋傳》曰：「抎子辱矣。」《吕氏・音初》：「王及蔡公抎於漢中。」）　損（減也）

騫（馬腹縶也。《詩》：「不騫不崩。」縶即塌。寒）　虧（歌。騫虧也。《詩》傳：「气損也。」）

𨺅……遁（遷也。謂逡遁而退也）　頓（下首也）

下上通之義旁轉入泰，孳乳爲「兑」、「達」諸字，與「台」相係。在本部亦孳乳爲「䏁」，與「台」相係。

芮草生皃　䒞（艸之小者，讀若「芮」）→莌（小。《方言》。「䒞」即「鋭」，「䒞」即「莌」）　鋭（《春秋傳》：「且吾以玉賈罪，不亦鋭乎。」杜解：

「鋭，細小也。」）

季（少。《地官·山虞》言「季材」，《特牲》言「季指」，皆謂小）　⿰飠兌小餟

章氏以「丨」有「囟」、「退」二音，謂「丨」爲「囟」、「退」本字：「『乁』、『申』、『囟』、『中』雖皆獨體，然並受聲義於『丨』。」又云：「『丨』對轉諄，亦孳乳爲『孫』（子之子也。「孫枝」、「孫絡」並訓小）。」至云：「倉頡造字亦非一時頓成，故初文亦有相孳乳者。『丨』讀若『復』，則『彑』亦因于『丨』（鋭頭與丨義合）。『丨』讀『囟』，則『囟』亦因于『丨』。『中』與『囟』至、真對轉，中既作『丨』，而『巂』、『离』之頭皆以『中』象，則中猶囟也（中猶囟，猶耑與題），亦自『丨』生。其『丨』字訓退者，則『夂』字雖獨體，而聲義取諸此。」

按：「丨」音「進」、「退」本屬荒誕，章乃推想倉頡造字，幾如癡人説夢矣。

中

《説文》「中」（與「史」上同）。

徐鍇謂：「『口』以出令也，『丨』以記其中也。」

《六書故》云：「鼂説之曰：林罕謂從『口』，象四方上下通中也。」（王筠用此説）

段注：「『中』字會意之恉，必當從『囗』（音圍）。衛宏説『用』字從『卜』、『⿻冂中』，則『中』之不從『口』明矣。下上通者，謂中直或引而下，或引而上，皆入其内也。」

徐灝：「此從『囗』，而識其適中之處，指事兼會意也。」

桂馥：「『用』從『卜』從『中』，則『中』當爲『⿻冂中』。」

朱駿聲：「其本訓當爲矢着正也。從『口』固非，段訂從『囗』亦未允。當從『⿴冂一』，象射侯形；從『丨』，通也，亦象矢形。横穿爲『毌』，從通爲『中』。『用』字從此作『⿻冂中』。古文『用』作『⿻冂中』，則象侯。顯然屈下者，疑即《敘》所云漢時俗書『虫』字，非古文『中』也。籀文多四注當謂『乘矢，指事』，『中』、『正』二字皆以射喻，習用不察耳。《周禮·射人》：『與大史數射中。』《儀禮·大射儀》：『中離維綱。』《禮記·射義》：『持弓矢審固，然後可以言中。故盛算之器即曰中。』《鄉射禮·記》：『皮

樹中、閭中、虎中、兕中、鹿中,是也。』」

孔廣居《説文疑疑》:「漢官私印都從『口』,鐘鼎作『〓』,象矢貫的;或作『〓』,加『二』、『二』以會中間之意。」

《文始》:「從『丨』,謂筆引書也。從『口』,謂書囊也。此會意字。而『用』從『卜』、『中』,字形作『〓』,乃純象册形。古文『〓』作『〓』,則『中』可作『〓』。册二編,此三編也。其作『中』者,非初文而爲後出之字。古文或作『〓』,則猶『王』之作『〓』,但詘曲取姿爾。」

陶方琦謂:「『中』字之『口』亦象弓,『丨』象矢。」(尤瑩引)

尤瑩《説中》:「天下之理有『丄』、『丅』,即有一『中』,『丄』從『丨』在『一』上,『下』從『丨』在『一』下,皆屬指事。則『中』從『丨』在『口』中,亦屬指事無疑。天下物理必先有上中下,然後有中的之『中』,中的之『中』斷不能古於上中下之『中』。則中的之『中』不過由中央之『中』引申之,必非本義也。竊謂『中』字篆體有六,《説文》存其五而遺其一,其義則皆爲中央之義。『〓』、『〓』、『〓』之外,尚有『〓』、『〓』、『〓』三體……『〓』許君不收,是其疏漏。段改『〓』爲『〓』,與許書爲不合,然所見甚是……『〓』本『中』之最初字,屢見鐘鼎。其從『〇』從『丨』者,正以一『丨』居中爲指事。」

顧實《釋中、史》:「『〓』、『〓』、『〓』、『〓』(『〓』所從)、『〓』、『〓』數形遞變,實同一字。『〓』、『〓』即古『㫃』字,『中』何以從古『㫃』字,則可以『倝』、『昜』二字證明之。『倝』訓『日始出光倝倝也,從旦,㫃聲』,聲亦有義。推之『朝』從『倝』、『舟』聲,『乾』從『乙』、『倝』聲,皆有取於朝陽之義也。『昜』、『陽』古今字,『昜』從『旦』從『勿』會意,『勿』、『〓』同字,旌旗之一種。『昜』之從『勿』,象太陽之光也;『中』從古『㫃』,亦猶『倝』之從『㫃』,『昜』之從『勿』,均之取以象太陽之光或氣也。『丄』、『丅』小篆作『〓』、『〓』,隸書作『上』、『下』,當亦是從古『㫃』字。故『上』、『中』、『下』三字蓋從『一』以截其上端爲『上』字,從『一』以截其下端爲『下』字,從『〇』以環其中間則爲『中』字。」

【眉批】吴大澂:「中,正也。兩旗之中立必正也。」林義光:「射中之『中』。『〇』象正鵠,『〓』象矢有繳形。省作『〓』,『丨』但象矢。」

蘭按:「〓」本作「〓」→「〓」→「〓」(㱃中且觶作「〓」,前人謂《説文》作「〓」爲誤,非也),余昔謂「〓」爲即「常」。《吴志・胡綜傳》:「《黄龍大牙賦》:『四靈既布,黄龍處中,周制日月,是曰大常。』」《匡謬正俗》引古詩「中」與「香」、「旁」爲韻,是古讀如「當」(顔謂音「張」)。《禮記・鄉飲酒義》:「中者,藏也。」《史記・孔子世家》:「折中於天子。」宋均注:「當也。」《漢書・司馬遷傳》：「其實中其聲者謂之端，實不中其聲者謂之款。」注：「當也，充也。」《漢書・刑法志》：「斯豈刑中之意哉？」注：「當也。」《漢書・敘傳》注：「中，傷也。」《淮南・原道》：「好事者未嘗不中。」注：「傷也。」《漢書・何武傳》：「欲以吏事中商。」注：「傷之也。」按《周禮・師氏》「掌國中失之事」，故書「中」爲「得」，陸德明云：「中，杜音得。」《齊策》：「是秦之計中。」注：「得也。」《史記・封禪書》：「與王不相中。」《索隱》引《三倉》：「中，得也。」「當」、「得」聲之轉。」蓋作《周禮》者六國時人，讀「中」如「當」，因而易之耳。卜辭以「立中」與「候風」相係，則無風謂之中也。余舊謂建中之地爲中央，故引申爲中。今按：以字形言則「□」形之「〇」，正在四斿之間，亦復有中間之義。「旅」（？）字有「□」（父乙卣）、「□」（父辛卣）、「□」（廣父乙簋）、「□」（且丁甗）、「□」（父辛觚）諸形，其斿形或作「□」，與卜辭「中」字或作「□」相近。卜辭「事」字作「□」，金文作「□」（小子尌簋）、「□」（矢簋）、「□」（毛公鼎）、「□」（師害簋）諸形，其手中所執之旂形，亦復相近，特亦變「□」爲「□」耳（「□」字與此異，非一字）。古「吏」、「事」、「使」爲一字，蓋執中以使，使者爲吏，使必以事耳。《禮含文嘉》謂「天子之旗九仞十二旒」，即士亦「三仞五旒」。按三仞爲二丈一尺，九仞則至六丈三尺，假古尺當今六寸，則士爲一丈二尺六寸，而天子則至四丈九尺八寸（此七尺爲仞之説，若四尺爲仞，則士爲一丈二，當今七尺二。天子三丈六，當今二丈一尺六，似較近之），此當非一人所能執。若兩人以上舉之，則旗杠必有執處，此所以作「〇」形邪。《論語》：「天之歷數在爾躬，允執其中。四海困窮，天禄永終。」所謂「允執其（厥）中」，殆即此太常耳。《國・楚語》曰：「余左執殤宮，右執鬼中。」《禮器》：「因名山升中於天。」其義皆當如此。殤宮（殤亦鬼也）與鬼旂相應，升中亦謂升旂，若謂執鬼之禄籍與升民數政。要之，籍於天（《禮記》注：「中猶成也，謂封禪告成功。」），則不可通矣。若盛籌之具，疑是「葡」字之誤。金文「中」有作「□」者，緣旂杠下有鐏，猶「□」之作「□」也。而「葡」字古作「□」者，亦作「□」、「□」、「□」、「□」、「□」、「□」，象盛二矢或三矢，與「□」略相類。或古人讀爲「中」字，猶以「葡」爲從「用」，「□」爲從「卜」、「中」也（此類或即「册」之異構）。且「中」字作「□」，與鄭説盛籌之中正同。或後人以此器與旗名之「中」字形正相似，即假其字以名，亦未可知也。《鄉射・記》：「箭籌八十，長尺有握。」則知籌亦可作矢形也。若簿書之「中」自當作「總」，聲相近而假耳。《周禮・天府》：「凡官府鄉州及都鄙之治中，受而藏之。」鄭司農云：「治中，謂其治職簿書之要。」《小司寇》：「以三刺斷庶民獄訟之中，歲終則令羣士計獄弊訟，登中於天府。」鄉士遂士方士獄訟成，士師受中。」自江慎修以「中」爲簿書，用釋「史」字從「中」之義，學者斐然從之。章太炎謂「中」本册類（按「册」或作「□」，與「中」亦形似，然《周禮》自是聲借，非形誤也），王靜安則謂中盛籌算，而以籌筭爲即簡策（按筭、策不當相混），不知「史」字本從「𠁩」，與簿書、籌策無涉。而《周禮・職内》「執其總」，注謂「簿書之種别與大凡」，即與《天府》司農注全同。則「總」即「中」，東、冬聲近，故通用耳。漢以後東、陽相亂，故《莊子・天地》以「明」、「聰」、「穎」、「爽」、「揚」爲韻，則「總」與「中」得讀爲「帳」（見《隋書・百官志》。後齊時有百官留守名帳、倉帳等）。「總」訓聚束，《詩・羔羊》「素絲五総」，傳：「數也。」《荀子・議兵》：「功名之總也。」注：「總，要也。」《淮南・本經訓》：「德之所總要。」注：「凡也。」《東京賦》：「總風雨之所交。」注：「猶括也。」「総集瑞命。」注：「會也。」然則「總」有括、會其總要、都凡之數之義，即後世之「帳」無疑矣。「總」爲簿書之要乃引申之義，而「中」爲假借亦無疑矣（「總」爲「帳」，猶「腫」爲「脹」矣）。

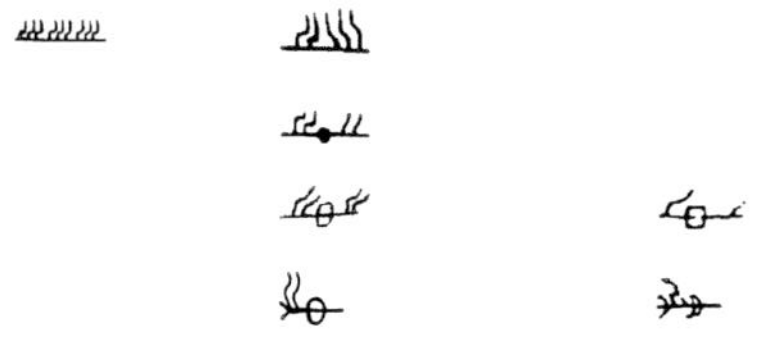

以上皆是斿常之「中」。

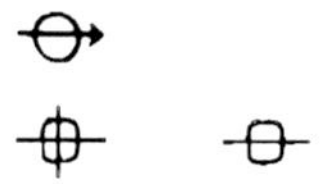

此疑由斿常之「中」變來，下象鐏形。後世鹿中、兕中當取形於此。

「𠁧」疑「中」之本字。蓋於「○」中作「十」字形，則可以取中也。若但作「中」，則僅見半圓，不能得中。故必作「𠁧」，然後可得中，《墨子》所謂「中同長也」是也（謂四周皆等長也）。此與「田」（「琱」本字）相近。「周」、「中」聲亦相轉，然則「中」字疑由「𠁧」省。後世雖以爲伯仲之專字耳。

「𠁩」之訓上下之「中」者，「𠁩」、「𠁩」字形可以見之。訓左右之「中」者，卜辭以「𠂇」、「又」、「𠁩」並舉。其訓四方之「中」者，則可以立中覘風證之（如卜辭所謂「中商」）。

「𠁧」如爲「中」字，則本訓當爲正中（中心也，中央也），引申爲大小之「中」（即「仲」也）、前後之中（孟中季）。「中」訓内，内即入，故有射中之義。（《文始》）

音中傷，則與「椴」、「抌」近轉。

「中」訓内，對轉幽爲「韜」（劍衣也）。次對轉宵爲「弢」（弓矢衣也）。

轉陽爲「韔」（弓衣也）。「抑鬯弓忌。」（傳曰：「鬯弓，弢弓。」）

中用之字亦書作「周」。《韓非・五蠹》：「其談言者，務爲辯而不周於用。」《難二》曰：「周於資用。」「中」、「周」冬、幽對轉。

中→衷（裏褻衣也）　轉幽：裻（一曰背縫）　䘢（衣躬縫也）　督（中）

《小戎》與「驂」韻，冬入侵也。《召旻》與「頻」韻，班固高祖泗水亭碑與「秦」韻，冬入真也。

待查　劉貢父詩《話關中》讀「中」爲「烝」。《呂覽・本生》叶「弓」、「中」。按「弓」本蒸部字，今轉入冬部。

於

按當作「⿸㫃工」，即金文「⿸㫃血」字。

丑善切

《玉篇》陟陵、丑善二切。《萬象名義》丁陵反。《廣韻》宅江切、陟陵切、丑善切。按《廣韻》丑善一切引《說文》，今本《玉篇》丑善一音當亦然。疑當以宅江爲正。蓋從「工」聲之轉，又轉入蒸韻爲陟陵耳。

一月廿一日看完一篇上，前後凡十七日。

讀說文記卷二

二月十五日　三月二十日完

屮，古文或以爲艸字。

《洪範》：「庶草（艸）蕃蕪。」古文《尚書》作「屮」。《荀子・富國篇》：「刺屮殖穀。」《漢書》郊祀歌（《禮樂志》）：「屮木零落。」《地理志》：「屮繇木條。」「水屮宜畜牧。」《司馬相如傳》：「揜屮蔽地。」《董仲舒傳》：「朱屮生。」《鼂錯傳》：「屮茅臣。」《貢禹傳》：「捽屮杷土。」《敘傳》《幽通賦》：「天造屮昧。」《隸釋》高彪碑：「獄犴生屮。」

屮部應與艸部合。

屮，讀若徹。丑列切。

「草」在幽部，「徹」爲薛韻，則在至部（脂入聲）。疑本讀若「稸」（丑六切），即「草」之入聲（「草」爲倉母，「屮」在敕母，音本相近）。「稸」轉爲「徹」，猶「徹」當從「育」聲耳。

由「屮」得聲者，「蚩」、「[革蚩]」，並讀若「騁」。「旹」、「辥」、「薛」、「[辥鳥]」、「[辥刀]」、「糱」、「嶭」、「蠥」、「孼」並由「旹」來，然則「屮」不得爲聲母也。

→聖（清。通也）　聽（聆也）

—

屮（艸木初生也）　→徹（至。通也）　→𢖍（發也）
騁（清。直馳也）　→馳（支。大驅也。「馳」，古音在歌部）
㥶（至。瓜紹也）　駃（至。馬有疾足也）　軼（車相出也）
屮（至）　→壬（清。物之挺生也）　→莛（T°　莖也）→莖（K°　艸木幹也）
↗
—
枝（木別生條也）　肢（體四肢也）　翄（翼也）　跂（足多指也）
屮（至。艸木初生也）　才（之。艸木之初也）　→𢦏（采材）
支（支。去竹之枝也）　斯（析也）　析（破木也）→旌（清。析羽爲旌）
↖↗
柴（小木散材也）
新（真。取木也）　薪（蕘也）
𤆍（火餘也）

章云：「『屮』亦象旌旗之杠，故『㫃』從『屮』曲而下垂。『屮』又次對轉寒爲『旂』，旌旗杠皃。」蘭按：此説非。「旂」自由「斻」來。

章云：「『斯』、『析』本同字，《莊子》言『斯而析之』，則七國時已分爲兩矣。」

蘭按：「屮」與「㞢」、「生」均相近（「之」之部，「生」清部）。

「《月令》：『收秩薪柴。』注：『大者可析謂之薪，小者合束謂之柴。』然語原初無二也。」蘭按：「薪」有析木義，「柴」從「此」，有小義，似微不同。

「𦘔」字《管子》以「堲」爲之。《記・檀弓》：「夏后氏堲周。」注：「火熟曰堲。」此即今之「瓷」字。「瓷」亦火餘，疑「堲」亦「𦘔」之對轉孳乳。

屯

「旾」之本字。「」、「」、「」、「」（《説文》誤）。

屯（草木初生）→萅（推也。草木始生也。《鄉飲酒義》：「春之爲言蠢也。」）→蠢（蟲動也）→惷（亂也）

屯（諄。難也）→⿱屯難（寒。安⿱屯難温也）→煗（寒。温也）→渜（湯也）→煖（温）→洝（渜水）

煗 —— 熱（泰。温）

蠢（諄部。蟲動也）——→蝡（寒。動也）

蘭按：「屯」訓難，在寒部。然「難」從「堇」聲，則亦可讀爲諄部，故謂寒、諄相近而轉則可，章遂以「難」屬諄部，而謂「屯」孳乳爲「⿱屯難」，而旁轉寒爲「煗」，則非也。

鈍（錭也）→⿰目享（謹鈍目也）→駗驙（馬載重難行也。蘭按：駗驙，猶屯難也。）

章云：「轉幽則爲『篤』，馬行頓遲也。」蘭按：「篤」當爲「錭」（鈍也）之孳乳，與此無涉。圜者皆鈍。

團（圜也）→摶（圜也）→叕（摶飯）

—篿（圜竹器也）→篅（判竹圜以盛穀者也）　簞（笥也。《曲禮》注：「圓曰簞，方曰笥。」）　匰（盛主器也。《廣雅・釋器》：「匰，笥也。」）

椽（方曰桷。圓曰椽）　榱（歌。秦名屋椽也）

→巒（山嶞）　⿱竹屯（諄。篅也）　⿰巾盾（載米䍃也）

→楕（歌。車笭中楕。楕，器也）　—嶞（山之嶞嶞者）

蘭按：「榱」從「衰」聲，「衰」穌禾切，是本當在歌類也。歌、寒對轉，今音所追切。章說次對轉，非也。

蘭按：「團」亦變「欒」，故曰「團圞」。然凡寒部字多有圜義，「圓」、「宛」、「丸」之類，均是圜義。可引申爲鈍圜義，不由「鈍」來也。

屯→偆（富也）　奄（大也）　窀（窀穸，葬之厚夕也）

《易》：「屯者，盈也。」《春秋傳》：「屯，固。」故「屯」有厚義。

—惇（㫗也）

章云：「此本幽部字，與『⿱竹亯』、『竺』訓厚同，今亦隨古訛音在諄。」

每

卜辭作「□」（見「□」字偏旁）、「□」、「□」、「□」、「□」、「□」、「□」、「□」、「□」、「□」、「□」（此四字舊以爲「妹」，余疑亦「每」字）。舊以「□」爲「每」，誤。

金文作「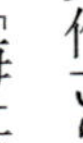」、「」。

按：「每」作「」、「」、「」等形，猶「屯」作「」、「」、「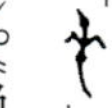」（陳猷釜「純」偏旁）。

又按：「」象女人長髮，猶「」之爲「先」也（「先」、「老」相近）。《說文》「每」從「中」、「母」聲，則當與「莓」爲一字，非此「」字矣。

《說文》：「每，艸盛上出也。」蓋取之《左傳》「原田每每」。「莓，馬莓也」，則《爾雅》之「莓」也。《左傳》「每」字後人加「艸」爲「莓」，而《說文》「莓」後人變從「每」，亦爲「莓」，故二字相亂矣。（本應爲一字，一從「中」、「母」聲，一從「艸」、「母」聲。）

「每」武罪切，段注：「《左傳音義》亡回、梅對二反，古音在一部。李善莫來反。」（蘭按：李音當是《魏都賦》「蘭渚莓莓」注邪？）

蘭按：「每」古音在之部，故段引李善莫來反以爲正也。《萬象名義》屮部「每」莫戴反，當在代韻。艸部：「莓（在後『蓩』、『蒙』間，當作『莓』），莫荄反，美盛也。」蓋即「原田每每」之「每」，當在咍韻（木部「梅」莫該反，同），是顧野王舊音。「每」聲之字在之部，不在微部也。 艸部「莓」音亡救反，在宥韻，則由之部變入幽部矣。 今本《玉篇》屮部「每」莫佩、莫罪二切，在隊、賄二韻；草部「莓」亡救、亡佩二切，又音「梅」；「莓」莫罪切，又音「戊」；木部「梅」莫回切，在灰韻；則由咍、代變爲灰、賄、隊矣。《切韻》與《左傳音義》皆如此，疑「每」聲自之部變入微部（即由咍變灰）始自六朝也（顧野王南人，或南音猶未混）。 其音亡救反者，又音「戊」，《廣韻》莫候切在候韻，則又轉爲侯部。 此又後世幽、侯之亂也。（《切韻》無亡救一音，蓋尤有宥中脣音字，在《切韻》盡變爲侯、厚、候也。）

↓先入幽↓莓（亡救反）↓轉入侯↓莫候切

——

每（莫荄反，莫載反）

——

↓次入微↓每（莫回反，莫佩反，莫罪反）

由此可見六朝變音如下：

每(之部)→咍轉灰→每(灰、賄、隊)

← 莓(幽部)→尤轉侯→莓(候韻)

《漢書·賈誼傳》：「品庶每生。」注：「貪也。」《史記·伯夷傳》作「賈子曰『衆庶馮生』」，注(？)：「滿也。」《索隱》：「每者，冒也。」按「每」或作「馮」者，之、蒸對轉也。《離騷》：「馮不厭乎求索。」注：「楚人名滿曰憑。」按「憑」訓滿者，如《長門賦》「心憑噫而不舒兮」，《西京賦》「心猶憑而未攄」是也。《離騷》之「馮」似亦當讀爲「每」，言每不厭乎求索耳。（之、蒸對轉之例最多，另詳。）

「每」《漢書》注訓貪者，《方言》十三：「挴，貪也。」《莊子·人間世》：「無門無每。」崔注：「每，貪也。」按司馬貞訓「每」爲冒是也。《左》文十八傳：「冒於貨賄。」襄四傳：「冒於貨賄。」注：「貪也。」《昭》三十一傳：「貪冒之民。」《賈子·道術》：「厚人自薄謂之讓，反讓爲冒。」「冒」亦作「墨」。《左》昭十四傳：「貪以敗官爲墨。」《廣韻》「冒」有莫北切一音(《左傳》《釋文》同)，則「冒」、「墨」聲同，「墨」即「每」之入聲也(「每」、「墨」之部，「冒」幽部，聲得相轉也)。《詩·皇皇者華》：「每懷靡及。」傳：「每，雖也。」《常棣》：「每有良朋。」箋：「雖也。」《爾雅·釋訓》：「每、有，雖也。」按「每」之部，「雖」微部，之、微聲相轉也。

按：「每」通用爲語辭者，如「每事問」，言每一，猶逐一也。「每每」則猶屢屢，非一端之辭也(滇人於驚嘆字多用「每每」)。

毒，從毐聲。(大徐無「聲」字)

李陽冰謂從「土」，土可制毒，非取「毐」聲(「毐」烏代反)。(《袪妄》)徐鍇按：「顏師古注《漢書》：『毐，音與毒同。』」

王念孫：「『毒』有代音，與『毐』聲相近。《漢書·地理志》：『多犀象毒冒珠璣。』師古曰：『毒，音代。』」

林義光：「『毐』非聲，從『每』、『二』。『每』，草盛也。『二』，『竺』省。」

朱駿聲：「□聲(從『生』從『毋』，毋以正之，或曰從『𡉚』省)。」

蘭按：「毒」疑即「每」字。卜辭「每」作「□」，小變即爲「□」矣。(非從「毐」聲，「毐」疑即「□」字，與此異。)

「每」有盛義，故「毒」有厚義（「毒」猶篤、管），昭四年傳：「天或者欲逞其心，以厚其毒。」《周語》：「厚味實腊毒。」韋注：「味厚，其毒亟也。」（按「毒」猶管，「禍」猶過也。）

「毒」有「代」音，則與「每」音近（原本《玉篇》「每」莫戴反，在代韻）。「代」之與「毒」，猶「每」之與「冒」也。凡之部字多入幽部，如「牛」即「告」（「牢」、「牟」亦當「牛」聲），「子」即「好」，「服」即「報」，「仔」即「保」（「斿」、「汓」亦從「子」聲），「士」即「牡」，「求」即「裘」等，均是。「士」與「牡」之關係，與「每」與「毒」之關係尤相似，蓋之、幽之亂當遠在周代以前，是不得以《詩》韻疑之也。（《諧聲補逸》：「『肬』、『疣』、『黕』、『頄』、『就』從『尤』聲，『秀』『乃』聲，『珛』讀『畜』，『鬻』『又』聲，『羑』、『𨗨』『久』聲，『革』『臼』聲，『采』『爪』聲，『婦』『帚』聲，『舊』『臼』聲，『复』『畐』省聲，『毓』『每』聲。」）之、幽合韻者，《爾雅・釋訓》「自子子孫孫引無極也」以下凡十五韻。

毒，古文䓯。

原本《玉篇》同。按從「副」聲者，「副」、「每」聲近也。小徐謂「管」聲，非是。

熏

本作「[illegible]」，即「柬」字（「柬」在寒部，「熏」在魂部，「柬」爲見母，「熏」爲曉母）。或從「火」作「[illegible]」，即「煉」字（亦即俗「燻」字）。或變爲「[illegible]」。今作「[illegible]」者，誤增兩點耳。《說文》從「屮」、「黑」，誤。

艸部

艸（百卉也）→樵（散木也）—蕘（宵。艸薪也）

蓏

徐鍇：「㼌聲。」

段注：「此合二體會意，十七部。鍇本作『㼌聲』，誤。『㼌』、『窳』聲蓋在五部。此會意、形聲之必當辨者也。」

《句讀》引桂氏曰：「張衡《鮑德誄》：『業業學徒，童蒙求我。濟濟京河，寔爲西魯。』與『㼌』聲同例。」（案今本《義證》無。）

徐灝《段注箋》：「『㼌』、『蓏』實一字，相承增『艸』，非會意也。『㼌』當讀同『蓏』。《唐韻》以主切者聲之轉，亦猶『羸』從『𦝠』聲而讀如『纍』矣。」

蘭按：段謂會意，非也。徐説「㼌」、「蓏」一字，相承增「艸」，甚是。然以「羸」讀如「纍」證「㼌」讀以主切，則非是。「㼌」讀若「庾」，見於《説文》，非出《唐韻》。「㼌」、「窳」在侯虞類，「羸」由歌轉入支，聲轉之例不同。於此可見徐氏於古音爲門外漢也。桂引張衡《誄》以「我」、「魯」爲韻，乃歌、魚之亂，亦未盡是（「㼌」古音在侯部）。

「㼌」從兩「瓜」，訓爲本不勝末，微弱也。「瓜」訓「㼌也」，是「㼌」即由瓜義引申而得，其本音當讀如「蓏」，蓋由魚轉入歌者。

「果蓏」本爲疊韻聯語，「蓏」或爲「墮」爲「隋」。《易》：「爲果蓏。」京本作「果墮」。《史記・貨殖傳》：「果隋蠃蛤不待賈而足。」《漢書・地理志》作「果蓏」。「果蓏」、「果墮」、「果隋」並歌部字也，與「果蓏」音近者。《詩・東山》：「果蠃之實。」傳云：「果蠃，栝樓也。」（《爾雅・釋草》：「果蠃之實栝樓。」微誤。）此草實之名也。《詩・小宛》：「螟蠕有子，蜾蠃負之。」《釋蟲》：「果蠃，蒲盧。」《説文》亦作「蜾蠃」。又《説文》：「蝸，蝸蠃也。」此皆以爲蟲名也。《方言》八：「桑飛，自關而東謂之工爵，或謂之過鸁。」《廣雅・釋鳥》：「果鸁，工雀也。」此鳥名也。然則「果蓏」、「果蠃」、「果蠃」、「果鸁」同用一語，本不專於一義。其聲之變者，如「銼鑹」，則上字之聲母變矣。如「果墮」，則下字之聲母變矣。如「觚盧」、「菰蘆」，則二字均變入魚韻矣（「瓠𤬏」、「胡蘆」則上字聲母又變）。如「栝樓」，則上字變入泰韻，下字變入侯韻。如「科斗」，則下字變入侯韻，而聲母又變。「活東」，則上字變入泰韻，而下字更由侯入東韻矣。「果蓏」之轉語極繁，而其字往往可轉入侯韻，蓋魚、歌、侯古音之主要元音相同，故可通轉也。依「果蓏」，則下字入侯韻爲「栝樓」；依「果墮」，則下字入侯韻爲「科斗」。更失去輔音，則入喻母矣。然則「瓜」本當讀如「菰」(hai)——→讀如「墮」(dai)——→變爲(如)斗(dau)，更變爲以主切[iau(iau)]。

「茵之」爲「菌芝」之誤，朱駿聲、徐灝均有此說。(《列子·湯問》：「朽壤之上有菌芝。」《漢書·藝文志》：「《黄帝雜子芝菌》十八卷。」)

「萐蒲」即蒲葵，徐灝説是。「萐」，或作「箑」，《金樓子·興王篇》作「翣」，並即扇也。陸機《羽扇賦》：「蓋受則於萐莆。」《説文》：「穈，色如虋，故謂之穈。虋，禾之赤苗也。」又云：「璊，禾之赤苗謂之虋，言璊玉色如之。」《爾雅·釋草》：「蘠蘼，虋冬。」注：「門冬，一名滿冬。」是「虋」與「璊」、「穈」、「滿」三字聲同。「㒼」聲在寒部，「釁」聲在魂部。赤色當從「㒼」聲(凡「㒼」聲有赤義，「穈」、「璊」外，如「樠」，松心木，亦即赤心也)。由寒轉魂，讀如「門」，遂改從「釁」聲耳。

《爾雅》：「虋，赤苗。」郭注：「今之赤粱粟。」《詩·生民》「維穈維芑」作「穈」。《釋文》：「穈，音門。」《爾雅》作「虋」，同，郭亡偉反。按：「虋」又作「穈」者，「虋」本讀如「滿」，尾聲小變則如「麻」，故從「麻」聲耳，man→mai，即所謂歌、寒對轉也。及「虋」讀變如「門」，陸氏以《爾雅》證《詩》，遂亦讀「穈」爲「門」矣。至郭音「虋」爲亡偉反者，乃由既讀爲「門」，尾聲小變所致。《齊民要術》引舍人注：「虋、芑，是伯夷、叔齊所食首陽山草也。」則讀爲「薇」。亦是由「門」音尾聲小變所致，man→mai。若「亹」、「斖」雖亦有「門」、「娓」二音，與「虋」、「虋」非一字，桂、朱混之，非也。

《爾雅》「虋」訓赤苗，《詩傳》「穈」訓同，郭璞云：「今之赤粱粟。」顧野王釋《詩傳》云：「即今赤粱粟也。」《廣志》：「遼東進赤粱，魏武帝以爲御粥。」北齊籍田種赤粱，見《隋書·禮儀志》。按：粟爲黍稷粱之大名，赤粱粟即赤粱也。若《寰宇記》「雍州貢紫稈粟」，《新唐書·地理地》「京兆郡貢紫稈粟」，則是否即虋，尚難定也。《夢溪筆談》：「稷之璊色者，謂之穈。穈字音門，以其色命之也。《詩》『有穈有芑』，今秦人音靡，聲之訛也。」《集韻》：「床壤，地名，在今秦州。」《六書故》：「鄭剛中曰：岐山之陽種床九(爲？)盛。俗書『穈』爲『床』。米類稷可麫可餅，西人飽食麫，非床，猶飢。將家云：出戰，糗糧乾不可食，嚼床咊(？)匊則津液生，餘物皆下咽。士卒用小囊盛寘馬上，遇水漬之，尤美。又床者自外而外，蓋床以寒熟麥以暵熟故也。」蘭按：沈、戴所言之穈、床，並爲稷類，非《爾雅》之虋，《詩·生民》「維穈維芑」之「穈」也(彼是赤粱)。按《説文》：「穄，穄也。靡爲切。」穄是稷類(依《本草》説，稷是黄米)，《吕氏春秋·本味》：「飯之美者，陽山之穄。」注：「關西謂之穈，冀州謂之穄。」則沈括所謂「稷之璊色者謂之穈」即穄穄之「穄」。高誘謂「關西謂之穈」，故秦人音「靡」，蓋自漢至宋穀名無異，非聲訛也。沈不知黍稷之類有「穄」字，後人字訛作「穈」(又誤作「床」)，而以粱類之虋作

「糜」者當之，宜其自爲紛擾也。按秦地爲周故墟，周之興以后稷，則稷之美自無可疑。《漢志》西河郡有美稷縣。

【眉批】元應引《倉頡篇》：「穄，大黍也，似黍而不黏。關西謂之糜。」

「荅」誤爲「答」，猶「苐」誤爲「第」，「芺」誤爲「笑」也。《玉篇》尚無「答」字。

《雨無正》：「聽言則荅。」《賈山傳》作「對」。《桑柔》：「聽言則對。」箋：「荅也。」《廣雅》：「對，荅也。」《鄉射禮・記》：「即發，則荅君而俟。」注：「對也。」《祭義》：「荅陽之義也。」注：「對也。」

按：答(tɐp)→對(tɐi)。

萁

《孫子兵法》作「萁」，曹操注：「萁，音忌。豆稭也。」按《淮南・時則》「爨萁燧火」，注：「讀荄備之『荄』也。」然則高誘於「萁」字尚讀一等，明之韻三等乃由一等變來也。《廣韻》豆萁之「萁」渠之切，其音「姬」者訓爲「菜似蕨」，即「綦」字也。

其，kɐ→tɕɣɐ→tɕi。「萁」讀「荄」，則與「稭」爲同一語源也。

莥，敕久切。

小徐女有反，《韻譜》女久反。按《玉篇》女付反。

錢坫：「今關西稱鹿豆爲莥豆，聲在『鈕』、『溜』之間。」

葩、䕎，房未切。

小徐扶云反。

段云：「『賁』聲本在十五部，音轉入十三部。故『䕎』亦符刃、符分切。」

王筠《句讀》：「《桃夭》《釋文》『蕡』浮雲反，與『肥』雙聲。《前漢書・英布傳》：『中大夫賁赫。』注：『賁，音肥。』」

宋保：「微韻與文、欣轉移最近，《六書音韻表》凡微韻中『軍』聲、『翬』聲、『斤』聲、『旡』聲之字皆從文欣韻中轉入。保按：兩部偏旁之字如『䇹』讀若『威』，『君』聲；『揮』讀若『緯』，『軍』聲；（『䖸』古文『蚳』字，『辰』聲；『蜦』讀若『戾』，『侖』聲；『𢍏』羊捶切，『尹』聲；）『伊』『尹』聲；『賁』『卉』聲；『奔』『卉』聲；『饙』『奔』聲；（『昆』『比』聲；）『鼓』讀若『𪔀』，『豈』聲；（『狋』讀若『銀』，『示』聲；『𨘵』讀若『紃』，『叡』聲；）『衺』『衣』聲；（『鰥』、『䍡』皆『眔』聲；）（『員』『口』聲；『西』重文『棲』，『妻』聲；）『昕』讀若『希』；『亹』有『門』音；皆兩部關通之證。」《爾雅》《釋文》：「蕡、蕡，苻刃、扶沸二反。」《内則》：「蕡、蕡，扶云、扶畏二反。」《周禮》：「符文、蒲悶反。」《儀禮》：「扶云反。」

蘇，從穌聲。　穌，從魚聲。

金文從「木」，不從「禾」。

ŋ→s

「穌」訓把取禾若，引申爲樵蘇。《漢書·韓信傳》：「樵蘇後爨，師不宿飽。」注：「樵，取薪也。蘇，取艸也。」《離騷》：「蘇糞壤以充幃兮。」注：「取也。」《管子》：「法禁漁利蘇功。」注：「因少構多謂之蘇功。」按：取魚爲漁，取草爲蘇也。「蘇」、「芻」亦聲之轉，芻蕘猶樵蘇也。《方言》：「蘇，芥草也。江淮南楚之間曰蘇，自關而西或曰草，或曰芥。南楚江湘之間謂之芥。」按蘇爲取草，亦得訓爲草，猶生芻一束之爲草也。

「蘇」從「魚」得聲，《方言》注：「今江東人呼荏爲菩。」「魚」、「吾」音同，故得借爲「寤」。《樂記》：「蟄蟲昭蘇。」鄭注：「更息曰蘇。」《春秋傳》：「殺諸絳市，六日而蘇。」襄十傳：「蘇而復上者三。」《孟子》：「后來其蘇。」《説文》：「朔，月一日始蘇也。」《釋名》：「朔，蘇也。月死復蘇生也。」《小爾雅·廣名》：「死而復生謂之蘇。」後人因造「甦」字爲「蘇」矣。孫卿《議兵》：「順刃者生，蘇刃者死。」「蘇」讀爲「悟」（亦得讀「遻」，即「逆」也）。《鹽鐵論》：「大夫色少寬，面文學而蘇也。」「蘇」當讀爲「舒」（章太炎謂𦓤爲「悟」，非）。《方言》十：「悦、舒，蘇也。楚通語也。」郭注謂：「蘇，息也。」此與昭蘇之義相連繫。桂荏之所以稱爲蘇者，《本草》蘇恭注：「蘇，從舒，舒暢也。蘇性舒暢，行氣和血，故謂之蘇。」按：蘇芳香悟鼻，故曰蘇也。

芺

《玉篇》、《廣韻》以爲蒚，則即「蓍」字矣。

葟，菜之美者，雲夢之葟。

《吕氏春秋》作「芹」。

段云：「殷、微二韻轉移最近。」

原本《玉篇》墟顗反，即《廣韻》袪豨切。《説文》驅喜切，之、微之誤也（《韻譜》袪扆反，小徐丘尾反，並不誤）。今本《玉篇》音「潰」，又音「豈」。案音「潰」者，《廣韻》隊韻胡對切：「葟，草名。《吕氏春秋》云：『菜之美者，有雲夢之葟。』」是「葟」有一等，讀今爲三等也。

葙

「葙」之誤衍。

蘮，菜也。似蘇者。

按原本《玉篇》：「蘮，具居反，菜似蘇也。蘧（當作『蘮』），渠與反，苦蕒也，白蘧菜也。」今本《玉篇》脱「蘧」字，而訓「蘮」爲「苦蘮，苦蕒」。注《説文》者皆從之，以「蘮」爲白苣，即今之萵苣，非也。《説文》云「似蘇者」，當亦辛菜屬，非萵苣也。「蘮」、「蘇」音相近（《廣雅》：「芥葙，水蘇也。」「葙」、「蘇」音亦相近）。

莶，菜，類蒿。《周禮》有「莶菹」。　芹，楚葵也。

按今《周禮》作「芹」，不作「莶」，故《釋文》云：「芹，《説文》作莶。」

段氏謂：「菦即今人所食芹菜。今《説文》又出『芹』字，訓『楚葵也』。此恐不知『菦』即『芹』者妄用《爾雅》增之。考《周禮音義》：『芹，《説文》作菦。』則《説文》之有『菦』無『芹』明矣。且《詩》箋引《周禮》『芹菹』，《説文》引《周禮》『菦菹』，豈得云二物也。」

鈕匪石、王筠均疑「芹」字後增。

蘭按：原本《玉篇》亦分「菦」、「芹」爲二字：「芹，下鎧反，又近引反（今本居隱切），蒿也，蔞也。芹，渠殷反，葵也。」與《説文》合。則《説文》「芹」字非後增也。蓋菦是今之蔞蒿，芹是今之芹菜，爲物迥異。然兩者均可爲菹，許所見《周禮·醢人》爲菦，故作「菦菹」；鄭所據本作「芹」，故以楚葵説之。段以《詩》箋「芹菹」、《説文》「菦菹」爲一物，誤也。（《爾雅·釋草》：「芹，楚葵。」則自當作「芹」。《釋文》亦謂「芹，《説文》作『菦』，菜，類蒿也」，則誤矣。）蔞蒿與今之芹菜顯然兩物，前人乃混而同之，殊可笑也。（嚴章福《校議議》謂「菦」乃芹菹正字，但許引當作「芹菹」，以音假借，校者以篆改之。又謂《周禮》之「芹」非楚葵，特借楚葵字，而謂鄭注爲誤。如此繳繞，似認《周禮》不可有異本，故經文必是「芹」字，許知「芹」爲叚借而鄭不知也。迂滯極矣！《引經例辨》則謂《周禮》作「芹」爲正字，許所據異本作「菦」，非蒿類而用蒿類之字爲假借。則由不知菦、芹皆得爲菹也。又謂芹不類蒿，許不云「菦，菜也」，而云「菜類蒿」，許必有以辨之。段氏注《説文》以「芹」、「菦」爲一物一字，并議删「芹」篆，恐非。則由不見《玉篇》訓「菦」爲蔞蒿，故不知菦、芹之別。然此兩家皆以菦、芹非一物，則殊有卓見也。）

「菦」下鎧反，可見兩義：（一）依微、文對轉之例，當在隊韻。今入代韻，灰、咍之亂也。（二）此一等字，則三等之近引反、居隱切皆後起字也。

今《説文》巨巾切，與「芹」音同，誤（小徐技隱反，不誤）。《韻譜》亦誤。

莒

《顔氏家訓》：「北人之音多以『舉』、『莒』爲『矩』，唯李節云：『齊桓公與管仲於臺上謀伐莒。東郭牙望桓公口開而不閉，故知所與言者莒也。然則『莒』、『矩』必不同呼。』此爲知音矣。」［按《管子·小問》作「開口而不闔，知言莒也」。（注：

「『莒』字兩『口』，故二君開口相對即知其言莒。」）《論衡》引此事曰：「君口垂而不噞，所言莒也。」」）

段云：「按《廣韻》『莒』、『矩』雖分語、麌，然雙聲同呼。顏氏云北人讀『舉』、『莒』同『矩』者，《唐韻》：『矩，其呂切。北人讀「舉」、「莒」同之也。』李季節《音譜》讀『舉』、『莒』居許切，則與『矩』之其呂不同呼，合於《管子》所謂『口開而不閉』。《廣韻》『矩』俱雨切，非《唐韻》之舊矣。又按：《孟子》『以遏徂莒』，《毛詩》作『徂旅』，知『莒』從『呂』聲，本讀如『呂』，是所以『口開不閉』，不第如李季節所云也。」（徐箋：「其呂、居許二切雖不同呼，而所分甚微，即讀如『呂』聲亦相近。以此觀口之開合，殊覺難辨，似皆非《管子》所謂也。古今音變，未知其審。」）

《義證》引《本草圖經》云：「《説文解字》云：『齊人謂芋爲莒。』陶隱居云：『種芋三年不采成梠。』『莒』、『梠』二音相近，蓋南北之呼不同耳。《顏氏家訓》……馥據此知齊呼『莒』如『芋』。」

朱駿聲：「按『徐』、『莒』同音而開口、閉口不同，故東郭望而知之。注傅會字形，非也（『呂』不從『口』）。」

傅雲龍《古語考補證》：「『莒』古讀若『呂』，『呂』讀與『旅』同。《孟子》『以遏徂莒』，《毛詩》『莒』作『旅』。《顏氏家訓》：『北人之音多以「舉」、「莒」爲「矩」。』據知其時尚有『呂』聲，不盡如北人語『莒』爲『矩』。」

蘭按：此節前人多誤解，當分二義：

（一）東郭牙何以由開口而不閤知爲伐莒？此點待考。

（二）顏之推時北人以「舉」、「莒」爲「矩」，南人不然。李季節據口開而不閉爲「莒」，知「莒」、「矩」必不同呼。顏氏許爲知音。

按：段謂「矩」爲其呂切，「舉」、「居」爲居許切，又謂「莒」本讀「呂」。傅雲龍亦謂「莒」讀若「呂」。桂馥則謂齊呼「莒」如「芋」。不知「居」爲見紐，「其」爲羣紐，「芋」爲匣紐，「呂」爲來紐，均屬聲母不屬於開合也。段云「莒」、「矩」雖分語、麌，然雙聲同呼。不知雙聲與否，無關於開合。顏所謂南北之辨，實在韻不在聲也。王仁煦《切韻》上聲韻目八語下云：「呂與麌同。夏侯陽、李杜別，今依夏陽、李杜。」是則晉時語、麌不分，即「莒」、「矩」無別。夏侯陽、李以下韻語、麌久分，而北人「莒」、「矩」猶無別，以語韻之「舉」、「莒」讀爲麌韻之「矩」，故顏氏謂李季節之辨之爲知音耳。陸法言以「舉」、「莒」入語、「矩」入麌，當即用李、顏之説。而段氏等忽視此點，可謂不知音矣。按「舉」、「莒」、「矩」古音皆在魚部，而麌韻當屬侯部，《切韻》麌韻俱羽切下五字「椇」、「枸」、「蒟」三字本屬侯部，「矩」、「踽」二字則屬魚部變來。然則北音讀「舉」、「莒」爲「矩」，亦正如「矩」、「踽」之由魚入侯耳。李、顔、陸由南音不如此，故仍以「舉」、「莒」入語韻，若「矩」、「踽」二字則沿襲已久，南音亦變，李、顔、陸亦不别之矣。凡侯、蒙（即幽）、蕭三部之字，其元音爲au、ɐu、æu，古人或謂此爲合口，則魚部之a爲開口，故李季節以「莒」爲開口，而「矩」爲合口也。（朱駿聲謂「徐」、「莒」開閉不同，則謂「莒」開而「徐」閉，亦由不知開閉之作何解耳。）

菊，大菊，蘧麥。　蘜，日精也。　蘜，治牆也。

徐灝：「疑本一字，物異而名同。『菊』即其省體。故蘧麥名大菊，所以别之也。《月令》：『鞠有黄華。』亦『蘜』之省。郭注《爾雅》以『蘜，治牆』爲今之秋華菊，正緣《月令》字體而誤耳。」

葷，臭菜也。

《士相見禮》注：「葷，辛物，葱、薤之屬。」《玉藻》注：「葷，薑及辛菜也。」

徐鍇：「通謂芸臺、椿、韭、蒜、葱、阿魏之屬。方術家所禁，謂氣不潔也。」

桂馥引《釋典》：「葱、蒜、韭、䪥、興渠爲五葷。」

《爾雅翼》：「西方大蒜、小蒜、興渠、慈葱、苦（？）葱爲五葷。」

蘭按：《本草綱目》「蒜」下云：「五葷即五辛，鍊形家以小蒜、大蒜、韭、芸臺、胡荽爲五葷。道家以韭、蒜、芸臺、胡荽、薤爲五葷。佛家以大蒜、小蒜、興渠、慈葱、茖葱爲五葷。」（慈葱即葱。）

蘘荷　蒚葙→覆葅（《名醫别録》）→蕌苴（《古今注》）

猼且（《史記》《子虛賦》）→蒪菹（王逸《九歌》注）→蒪苴（《廣雅》。蒪，曹憲普五反）→薄苴（《御覽》引《説文》）

巴且（《漢書》）→巴蕉（文穎説）

葖→　雹葖（郭注）→菈遾（《廣雅》、《方言》。）

蘆萉→蘆菔（《説文》）→羅服（《潛夫論》：「思賢支羅服。」）→蘆蔔（《後漢書・劉盆子傳》：「掘庭中蘆菔子根食之。」注：「字或作

匐。」）→蘿蔔

萊菔

苹，洴也。　洴，苹也。　薲，大洴也。

《爾雅》作「其大者蘋」。《爾雅》注：「江東謂之薸。」水部「萍」即「洴」字。

┌→薸（無遥切，宵四等。此亦韻尾消失者）

洴（薄經切，青一等）→苹（符兵切，庚三等）

薲、蘋（真）

凡「洴」、「薲」、「薸」均第二類元音也。

藍澱（以藍作澱也）

「澱」讀如「甸」，入先類。故俗字作「靛」，則從青類之「定」聲矣。

鞠（幽）窮（冬。（《左傳》宣十二年「山鞠窮」））→鞠躳（《論語》）→𥷛窮（理罪人也）→鞠窮也（《爾雅·釋言》、《楚辭·天問》注「𥷛」。《谷風》、《雲漢》、《瞻卬》傳「鞫」。《儀禮·聘禮·記》以「鞠躬」爲「鞠窮」）→窾窮也→趜窮也

←营（冬）藭（冬。疊韻。鞠，幽部入聲。营，冬部。所謂幽、冬對轉也）

←芎藭（此乃漢時蒸與冬混之現象，故「躳」亦作「躬」也。蘭按：《常棣》：「每有良朋，烝也無戎。」（？）劉楨《魯都賦》：「時謝節移，和族綏宗。招歡合好，肅戒友朋。」）

蘭

原本《玉篇》：「都良也。」即指都梁香。都梁香見《水經注·資水》及盛宏之《荆州記》。（都梁，縣名。）

蕑(K)→蘭(L)

葰，薑屬，可以香口。

《既夕禮》：「實綏澤焉。」注：「綏，廉薑也。」(《異物志》：「葰，一名廉薑，生沙石中，薑類也。其味大辛而香。」《通志》：「廉薑，似山薑而根大。一名葰。」按《吴都賦》謂之「薑彙」，舊謂即山奈，殆非。山奈産熱帶，古未必有也。按《本草》：「廉薑，似薑，生嶺南，劍南人多食之。」《本草圖經》見「薑黄」條下：「葰，一名廉薑，生沙石中，薑類也。其味大辛而香。削皮以黑梅并鹽汁漬之，乃成也。始安有之。」)

葰，從俊聲。(魂。《切韻》真)→綏(灰。脂)

《一切經音義》二十四、《字苑》作「荾」。《博物志》云：「張騫使西域得胡荾，今江南謂胡荾亦爲葫䔖。」石崇《奴券》：「常種蘿菔、葫荽。」《閒居賦》：「蓼荽芬芳。」李注引《韻略》曰：「荽，香菜也。」《本草綱目》：「胡荽，今俗稱爲蒝荽。」(并汾人呼爲香荾。)

按：胡荽今北人所稱香菜，滇人所稱蒝荽也。與廉薑迥異，舊注混之，非也。

又按：胡荾江南人呼爲葫䔖(微韻)，可見脂韻合口由微韻來。

芄蘭，莞也。

《釋草》：「雚，芄蘭。」蘭按：「雚」當作「萑」。《儀禮・公食禮・記》：「加萑席。」注：「細葦也。今文萑爲莞。」(《周禮・巾車》：「驪車雚蔽。」《漢書・貨殖傳》：「雚蒲材幹。」皆以「雚」爲「萑」。)「萑」、「莞」並與「芄」音同。然則短言之曰雚或莞(胡官切)，長言之曰芄蘭也。

《漢書・息夫躬傳》：「涕泣流兮萑蘭。」而魏武帝文：「涕垂睫而汍瀾。」(侯成碑：「泣涕汍蘭。」)

虈，楚謂之蘺，晉謂之虈，齊謂之茝。　蘺，江蘺，蘼蕪。　茝，虈也。　蘪，蘪蕪也。

按蘺、虈、茝三名一物，即白芷也。（「茝」昌改切，即「芷」之古音也。《廣韻》「茝」、「芷」並諸市切（按芷亦爲蘭根，《荀子・勸學》：「蘭槐之根是爲芷。」《王度記》：「天子以鬯，諸侯以薰，大夫以蘭芝，士以蕭，庶人以艾。」按「蘭芝」當作「蘭芷」。《荀子・大略》：「蘭茝、稾本漸於蜜醴。」以「茝」爲之。《北山經》：「其祠之皆用一藻芷，瘞之。」注：「芷，香草，蘭之類。」《王度記》「蘭芝」，《周禮・鬱人》疏作「蘭茝」。）

「蘺」下訓「江蘺，蘼蕪」者，當是引《子虛賦》文，非一物也。江蘺者，《子虛賦》：「芎藭昌蒲。」《史記》《索隱》：「今歷陽呼爲江離者是也。」《山海經・西山經》：「號山其草多藥、虈、芎藭。」注：「芎藭，一名江離。」《本草》：「蘪蕪，一名薇蕪，一名江蘺，芎藭苗也。」今按：江蘺固即芎藭之苗（古常常根苗異文，此猶蘭根爲芷耳），若蘪蕪與江蘺則迥然異物，《本草》殆據《說文》「蘺」注而誤耳。《司馬相如傳》張揖注：「江蘺，香草也。蘼蕪，蘄芷也，似蛇牀而香。」顯是兩物。《淮南子・氾論篇》：「夫亂人者，芎藭之與稾本也，蛇牀之與蘪蕪也。」則江蘺即芎藭，與稾本相似，而蘼蕪與蛇牀相似也。《子虛賦》：「芷若射干，穹藭昌蒲。江蘺蘼蕪，諸柘巴且。」每句二物。《上林賦》謂「揜以緑蕙，被以江蘺，糅以蘪蕪，雜以流夷」，明非一物也。

徐鍇「虈」注引《本艸》：「白芷，一名虈，一名芳香，一名茝，一名莞，一名苻離，一名澤芬葉，一名蒚麻。」（《文選・七命》注引《本草》：「白芷，一名虈。」）《通志》：「澤芬曰白芷，曰白茝，曰虈，曰莞，曰苻蘺，楚人謂之藥。其葉謂之蒚麻。」按：「莞、苻離，其上蒚」見於《爾雅》，乃蒲屬。《本草》、《通志》以爲白芷別名，誤也。蓋以《說文》「楚謂之蘺」，故誤涉耳。王逸《九思》曰：「芳虈兮挫枯。」（芳虈猶云芳芷。）《埤蒼》云：「齊茝，一曰虈。」（掌禹錫引《范子・計然》云：「白芷出齊郡。」）若楚謂之蘺，則無所出。《九歌》：「辛夷楣兮藥房。」注：「藥，白芷也。」《廣雅》曰：「白芷，其葉謂之藥。」《西山經》：「號山其草多藥、虈、芎藭。」注：「藥，白芷別名。虈，香草也。」《中山經》：「崍山其草多藥。」注云：「即虈。」按藥殆即勺藥之異名也。《鄭風・溱洧》：「贈之以勺藥。」傳：「勺藥，香草。」疏引陸機疏云：「今藥草、勺藥無香氣，非是也。未審今何草。」（《北山經》：「繡山其草多勺藥。」注：「一名辛怡，香草屬。」）按藥草、勺藥即今芍藥。《詩》之勺藥爲香草者，當即此白芷之別名耳。白芷一名芷若。（《子虛賦》：「芷若射干。」《相如傳》又云：「衡蘭芷若。」《列子・周穆王》：「雜芷若以滿之。」）「芷若」與「勺藥」一聲之轉，蓋長言之爲「勺藥」，短言之爲「藥」耳。《司馬相如傳》：「勺藥之和具而後御之。」韋昭注：「勺藥和齊，酸鹹美味也。」郭璞云：「五味也。」王引之乃讀「勺藥」爲「適歷」，不知勺藥自是香草，古人以香草調飲食謂之和耳。（如上引《王度記》。又宋均注《禮斗威儀》云：「蘭主給和調。」《文選・七啓》：「紫蘭丹椒，施和必節。」注引鄭玄曰：「蘭主給調和。」）《古今注》：「古人相贈以芍藥，相招以文無。文無名當歸，芍藥名將離故也。」文無蓋即蘼蕪（桂《義證》「蘼」注引《古今注》：「相招則贈以蘼蕪，蘼蕪一名當歸。」未知所出，待考）。則芍藥即白芷，皆香草也。芍藥又名將離者，此本書所謂「楚謂之蘺」，而《通志》所謂「楚人謂之藥也」。將離亦即江蘺。藥與勺藥、芍藥既通爲一名，則將離者白芷之葉，而江蘺者芎藭之苗也。其爲一物無疑矣。古人物名多相亂，《荀子》「蘭槐之根是爲芷」，《爾疋》「蘄茝蘼蕪」，《廣雅・釋草》「山茝，槀本也」，與此茝爲白芷凡四，是白芷芎藭之葉或苗（苗與葉相近），固得同稱矣。

《爾疋》：「蘄茝，蘼蕪。」《本草》謂「蘼蕪，一名薇蕪，一名江蘺，芎藭苗也」。按「蘼」、「薇」聲之相近，若江蘺自即芎藭苗，則與蘼蕪顯非一物，殆緣《説文》而誤也。余謂蘼蕪即當歸，《古今注》作文無者，「蘼」本音「眉」（《廣韻》武悲切是也，《説文》作靡爲切誤，《繫傳》閩之反更誤），或作「薇」，皆文之對轉也。若桂《義證》則逕引作「蘼」矣。《爾雅》：「薜，山蘄。」注：「山蘄，當歸。」《爾疋》又云：「薜，白蘄。」《廣雅》：「山蘄，當歸也。」然則蘄茝、當歸即山蘄、白蘄之「蘄」。惟以與茝近似，故謂之蘄茝耳。（此猶蘇一名荏，因其辛味而稱桂荏耳。）

然則蘺、虈、茝三名即白芷，一名爲藥，亦即勺藥，又名將離，一物也。芎藭苗曰江離，一物也。蘼蕪即薇蕪、文無，一名蘄茝，又名薜、山蘄、白蘄，均即當歸，一物也。芎藭似槀本，蘼蕪似蛇牀。今考白芷、芎藭、當歸、槀本、蛇牀均繖形科，宜其相亂也。

【眉批】 芳虈猶云芳芷。

《九歌》「辛夷」，注：「香草屬。」則非木名也。然郭注「芍藥，一名辛貽」，似未必即辛夷。

「藥」當讀如「勺」，「勺藥」當讀如「玓瓅」、「的皪」、「灼爍」。然則「勺藥」之即「藥」，猶「芄蘭」之即「莞」或「萑」也。（今亦以赤芍、白芍代赤芍藥、白芍藥）。

古詩：「上山采蘼蕪，下山逢故夫。」正以蘼蕪即當歸，故以爲興耳。

薰

《蜀都賦》劉注：「葉曰蕙，根曰薰。」《上林賦》張揖注：「蕙，薰草也。」《廣雅・釋草》：「薰草，蕙草也。」《離騷》王注：「葉曰蕙，根曰薰(?)。」《西山經》：「浮山有草焉，名曰薰草。麻葉而方莖，赤華而黑實，臭如蘼蕪。」郭注《山海經》或以蕙爲薰葉，失之。

蘭按：「蕙」灰類，「薰」魂類，對轉也。「蕙」或作「槐」，《荀子》「蘭槐之根是謂芷」，「槐」當即「蕙」，聲近相轉耳。蕙根曰茝，即蕙茝矣。

薄［徒沃切。《繫傳》得酷反，與《玉篇》都毒反同(《說文》「讀若督」)。］

一

竹→萹茿→萹竹(《本草》陶注)→萹蓄→編豬芽(《說文義證》)

茿，從筑省聲。

段云：「以『巩』字『工』聲，『筑』字『竹』亦聲也。」

桂云：「當云『巩』聲，『巩』從『工』得聲，『茿』、『筑』皆其入聲。」

徐灝：「『茿』、『筑』皆當『巩』聲。『巩』居悚切，聲轉爲『鞠』也。」

藒，艺輿也。(《爾雅》作「藒車，艺輿」，《釋文》：「車，本多無此字。」)→揭車(《離騷》、《上林賦》)→藒車(《爾雅》)

與

蒢(《釋文》)

按「藒」(薛韻)、「艺」(迄韻)，寒類變入微類也。

莓

原本《玉篇》「莓」重出，前爲「亡救反，署預也。土莓也」，後爲「莫荄反，美盛也。實似桑椹，可食」。今本後一字作「莓，亡救、亡佩二切，實似桑椹，可食。又音梅，莓莓，美田也」。按《爾疋》：「葥，山莓。」郭注以爲木莓。疑即今之楊梅。《本草拾遺》以爲懸鉤子，殆非也。

茖，艸也。

《爾疋》：「茖，山葱。」此異。段云：「凡所不知，寧從蓋闕。」（王蓴友《句讀》改從《爾疋》，誤。）

蘭按：原本《玉篇》次此者爲「䓘」字，「古豪反，草也」。《字鏡》：「苦也，蘇也，似瓜葍也。」今本《玉篇》：「草名，其實似瓜，食之治瘧。」又云：「白䓘草，食之不飢。」

然則《説文》原當作「䓘」（䓘），故訓爲草也。今本誤爲「茖」耳。

《廣雅》：「葍，蘇，白䓘也。」詳後「葍」字《通訓定聲》注。

苷，甘草也。　　葱，葱冬草。

此漢人俗字。　　菋、荎藸（五味子）、蘼、蘘。

蒁，食聿切。

徐鍇《繫傳》常出反。《玉篇》來密反。《廣韻》于筆切。

薊

俗字作「葪」。《漢書·賈誼傳》以「葪」爲「芥」。「芥」在夬韻，爲二等，足證「薊」在霽韻，本應是一等也。

荲，里之切。

原本《玉篇》𧇊(？)力反。今本丑力切，又丑六切。

按里之、丑力平入之異，丑六則由之變幽也。

原本《玉篇》：「羊蹄也，蒴藋也，似藍。蒸食味酢。」(《字鏡》：「似冬藍，蒸食酸也。」)今本：「一名蓫。似冬藍，食之醋也。又丑六切。」

按《玉篇》曰「羊蹄」，曰「蒴藋」，此有二義：《廣雅》：「荲，羊蹄也。」《齊民要術》引《字林》：「荲，似冬藍，蒸食之酢。」按藍與羊蹄皆蓼屬也，非蒴藋明矣(蒴藋爲忍冬科)。《集韻》一屋「荲」下引《字林》：「草名，似冬藍，烝食之酢。」《廣韻》一屋丑六切下：「荲，羊蹄菜。蓫，上同。」又許六切下：「荲，羊蹄菜。又丑六切。蓫，上同。」是訓爲羊蹄者，當讀爲丑六切，或更轉爲許六切，即「言采其蓫」之「蓫」、「我有旨蓄」之「蓄」，亦即苗脩之「苗」也。(按「荲」讀丑六切者，由之轉幽。段云誤讀「荲」同「蓄」，非也。徐灝謂「荲」爲「羊蹄」合音，尤謬)。至訓爲蒴藋者，《本草》：「蒴藋，味酸温，有毒，可作浴湯。一名荲草，一名芨。」《廣韻》二十四職：「荲，恥力切。蒴藋別名。」徐鍇《繫傳》引《字書》：「蒴藋草，一名荲也。」

藋，釐草也。

原本《玉篇》：「蓬蒿，藜也，董也。」今本：「藜，藋也。」(案原本當引昭十六年《左傳》「斬之蓬蒿藜藋」。「董也」爲「荲也」之誤。)

鈕云：「《五音韻譜》及《繫傳》、《韻會》作『荲草也』。《釋草》《釋文》引亦作『荲也』，則『荲』當不誤。」

嚴云：「《釋草》《釋文》、《集韻》、《韻會》引作『荲草』，上有『荲』篆，『荲』或『荲』之誤。下文『芨，荲艸』。《釋草》：『芨，荲草。』《廣雅》：『荲，藋也。』疑皆是『荲』字，文多不敢輒定。今此作『釐』，又涉上『荲，讀若釐』而誤。《釋草》別有『釐，蔓華』，與許書『萊，蔓華』相當，非即藋也。」(朱駿聲即以釐草爲「萊，蔓華」，非也。)

程瑶田以「釐」、「荲」皆「荲」之訛(見《義證》)，文繁不録。

按顧氏本《繫傳》作「堇」。段注《説文》則逕改作「堇草」。

蘭按：作「堇」是也。下文「芨，堇艸」，亦當是「堇艸」，蓋許君所見之《爾雅》本如此。《名醫別録》：「蒴藋，一名堇艸，一名芨。」是陶隱居所見本亦作「堇艸」也。原本《玉篇》：「藋，蓳也（當作『堇』）。蒠，救立反，蓳也（當是『堇』之誤），堇也。」今本《玉篇》「蒠」下云「堇也」，「堇」下云「一名蒠」，則「芨」作「蒠」，而訓「堇」訓「堇」兩存矣。若郭璞所見《爾雅》自作「堇」，故以烏頭釋之。《廣雅》：「堇，藋也。」曹憲於「堇」下注：「謹音，世人作『堇』字如此，失之。」則所見本蓋已作「堇」矣。

《説文》之必作「堇」而不作「堇」者，「堇」、「藋」、「芨」三字相次，一證也。《玉篇》：「堇，一名蒠。藋，堇也。蒠，堇也。」二證也。《別録》：「蒴藋，一名堇草，一名芨。」三證也。然《本草》以蒴藋爲《説文》之藋，當非許義。（原本《玉篇》作「蒴灌」，然無此二字。今本《玉篇》有「蒴藋」二字。）許以「堇」、「藋」、「芨」爲羊蹄菜，即《爾疋》之「蓧蓨」、「苖蓨」。按《説文》無「蓨」字，大徐本後「蓄」下有「蓨」、「苖」二字：「蓨，苖也。苖，蓨也。」小徐本則并無「蓨」字，「苖」字次後「茆」、「荼」間。按小徐本蓋是，惟許君無「蓨」字，又以「苖」次籀文中，故不與此三字類列耳。若「苖」下訓「蓨也」，則本當作「蓧」。今本《説文》訓「艸田器」之「莜」，原本《玉篇》作「蓧」也。「蓧」、「蓨」相亂，故後人取誤本《爾疋》改《説文》，又增「蓨」篆耳。《説文》「堇」本音「釐」，讀入聲而爲丑力反，又轉入幽部入聲而爲丑六反，更變爲許六反。「苖」爲幽部字，郭璞音有他六、徒的二反。「藋」是宵部字，《玉篇》徒叫反。「苖」可爲「藋」，是幽、宵相亂也。「蒠」《玉篇》救立反，則之侵、幽侵俱相亂也。是此四名之所以爲一物也。若《説文》所無之字，或假用之字，若「蓫」與「蓄」，則「苖」、「堇」二字當之矣。若「蓧」與「蓨」，則可以「藋」當之也。（「蓧」《釋文》他彫反，「蓨」《釋文》他的反，郭湯彫、他周二反，顧他迪反，除他周一音外，均由尤亂宵。）然則許君殆以「藋」爲「蓧」、「蓨」之本字與？（藜藋即藜條，灰藋即灰蓧，見下。）

若《本草》「蒴藋」，則原本《玉篇》作「蒴灌」，而今本《玉篇》作「蒴（始卓切）藋（仗卓切）」。《字鏡》引《切韻》「蒴」所角反，「藋」直角反。要之爲疊韻字（「蒴」本在魚部，讀魚入幽，乃爲疊韻）。許君即無「蒴」字，故知非其本義也。許君有「一曰拜商（作『商』者誤）藋」，「商」、「藋」均可讀入錫韻，則疊韻也（「藋」爲由宵入支）。《淮南》高誘注謂「幽冀謂之荻苕」，則雙聲。「灰藋」，梁簡文《勸醫文》作「灰蓧菜」。可知「藋」與「蓧」同也（經傳習見之「藜藋」，《吳志·諸葛恪傳》作「藜蓧」）。蔏藋者，後世之灰藋，似藜之菜。經傳常見之藜藋字，許君乃僅以爲別義，則其意專屬於羊蹄菜也。

【眉批】《廣韻》：「堇，蒴藋別名。」段引《別録》作「蓳草」，疑誤。然「堇」亦可與「蓳」亂，故陸德明《釋文》即據《本草》以正郭也。

蒴藋（魚、宵疊韻）　蔄藋（支、宵疊韻。可轉爲雙聲）

芨，堇艸也。讀若急。

原本《玉篇》作「葸」。「堇艸也」當作「堇艸」，此由《爾雅》而誤。（《爾雅》：「芨，堇艸。」郭釋「烏頭」，陸《釋文》謂是「蒴藋」。段注於「藋」下云：「『堇』見《國語》，而『芨』名無見，陸説爲長。」然「堇」下又用郭説，是一卷中自爲矛盾也。）

按：原本《玉篇》「藋」、「葸」、「堇」相次，「葸，堇也」，「葎」、「堇」、「蘮」、「芨」相次，「芨，烏頭也」。（今本：「芨，堇草，即烏頭也。」）蓋所據《説文》作「葸」，訓「堇」，而另據《爾雅》補「芨」字耳。《廣韻》則以「芨」爲「烏頭別名」，而於「葸」下訓「上同」矣。

然余疑訓烏頭之「堇」字，亦當作「堇」。《晉語》：「寘堇於肉。」注：「烏頭也。」《莊子·徐無鬼》：「藥也，其實堇也。」《吕覽·勸學》：「是救病而飲之以堇也。」（《淮南·説林》：「蝮蛇螫人，傅以和堇則愈。」此疑是堇菜之「堇」，和堇猶堇苣耳。）凡此「堇」字當作「堇」，蓋字之誤。「堇」讀入聲爲丑力反，而烏頭爲「葥」爲阻力反，或爲楚力反、士力反，聲正相近。然則古人借「堇」爲「葥」，「堇」、「堇」形亂，遂訛傳爲「堇」耳。

若《爾雅》「芨，堇艸」，則似實當作「堇」。許君所見作「堇」，或乃訛本耳。（《廣雅》：「堇，藋也。」則非。「藋」自訓堇。）第堇艸當即「堇荼如飴」之堇菜，而非郭注之烏頭也。「堇」在文部，「芨」爲侵部入聲，主要元音相類，而聲母又相同，故得相轉也。（然如「白苙」之即「白芨」，則來母字可轉入見母，之部入聲與侵部入聲主要元音亦相同，故如《説文》之説，「堇」亦可轉爲「芨」也。）

蓋「堇」與「堇」之混亂甚久，故《倉頡篇》以「鼍」爲「儺」，實爲「嘆」或「鼍」之誤字耳。

葼，毒草也。从艸，婺（大徐本作「務」）聲。（莫候切）

蕣，卷耳也。从艸，務聲。（亡考切）

小徐無「蕣」字。原本《玉篇》兩字並無，惟於「菽」（亡豆反，今本莫老切）下云：「細草聚（當作『藂』）生，葆（當作『葆也』)，毒草。」今本《玉篇》：「蓩，莫屋、莫老二切，毒草也。《說文》云：『卷耳也。』婺，莫候切，《說文》云：『毒草也。』」《廣韻》卅二晧：「蓩，毒草。武道切。又地名。又亡毒切。」一屋：「蓩，莫卜切，毒草。」《後漢書·劉玄傳》：「遣李松會朱鮪與赤眉戰於蓩鄉。」注云：「蓩，音莫老反，《字林》云：『毒草也。』因以爲地名。」(《楊霍傳》：「封蓩亭侯。」注引《郡國志》：「桃林縣有蓩鄉。音莫老反。」按今《郡國志》作「務鄉」。)

按：《說文》當作「蓩，毒草也」，無「婺」字。段注是也。原本《玉篇》脱「蓩」字，然「⿱艹敄」下云「毒草」，可證其當有也。「蓩」音莫老反，作莫候者，幽轉侯也。

虊

徐灝：「虊亦謂之蓴，猶言團圞也。蓴之音轉，讀常倫切，故又作『莼』。」

按此由寒入魂也。

茈⿱艹戾(《廣雅》。霽)　紫茢(《周禮·掌染》注。薛)

留黄　流黄　緑(《廣雅》：「流黄，緑也。」《廣韻》：「緑，青黄色。」)

按：「流黄」猶「緑黄」，侯、幽之亂。

莜，渠遥切。

幽轉宵。

薛

《司馬相如傳》：「薛莎青薠。」《音義》：「薛，藾蒿也。」按《爾疋》：「苹，藾蕭。」是張揖所見本與郭不同也。

菩，步乃切。

原本《玉篇》：「防誘反，香草也。」今本：「防誘反，香草也。又音蒲。」重出云：「薄胡切，菩薩。又步亥切，草也。」又：「蓓，薄亥切，蓓蕾。又黄蓓，草名。」《字鏡》：「芳秀反，又倍音，蕖菩也，今黄草也，香草也。」

按：「菩」音「倍」，故或作「蓓」字耳。音「倍」，即步乃切、步亥切、薄亥切正音也。防誘反，則由之轉幽。音「蒲」，則魚、幽混矣。（此殆限於「菩薩」等。）

菩 bɐ（之）→bɐu（幽）→bo（今模韻）

贛（送韻。薏苡別名）

陶隱居云：「簳珠。」（翰韻）《集韻》：「芉，薏苡子。」

此東類與寒類之轉。

kɔng kan

茅

左定四傳：「越在草茅。」《釋文》作「莽」。《爾雅・釋言》：「茅，明也。」

茅（mɐu）→莽、明（mang）

蘄

臣鉉等案：「《説文》無『𣃔』字。」案：卜辭有「[illegible]」，則古有「𣃔」字也。

嚴《校議》謂「蘄」爲「芹」重文。《校議議》謂作「蘄」。席《説文》謂從「蕇」從「斤」。段謂從「蕇」、「斤」聲。王筠謂「蘄」不從「艸」，當作「[illegible]」，從「單」從「斻」，「斻」亦聲。俱誤。

「蘄」從「斲」聲，「斲」從「斤」聲，是「蘄」、「芹」聲同也。《釋草》《釋文》：「蘄，古芹字。」原本《玉篇》：「蘄，芹也。」今本《玉篇》又音「芹」。《廣韻》廿一欣：「蘄，巨斤切。」《吕覽·振亂》注：「或作勤。」皆是也。原本《玉篇》居衣反。《切韻》八微：「居希反，縣名，在譙郡」。《繫傳》巨希反。《吕覽·振亂》：「所以蘄有道。」高注：「蘄，讀曰祈。」均是由文轉微。kən、gən→kəi、gəi。今本《玉篇》「蘄」有居衣、渠之二切，《廣韻》七之「蘄」渠之切（八微居依切「蘄」注：「又音其，芹。」），《篆韻譜》亦渠之切，則之、微之亂也。按《切韻》尚無此音，則此由微變之，當是唐以後音。若大徐《説文》渠支切，則謬甚矣。《説文》大徐本音最謬，尚不如朱翺。世有以大徐本爲唐韻，殆耳食者也。

莞，胡官切。

小徐户寒反。按誤。「户」、「寒」聲同。「寒」開口，「莞」合口也。

《列子》《釋文》：「莞，音官。」（寒合口）楊承慶《字統》：「音關。」（删合口）此寒一等、删二等之證。

「[illegible]」、「[illegible]」、「[illegible]」等並「藿」字，非「藺」。藿人幣。

藏，黄蒢。（似酸漿）　葴，寒漿。（酸漿草，江東人呼爲苦葴）

苦藏（《古今注》：「苦葴，一名苦藏。」《本草新補》苦耽有一種小者名苦藏）　苦葴　苦耽（見《本草新補》。又「苦蘵」下云：「人亦呼爲小苦耽。」）

苦蘵（《本草》。苦參一名）　苦參

藏（職）→葴（侵）　耽（覃）

蘵（職）→參（侵。覃）

此之類、侵類之混。

蒻

《詩·韓奕》：「維筍及蒲。」傳：「蒲，蒲蒻也。」陸疏：「蒲，《周禮》以爲葅，謂蒲始生，取其中心入地。蒻，大如指，白，生噉之甘脆。又煮以苦酒，如食筍法，大美。」

《釋草》：「夫渠，其本蔤。」注：「莖下白蒻，在泥中者。」

《蜀都賦》：「蒟蒻茱萸。」注：「蒻，草也。其根名蒻。」（《本草》：「蒻頭，一名蒟蒻。」）

天南星，又名鬼蒟蒻。（天南星近出唐世。）

江南吴中又有白蒟蒻，亦曰鬼芋。（按「蒟」、「芋」聲相近。）

《古今注》：「揚州人謂蒻爲班杖，不知食之。」

按《本草今附》「蒻頭」下云：「又有斑杖，苗相似。至秋有花直出，生赤子，根如蒻頭，毒猛不堪食。」

按萹茈爲芍（下弓切），與蒟蒻意相近。（聲義）

蒲蒻爲蔑席（莫），荷蒻爲蔤，聲相近。（蕨初生爲虌，似亦同源。）

【眉批】《本草》「茈胡」條陶注：「《博物志》云：『芸蒿葉似邪蒿。春秋有白蒻，長四、五寸，香美可食。長安及河内並有之。』」

𦺑

當即「深」字，亦俗增。與前「苩」、「葱」字同。

蓷

《韓詩》、《三蒼》、《説苑》。益母。郭注：「今茺蔚也。又名益母。」劉歆、李巡：「臭穢草也。」《本草》：「茺蔚子，莖一名益母，一名益明，一名大札，一名貞蔚。」

按《爾雅》：「萑，蓷。」萑職追切，「貞蔚」合音也。蓷他回切（《玉篇》勑雷反），「茺蔚」合音也。

莙，讀若威。

音「隱」，塢瑰反（見《家訓》）。

君姑（《釋親》）　威姑（「威」下引漢律）

窘　巨畏反（《字林》）

暉、煇　況韋切

君　蔚（《易·革·上六》《象傳》叶韻）

按此皆由魂轉入微耳。

蔉，夫蘺。

原本《玉篇》「蔉」下注：「莞字也。」似「莞」、「蔉」一字。（然《玉篇》有胡混一音，則讀入混韻矣。寒→混。）某氏《爾雅》注引《本草》：「白蒲，一名符蘺。楚謂之莞蒲，其上臺別名蒚。」今《本草》「白菖」下云：「一名水昌，一名水宿，一名莖蒲。」無此文。而「白芷」下云：「一名莞，一名苻蘺，一名澤芬，一名蒚麻。」疑由「白蒲」、「白芷」字近而誤耳。

蕁

篆作「蕁」，從「尋」聲。是可證「㝷」本當作「尋」，今《說文》有「㝷」無「尋」，非是。而段、王、朱三家逕改作「蕁」，從「㝷」聲，失之。

蓲

原本《玉篇》於于反。今本《玉篇》於于、去尤二切。大徐本去鳩切。《廣韻》「蓲」見虞、侯、尤三韻。按「蓲」本侯類，而與幽類混。

藷蔗

按「藷」章魚切，「蔗」之夜切，雙聲兼疊韻也（「藷」魚韻，「蔗」禡韻）。古多言「諸柘」，亦有言「都蔗」者（曹植《矯志詩》、馮衍《竹杖銘》）。短言爲「蔗」（或「柘」），長言爲「藷蔗」。（若「藷萸」則短言爲「藷」。）

萯

《夏小正》：「四月王萯秀。」（今本《玉篇》誤作「小豆四月王萯秀也」，原本不誤。）《吕氏春秋・孟夏紀》：「王菩生。」「萯」、「菩」聲近，《禮・月令》作「王瓜生」（注：「今月令云『王萯生』。」）按「負」作「負」與「瓜」作「瓜」形相混而亂耳。又按：《吕覽》之「王菩」（或作「善」，誤），高注：「或爲『瓜』，瓝瓤也。」是「菩」當爲「萯」之誤，王菩即王瓜耳。若《説文》「王萯也」，則自是别一物。《廣雅》「王白萯也」，疑當作「王萯，白萯也」。《管子・地員》有「大萯」、「細萯」。

芺

從「夭」。大徐本尚不誤。小徐改作「芺」。

莩，芳無切。（虞韻）

幽、虞之亂。《淮南・俶真》：「蘆苻之厚。」按即葭莩也。《史記・律書》：「萬物破苻甲而出。」《索隱》：「苻甲，猶莩甲也。」則讀入虞韻其來久矣。

通「殍」。「野有餓莩。」「摽」。王伯原《詩考》：「莩有梅。」幽、宵之亂。

黃，菟瓜。

桂謂：「雲南多賣者，訛爲土瓜，形似扁蘆菔，色白，食之甘脆。」

蘭按：非是。《爾雅》「菟瓜」，是《本草》「王瓜，一名土瓜」，陶謂「葉似栝樓，圓無叉缺，子如梔子，生青熟赤，但無稜爾，根如葛，細而多糝。」郭璞《爾雅》則謂之「似土瓜」。若《爾雅》「鉤，藈姑」，則郭云「鉤𤬏也，一名王瓜。實如瓝瓜，正赤，味苦」。按鉤𤬏當即括蔞，《爾雅》所謂「果蓏之實，栝樓」，郭注：「所今齊人謂之天瓜者。」今本《玉篇》：「菰𤬏，土瓜也。」《本草》則謂之「栝樓根，一名地樓，一名果贏，一名天瓜，一名澤姑，實名黃瓜」，陶注所謂「狀如土瓜而葉有叉者」。按：天瓜爲粉，即後世之天花粉，「黃瓜」即「王瓜」之誤耳。然則此兩者近似，惟郭以《本草》之栝樓爲王瓜，即土瓜；而以《爾雅》之菟瓜即《本草》之王瓜、土瓜者，謂爲似土瓜爾。若雲南之土瓜，則菲芴也，郭注「即土瓜也」。《廣雅・釋草》：「土瓜，芴也。」又《爾雅》：「菲，蒠菜。」注：「菲，草，生下濕地，似蕪菁，莖紫赤色，可食。」今土瓜正類蕪菁，則即菲芴無疑也。（《御覽》引崔實《四民月令》：「二月盡三月可采土瓜根」，則栝樓根也。）

【眉批】 然則土瓜與栝樓之別，在葉無叉與有叉爾。

陸機《詩疏》：「菲，似葍，莖麤，葉厚而長，有毛，可作根，幽州人謂之芴。《爾疋》謂之蒠菜。」待考。

藄

《齊民要術》引《詩義疏》：「藄，菜也。葉狹，長二尺，食之微苦。即今莫菜也。」按「莫」當爲「萁」之誤。《馬融傳》：「茈萁芸蒩。」即紫藄也。（《字鏡》：「萁，巨之反，豆莖也。菜似蕨也。」）桂馥以爲「言采其莫」之「莫」，大誤。彼「莫」字陸機自有疏言「五方通謂之酸迷」，則即後世酸模耳。前爲羊齒科，後爲蓼科，何可混也。

藄，月爾也。

《爾雅》《釋文》引作「土夫也」。按原本《玉篇》：「紫藄也，似蕨也。土夫也。」可爲證。

渠之切。小徐虔知反，誤。

夢，讀若萌。

今本《玉篇》作「甍」。

夢（蒸部。məŋ）　萌（陽。maŋ）

（今莫中切，東部。mɔŋ。東、蒸之亂）　蒙（鄭康成：「齊人謂『萌』爲『蒙』。」mɔŋ）

甍（《廣韻》「莫耕切」，耕部。mæŋ）　萌（耕。mæŋ）

灌渝　虇蕍（侯）　權輿（魚）

從「」，不誤。顧本《繫傳》改作「」，非。《復古編》：「筆跡小異，以『⿱宀⿱目又』爲正。」（桂馥謂當改從「⿱宀⿱目又」）並非。

苓，卷耳也。

《釋草》：「菤耳，苓耳。」郭云：「《廣雅》云：『枲耳也。』亦云胡枲，江東呼爲常枲，或云苓耳。形似鼠耳，叢生如盤。」「采采卷耳。」《詩》傳：「卷耳，苓耳也。」陸疏：「葉青白色，似胡荽，白華，細莖，蔓生。可煮爲茹，滑而少味。四五月中生子，如婦人耳中璫。今或謂之耳璫，幽州人謂之爵耳。」（《本草圖經》引「四月中生子，正如婦人耳璫，今或謂之耳璫草」，鄭康成謂是「白胡荽，幽州人呼爲爵耳」。）

按卷耳蓋有三說：

（1）《廣雅》：「苓耳、葹、常枲、胡枲，枲耳也。」《離騷》：「薋菉葹以盈室兮。」注：「葹，枲耳也。」《列子》《釋文》引《倉頡篇》：「葈耳，一名蒼耳。」（《埤雅》引《荆楚記》同。）《淮南・覽冥訓》：「位賤尚葈。」高云：「尚，主也。葈，葈耳，菜名也。

幽冀謂之檀菜，雒下謂之胡枲。主是官者，至微賤也。」《釋草》郭注（見上）。《本草》：「葈耳實，一名胡葈，一名地葵。」《別録》：「一名葹，一名常思。」陶宏景云：「此是常思菜，傖人皆食之。以葉覆麥作黄衣者，一名羊負來。昔中國無此，言從外國逐羊毛中來。」《本草圖經》：「或曰此物本生蜀中，其實多刺，因羊過之，毛中粘綴，遂至中國，故名羊負來，俗呼爲道人頭。」

蘭按：此説甚誤。枲耳，一名胡枲（見《廣雅》、《淮南》高注及《本草》）。《本草》陶注又有羊負來之説，則本非中土所産，可知當非詩人所采之卷耳矣。《離騷》「菉葹」，或即《爾雅》拔心不死之「卷葹」。《淮南》之「尚枲」，則當是麻枲之「枲」。皆非枲耳也。《本草》漢世所集，則此品當是秦漢時入中國，如胡荽之比，故《倉頡篇》有之。然所謂《倉頡篇》亦或是《三蒼》，非必李、趙、胡毋所記也。

（2）郭云：「形似鼠耳，叢生如盤。」按《本草》：「鼠耳，生田中下地，厚葉，肥莖。」（又鼠麴一名鼠耳草，似非此。）

（3）陸機説（見上）。《圖經》引陸説及郭説「形似鼠耳，叢生如盤」云：「今之所有皆類此，但不作蔓生耳。」

按陸説實與蒼耳不符：似胡荽，一也。白華，二也（蒼耳緑花）。細莖，三也。蔓生，四也。可煮爲茹，五也。子如耳璫，六也。今謂陸説疑即今之堇。堇菜白華、細莖、蔓生等均相合（《爾雅》所謂堇當是今紫花地丁），然與今胡荽不類。

按《説文》：「苓，卷耳也。」疑苓即伏苓、豬苓之「苓」。言伏苓者，謂苓之伏於地下者耳。言耳，即木耳之「耳」（作「栭」者，聲之轉）。曰卷耳者，卷猶菌也。（《爾雅》「菌，麃藿」，《説文》作「蔍，鹿藿」。錢大昕謂《春秋》「楚子麇卒」，《穀梁》作「卷」。「卷」、「麇」聲相近，蓋因「蔍」訛「麇」，又以聲轉爲「卷」耳。蘭按：「卷」爲「菌」，猶爲「麇」（麕）矣。）

葍，一名蕣。

清韻與震韻，耕、真二部之亂也。

朱駿聲以爲即旋華（花），是也。本書「舜」下所謂「蔓地連華」者也。「葍」爲「旋」，猶「瓊」爲「琁」耳。《唐本草》稱爲「旋葍」，蕭炳作「葍旋」，則即《爾疋》「葍葍茅」之「葍」也。

蕭炳音旋覆爲徐元切，葍旋爲徐願反，則元韻與仙韻不分也。

桂引《風土記》：「藟，蔓生，被樹，結實也狀如牛角，一枝數枚，味甘如蜜。一名甘獲。」《夏統别傳》注云：「獲，藟也。」當係别一種，即《本草》「木通（一曰『通草』）」，一名藟藤，一名蘽蘡」者也，《玉篇》所謂「藟子，可食」者。此類若《毛詩》「言采其藟」，傳：「惡菜也。」則自是蔓。此既藟藤，得爲菜乎？

蓨

小徐無。當是增字，詳「藋」下。

募，草，枝枝相值，葉葉相當。

案「募」、「當」音近，故商陸一名募，一名當陸也。然則古有以「募」爲「當」者，許釋其通名耳，非謂草名也。

蓫，蕩馬尾。（《爾雅》）常蓼，馬尾，商陸也。（《廣疋》）

蓫（屋、沃）　蕩（唐）

蕩（唐）→募

當（唐）陸（屋、沃）（郭云：「江東呼爲當陸。」）

商陸

白章　陸（日華子）

章　柳（幽）（《圖經》）

白昌

桂馥引吴普《本草》：「烏頭，一名莨。」「募」、「莨」聲相近。王筠承之，謂「莨」、「募」疊韻。

按：掌禹錫等引吴氏云：「烏頭，一名莨，一名千秋，一名毒公，一名果負，一名耿子。」又云：「側子，一名莨。」是「莨」當從「艮」，非從「良」也。「天雄」條下陶隱居謂：「天雄、烏頭、附子，三種本同出建平，故謂之三建。」《唐本草》非之，云：

「此物本出蜀漢，其本名『堇』。今訛爲『建』，遂以『建平』釋之。又石龍芮葉似堇，故名水堇。今復爲水茛，亦作『建』音，此豈復生建平邪？」檢字書又無『茛』字。甄立言《本草音義》亦論之。」

又按：「鉤吻」陶注云：「或云鉤吻是毛茛。」蘇恭曰：「毛茛是有毛石龍芮，何干鉤吻？」陳藏器解「毛茛」條引《百一方》云：「菜中有水茛，葉圓而光，有毒，生水旁，蟹多食之。」蘇云又注：「似水茛，無毛。其毛茛似龍芮而有毒也。」又「毛建草」條云：「田野間呼爲猴蒜，生江東澤畔，葉如芥而大，上有毛，花黄，子如蒺藜。又有建，有毒，生水旁，葉似胡芹，未聞餘功，大相似。」疑毛建草即毛茛，建當爲水建，即水茛也。

又按：《廣雅·釋草》：「茛，鉤吻也。」曹憲於「茛」下注：「古恨。」是讀如「艮」也。《廣韻》廿七恨：「茛，古恨切，草名。」（《玉篇》無此字）是不得謂字書無此字也。余頗疑「茛」即「鉤吻」之合音，惟「吻」爲上聲合口三等，而「茛」爲去聲開口一等耳。「茛」、「堇」蓋亦聲之轉，同是在文類也。其讀爲「建」，當由唐世語變，由文類讀入元類耳。桂、王以爲從「艮」，則讀書不細心之故也。

蔽，㕡聲。

《説文》無「㕡」，《爾雅》：「㕡，息也。」（苦槩反）

按俗作「蒯」者，當是「⿱艹㓹」之誤。《玉篇》：「㓹，斷也。蒯，斫也。」「蒯」是「㓹」之誤耳。齊侯鎛云：「蒯伐頣司。」當讀爲「㓹伐夏后」，「㓹伐」猶斷伐也。則「㓹」本作「〓」，或變爲「〓」耳（由「〓」更變「〓」），《説文》脱一偏旁耳。舊説紛紜，並未是。

蔞

《爾雅》：「購，蔏蔞。」郭璞云：「蔏蔞，蔞蒿也。」《詩·漢廣》：「言刈其蔞。」《釋文》：「馬云：蔞，蒿也。」蘭按：依許，則「蔞」爲一名，疑「蔏」是「蒿」字之誤，蔞即購蒿耳。《爾雅》「商」字多誤：「拜，蔏藋」，許君作「啻藋」；「倚商，活脱」，則似即「離南，活莌」也。

又疑《爾雅》本當以「購」爲一名，「蒿蔞」爲一名，蒿蔞猶高蔞，急言之即「購」也。《楚辭・大招》：「吴酸蒿蔞，不霑薄只。」（段引作「吴酸芼蔞」，待考。）「蒿蔞」即蔞蒿耳。

《説文句讀》補證：「《釋草》『倚商，活脱』，上文曰『離南，活莌』……『倚』、『離』聲近，『商』、『南』形似，恐下句是訛文重出。《釋草》之『權，黄華』；『菋，莖藸』，即《釋木》之『權，黄英』；『菋，莖著』。其重出也，郭氏或知或否，乃桑扈竊脂。本篇重出，邵氏《正義》力爭之，殊未通全書而計之也。」

按菉友此説《爾雅》殊精。

茈艸　茈莀（紫菀）　茈薑（《上林賦》）　茈蠃（《南山經》）　茈菀（《别録》）　茈葳（《廣疋》）　茈蓁（《廣疋》）　皀茈（初生亦紫色）　茈胡

蒐，所鳩切。

按當從「鬼」聲，與「蒐，懷羊」之「蒐」爲一字。《玉篇》胡罪、公回二反，故「茅蒐」急讀爲「韎」也。

今音所鳩切者，變易有二：

一爲韻母，微、幽聲得相轉。王念孫謂：「《明堂位》『脯鬼侯』，《周本紀》作九侯。」『九』與『鬼』聲相近，然則『鬼』可讀爲『九』，故『蒐』從『鬼』聲。凡幽部之字固有從脂部之聲者，《説文》『褎』字從『衣』、『采』，即其例也。」宋保云：「『軌』、『宄』二字從『九』聲，『簋』古文作『匭』作『朹』，又作『甌』，『飢』聲……由脂、幽兩部相關通，故『中馗』一作『中逵』之字，有誤讀入脂部者矣。」

按王、宋説並是，然不知微、脂有别，故誤以微、幽相通爲脂、幽相通耳。

一爲聲母，由見母變爲審母者，如「收」從「丩」聲是也（「蒐」二等，「收」三等），「松」、「頌」、「蚣」之從「公」聲，「𩓾」之從「龜」聲，均相類。朱駿聲以蒐獵之「蒐」爲「蒐」之誤字，非也。

蕼，赤蕼也。

《玉篇》：「赤蕼，堇也。」桂馥《説文義證》引《廣雅》：「𦬼，藜也。」謂「𦬼」當爲「蕼」，「堇」當爲「菫」。按：桂説非也。

原本《玉篇》「蕼」、「堇」相次，明當作「堇」，不作「菫」也。余疑「蕼」即「齧，苦堇」之「齧」聲之變耳。（猶「孽」之爲「薩」也。）

薜，牡贊也。

按《爾雅》又云：「薜，山蘄。薜，白蘄。薜，山麻。薜，庾艸。」郭注以山蘄、白蘄爲當歸，以山麻爲麻，而於牡贊、庾艸爲未詳。按：《爾雅》諸「薜」疑皆一物，《楚詞》有「薜荔」，《離騷》云「貫薜荔之落蘂」，《九歌·山鬼》「被薜荔兮帶女蘿」。《管子》云：「薜荔、白芷、蘪蕪、椒、連，五臭所校。」「薜荔」蓋即「薜」之長言耳。《管子》以薜荔列香草，漢樂章曰「都荔遂芳」，王逸注《楚辭》「薜荔，香草也」，則薜荔亦當歸之屬耳。《爾疋》以薜爲山蘄、白蘄，則薜或即陶注所謂「色白而氣味薄，呼爲草當歸」之類也。若《今本草》所謂薜荔則出於《本草圖經》，蓋後人誤讀「被薜荔兮帶女蘿」之語，以爲藤屬耳。（《山海經·西山經》：「小華之山其草有萆荔，狀如烏韭，而生於石上，亦緣木而生。」《説文》：「萆歷，似烏韭。」按烏韭即石衣，安得落蘂？郭注《山海經》以爲香草，非也。）《植物名實圖考》曾疑其不香，不知其非《楚辭》之香草也。

薜，蒲計切（霽）。《玉篇》補草反，《廣韻》博厄切，均在麥韻。霽去聲一等，麥入聲二等也。若《經典釋》音「百」，則混入陌韻矣。

芹

非後增，詳「莚」下。

芸

蘭按：芸香、芸蒿非一物，舊混之非也。

菩

《吕氏春秋》：「王菩生。」注：「菩，或作瓜。」按「菩」當作「莟」。

蔽，⿱艹婈⿱艹縷。

「蔽」、「⿱艹婈」疊韻。

苄，地黄。

「苄」、「黄」魚、陽對轉。

蔆、⿱艹遴

按「蔆」蒸部，「遴」真部，相隔甚遠。疑漢人讀「粦」聲入文部（「遴」爲「吝」、「麟」即「麐」之類），蒸、文之亂耳。《爾雅》：「蔆厥，攈。」《釋文》亡悲反，誤；當依孫炎居郡反，又居羣反。「攈」爲「⿱艹遴」，猶「麇」爲「麟」、「麐」耳。

抑古「夌」字本作「」，則由文字孳乳。疑本應在文部，則「菱厥」猶「菱角」，亦猶「厥蔆」、「角蔆」，其合音即「攈」也。（宋保引「痽」或從「人」聲，「兢」讀若「矜」，「郇」讀若「泓」，「倂」古文以爲「訓」字四例，殊未了了。）

芰、⿱艹多

此歌、支之亂。

⿰弓易、⿰由也　⿰女氏、姼　⿱髟多、⿰由也　⿰車宜、輗　弛、虒　鉹，讀若揞

鬹，讀若嬀　欚、⿰魚蠡，從蠡聲　移、栘，從多聲

祇、多（《易》：「無祇悔。」九家本作「多」。襄廿九年傳：「多見疏也。」服虔作「祇」。《論語》：「多見其不知量也。」疏云：「古人多、祇同音。」）

按「支」、「氏」諸字均是齒音，而「芰」、「枝」、「祇」均混入羣母，可異也。（徐鉉奇記切，誤，當奇寄切。）

菊、蘜、𦼮、𦽏

按「菊」從「匊」聲，「蘜」從「鞠」聲，則「𦼮」當從「𨈖」聲，「𦽏」當從「𡙇」聲也。小徐本「𦼮」下作「𨈖」聲，不誤。大徐作「𥻨」省聲，則緣《説文》無「𨈖」字耳。《説文》幸部：「𥷚，從幸，從人，從言，竹聲。𥷜，或省言。」米部：「𥻨，從米，𥷚省聲。」而艸部「𦽏」又爲「𦼮」省。周章繁縟，殊可笑也。實則「𥷜」、「𦽏」俱當從「𡙇」聲。「𡙇」爲「執」之或體，由侵部變爲幽部，更由齒音變入見母耳（猶「支」之爲「芰」矣）。古當更有「𧨟」字，從「言」「𡙇」聲，則𥷚訊之義，「𥷚」、「𥷜」二字之本字也。若「𥷚」，則從「竹」「𧨟」聲，「𥷜」則從「竹」「𡙇」聲，殆用竹刑，非從「竹」聲也。若「𥻨」則從「米」、「𥷜」聲耳。然亦可作「𨈖」字，從「米」「𡙇」聲也，則「𦼮」字所從矣。「𦼮」，《玉篇》作「𧄍」，則又從「𧨟」聲矣。（古鉨有「𦼮」字。）

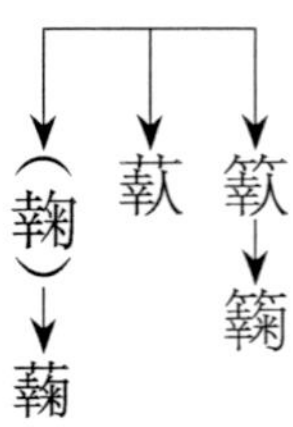

據此則《説文》脱「𡙇」、「𧨟」、「𨈖」三字，故昧其解耳。

「勹」亦鞠躬字，故「匊」從之。「鞠」復從「匊」聲，然則「菊」、「蘜」一源，「𦼮」、「𦽏」一源也。

古鉨「」乃「薛」字，非「蘜」。

𦺇，爵麥。

《爾雅》：「雀麥。」「𦺇」、「爵」疊韻。

茀，茚茀也。

按：茚，昌蒲也。《廣雅》：「卬，昌陽，昌蒲也。」則「茚茀」非一名。段氏謂茚茀之名今未見所出，而欲於「茚」注改爲

「茆茀，昌蒲也」，誤矣。徐鉉注「茀」謂今人書「茀蒿」字。桂謂「茆」字訛，而以「茀」爲「蔛」、「荼」字，茅穗也。王筠則謂即《釋草》「蕫、蒡，荼」之「荼」，即芀，因謂自「蒹」至「茢」皆一類之物，而「蘋」、「茆」二篆誤列其中。

今按：原本《玉篇》亦「茆」、「茀」相次。《字鏡》：「茆茀，昌蒲名。」則王說亦非也。蓋茆是昌蒲而茀是昌蒲之秀，故曰茆茀耳。上文：「菿，茅秀也。蒹，萑之未秀者。」下文：「芀，葦華也。」事皆相類。特稱爲茆茀而不言華、秀者，殆昌蒲之華、秀不著，抑或古有此文，許君承用之耳。（陶隱居謂「四月五月亦作小釐華也」。《本草圖經》則云「無華實」。）然則許以茀爲昌蒲之專名，若通假用，則《廣雅》「蔛菿，茅穗也」、《爾雅》「蕫、蒡，荼」之「蔛」與「荼」均是「茀」字，蓋以爲茅穗與葦華矣。

昌（白菖，菖蒲，昌本，昌歜）　昌陽（昌羊）

｜

茆

劉師培《古文字考》謂：「《管子・地員篇》『五粟之土』，云：『五臭生之，薜荔，白芷，虇蕪，椒，蓮。』又『五沃之土』，云：『五臭疇生，蓮與虇蕪、藁本、白芷。』均以椒、蓮爲香草，其本字當作『蘭』。《詩・溱洧》：『方秉蕑兮。』《釋文》引《韓詩》訓『蓮』，『蕑』即『蘭』字别體。又《澤陂》：『有蒲與蕑。』鄭箋謂：『蕑，當作蓮。』《爾雅・釋草》疏引同，均其證也。」

按劉説甚是，由此可悟二事：

（一）蓮即蘭。《説文》「漣」爲「瀾」或體。又《招魂》「刻方連兮」，王逸注：「横木關柱爲連。」則叚「連」爲「闌」也。此皆古音寒部字也，今音則「蘭」、「闌」在寒類，「蓮」、「連」在先類矣。「蘭」、「闌」在一等，而「蓮」、「連」爲三、四等，有介音矣。然則「蓮」、「連」之字初由寒部變入先類，lan→læn（一等）。繼則「連」字由一等爲三、四等，læn→lyen、lien。此隋唐之際所以「蓮」在一等，「連」在三、四等也。又繼而「蓮」由一等突變四等，læn→lien。此今音之所以「蓮」、「連」同音也。

蘭：lan（寒。古音）→lan（寒）→lan（寒。隋唐）→lan（寒。今音）

蓮：lan（寒）→læn（先）→læn（先）→lien（先）

連：lan（寒）→læn（先）→lien（仙）→lien（先）

（二二）蕳即蘭。「讕」或作「調」，「爛」或作「燗」，並見《説文》。《字書》：「葌，與蕳同。」《地理志》引《詩》「方秉蕳兮」，作「方秉菅兮」。（《中山經》注：「葌，亦菅字。」）

二等：葌、菅（古頑切，删韻）　二等：姦（同上）　一等：官（古丸切，桓韻）

二等：蕳（古閑切，山韻）　二等：閒（同上）

一等：蘭（落千切，寒韻）　一等：闌（同上）　二等：柬（古限切，産韻）

由此可知：

⑴ 由「闌」從「柬」聲，「菅」從「官」聲，「蘭」又與「葌」、「菅」、「蕳」通，可知古本不分一、二等。由「菅」從「官」聲，可知古亦不分開、合口也。

⑵ 由「葌」、「菅」、「蕳」諸字之俱在見母，知「蘭」亦本在見母。盂鼎「朝夕入讕」，「讕」當讀若「諫」，則「闌」從「柬」聲，本讀若「柬」也。

蘭：　kan（一等）→lan（一等）

葌、菅：kan（一等）——→lɐn（一等）

蕳：　kan（一等）→kæn（先類）→kɛn（二等）

蓮：　læn（一等）→lien

然則「蘭」由 kan→lan，故得保持其一等（寒類字化爲二等；删無端、透、定、來等母，爲三等；元則并無泥、精、清、從、心矣）。「葌」、「菅」、「蕳」保持其喉音 k，則字化爲牙音而爲二等矣。然「蕳」與「蓮」均已先變爲先類，故尤相近（《管子》、《韓詩》並通用）。「蕳」字化爲二等，而「蓮」字化爲四等者，「蕳」在山韻先變，「蓮」在先韻後變也。「蘭」在一等不變，而「蓮」由一等變四等者，a 與 æ 之別也。

⑶ 抑「蘭」、「闌」本讀「柬」平聲，kan 變爲 lan，是無複輔音也。「葌」、「菅」、「蕳」無來紐，「蓮」無見紐，則知「蘭」有兩音，而非複輔音也。

夫渠（魚部，疊韻）　溝（侯）→（夫）容（東）

菡萏（覃部，疊韻）

茄（歌）　荷（歌）→蓮（寒）

「茄」有「加」、「歌」二音，可證由一等變二等。（古「茄」與「荷」通用。）

蘢，天蘥。

郭「未詳」。王筠以「虋，天蘥」例之，甚是。然則蘢即蓼耳。《釋草》：「紅，蘢古。」《詩・鄭風》：「隰有遊龍。」毛傳：「龍，紅草也。」陸疏：「一名馬蓼。」然則蘢即紅草無疑。（《玉篇》：「馬藻也。」「藻」疑「蓼」之訛。）

菣，香蒿也。

《本草》謂之「馬先蒿，一名馬新蒿，一名馬屎蒿」。

菣，去刃切。

《廣韻》有苦甸、去刃二切。按「菣」或從「堅」，是本在先韻，故《爾雅》之「牡菣」得轉爲「馬先」也。由先韻爲真韻，則由「馬先」而轉爲「馬新」矣。若「馬屎」，則由「新」字失去語尾，又由心母轉爲審母上聲耳。

　　↘先（先）→新（真）→屎（旨）

菣‖䓿

　　↙菣（霰，苦甸切）→菣（震，去刃）

「蒿」、「蕭」、「萩」均疊韻。

芀，胡了切。

徐鍇堅鳥反。此蓋「釣」音之轉。

蔿

《方言》注：「音花。」今音韋委切，由歌爲支也。（徐鉉于鬼切，是由歌爲灰矣。）

草也。

舊云「未詳」。按原本《玉篇》：「草動也。」

蘼靡，虋冬也。

「靡」、「虋」聲轉。言「靡」者，虋冬即今天門冬，靡草屬也。（《月令》：「孟夏之月，靡草死。」疏云：「以其枝葉靡細，故曰靡草。」）

析蓂，大薺也。

薺（齊部）　析（錫部）　蓂（錫、青）　亭（青）　歷（錫）

《吕覽·任地》注：「三葉薺，亭歷，析蓂也。」

蔓，葛屬。

原本《玉篇》：「葛花也。」

蕈

原本《玉篇》徒點反，在添類忝韻，猶與「覃」音相近。《詩·葛覃》字或作「蕈」，則音未變。《爾疋》《釋文》：「今人呼菌爲蕈。」葛洪《字苑》同，云：「世作椹、蕃二字，非也。」《字林》式甚反。《博物志》：「江南諸山郡中大樹斷倒者，經春夏生菌，謂之椹。食之有味，而忽毒殺人。」然則「蕈」讀入寑韻，當在魏晉之際矣。語音初變，驟不得其字，故《博物志》即以「椹」爲之，而他書或以「蕃」爲之也。（《廣韻》：「蕃，草名。」）

蒟

當是蒟醬。然木部又有「枸」字重出也。要之，此是武帝時始入中國，猶葡萄也，非古字。可見許君盛收漢字矣。桂以蒟蒻當此蒟，即芋耳。《本草》：「蒟蒻，一名鬼芋。」朱駿聲欲附會蒟癸，乃臆改爲鬼芋。前人箸書類如此，徒貽誤後學耳。

芘，一曰芘，茮木也。

王念孫謂「芘茮」之訛。段、王筠不從。今按：原本《玉篇》：「椒木也。」則王念孫説非是。

荆，楚木也。

是草木之可爲刑用者，故從「刑」聲耳。「」，當作「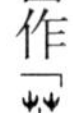」，金文作「」，即「刅」字也。或作「」，即「刱」字也。「荆」舉卿切，蓋由陽部來，與「刱」、「刅」疊韻。惟「荆」在見母，而「刱」、「刅」在穿母耳。

菭（之）　藫（侵）

段云：「陸龜蒙《苔賦》：『在水曰陟釐。』『陟釐』與『丈之』皆切治國之『治』，是『菭』之古讀也。『台』亦以『怡』爲本音。《唐韻》：『菭，徒哀切。』則用六朝變音也。」

按：段氏不知古音，妄説耳。藫即菭，明「菭」當讀徒來反，不讀丈之反也（二音並見《爾疋》《釋文》）。《醢人》《釋文》：

「箈，音迨。」沈云「北人音丈之反」，明音「迨」爲正音，丈之反爲漢後北方方言矣。陸云「未知所出」，而段謂「此乃先鄭音」，可謂强作解人矣。

莖，户耕反。

原本《玉篇》餘耕反，誤匣母爲喻母(餘、于之亂)。

蔨，讀若芮。(日母)　　𠟭，籒文鋭字。(喻母)

今音居例切，是由喻母(日母)轉爲見母。「蔨」《方言》作「莌」，明本當在定母、喻母也。

按：當從原本《玉篇》作如桂反。蓋「蔨」、「蕨」爲兩字，後人誤以「蕨」字音注此下耳。然「蕨」仍是從「𠟭」得聲也。

茮

按原本《玉篇》作「萕」。

葩，華也。

pa→ra。

桂引戴震説：「《琴賦》：『若衆葩敷榮曜春風。』《思玄賦》：『百草含葩。』『葩』當爲『蘤』之訛。」甚確。而王筠轉以「蘤」爲誤。按《思玄賦》以「蘤」、「和」、「移」、「多」爲韻，故李善《琴賦》注云：「以韻推，所以不惑也。」桂馥謂若作「葩」則失韻，無是也。王筠以「葩」字爲是，故謂歌、麻通。「蘤」屬四支，則不合。又謂此當是平子之誤。據《召南》「葭」、「豝」、「虞」爲韻，「葩」由虞轉麻，不知歌類可與支類韻，以歌入支也。「移」今亦在支，何以「移」必讀古音在歌，而「蘤」必讀今音在支也？此一誤也。魚類固轉入麻，然歌、麻則非韻也。此二誤也。

葩(pa)　華(ra)（郭璞："江東謂華爲敷。"陸德明："古讀華爲敷。"）　蒪(藪。fyɔ)　荂(kaˊ kua→fyɔ)　蘤(ra$\boxed{i}$→rɣɐ$\boxed{i}$)　花(xa$\boxed{i}$)

按「華」訛爲「花」，猶「韡」爲「靴」也。

按歌類轉入魚者，消失其尾韻；魚類與歌類混者，轉入麻韻；不與歌混者，轉入虞韻。

蘳，乎瓦切。

是佳、麻之亂。

蘂，儒佳切。

《琴賦》注引汝淮切，是脂韻也。段云："「當儒隨切，入五支，古音在十六部也。『甤』從『生』、『豕』聲，在十六部，『緌』、『綏』字亦皆同部。」

蘭按：「蘂」乃由微韻亂入脂韻，段欲入支，大誤矣。

蔕，瓜當。

「蔕」猶柢、底也（玉巵無當）。瓦當、耳璫義與此異。

泥巴、鹽巴之「巴」當作「坺」（臿土謂之坺）。尾巴之「巴」猶本也。《曲禮》："燭不見跋。"注："跋，本也。"《西山經》："皋塗之山，有草如稾茇。"注："香草。"當即稾本。《説文》："茇，艸根也。"根茇當如根本，則尾巴之「巴」亦「跋」、「茇」之音轉耳。

蓺，艸木不生也。

「不」即「木」之衍譌。桂謂從「埶」，誤。在緝韻，不當從「埶」。

茂，莫候切。

此幽、侯之亂。

莲

原本《玉篇》脱，今本《玉篇》在後增字中。

兹

當從《韻會》引作「丝聲」。宋本「兹省聲」，毛本「絲省聲」，並非。石鼓文「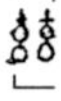」，即「丝」字。開母石闕「」，從「艸」「丝」聲。三體石經「兹」古文作「」，篆文作「」，故或誤爲「玆」，從兩「玄」耳。（《説文》讀「丝」爲於虯切，不知其本即「兹」字也。）王筠謂從「叀」之古文「」，甚謬。

蔋，徒歷反。

小徐他狄反。《玉篇》、《廣韻》作「薂」。段云：「疑當作『蓨』，『叔』聲，『淑』聲字多不轉爲徒歷切。《詩》『踧踧周道』，『踧』字亦疑誤。」（蘭按：「踧」亦徒歷切。）

徐灝曰：「從『尗』之字如『宗』、『戚』，從『叔』之字如『俶』、『惄』，皆與徒歷之音相近，且『攸』聲、『條』聲與『尗』聲、『叔』聲古音同在幽部，何爲改『薂』作『蓨』？」

蘭按：幽、宵聲近，故轉入宵部，入聲耳。且「叔」聲古如「弔」也。（宵部《切韻》無入聲，或歸入陽類，或歸入青類入聲，故在錫韻耳。）段立説，每不細思也。

蓁，側詵切。

原本《玉篇》殂陳反，是尚未分臻韻也。

茬，仕甾切。（牀母）

原本《玉篇》敘之反。（邪母）

葻，盧含反。

嵐。

此由變來母，故不變入東韻耳。《玉篇》負弓反，則變東韻。

葻（lam）　芃（bam→bɔŋ）

苗

當即「」、「」，舊釋「甫」者非。「苗」當從「田」「艸」聲（或「中」聲），幽、宵相轉也。

苛，乎哥切。

今讀ke。莖户耕切，今讀jing。（匣母變見母）

蕪

蕪菁，即蔓菁。蕪(vyɐu)蔓(man)，可證魚部字本讀 a。

茂，艸豐之盛。　楙，木盛也。

並莫候切。

蘀，艸木凡皮葉落陊地爲蘀。　櫜，木葉陊也。

並他各切。

按：草木字古皆混，此均一字而誤分耳。

蕰　菀(苑、宛)　黦　欝　蔫(殟)　菸(菸邑)　萎(萎)　暗　陰　幽　黝

凡影母字義多相近也。

蔡，艸也。

當從《玉篇》「艸芥也」。(段改「艸丰」，是也。)「艸芥」合音即「蔡」也。(王褒《九懷》：「繼以兮微蔡。」注：「續以草芥入己船也。」)三體石經古文作「□」者，「𢼸」字也，亦即「殺」之古文。容庚以「□」字當之，非是。

菜

作「□」，是方自木上采下者。若「□」，則已採矣。故《芣苢》以「采」、「有」相承。《説文》訓「若」爲擇菜，猶差一間也。

菑，不耕田也。

原本《玉篇》同。不耕田曰菑，始耕亦曰菑也。王念孫改「才耕田」，段謂當爲「反」，均誤。

按「𤰔」當作「𠙹」，甾缶之字作「由」，實本一字。徐鍇以其與「巛」音同，故强生分别以爲從「巛」耳。（凡「淄」字，《漢書》多作「菑」，金文作「甾」，不從「巛」。）

新雉（《揚雄傳》：「列新雉於林薄。」服虔曰：「新雉，香草也。」）　辛貽　辛夷

葪

作「蓺」誤。

苾

《韓詩》作「馥」。「苾」質韻，「馥」屋韻，不相類。然「必」應從「弋」聲，當在之入聲之職韻，故得轉入幽類入聲之屋韻耳。「虙」字讀如「伏」，其一例也。

芟

小徐「殳聲」（段、朱不從，非也）。「殳」爲虞韻，「芟」所銜切，銜韻，蓋元音同音，足證侯類當爲 au，故得轉爲談類之 am 耳。

木部：「楈，讀如芟艾之『芟』。」「楈」是魚部，則「芟」尚在虞，未入談也。

荐，在甸切。

按「存」從「才」聲（咍），由咍轉入魂。「荐」從「存」聲，則魂、先之亂也（真、文）。

才 a　存 an　荐 æn

蕞（泰）　蕝（祭、薛）　纂（何承天《纂文》：「蕝，今之纂字。」《叔孫通傳》如淳注：「蕞，謂以茅翦樹地爲纂位。」）　早

蕩

今本《玉篇》作「藹」。按原本作「蕩」，與《説文》同。

菹

原本《玉篇》作「葅」。《侯鯖録》：「細切曰虀，全物曰菹。今中國皆曰虀，江南皆言菹。」

按今江浙言虀，西南言葅（讀如「渣」），四川言榨菜，蓋亦菹菜之音轉耳。由昆明人之言菹，可知魚部古音爲 a 也。

荃，芥脃也。

猶今榨菜也。

此緣切。

鼂説之云：「唐本初劣切。」仙→薛

䕩，乾梅之屬。《周禮》曰：「饋食之籩，其實乾䕩。」後漢長沙王始煮艸爲䕩。

按「艸」下疑有脱，似謂始煮草莓爲䕩也。

若

王筠以「若」、「叒」爲一字，非也。（席《説文記》以經典「若」作「叒」，則是。）《越縵堂日記》以爲「芼」字，更誤。

余說當從「右」聲，即「有」字，參前「采」下。

⿱艹㐁，約空也。

原本《玉篇》作「納空也」。

或爲綴。

當即「或以爲綴字」。（《玉篇》通語之。）王筠以爲說義，非說音，誤也。

⿱艹㐁，讀若陸，或以爲綴。

「陸」，小徐本作「俠」，非是。或作「埶」，則臆改也。按從「㐁」聲，「㐁」當即「簟」之本字。《說文》「㐁」有三音，讀若「三年導服」之「導」，一音也；一曰竹上皮，讀若「沾」，一音也；一曰讀若「誓」，「弼」字從此，一音也。

今按：「㐁」即「簟」本字。《說文》曰讀若「沾」者，即「簟」音之轉也（覃→添）。又云讀若「三年導服」之「導」者，由覃部轉入幽部也（猶「禫」爲「導」）。故「宿」字從「𠈇」，即由「㐁」得聲矣。此「⿱艹㐁」讀若「陸」，亦其例也。又云讀若「誓」者，此「⿱艹㐁」字直例切，或以爲「綴」，陟衛切，與「誓」字均在祭韻，蓋由讀若「沾」而轉入祭耳（添→齊）。惟「弼」字則自是從「㐁」、「弜」聲，與此不相合也。

㐁（簟。覃韻）→（導）、宿、⿱艹㐁、（陸）（幽部）
｜
（沾）（添部）→（誓）、⿱艹㐁（直例切，或爲綴，祭韻）

萆歷，似烏韭。（大徐「藨」，誤）

《西山經》作「萆荔」。

苴

有鋤加、側下等音，又音「巴」，均可證魚部之爲 a。

臾、蕢（艸器也，籠也）　匱（匣也）

蔓

原本《玉篇》作「幕」。

「芻」字古鉥作「□」、「□」、「□」等形，若「□」，則似「匊」字矣。

（大簋）

莝

《鴛鴦》箋：「摧，今莝字也。」

莝（歌）→摧（灰）

蔌，楚革切。

小徐史迮反（或以爲訛）。按：《玉篇》所革反。

苣

商承祚以「」爲「苣」，誤也。彼是「熱」字。

菡

按《説文》誤以「屎」爲「徙」之重文，遂以此當「屎」耳。經傳以「菡」爲「屎」者，僅《淮南子》「嫳箄（當作『箄』）甄（？）甂在口菡之上，雖貧者不搏」（王棻友引，俟考）一處耳。「菡」實當釋「蕙」或「菁」，非「屎」字也。《莊子·知北遊》「道在屎溺」，用「屎」字。《詩·板》「民之方殿屎」，亦用之。此外則多假「矢」字爲之矣。

卉　丰、芥（泰類。《方言》：「芥，艸也。」）　蔇（艸多皃）　穊（稠也）

薈（艸多皃）　黵（沃黑色也）　嬒（女黑色也）

鬱（物。木叢生也）　蕡（襍香草也）

蒜　卵蒜　薍子

菜之美者，雲夢之葷菜。「葷」當作「荁」。（微轉文）

舊釋「蒽」。今疑「茾」（即常葉菜）。

雈

《韓詩》作「六月食鬱及雈」。「鬱」猶「䔰，韭鬱也」之「鬱」。鬱、雈均菜，與下「七月亨葵及菽」義同，與毛鬱、薁義異。

莽

葷(多殄切。銑)→大室(質)　大適(錫)→亭歷、丁歷(錫)

《説文》無「汧」。

蘛

菲芴　芳尾　文弗

前人多疑與「蘼」重出,然原本《玉篇》並存。

葮

即胡笳(《玉篇》、《文選》注)。是歌、魚亂也。

萊

藜也。(咍→齊)

蒙

桂云:「蒟醬名曰蜀唐蒙,因其似唐蒙而出於蜀,非《詩》傳所稱者。」

蘭按:桂大誤矣。唐蒙乃傳「蒟醬」者耳。箸書多,誠不能無失也。

萺

依《玉篇》，則「苜蓿」字也。《廣韻》一屋：「苜蓿菜。」（席世昌引《易》「萺」作「萺」，亦可笑。）

茆

《泮水》《釋文》：「茆，音卯，徐音柳，韋昭萌藻反。」《周禮・醢人》「茆俎」，鄭大夫讀「茆」爲「茅」，杜子春讀「茆」爲「卯」，玄謂「茆，鳧葵也」。《增韻》、毛居正《六經正誤》、李文仲《字鑑》並謂從寅卯之「卯」。按原本《玉篇》正作「茆」。今本乃引《說文》「茆」字。

鈕、惠棟（《九經古義》）、桂、朱諸家均謂從「卯」，是也。《玉篇》閭酒反者，從「卯」，可讀「柳」音也。

荼

亭林曰：「荼荈之『荼』與荼苦之『荼』本是一字，古時未分，麻韻荼荈字亦只讀爲『徒』。東漢以下乃音宅加反。而『加』字音居何反，猶在歌戈韻。梁以下始有今音，又妄減一畫爲『茶』字。唐岱嶽觀王圓題名碑兩見『荼』字，皆從『艸』從『余』，可見唐時字體尚未變。」（席《記》引）

徐鍇《繫傳》、《荆楚歲時記》引犍爲舍人曰：「杏華如荼，可耕白沙。」則此字或音大加反。

按「檟」ka，苦荼da。《方言》：「倩、荼，借也。」「荼」、「借」聲近，「荼」即「賒」也。

由舍人注「荼」、「沙」爲韻，則「荼」讀入二等麻韻，漢末已然矣。

蘬，薺實也。

原本《玉篇》有此訓，似是許君之誤。《爾雅》：「紅，蘢古，其大者蘬。蒫，薺實。」

按「蘆」下云：「一曰薺根。」則許所見《爾疋》或以「紅蘢」爲句，複出「蘢」字，「蘢古，其大者蘬」，「蒫，薺實」爲句。「蘢古」合音即「蘆」也。

苞（《爾雅》：「豐也。」孫炎：「物叢生曰苞。」）　葆（艸盛皃。《漢·武五子傳》：「頭如蓬葆。」注：「草叢生曰葆。」《史·天官書》：「主葆旅事。」如淳曰：「關中俗謂桑榆孽生爲葆。」）

茸，聰省聲。

段改「耳」聲。（王煦、王翼《説文疑疑》並有此説，王筠亦取之。段謂形聲之取雙聲不取疊韻者，《疑疑》謂同母諧，並非是。）王煦謂：「『耳』有『仍』音。（《漢·惠帝紀》『耳孫』，晉灼曰：『耳孫，玄孫之曾孫也。』師古曰：『《爾雅》仍孫從己而數，是爲八葉。』與晉説相同。『仍』、『耳』相近，蓋一號也。《諸侯王表》：『玄孫之子，耳孫。』注：『耳，音仍。』《集韻》：『仍極切，關中、河東讀「耳」作此音。』髟部『髶』仿此。」蘭按：「耳」讀入蒸部，則「茸」爲東、蒸之亂也。蓋東、蒸之亂，其來久矣。

既方既皁

章《小學答問》欲改「皁」爲「皀」，非。

菆，麻蒸也。　蔽，麻藍也。

萅

《玉篇》作「萶」。于鬯謂當作「[illegible]」。孔謙碣：「脩[illegible]秋。」三體石經：「[illegible]」、「[illegible]」。余別有說。

菰、菿

二字訛，原本《玉篇》並可證。

《五經文字敘注》：「鼏、冪同物，禮經相舛。蔿、薳同姓，《春秋》互出。」《佩觿》：「鼏作冪，蔿作薳，音義一而體別。」

蔿（歌）→薳（寒）

荃（先）→蓀（魂）

《景十三王傳》：「遺建荃葛。」服虔音「蓀」。《楚辭》：「荃蕙化而爲茅。」一本作「蓀」。「荃不察余之忠情兮」，洪慶善云：「荃，與蓀同。」《莊子》：「得魚忘荃。」崔音「孫」。《九歌》「蓀橈」、「蓀壁」，《文選》並作「荃」。

蔬

漢碑有。《字林》：「蔬，菜也。」

茗

《隸釋》張公神碑（用作「萌」）。《御覽》「茗」引《晏子》。

《凡將》有「荈」字。

鄦

見漢劉夫人碑。

藏

漢碑有。

蒧　蘸　　蓐

蓐部

當入艸部。「陳草復生」則與「⿱林辰」義近。
「薅」、「⿱艹娠」當入女部。「茠」當入艸部。「好」省聲者，訛。
「辱」在侯部，幽、侯相亂也。
辱（n）　薅（x）

茻部

王念孫謂「莽」讀莫補反。
茻、莽　荒（蕪也。艸掩地也）　巟（水廣也）
無（豐也）　蕪（薉也）
［莫（廣莫）］　漠（北方流沙也）　募（廣求也）
芼（艸覆蔓也）　蔓（葛屬也。延也）
楙（木盛也）　蓩（細艸叢生也）　茂（草豐盛也）　每（艸盛上出也）　畮（步百爲畮）
莽（犬善逐兔艸中也）　驀（上馬也）　猛（健犬也）

「屮」、「艸」、「卉」、「茻」、「屮」、「艸」爲一字無可疑者，「艸」、「茻」連文爲魚、幽之亂，惟「卉」字可異。「卉」在微類，豈「茻」字由幽轉微，又由 m 轉 h 邪？若「木」、「林」、「森」固一系矣。

莫→茻、莽

當入日部。

旼（撫）　𦐇（舞）　辶亡（撫）　普（並）　潢（邪）　矍（穬）

莽

當入犬部。

「鈷鉧」即「鈷鏻」。《楚詞・思美人》以「莽」、「草」爲韻，是魚、幽之亂，則「屮」、「艸」、「茻」爲一聲之轉也。

葬

小徐「茻」聲，非。三體石經「[illegible]」、「[illegible]」。一作「[illegible]」，則當如卜辭作「[illegible]」，以「爿」爲聲也。

附

碔砆（珷）　捷盧（駏）　終葵（椎）　莞蔚（蓷）　湏從（松）　鉤吻（莨菫）　茅蒐（韎。鄭駁《五經異義》：「齊魯之間言茅蒐，聲如韎韐。」韋昭注《晉語》：「急疾呼茅蒐成韎。」）　蒺藜（薺，茨，薋）　陟釐（菭。側理）　蘢古（古蘢）（葒）　艸芥（艸丰）（蔡）　采薪（櫬。《釋木》曰：「謂櫬。」「采薪采薪」，即薪）　葶藶、丁歷、亭歷、　適（大適）　苦荼（？）（檟）　芄蘭（莞）

芍藥（芍）　薜茘（薜）　果羸（果）　蒹薕　蕳（蕑，菅）蘭（蓮）　莪蘿　蒜亂

整理説明：

《讀説文記》現存手稿兩册，毛紙，無欄格。第一册卷一，三十七頁，四萬字，内容係《説文解字》一卷上編；第二册卷二，三十六頁，又附紙一頁，三萬五千字，内容係《説文解字》一卷下編，總計七萬五千字。手稿僅有《説文》第一卷的内容，全文無標點。

一册首署「三十四年一月五日」，尾署「一月廿一日看完一篇上，前後凡十七日」；二册首署「二月十五日，三月二十日完」，説明該稿寫於一九四五年上半年。

本書有的條目因爲不是具體討論《説文》，所以没有引《説文》原文，今將未引用《説文》原文的條目前作空一行處理，以便同前一條的内容區别開來。

其他整理作法，參照《唐氏説文解字注》。

（劉洪濤）

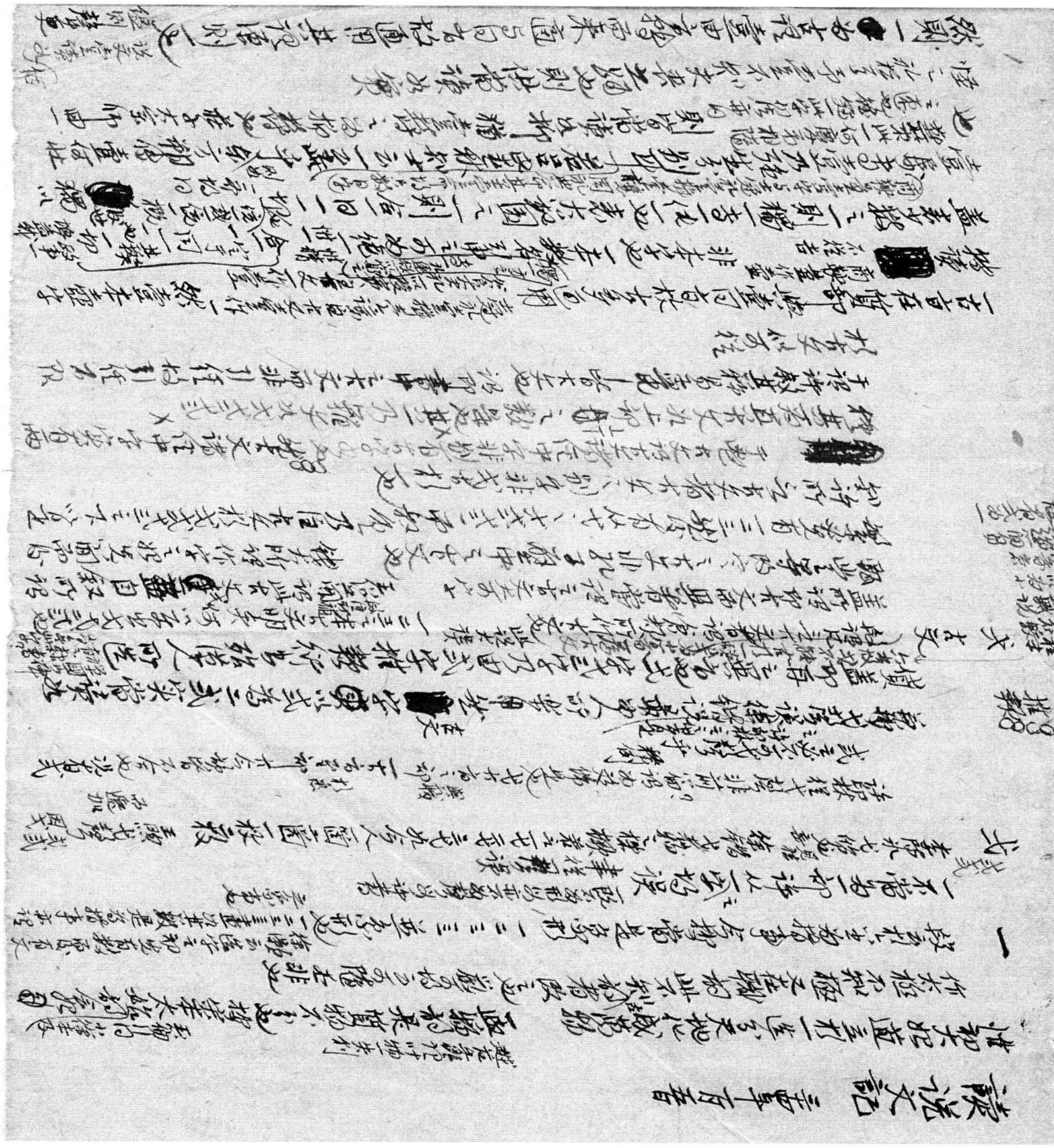

原稿様張一

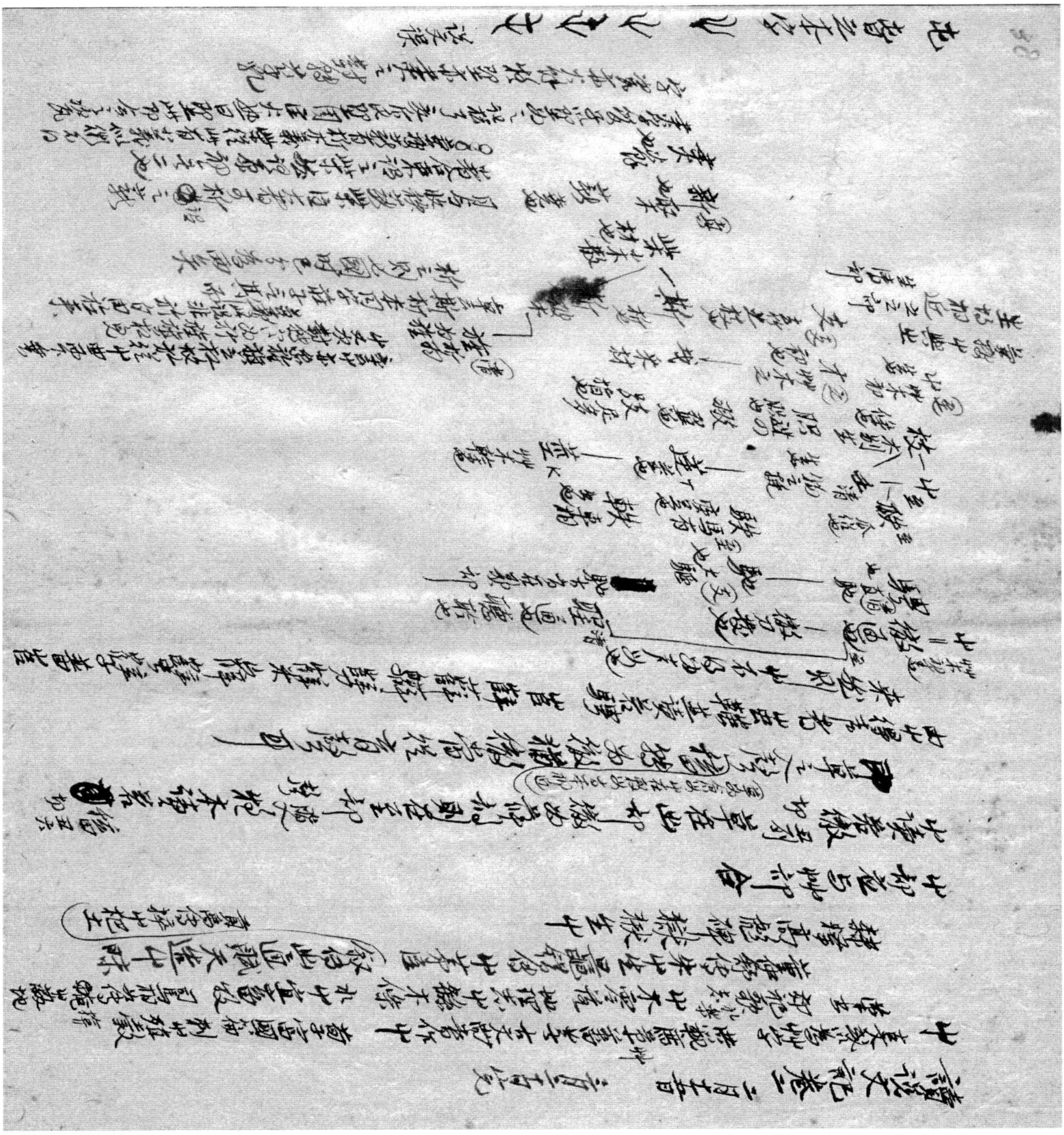

原稿様張二

名始分類大綱

上篇

人類　人　大　子　女

面類　目　自（[illegible]　[illegible]　[illegible]　[illegible]）口　耳

體類　肉　骨　毛

肢類　手（又　手　力）足（辵　止　疋　足）

藏府類　心

中篇

天類　日　月　晶　雨　申？

地類　土（火山）石　川　金　鹵　泉　田　[illegible]

植類　中　竹　朩（而）木　禾　來　瓜

動類　牛　羊　馬　犬　鹿　豕　虎　兔　熊　龍　鼠　鳥（燕）它　虫（禸萬禼）魚　龜　黽　貝　附：羽　角　卵

下篇

工具類　斧　斤（刀　刊）杵　臼

兵器類　殳　弓　矢　干　矛　戈　（戊戌戉鍨）毌　工

匋器類　瓦　缶

烹煮器類　鼎　鬲　甗

盛器類　凵　曲　匚　且　豆　酉　㐭　皿　甾（再　冓）　壺

毛革類　毛　革　求

糸類

衣服類　巾　衣　黹

居處類　穴　宀　广　門　户　井　亩　舍

交通類　舟　車　凡

服御類　聿　玉　工　册　束　箕　几　爿　斗

標□類　㫃　單

指事　一　×　

象形　摹寫實物映入人類腦際所生之表象之圖形，其對象：

（一）人類本身之形體。

（二）自然物之形體。

（三）人類改自然界形式之産物。

由其形可知其物，故亦可稱之爲「名」。

象意　摹寫人類意識中所具之各物之動態，或物與物間之相互關係。

整理説明：

該手稿兩頁，一頁爲信箋紙横置毛筆小字書寫，另一頁是毛紙大字書寫，無標題和寫作時間，顯非一時一地所作，是從一包零碎手稿中檢出，因内容有一定聯繫，整理者暫爲拼成一篇，並代擬標題。

（劉雲）

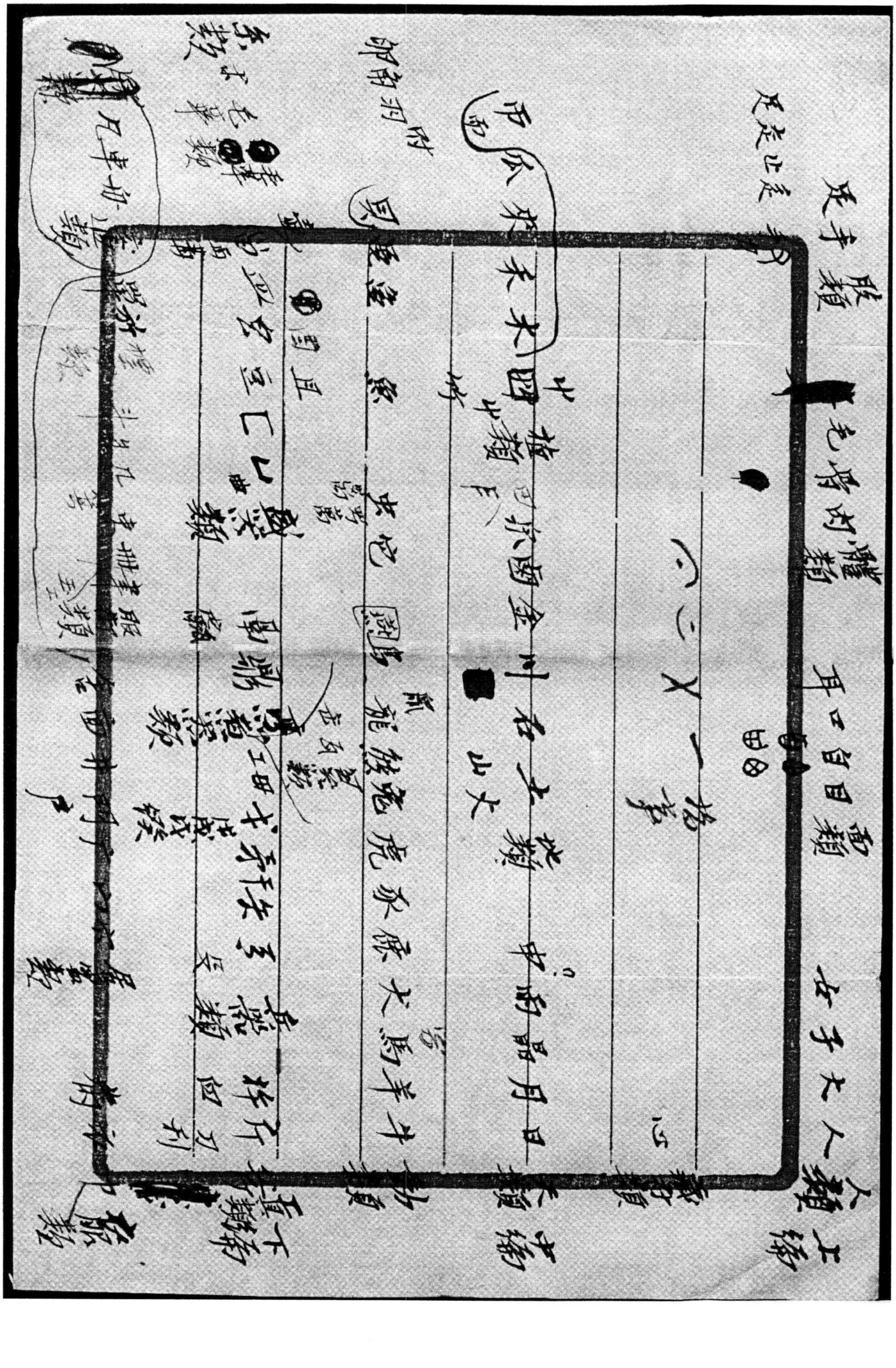

原稿樣張一

象形　寫生實物映入人類腦際所生之表象之圖形，其對象為(1)人類本身之形體，(二)自然物之形體(三)人類改自然界形式之產物。由其形可知其物，故亦可稱之為「名」。

象意　蓋為人類意識中所具之各物之動態，或物與物間之相互關係

名始下編部首

名始下篇		東()部
一部	弓部	部
丨部	矢部	 部
上部	弋部	()部
下部	部	部*
□部	戈部	部*
○部	申部	部*
部	矛部	
	(殳)部*	鼎()部
(斧)部		(鬲)部
部	部	部
(斤)部	网部	部
刀部	(乃)部	部？

續表

[illegible]部	門（户）部*	舟部
冃部	亞部*	㫃部
毌部	[illegible]部*	
凵部	亼部 余舍	爿部
[illegible]部	[illegible]部	几部
[illegible]部	囗（邑、圍）部	囟部
且部*	行部	
匚部*	井部	示部
凹部*	田部	[illegible]部
[illegible]部	[illegible]部	
冂部冂	玉部	
厂部	工部	
[illegible]部	車部	

續表

隹部	能部	鼠部
燕部	鹿部	
	㲋部	
	屁部	
虍部	㣇部	
冡部	夒部	
象部	兔部	

整理說明：

一、手稿眉批部分的文字，除有明確修改標記的外，均移入相應部分之末，以「*」號標識。有的部分佔原稿兩頁以上，則移入所在頁之末。

二、正文部首字篆隸互注者，用括號把注者括注在被注者的後面。

三、原稿「〔⇕〕部」下留有很大的空白，與下頁很可能不是連續的頁碼，所以與「隹部」以下分置。

四、《古文字學導論・自叙》云：「又後十餘年，始決采甲骨、金文、六國文字及秦篆來作《名始》，用以代《說文》。」手稿共九頁，每頁十行，用朱絲欄文華閣信箋紙，未裝訂。內容是《名始・下篇》八十部首的字頭，是一個不完整提綱的目録。

原稿未署撰作時間，從用紙和筆跡看，接近《說文解字箋正》。

（劉洪濤）

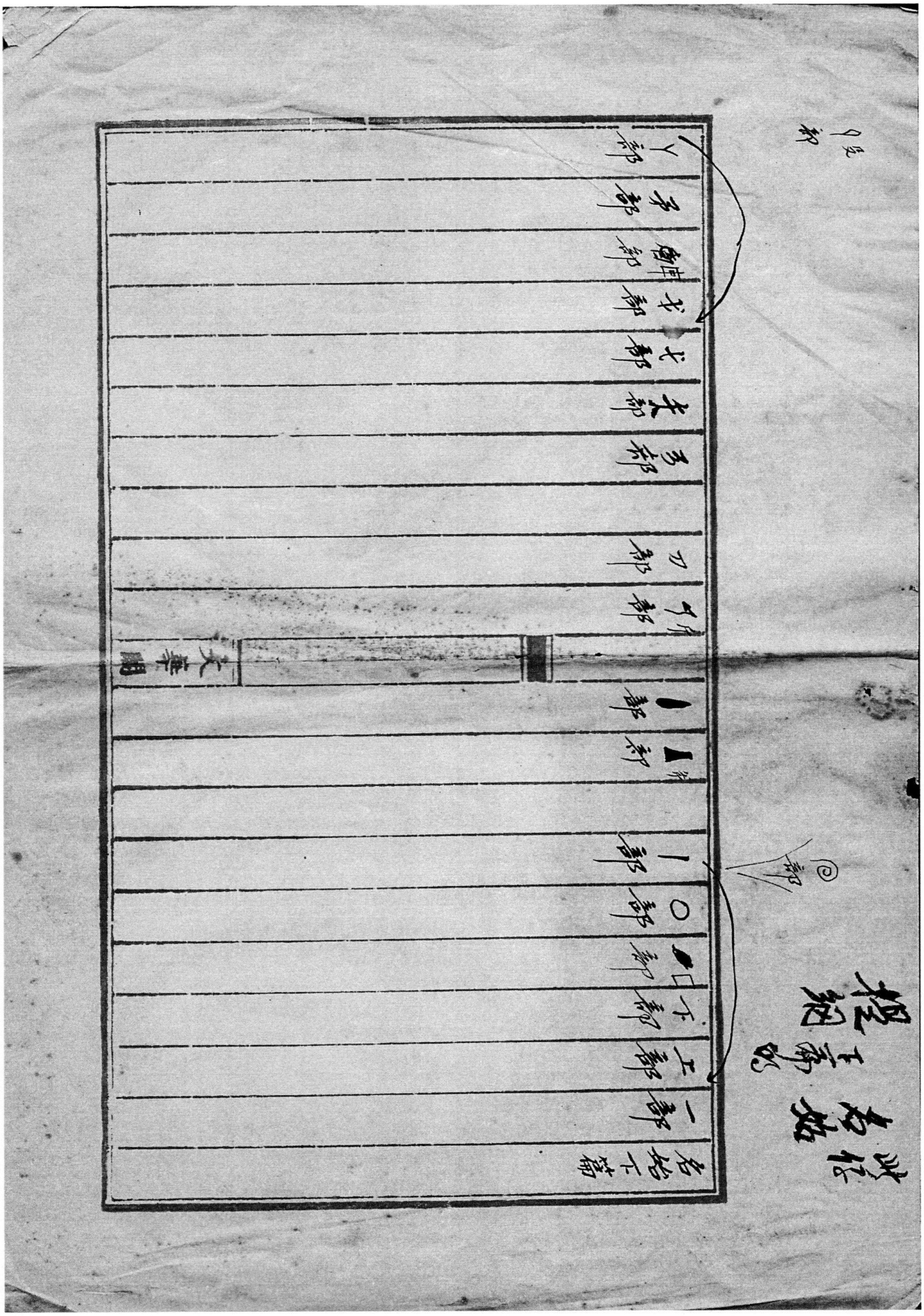